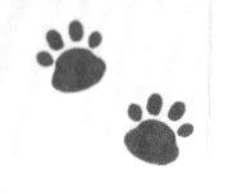

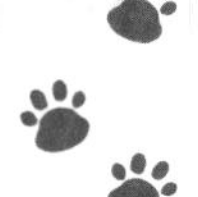

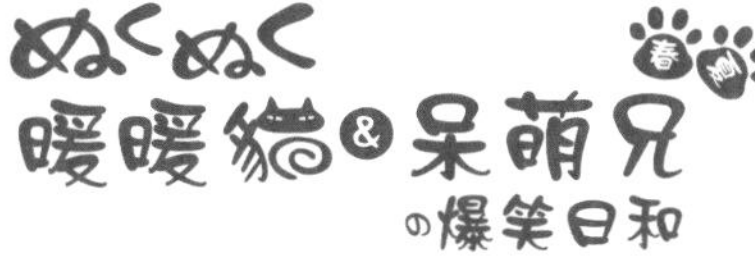

ぬくぬく 暖暖貓&呆萌兄の爆笑日和

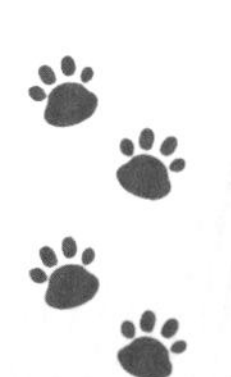

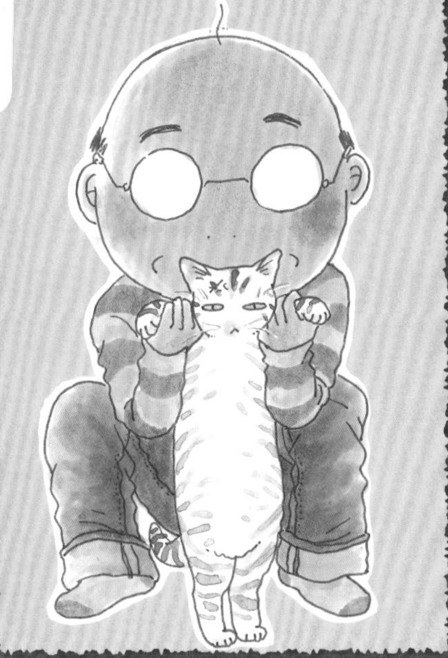

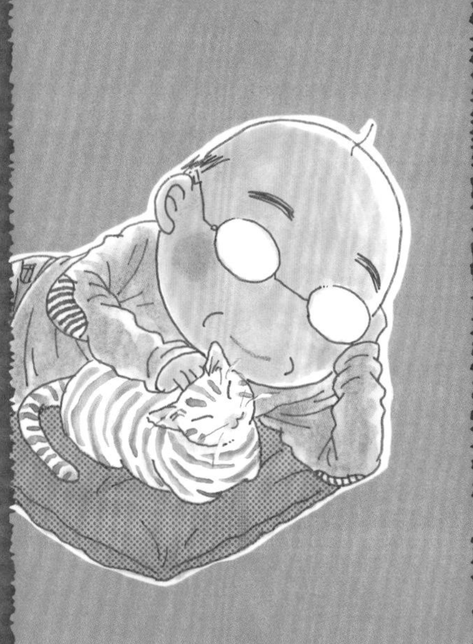

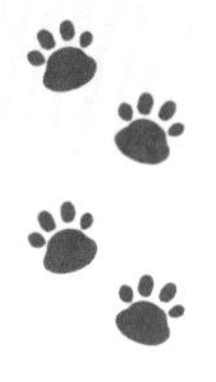

Naomi Akimoto
秋本尚美

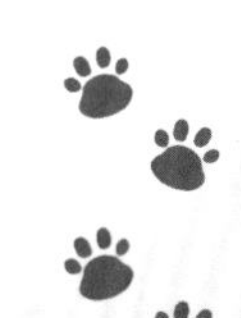

ぬくぬく
暖暖貓&呆萌兄の爆笑日和

CONTENTS

志麻子小姐
山田先生的亡妻

小縞
與山田先生同居中的虎斑貓

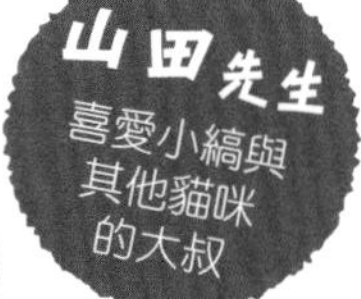

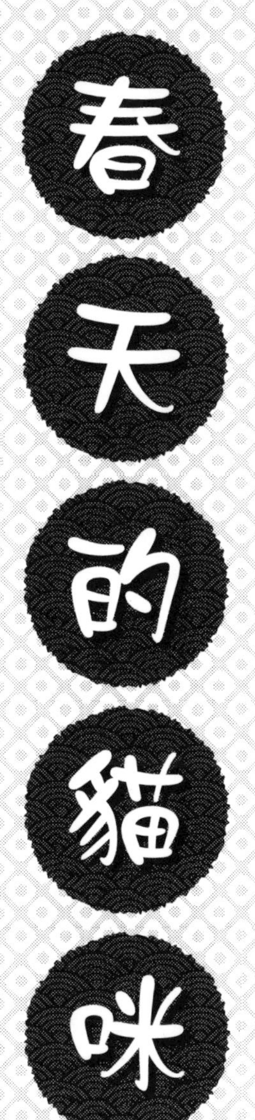
春天的貓咪

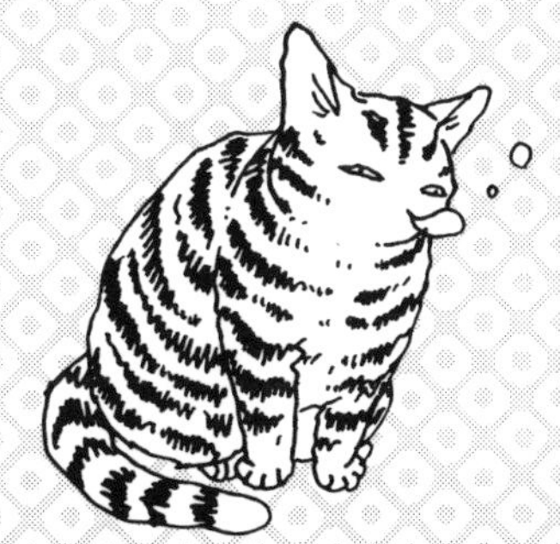

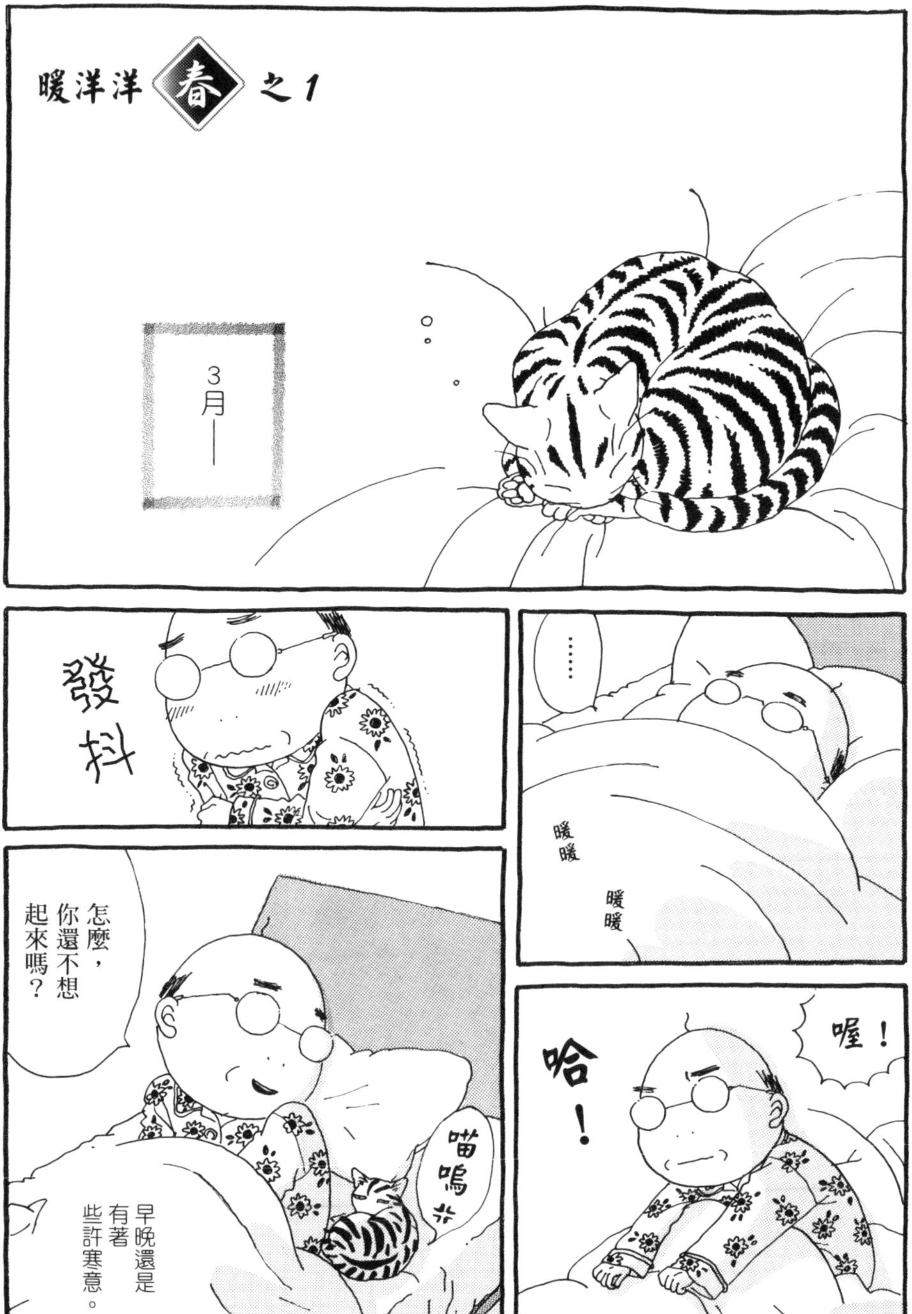

暖洋洋 春 之1

3月——

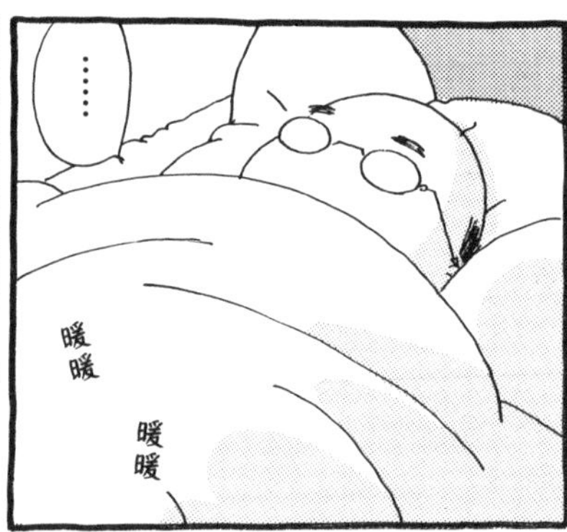

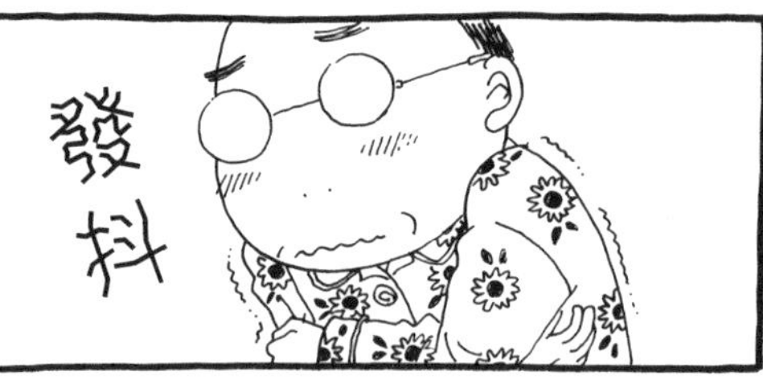

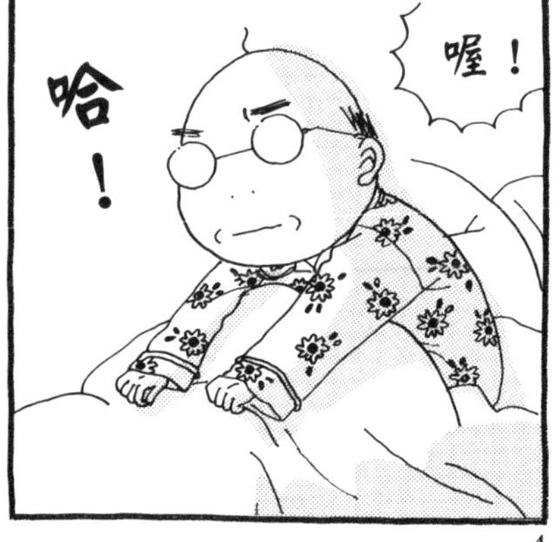

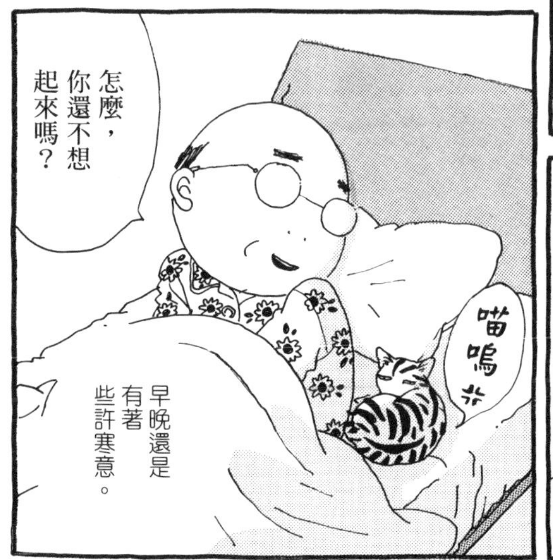

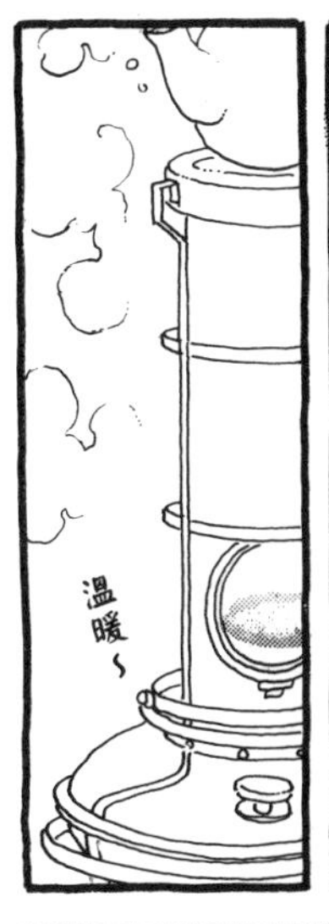
溫暖～
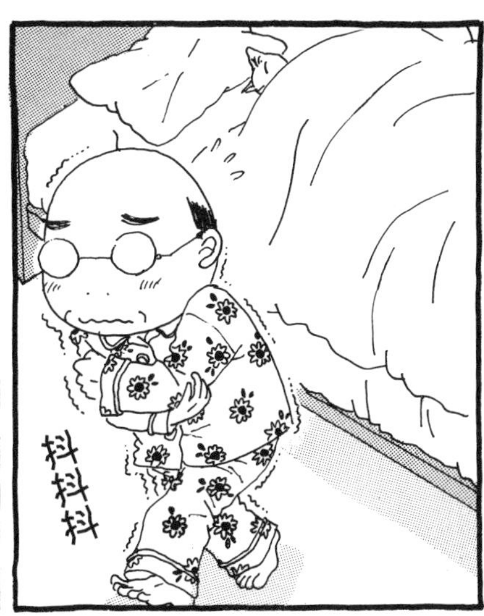
抖抖抖
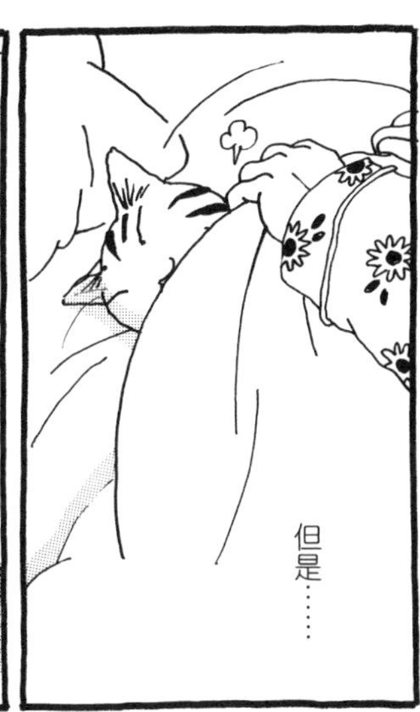
但是……
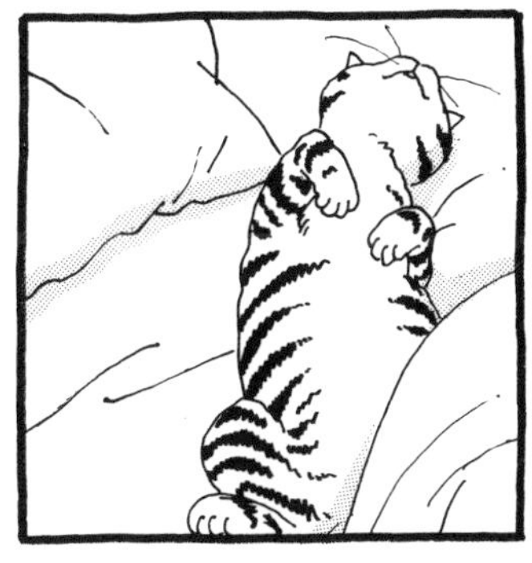
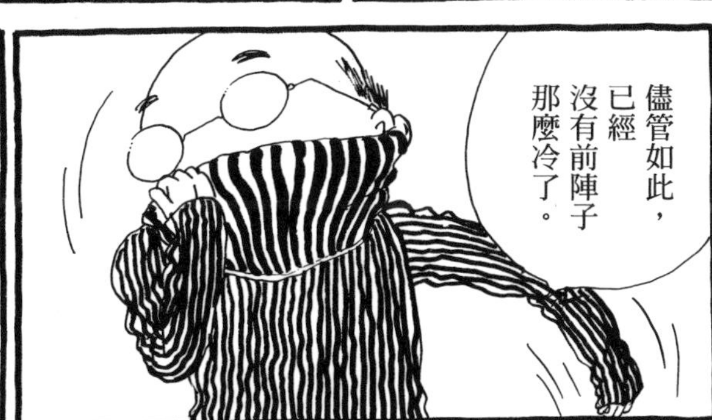
儘管如此，已經沒有前陣子那麼冷了。
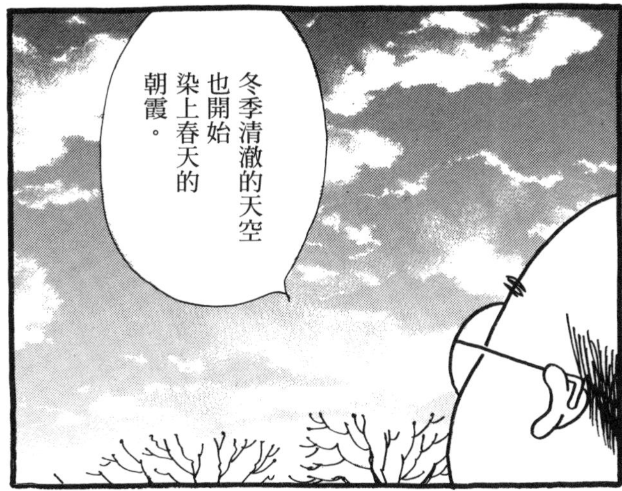
冬季清澈的天空也開始染上春天的朝霞。
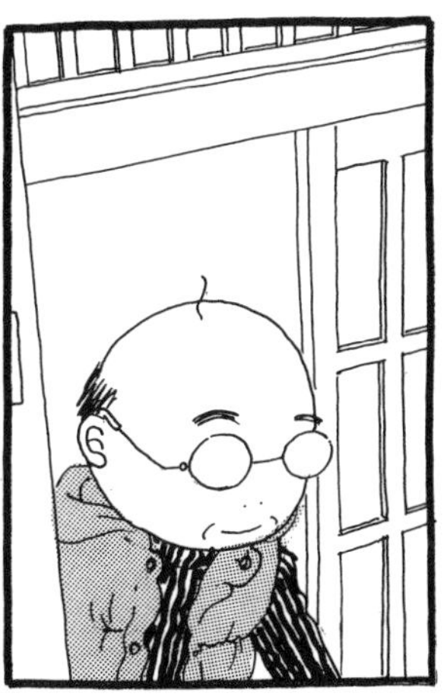

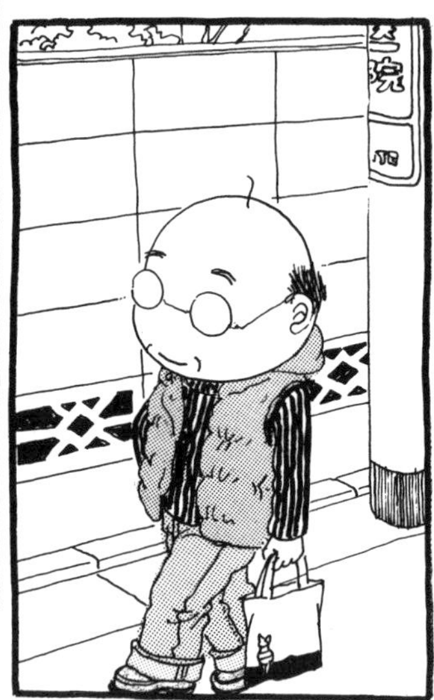
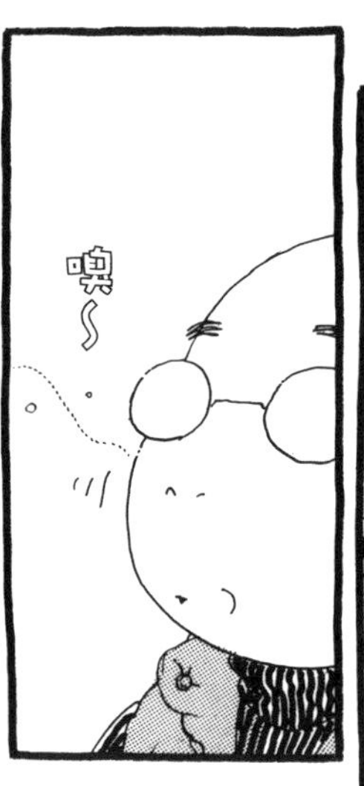
嗅～
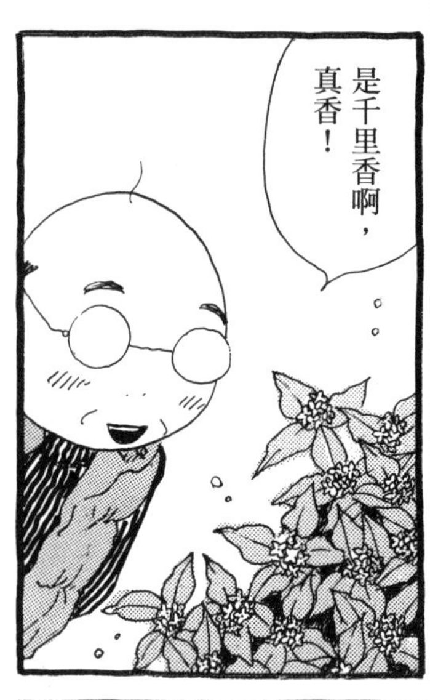
是千里香啊，真香！
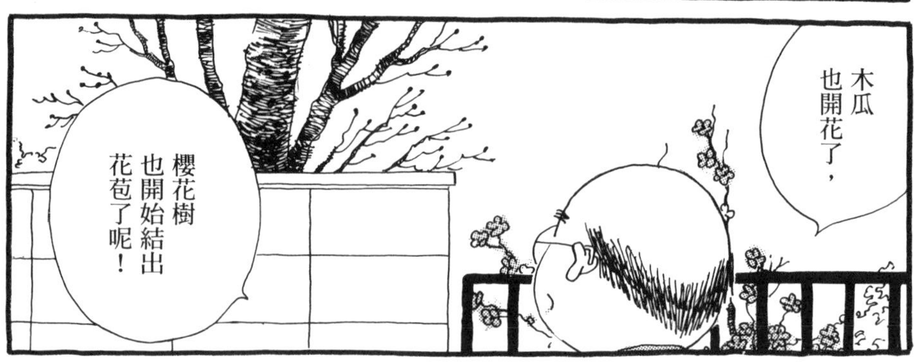
木瓜也開花了，
櫻花樹也開始結出花苞了呢！
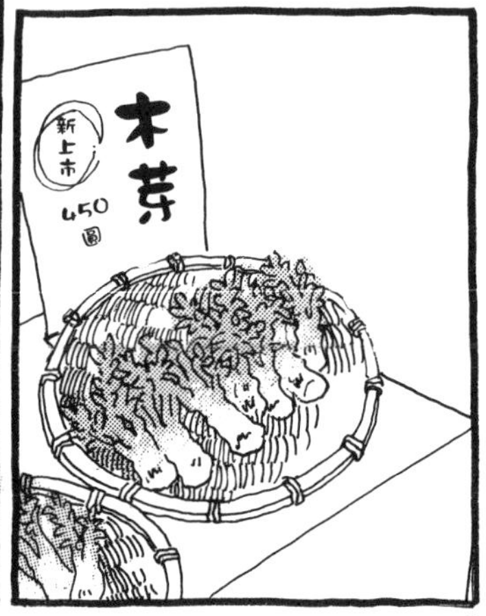
新上市
木芽
450圓
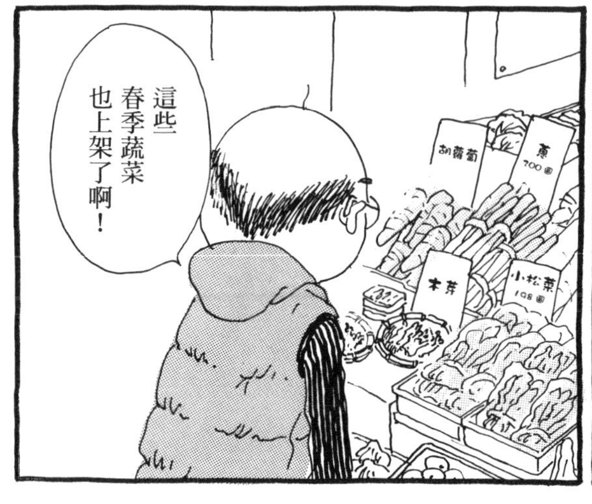
這些春季蔬菜也上架了啊！
胡蘿蔔
蔥
200圓
木芽
小松菜
198圓

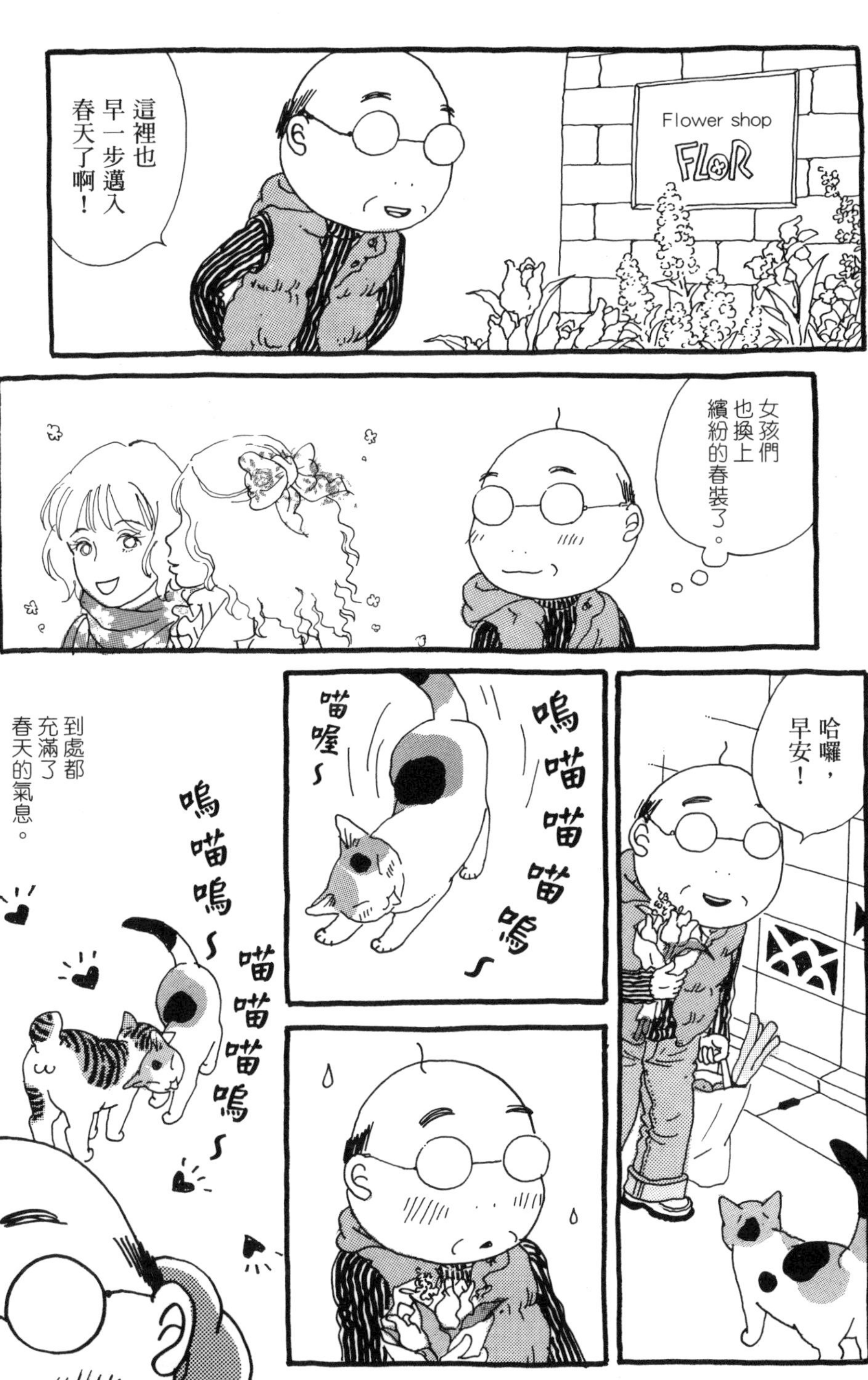
這裡也早一步邁入春天了啊！
Flower shop
FLOR
女孩們也換上繽紛的春裝了。
哈囉，早安！
嗚喵喵喵喵嗚～
喵喔～
到處都充滿了春天的氣息。
嗚喵嗚～
喵喵喵喵嗚～

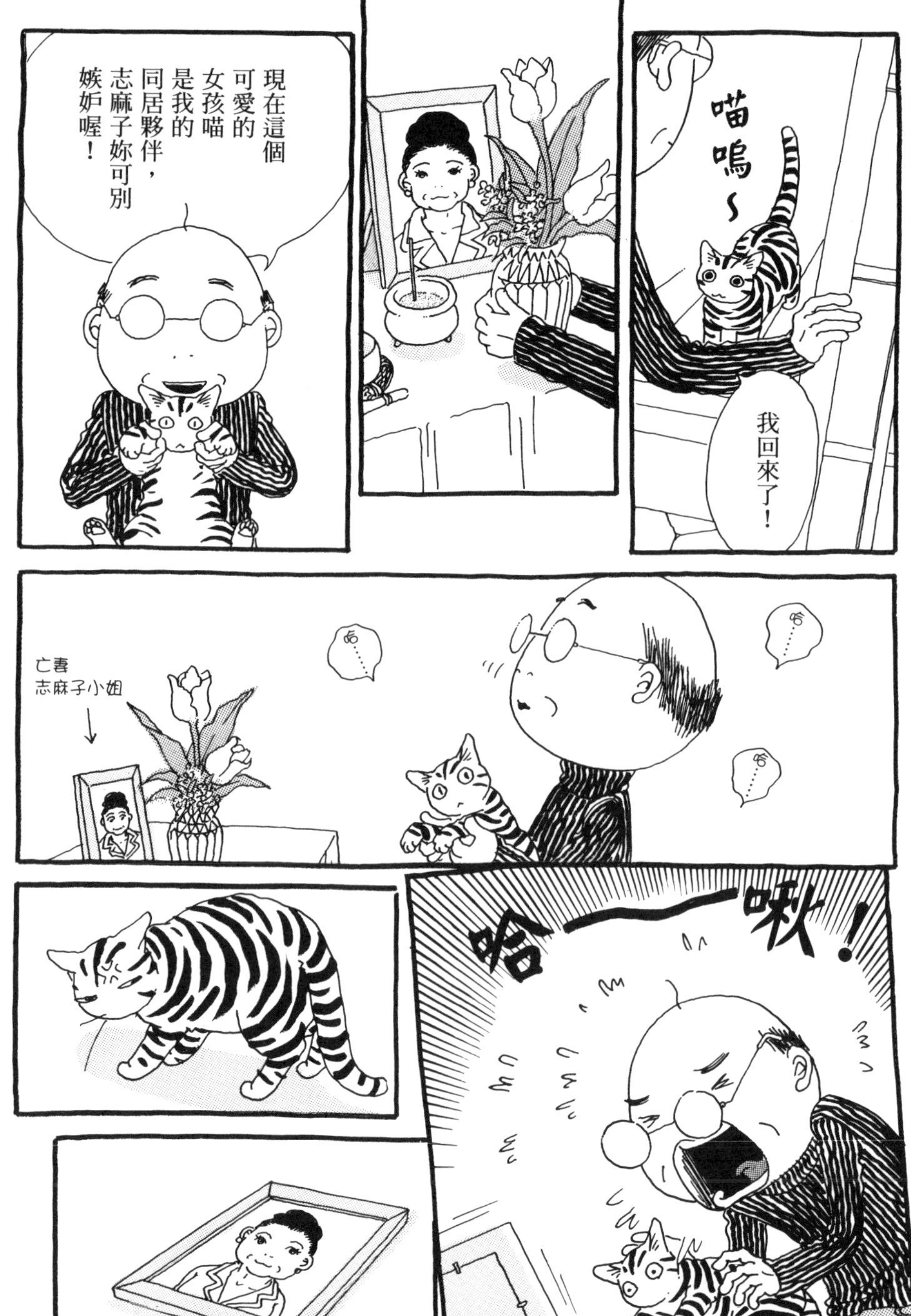
喵嗚~
我回來了！
現在這個可愛的女孩喵是我的同居夥伴，志麻子妳可別嫉妒喔！
亡妻
志麻子小姐
哈……
哈……
哈……
哈——啾！

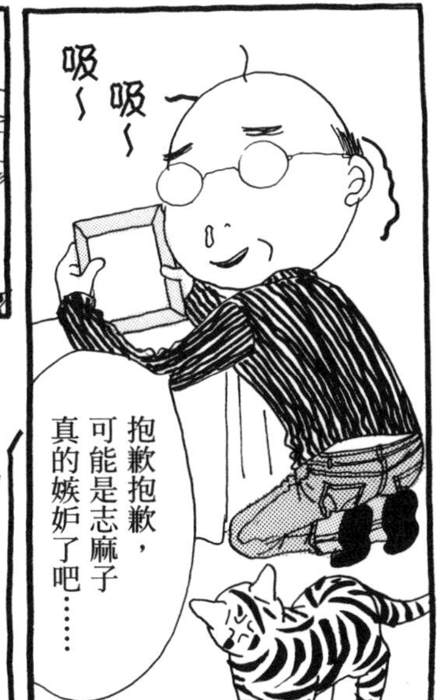

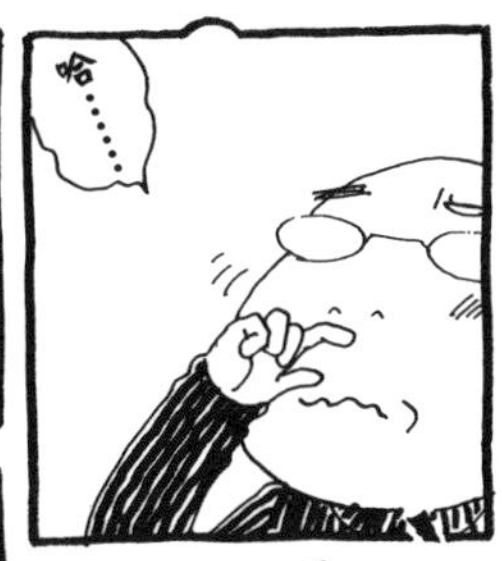

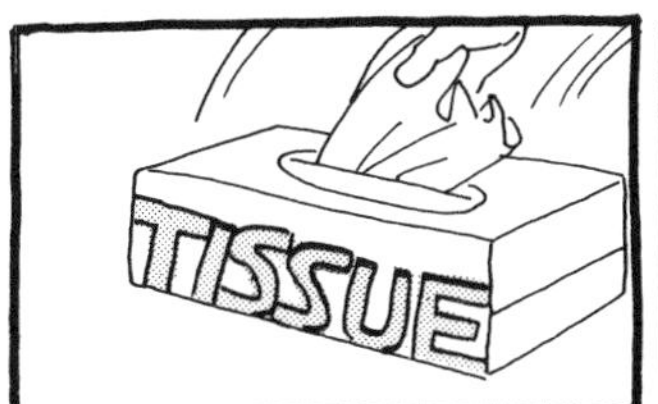

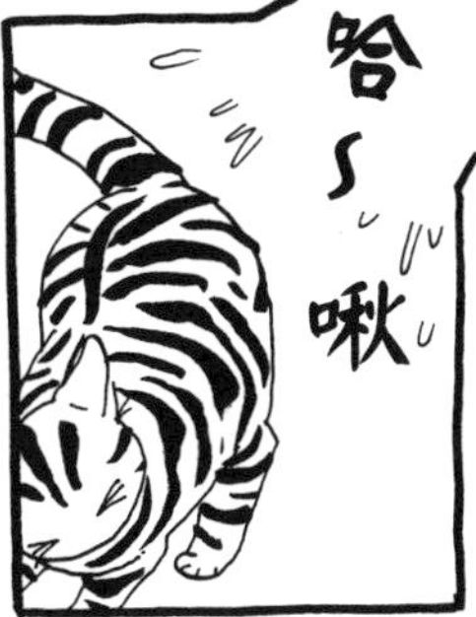

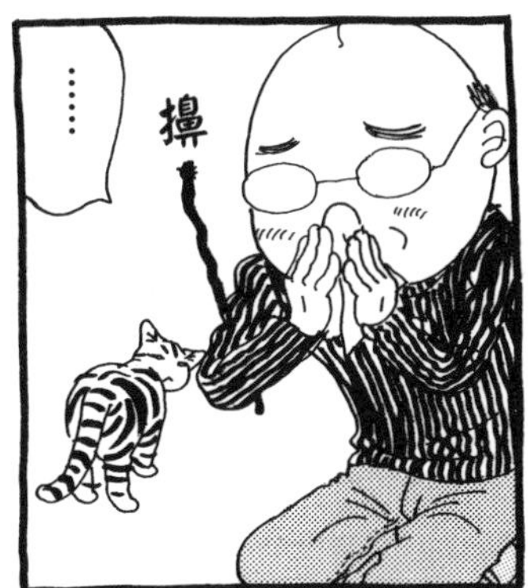

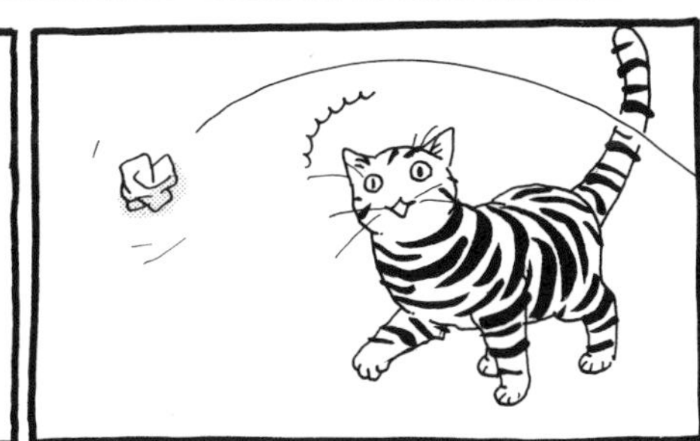

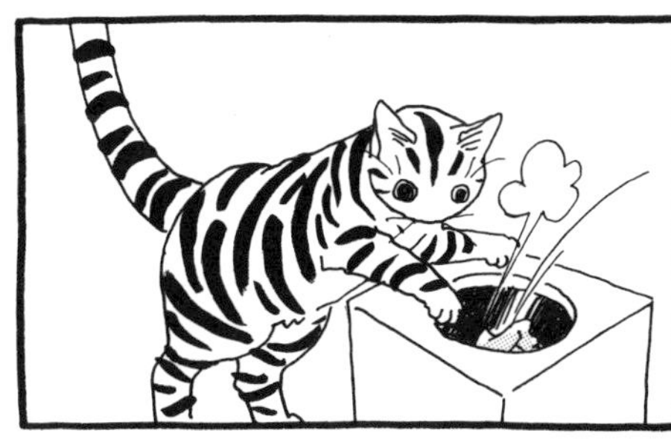

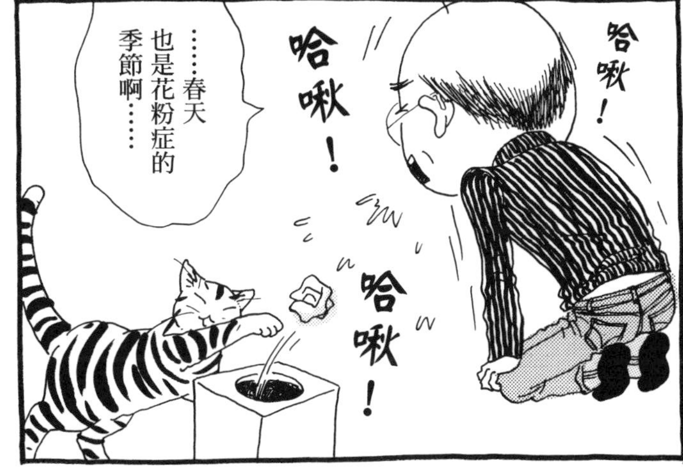

春天的腳步確實越來越接近了。

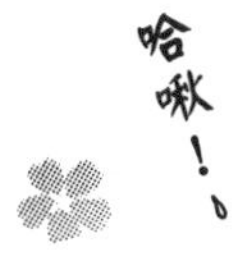

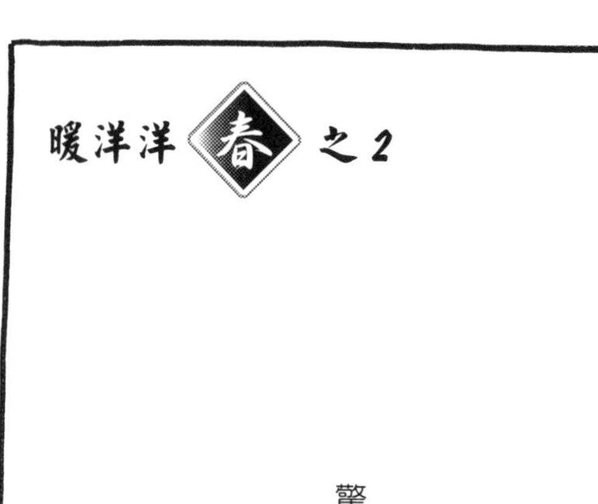
暖洋洋春之2
驚蟄已過。

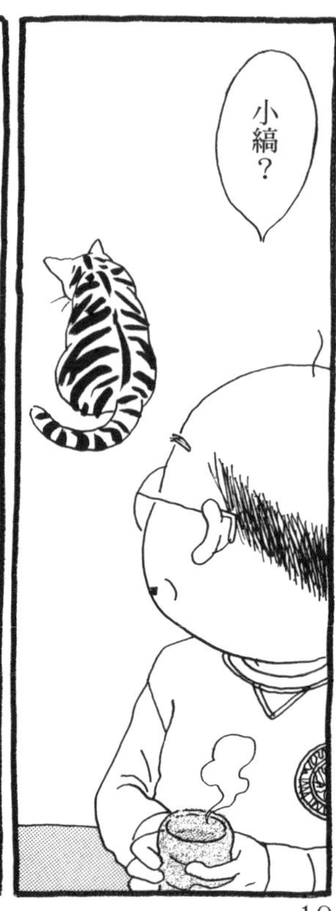
小縞？

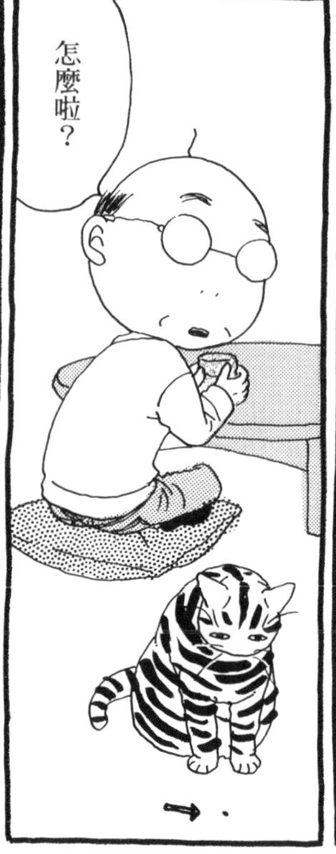
怎麼啦？

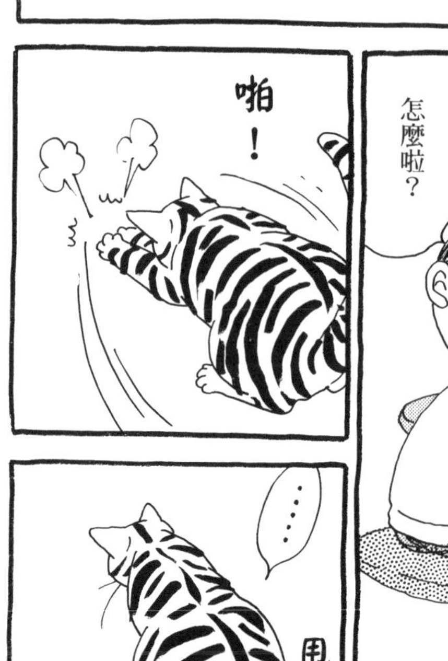
啪！
……
甩來
甩去

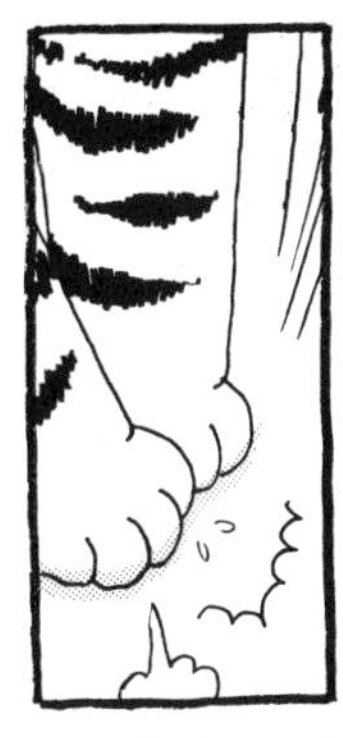
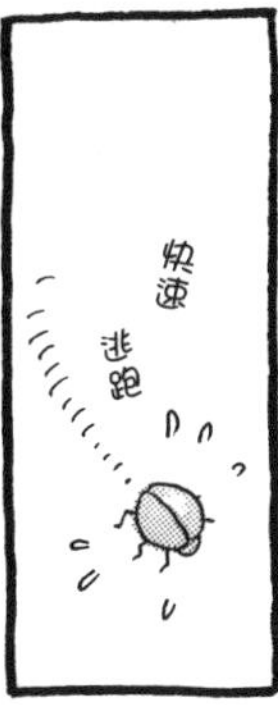
快速
逃跑
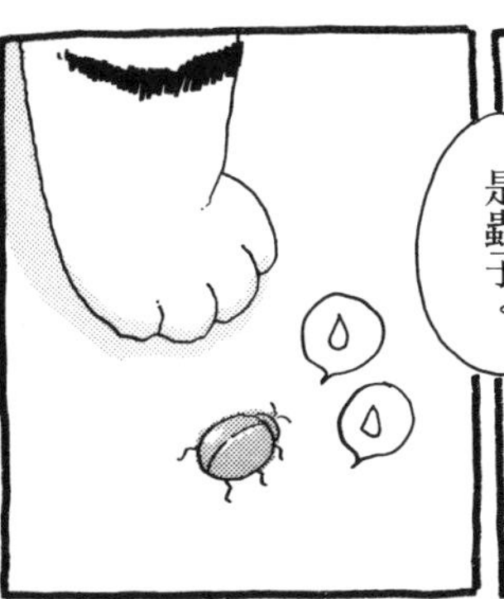
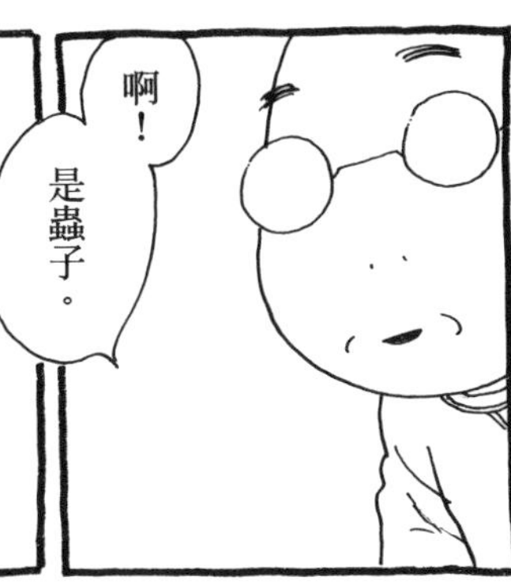
啊！
是蟲子。
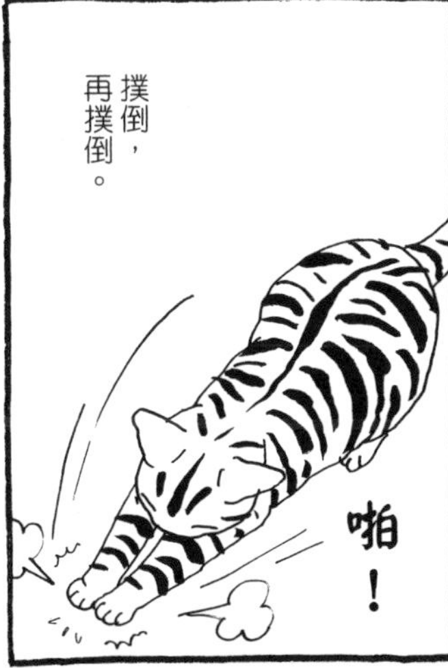
撲倒，
再撲倒。
啪！
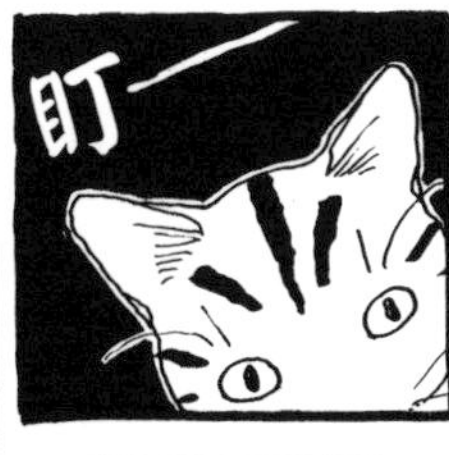
盯——
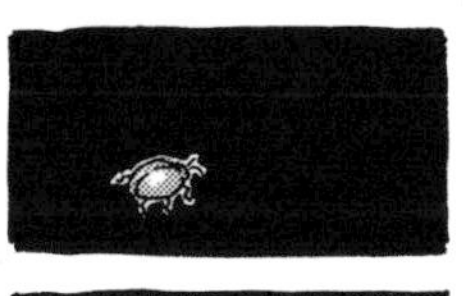
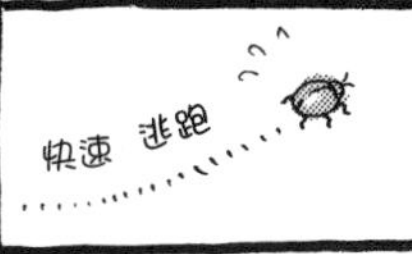
快速　逃跑
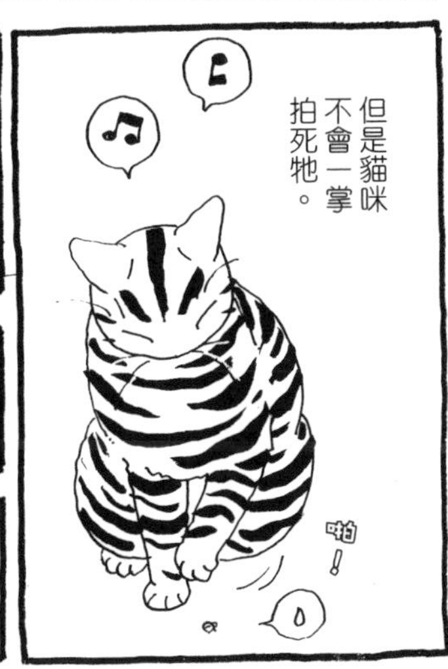
但是貓咪不會一掌拍死牠。
啪！
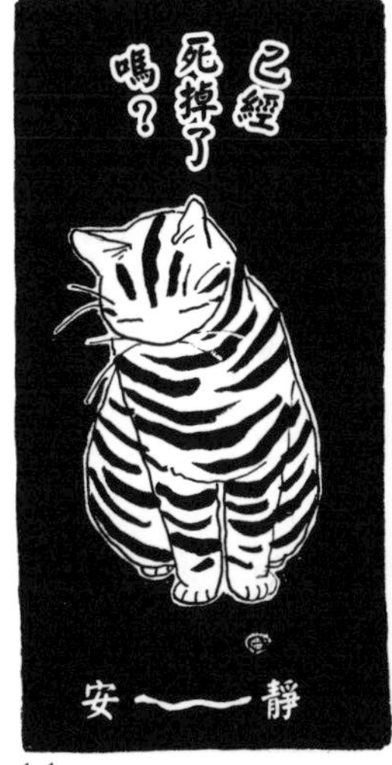
已經死掉了嗎？
安——靜
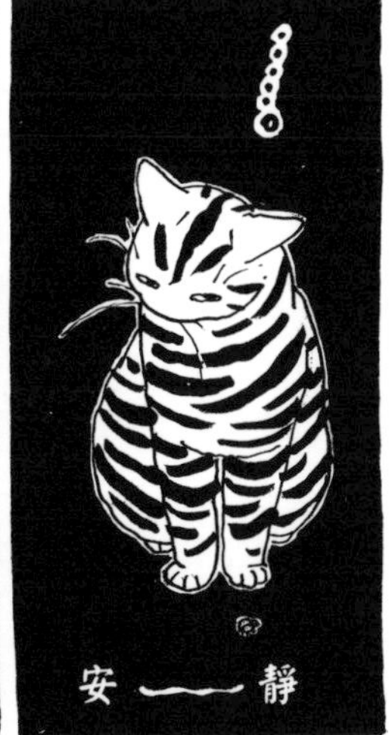
……！
安——靜
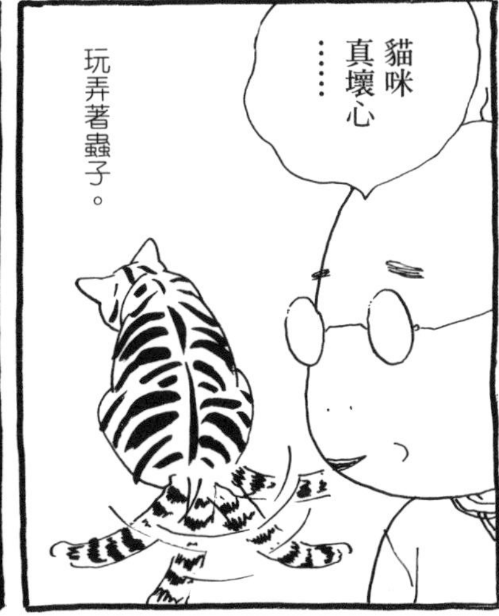
貓咪真壞心……
玩弄著蟲子。

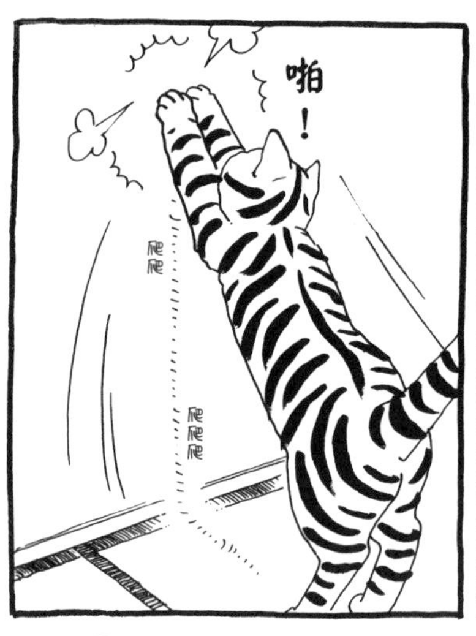

啪！
爬爬
爬爬爬

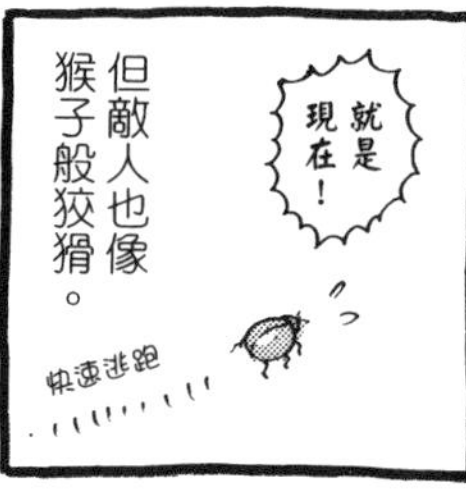

但敵人也像猴子般狡猾。
就是現在！
快速逃跑

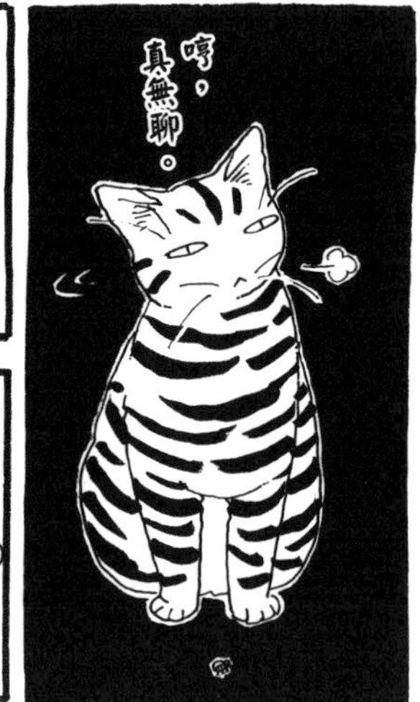

哼，真無聊。

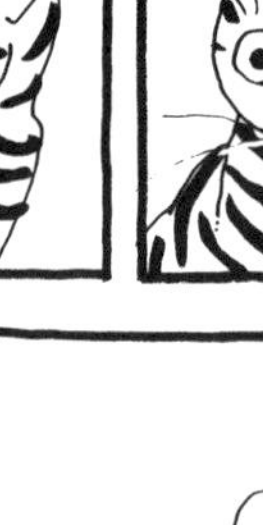
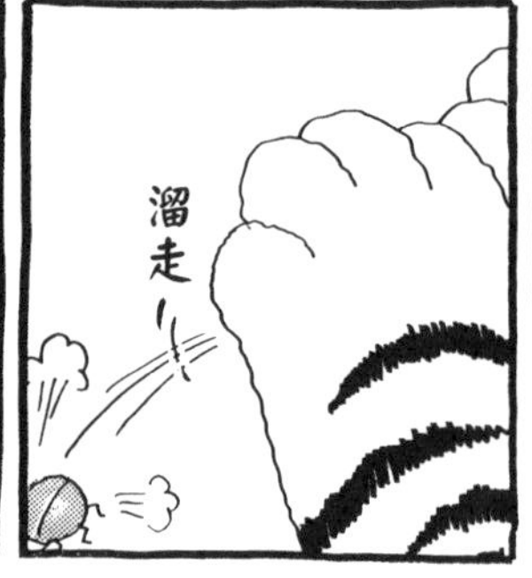

溜走！

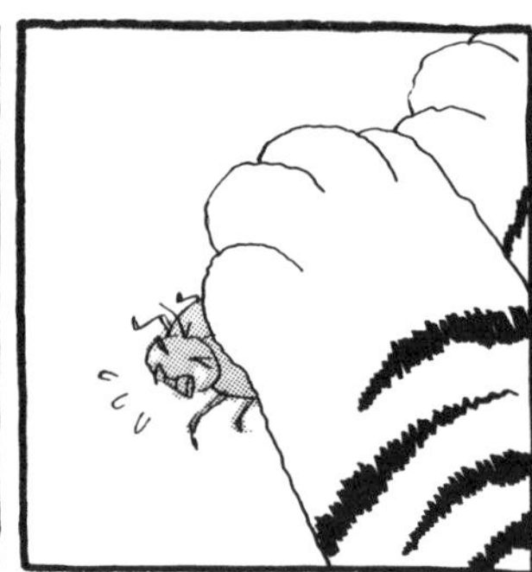
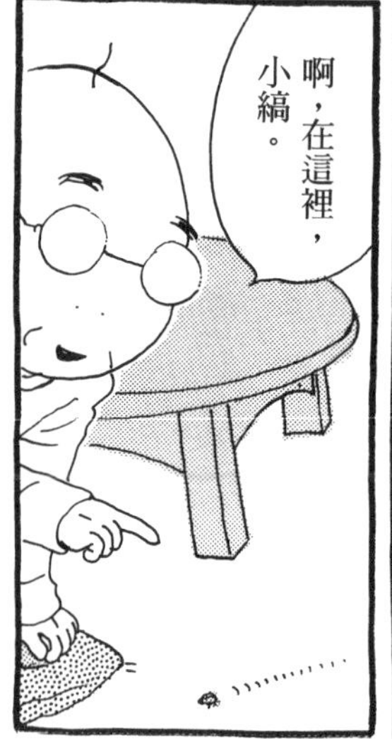

啊，在這裡，小縞。

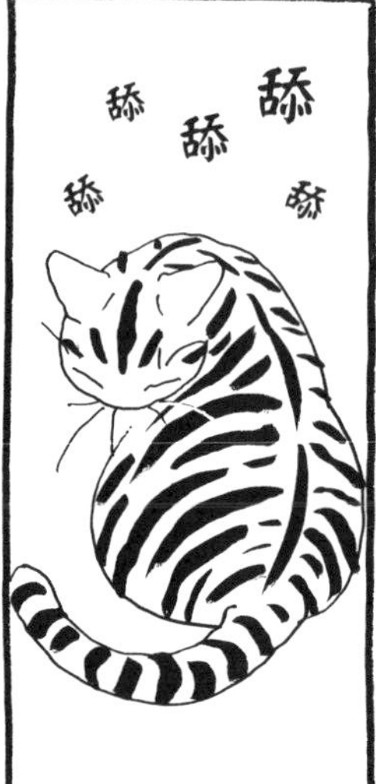

舔
舔
舔
舔
舔

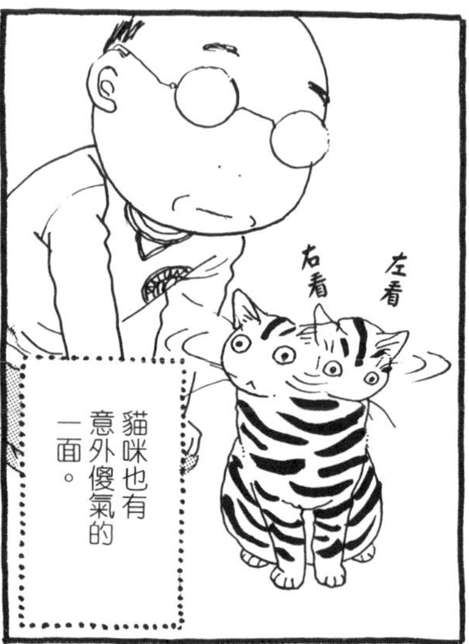

左看
右看
貓咪也有意外傻氣的一面。

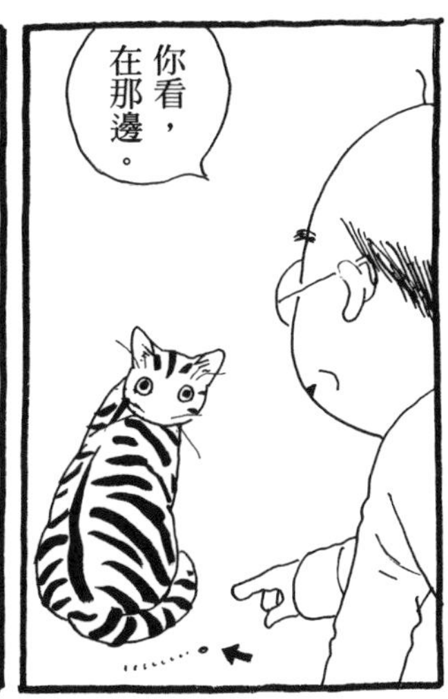
你看，
在那邊。

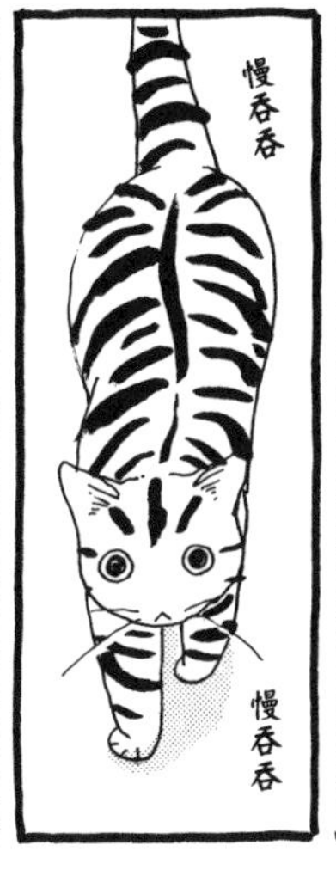
慢吞吞
慢吞吞

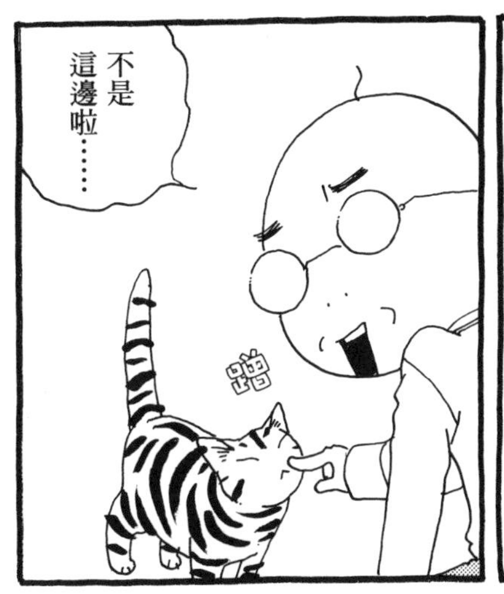
不是
這邊啦……
蹭

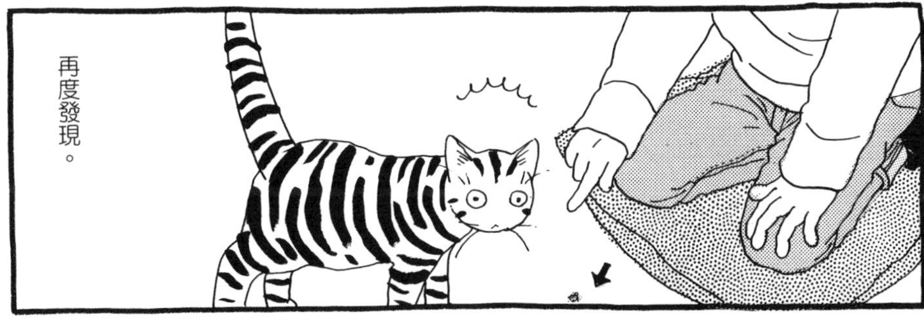
再度發現。

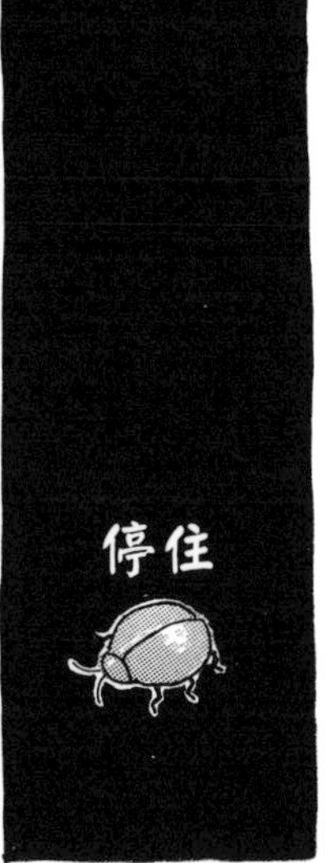
停住

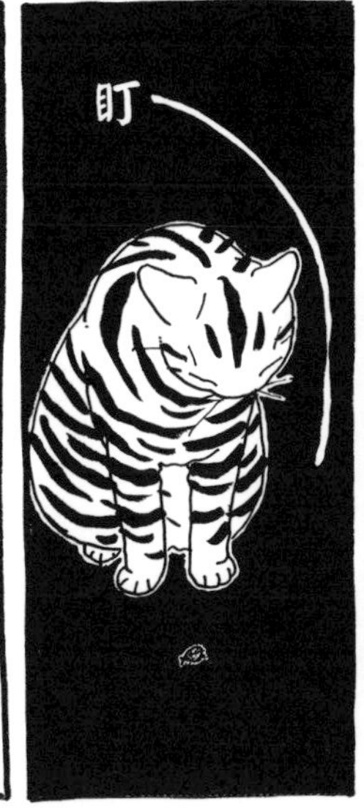
盯

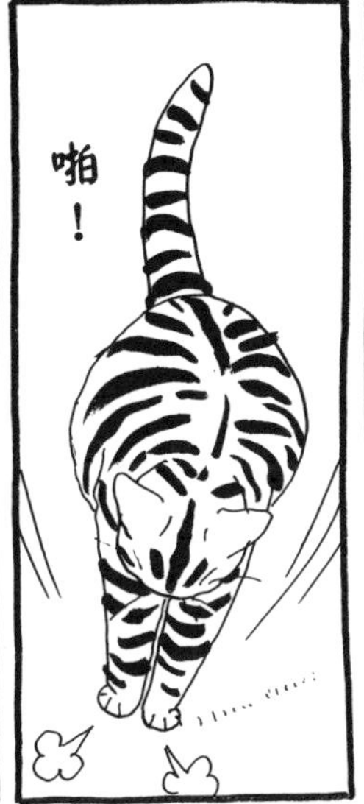
啪！

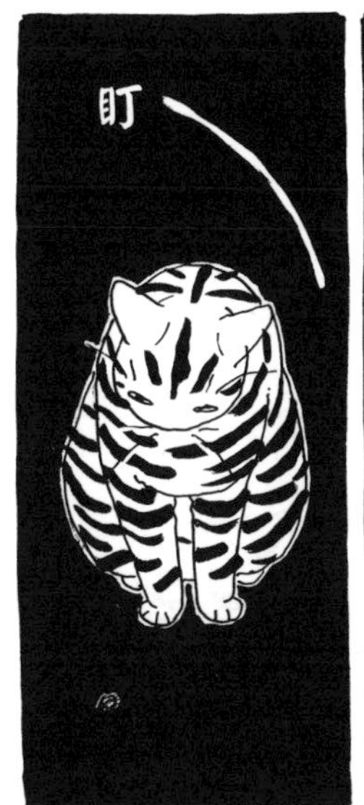
盯

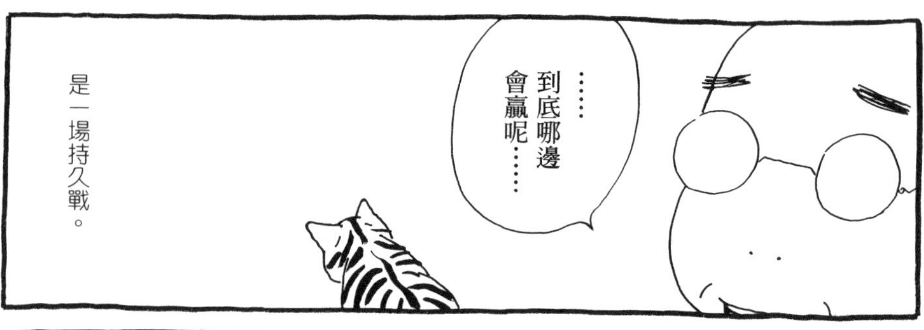
……到底哪邊會贏呢……
是一場持久戰。

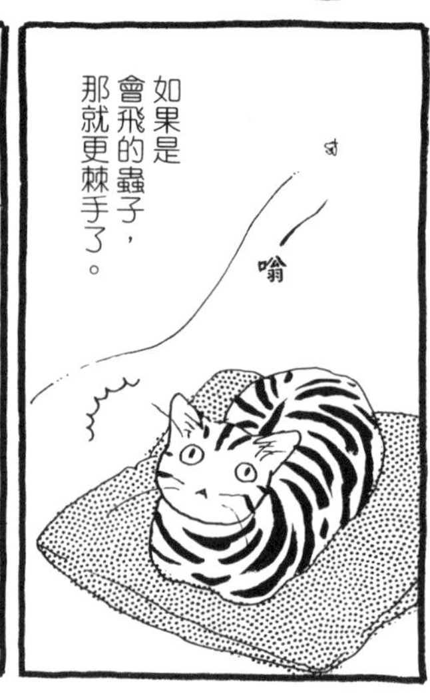
如果是會飛的蟲子，那就更棘手了。
嗡

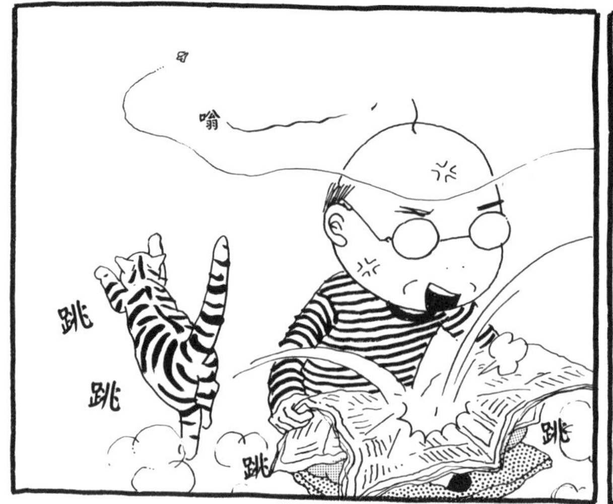
嗡
跳
跳
跳
跳

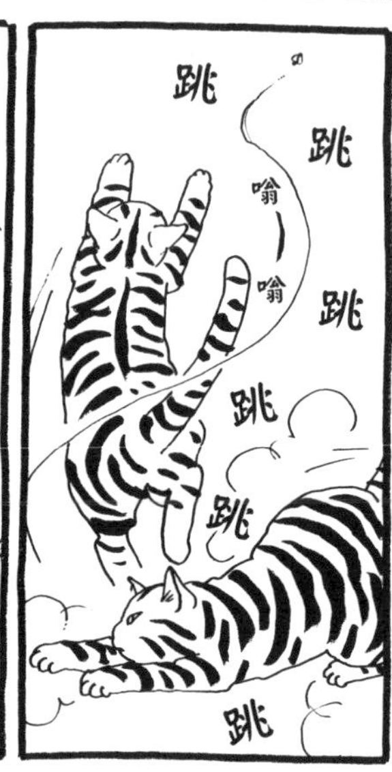
跳
跳
嗡
嗡
跳
跳
跳
跳

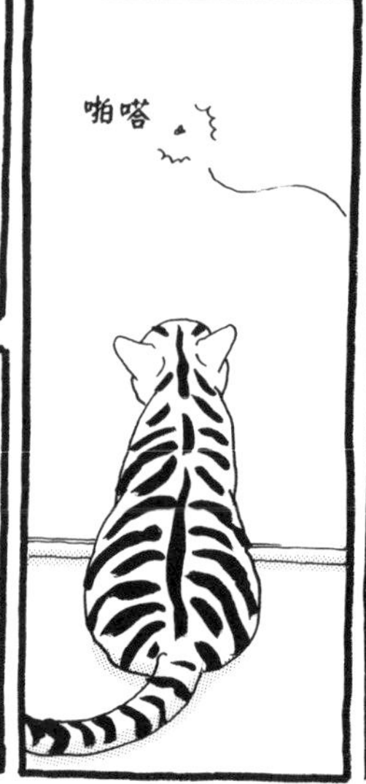
啪嗒

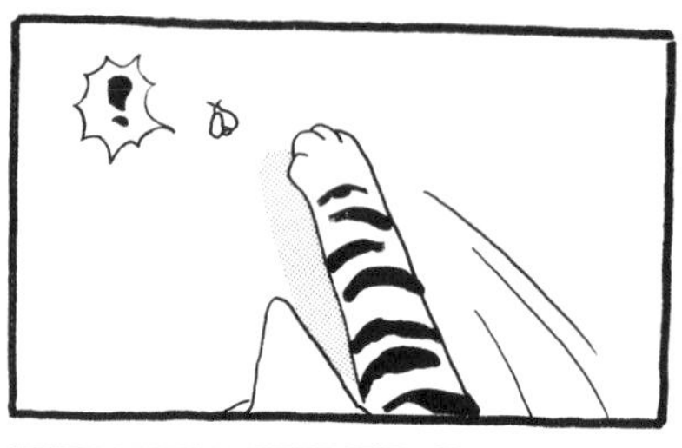

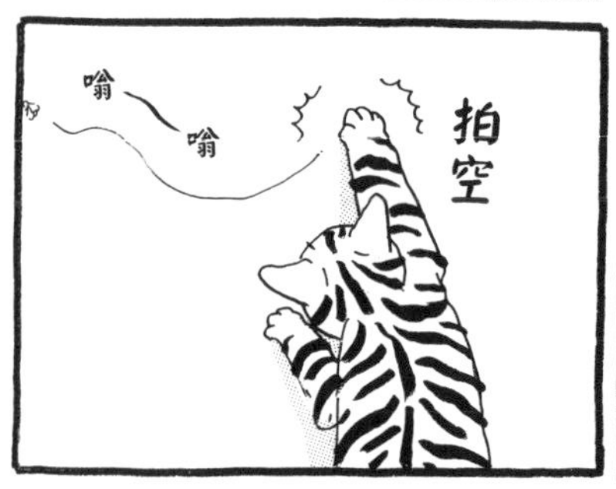
嗡
嗡
拍空

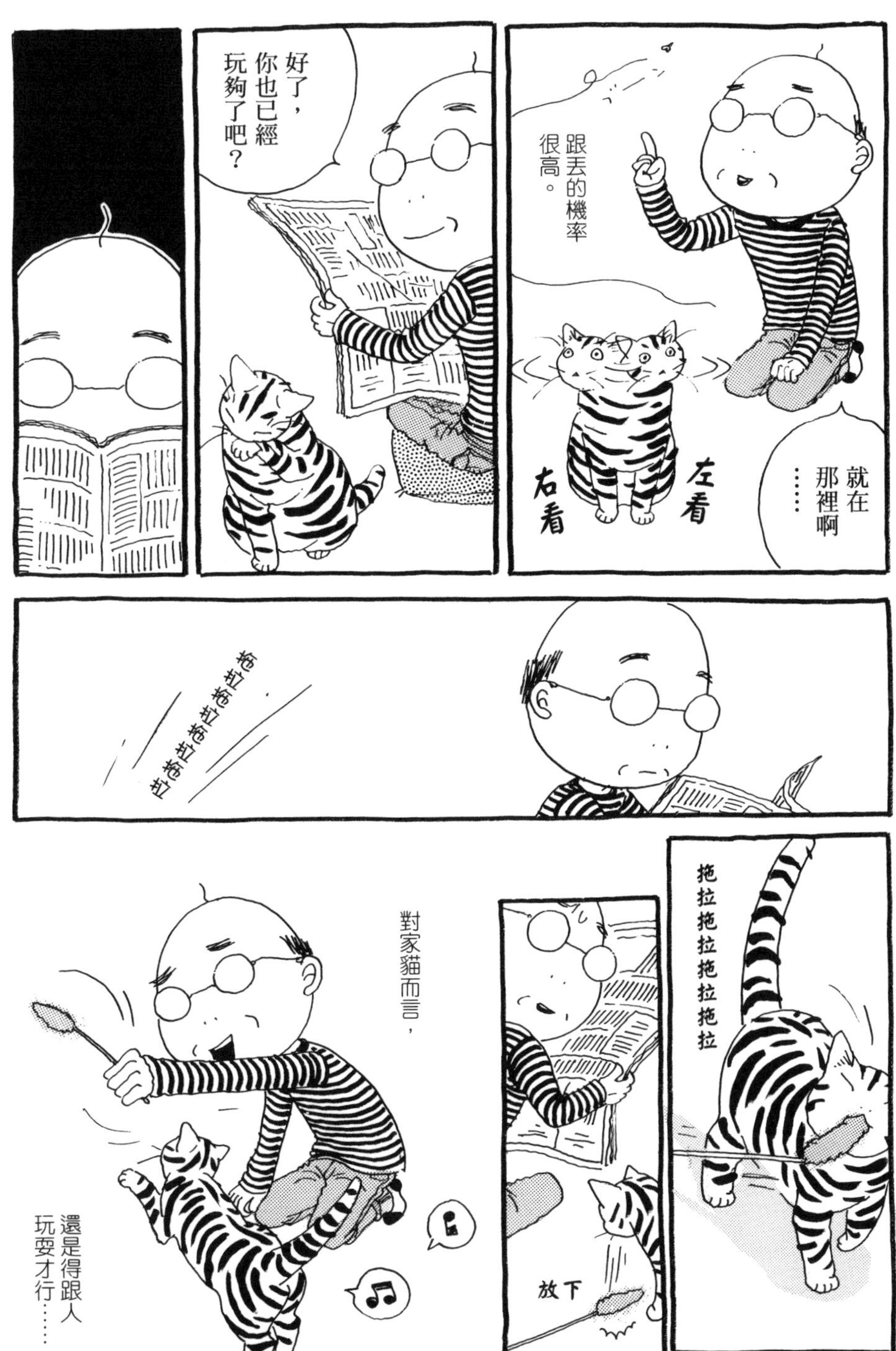
跟丟的機率很高。
就在那裡啊……
左看
右看
好了，你也已經玩夠了吧？
拖拉拖拉拖拉拖拉
拖拉拖拉拖拉拖拉
放下
對家貓而言，
還是得跟人玩耍才行……

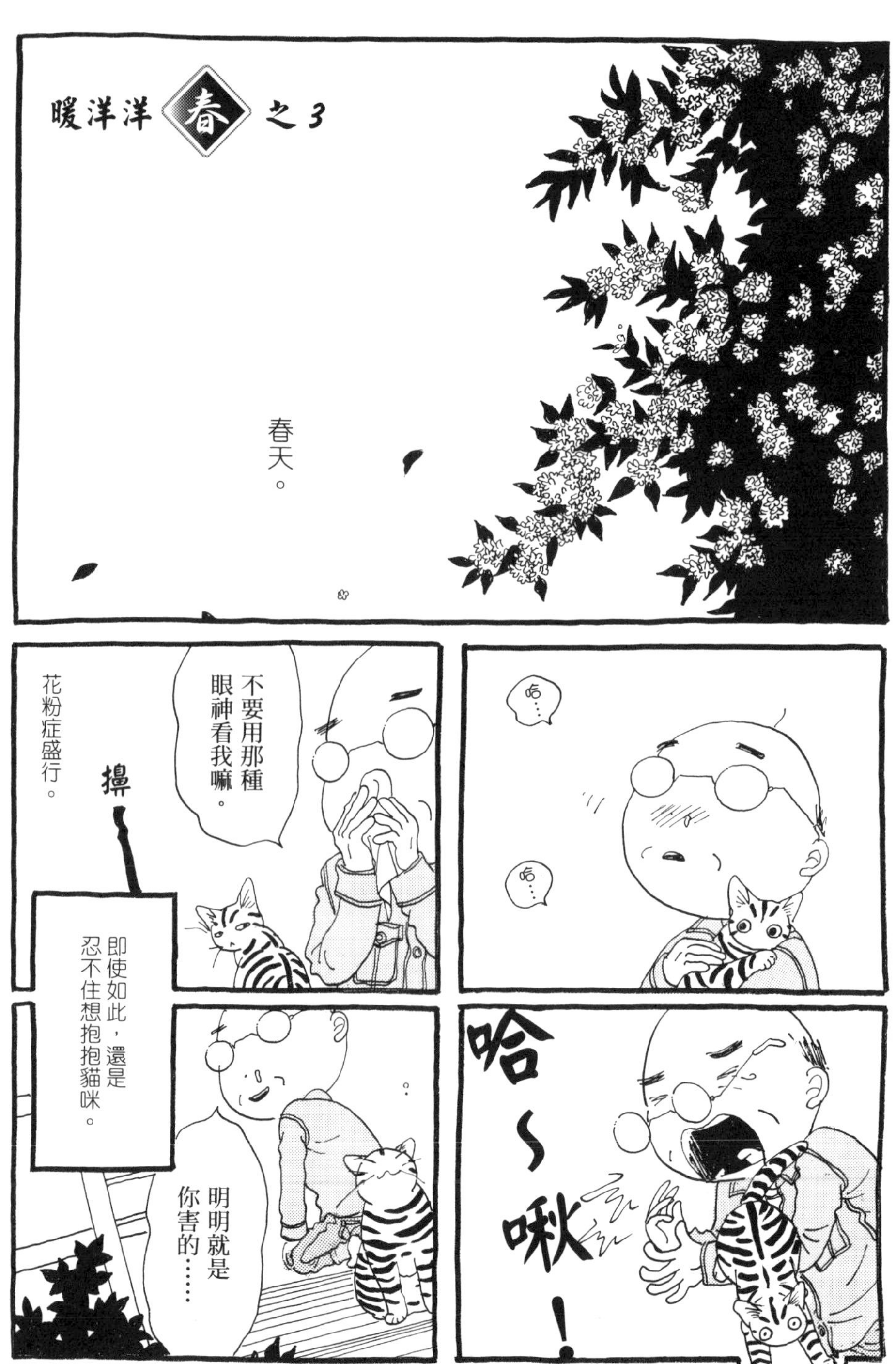
暖洋洋 春 之3
春天。
花粉症盛行。
擤
不要用那種眼神看我嘛。
咕……
咕……
即使如此，還是忍不住想抱抱貓咪。
明明就是你害的……
哈～啾！

試著交換身分看看……

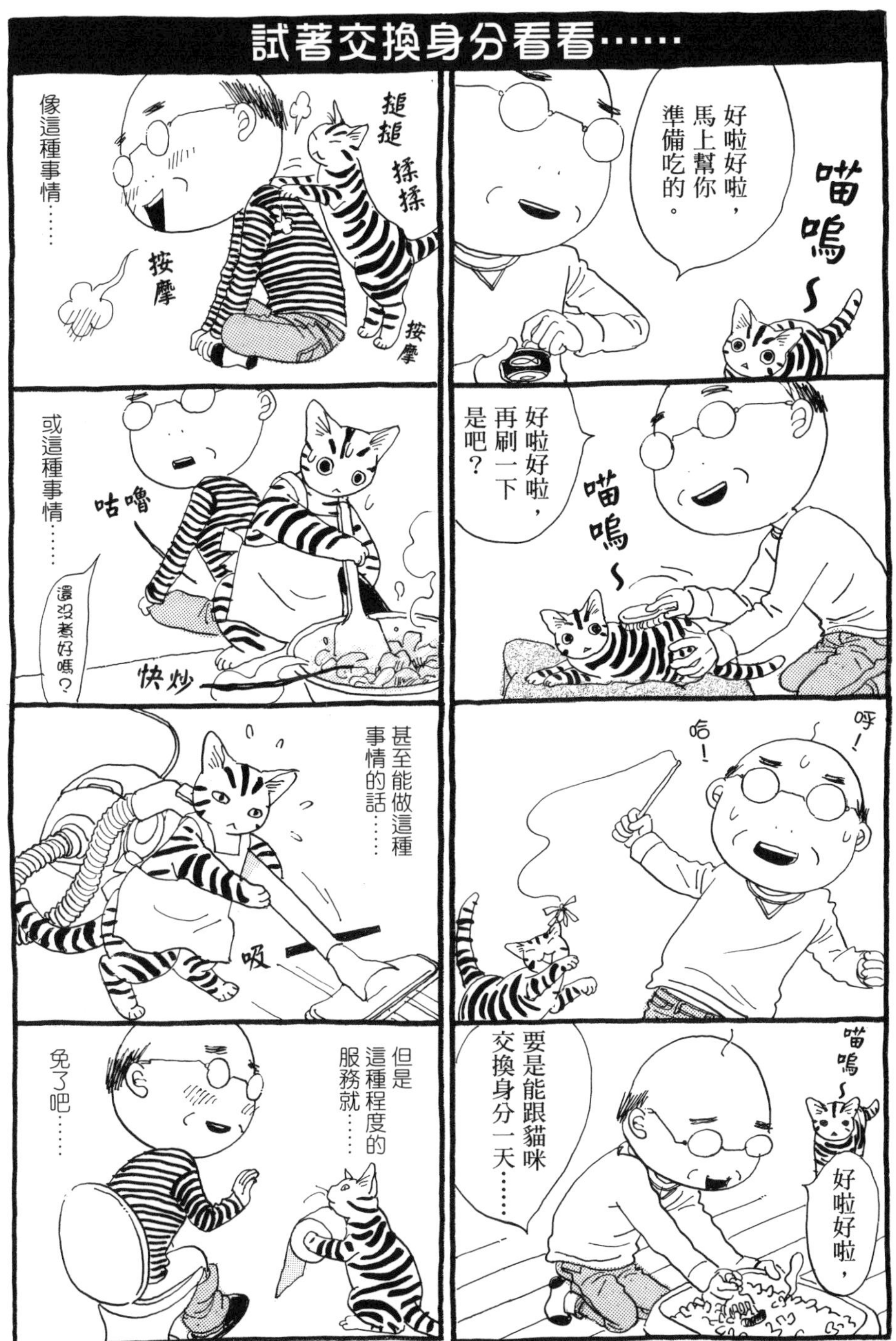

好啦好啦，馬上幫你準備吃的。
喵嗚～
好啦好啦，再刷一下是吧？
喵嗚～
哈！
呼！
喵嗚～
好啦好啦，
要是能跟貓咪交換身分一天……
像這種事情……
搥搥
揉揉
按摩
按摩
或這種事情……
咕嚕
還沒煮好嗎？
快炒
甚至能做這種事情的話……
吸
但是這種程度的服務就……
免了吧……

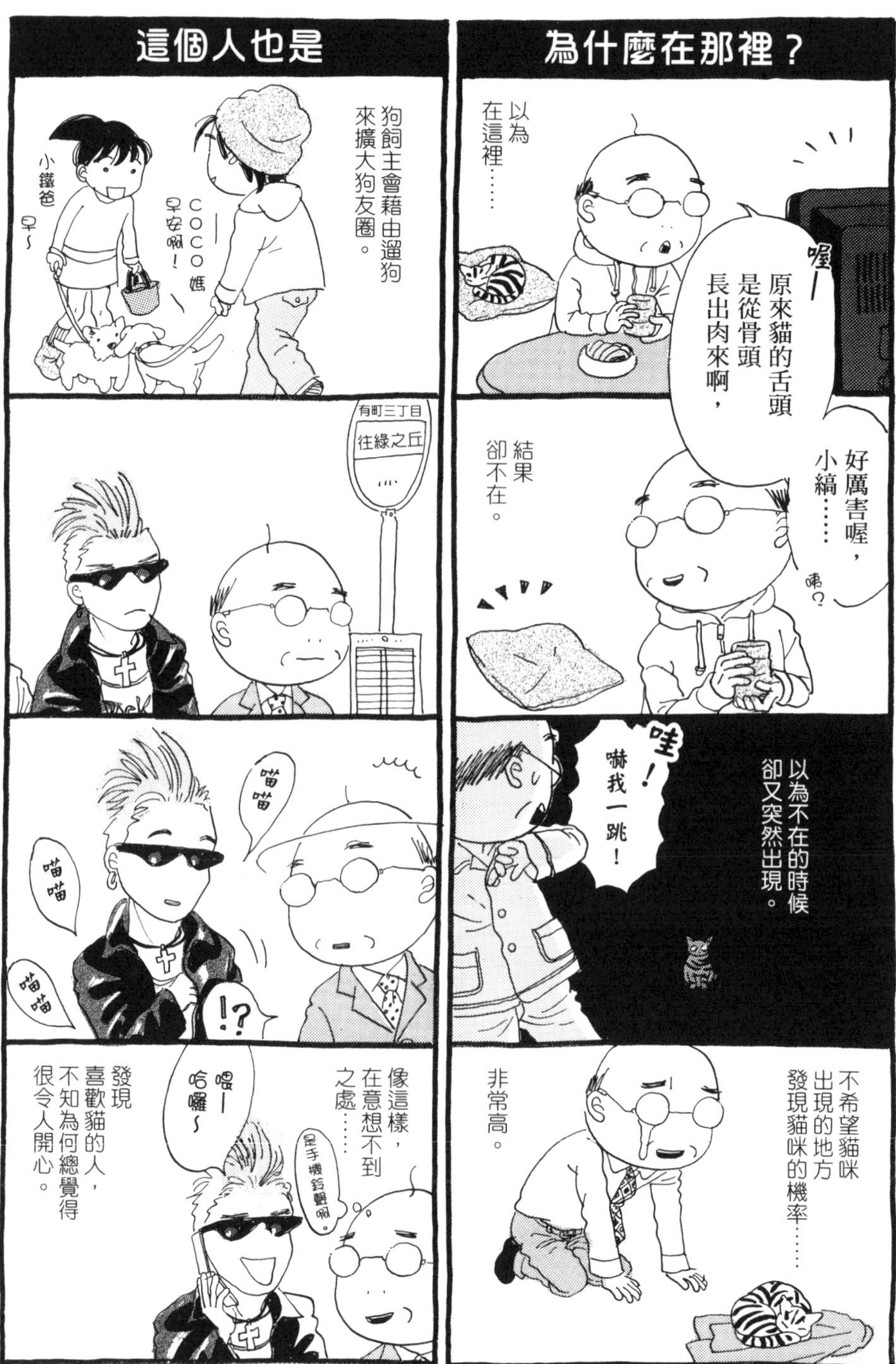

這個人也是
狗飼主會藉由遛狗來擴大狗友圈。
COCO媽早安啊！
小鐵爸早～
有町三丁目
往綠之丘
喵喵
喵喵
喵喵
!?
像這樣，在意想不到之處……
喂—哈囉～
是手機鈴聲啊。
發現喜歡貓的人，不知為何總覺得很令人開心。
為什麼在那裡？
以為在這裡……
原來貓的舌頭是從骨頭長出肉來啊，
喔—
好厲害喔，小縞……
咦？
結果卻不在。
以為不在的時候卻又突然出現。
哇！
嚇我一跳！
不希望貓咪出現的地方發現貓咪的機率……
非常高。

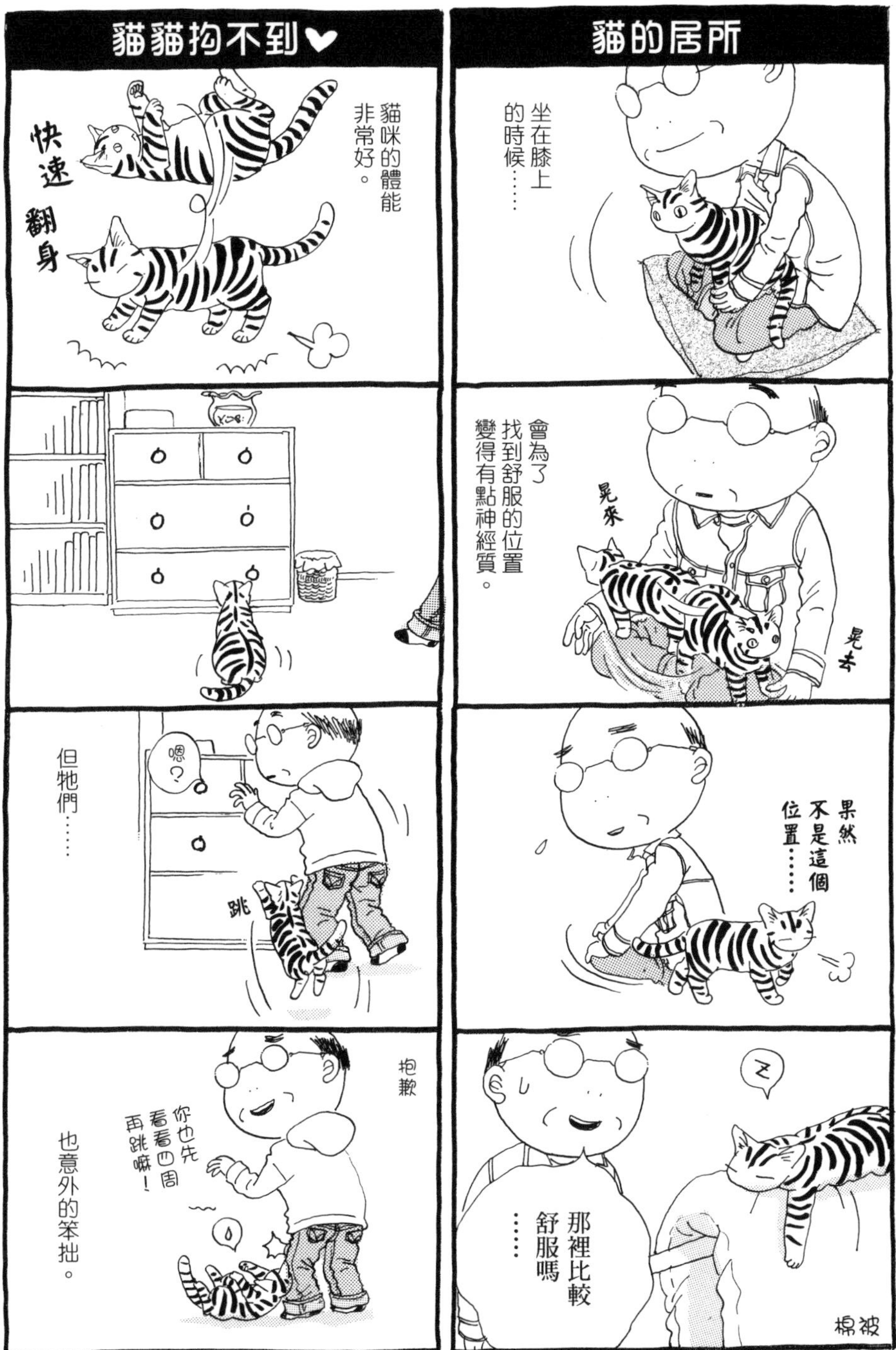
貓貓拘不到
貓咪的體能非常好。
快速翻身
但牠們……
嗯？
跳
也意外的笨拙。
抱歉
你也先看看四周再跳嘛！
貓的居所
坐在膝上的時候……
會為了找到舒服的位置變得有點神經質。
晃來
晃去
果然不是這個位置……
那裡比較舒服嗎……
棉被

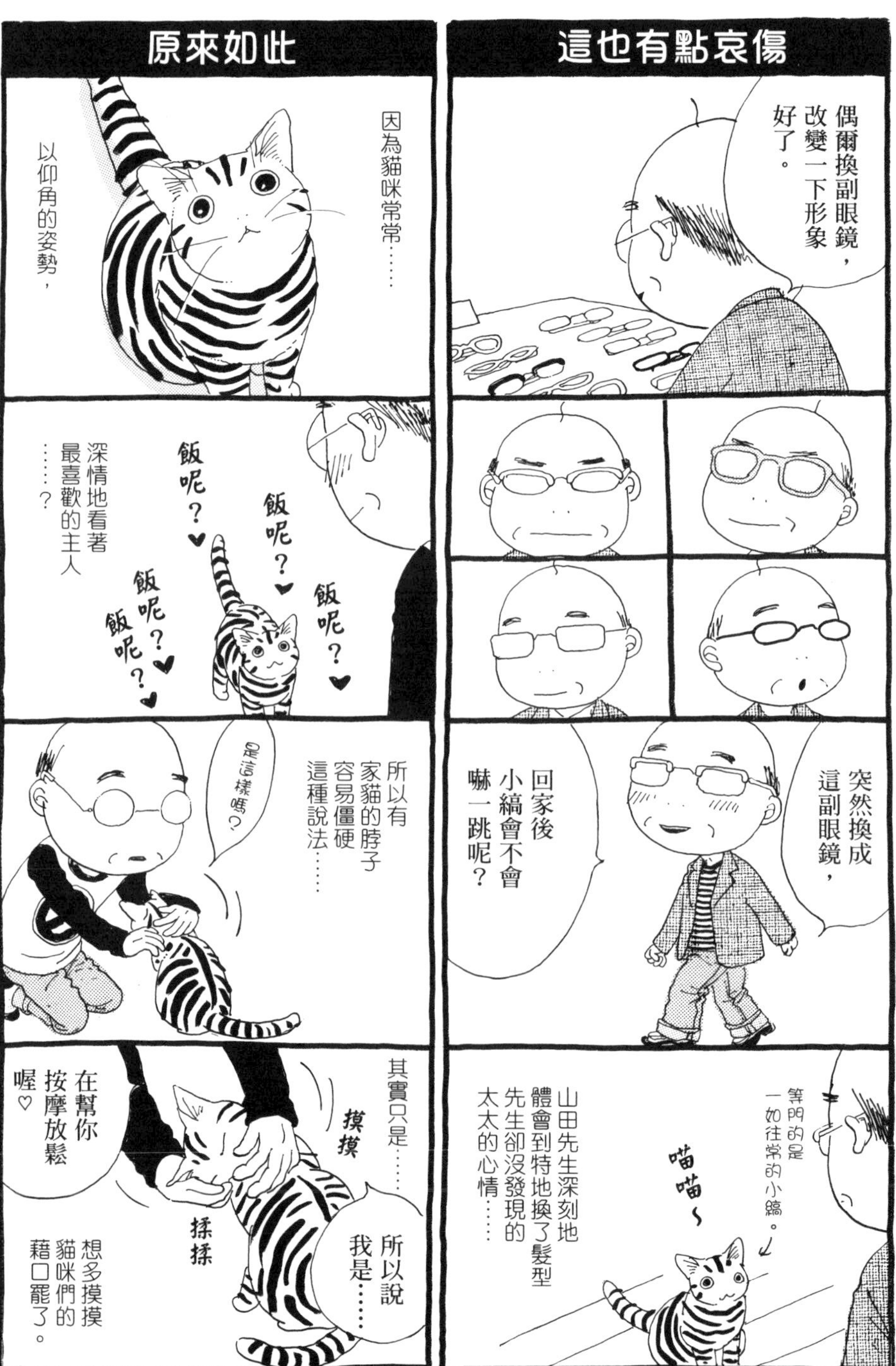
這也有點哀傷
偶爾換副眼鏡，改變一下形象好了。
突然換成這副眼鏡，
回家後小縞會不會嚇一跳呢？
等門的是一如往常的小縞。
喵喵～
山田先生深刻地體會到特地換了髮型先生卻沒發現的太太的心情……
原來如此
因為貓咪常常……
以仰角的姿勢，
飯呢？
飯呢？
飯呢？
飯呢？
飯呢？
深情地看著最喜歡的主人……？
所以有家貓的脖子容易僵硬這種說法……
是這樣嗎？
其實只是……
摸摸
揉揉
所以說我是……
在幫你按摩放鬆喔♡
想多摸摸貓咪們的藉口罷了。

SMILE

寢子＝貓咪？

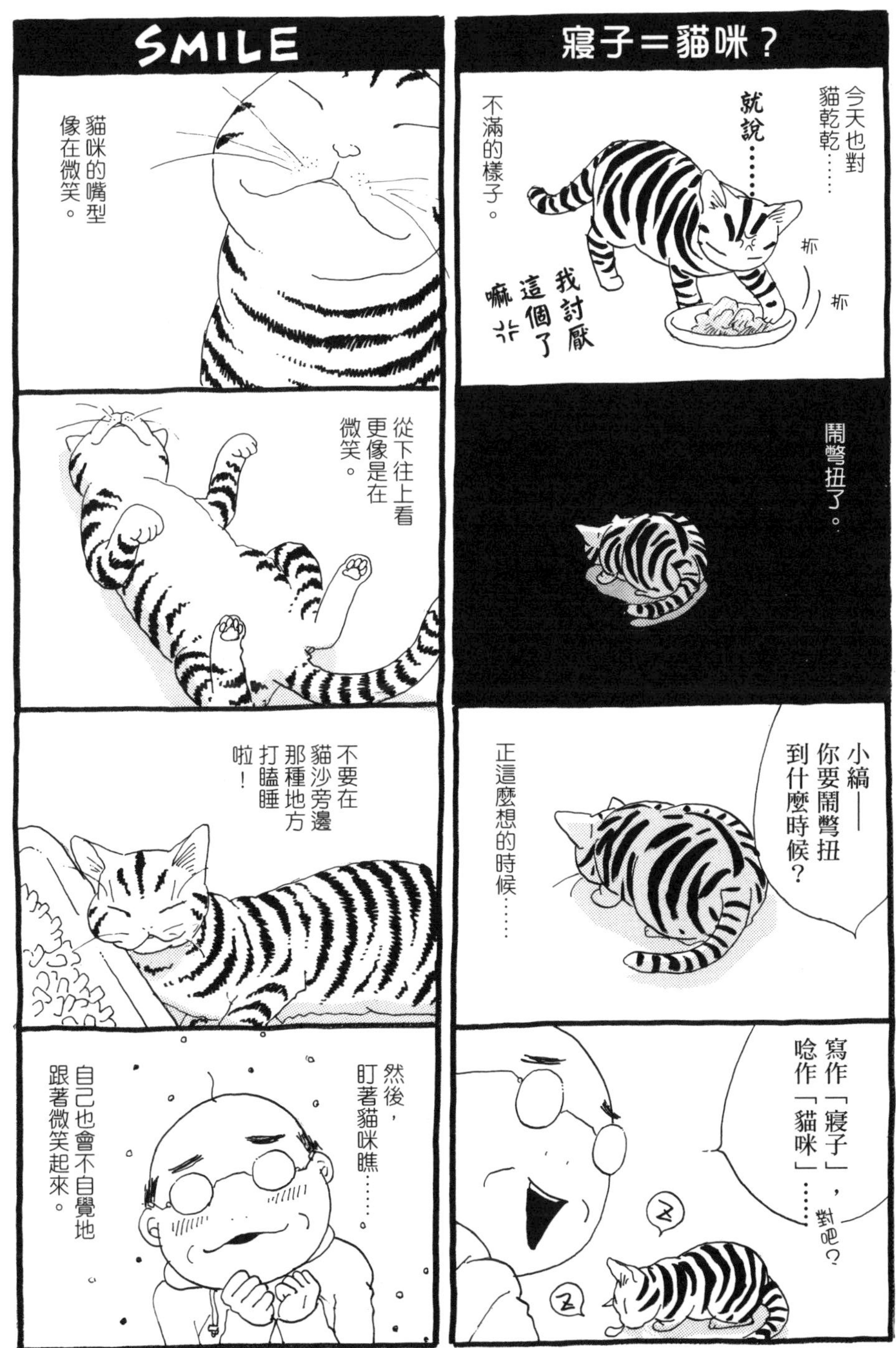

※註：日文中寢子與貓咪的發音相同。

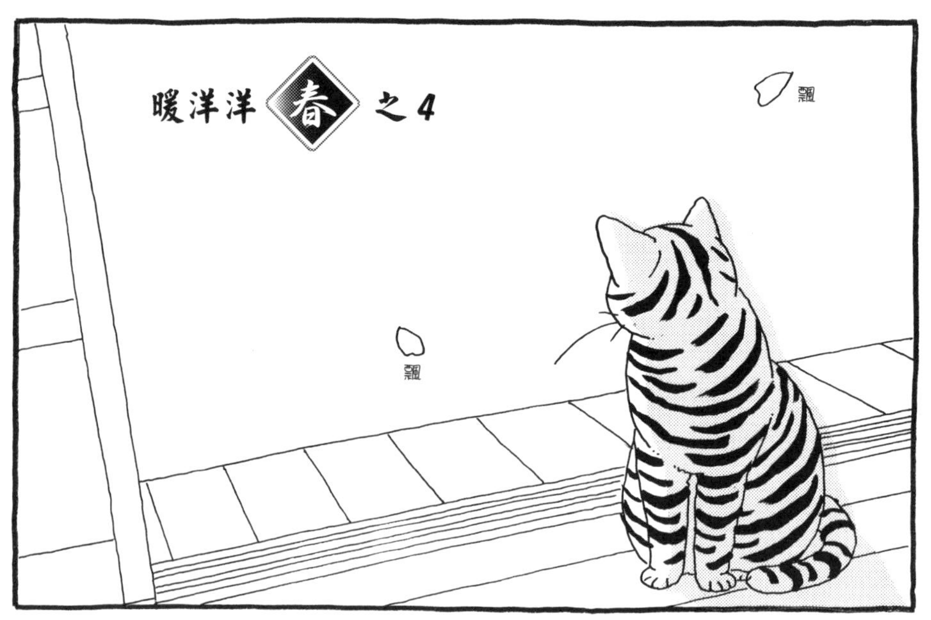

咻咻

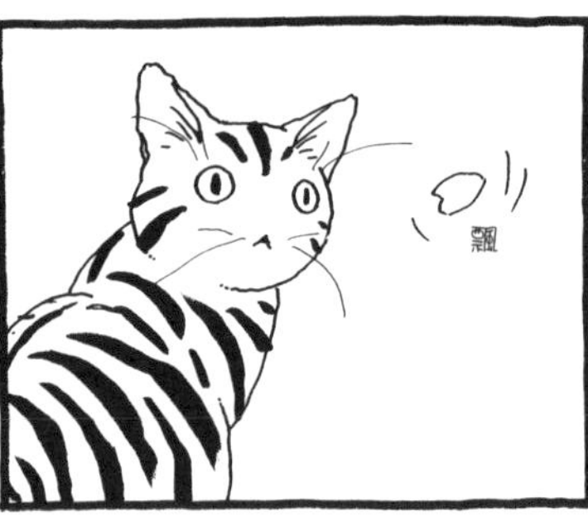

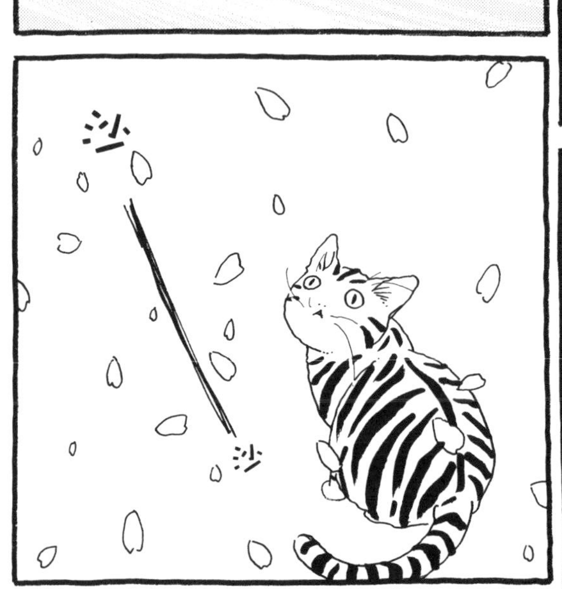

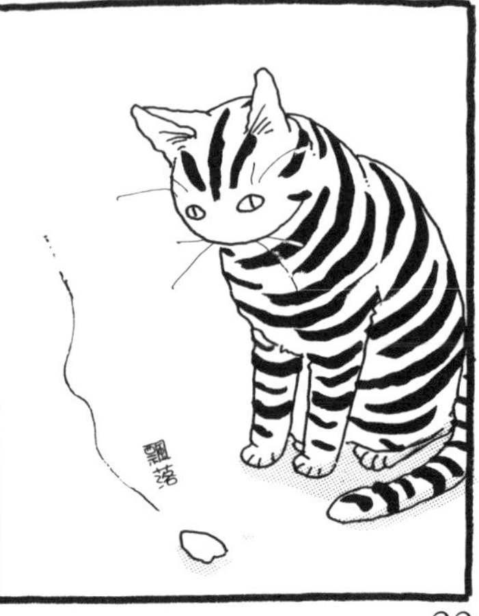

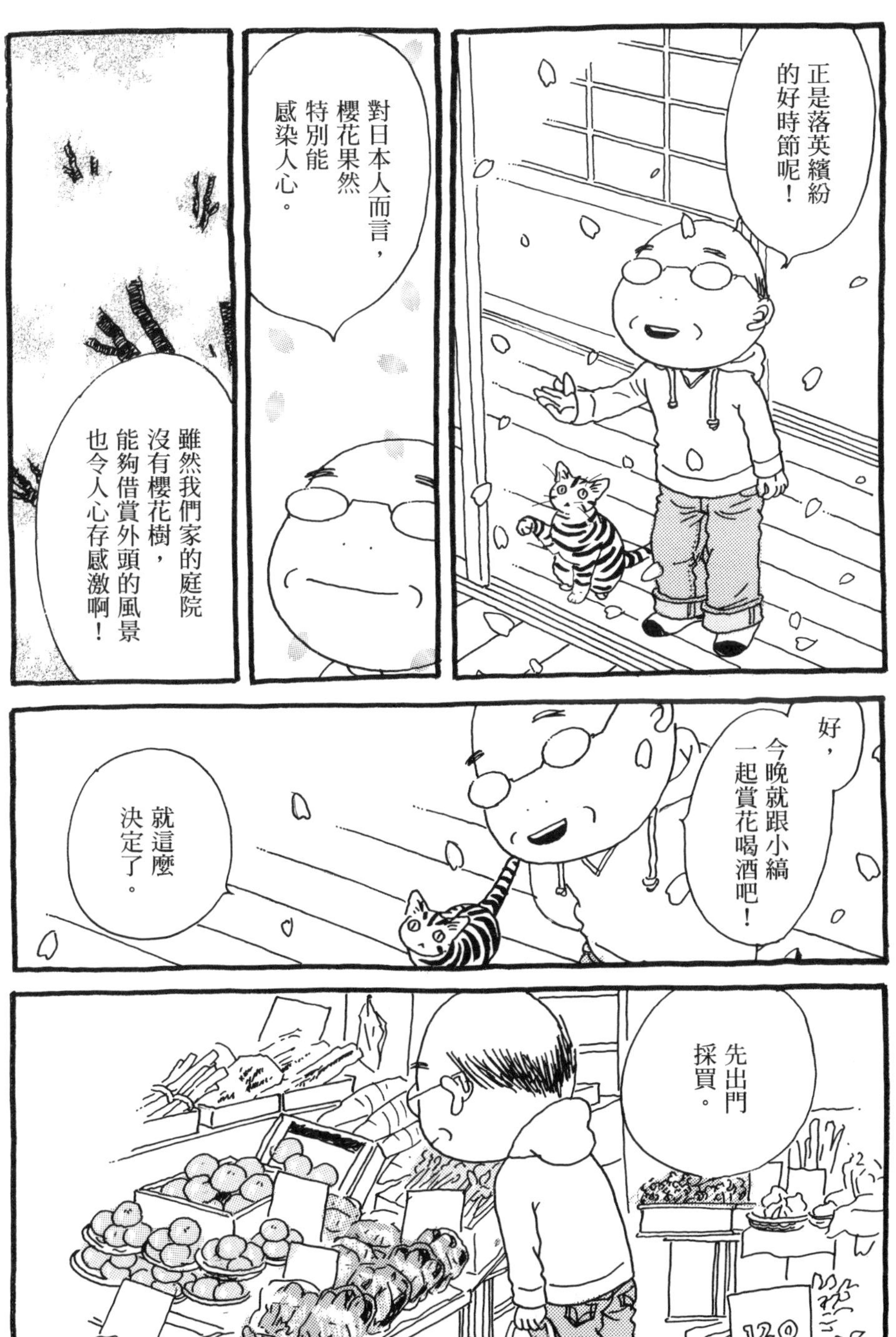

正是落英繽紛的好時節呢！
對日本人而言，櫻花果然特別能感染人心。
雖然我們家的庭院沒有櫻花樹，能夠借賞外頭的風景也令人心存感激啊！
好，今晚就跟小縞一起賞花喝酒吧！
就這麼決定了。
先出門採買。
120

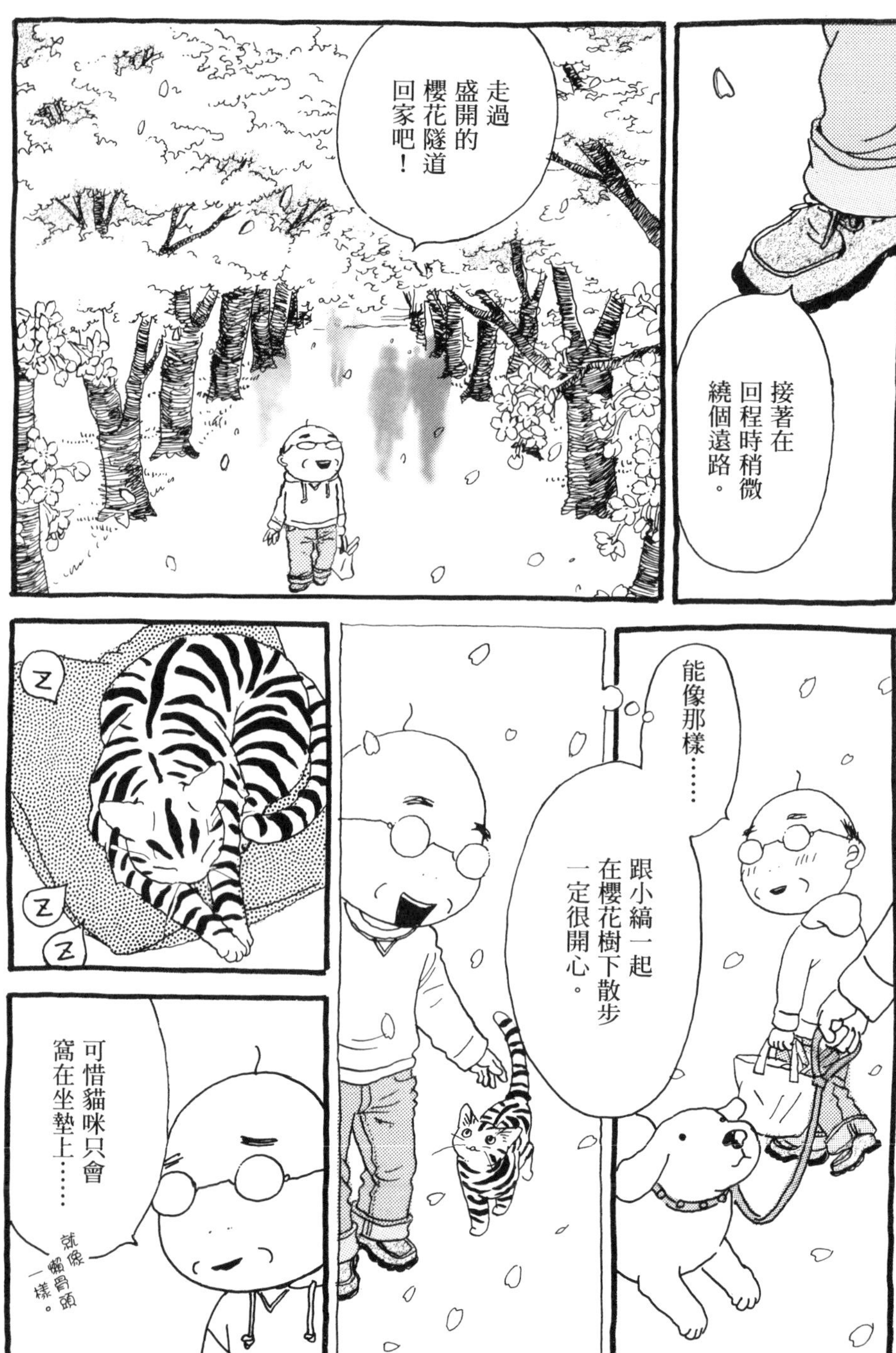
接著在
回程時稍微
繞個遠路。
走過
盛開的
櫻花隧道
回家吧！
能像那樣……
跟小縞一起
在櫻花樹下散步
一定很開心。
Z
Z
Z
可惜貓咪只會
窩在坐墊上……
就像
懶骨頭
一樣。

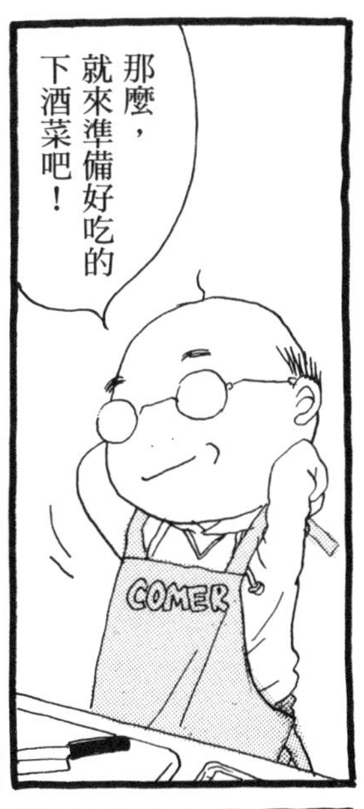
那麼，
就來準備好吃的
下酒菜吧！
COMER

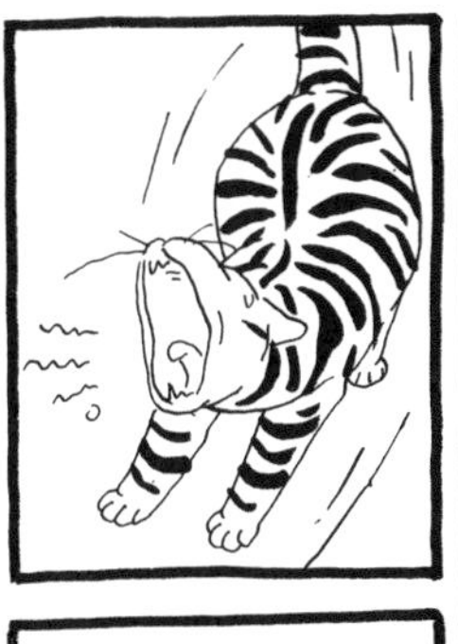

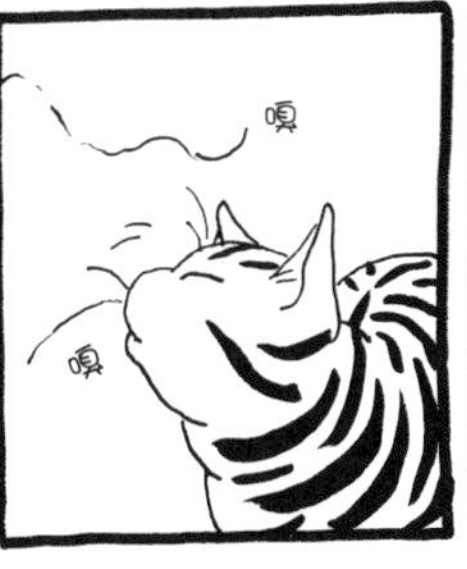
嗅
嗅

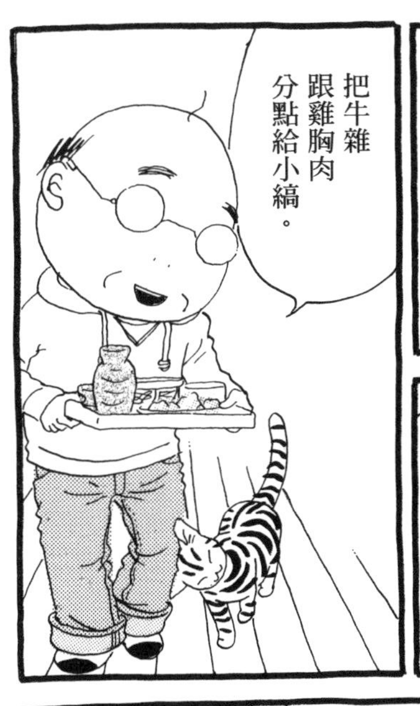
把牛雜
跟雞胸肉
分點給小縞。

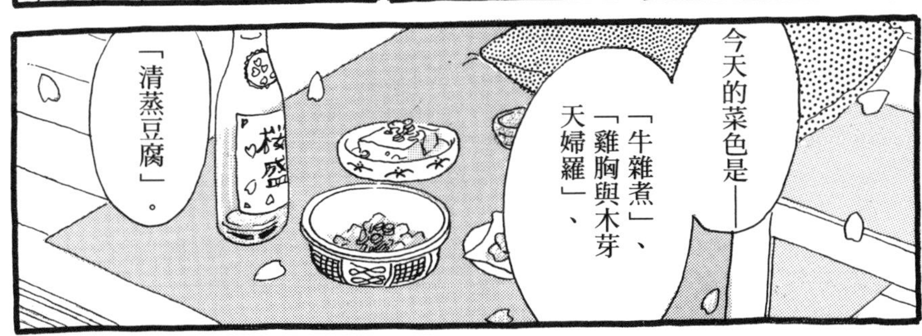
今天的菜色是——
「牛雜煮」、
「雞胸與木芽
天婦羅」、
「清蒸豆腐」。

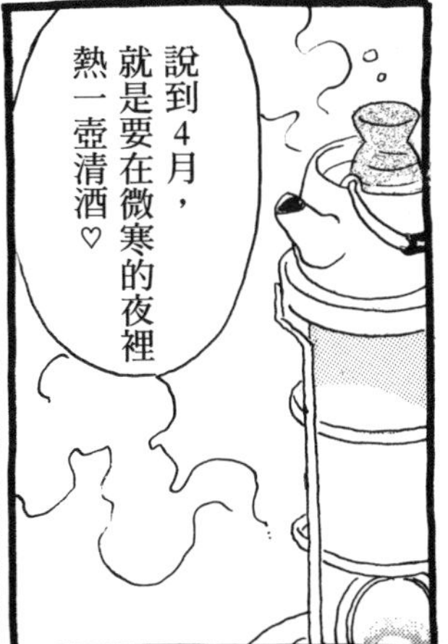
說到4月，
就是要在微寒的夜裡
熱一壺清酒♡

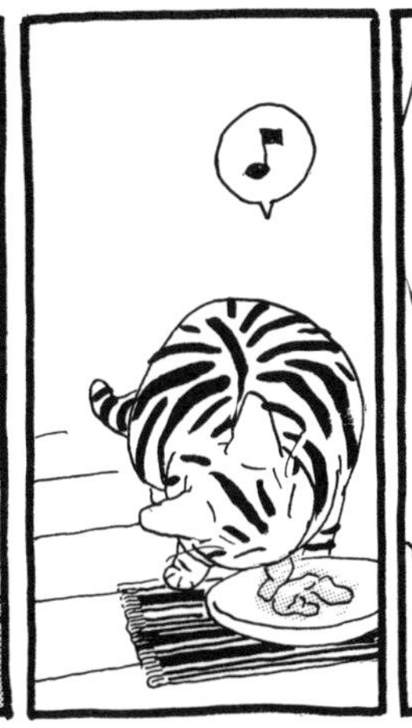
♪

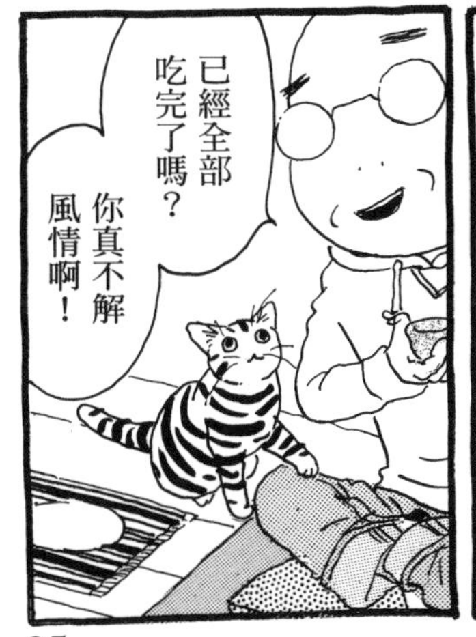
已經全部
吃完了嗎？
你真不解
風情啊！

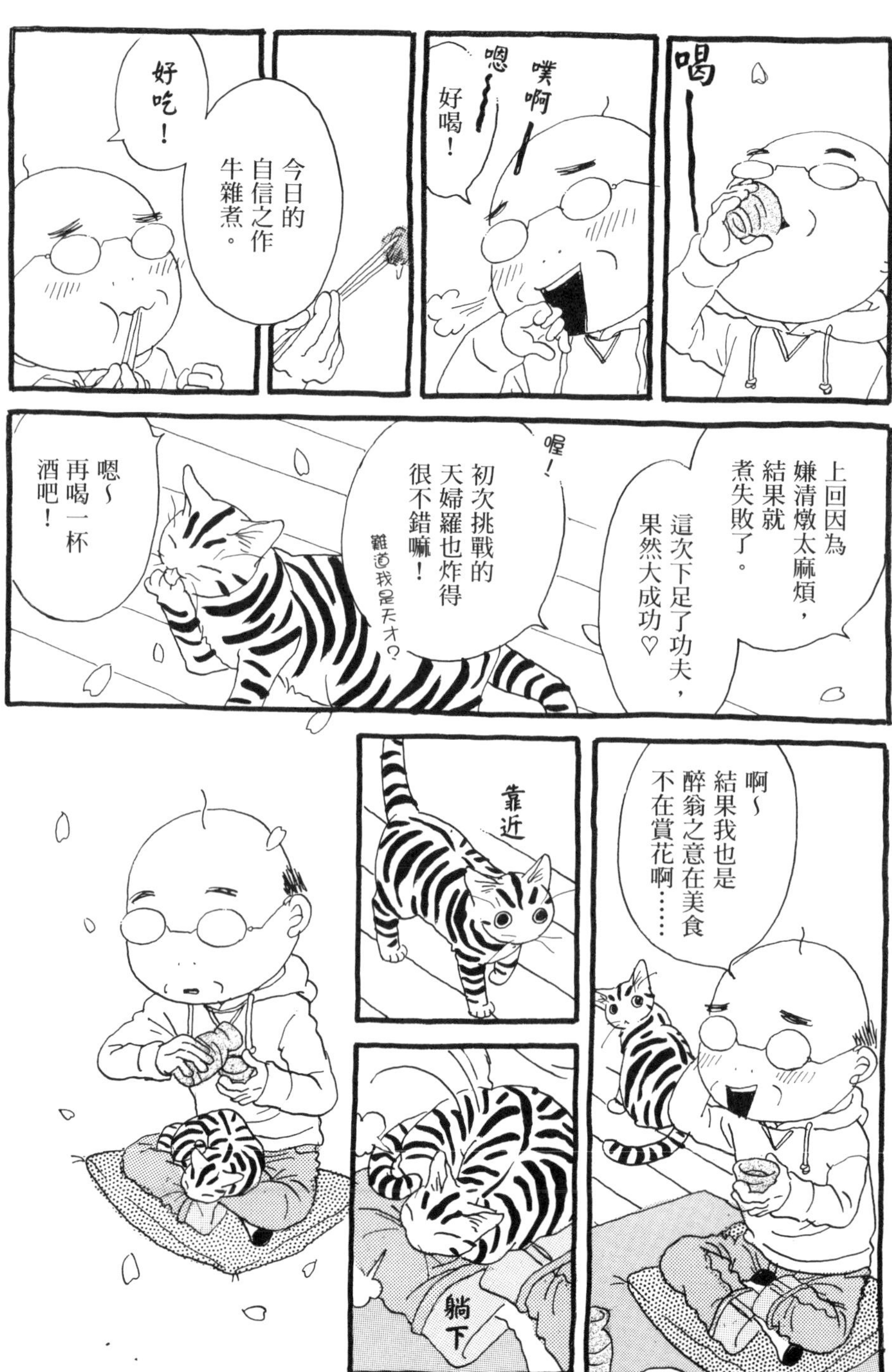
喝——
噗啊——
嗯~~好喝！
今日的自信之作牛雜煮。
好吃！
上回因為嫌清燉太麻煩，結果就煮失敗了。
這次下足了功夫，果然大成功♡
喔！
初次挑戰的天婦羅也炸得很不錯嘛！
難道我是天才？
嗯~再喝一杯酒吧！
啊~結果我也是醉翁之意在美食不在賞花啊……
靠近
躺下

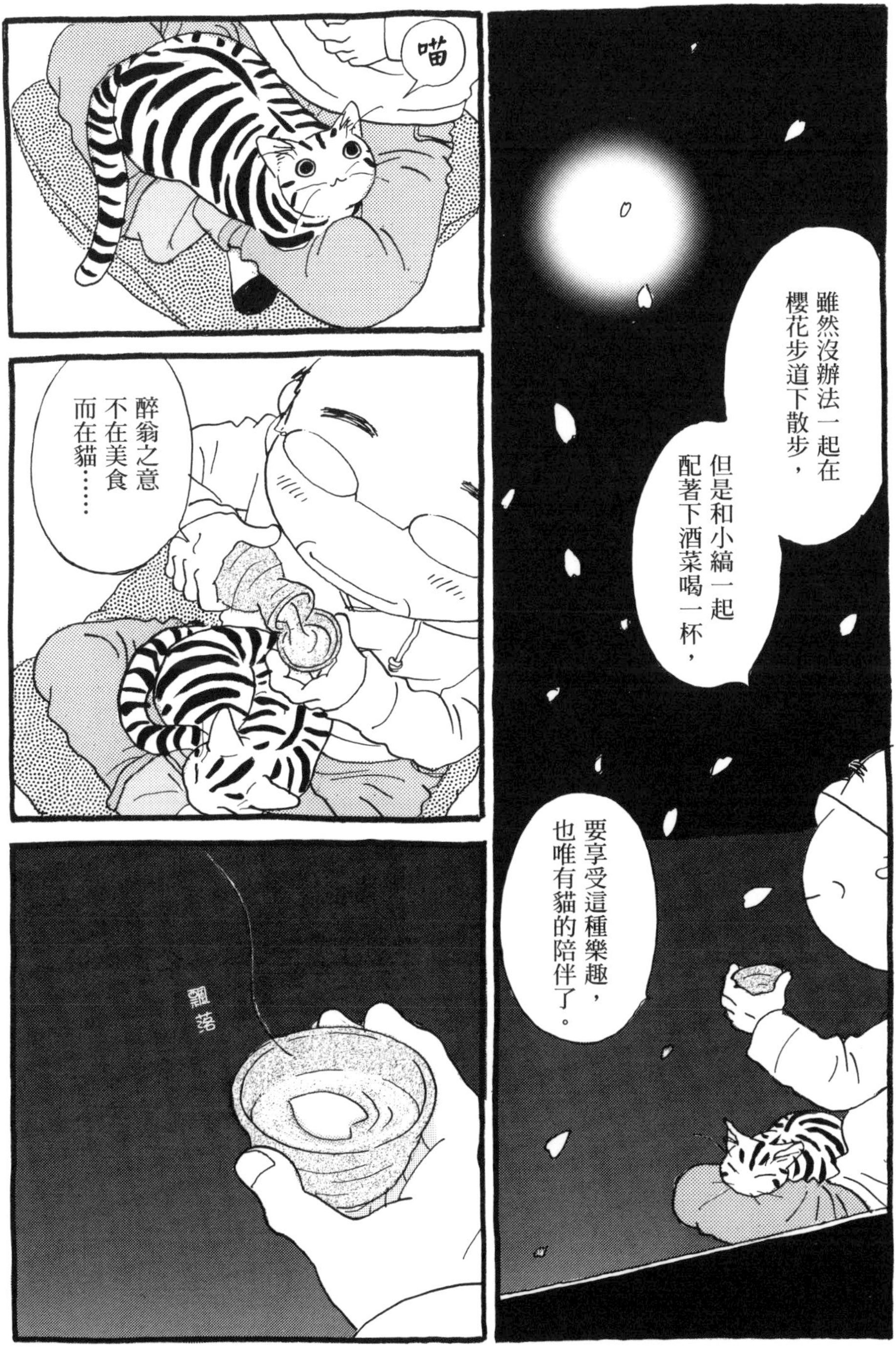

雖然沒辦法一起在櫻花步道下散步，
但是和小縞一起配著下酒菜喝一杯，
要享受這種樂趣，也唯有貓的陪伴了。

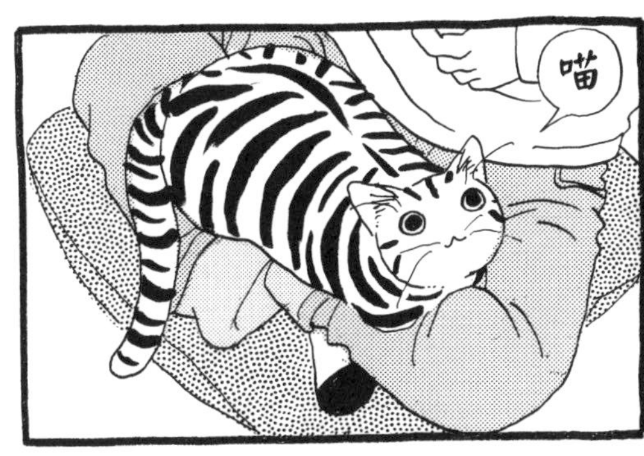

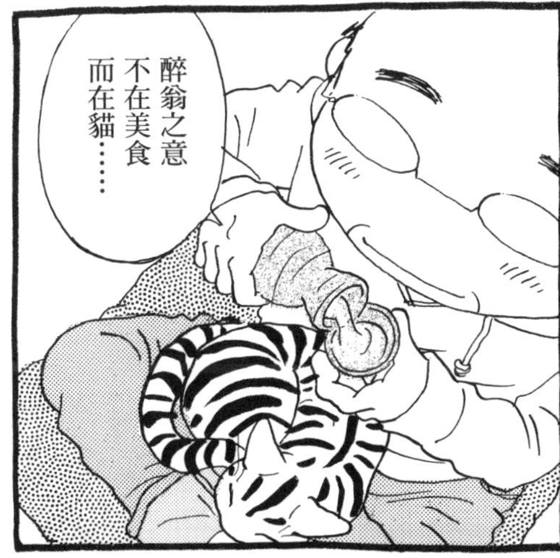

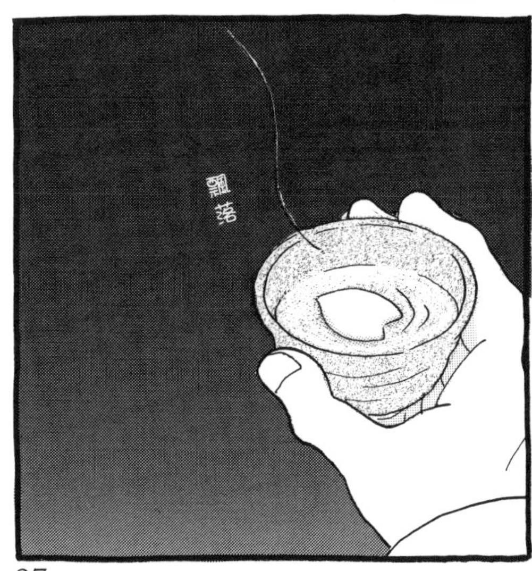

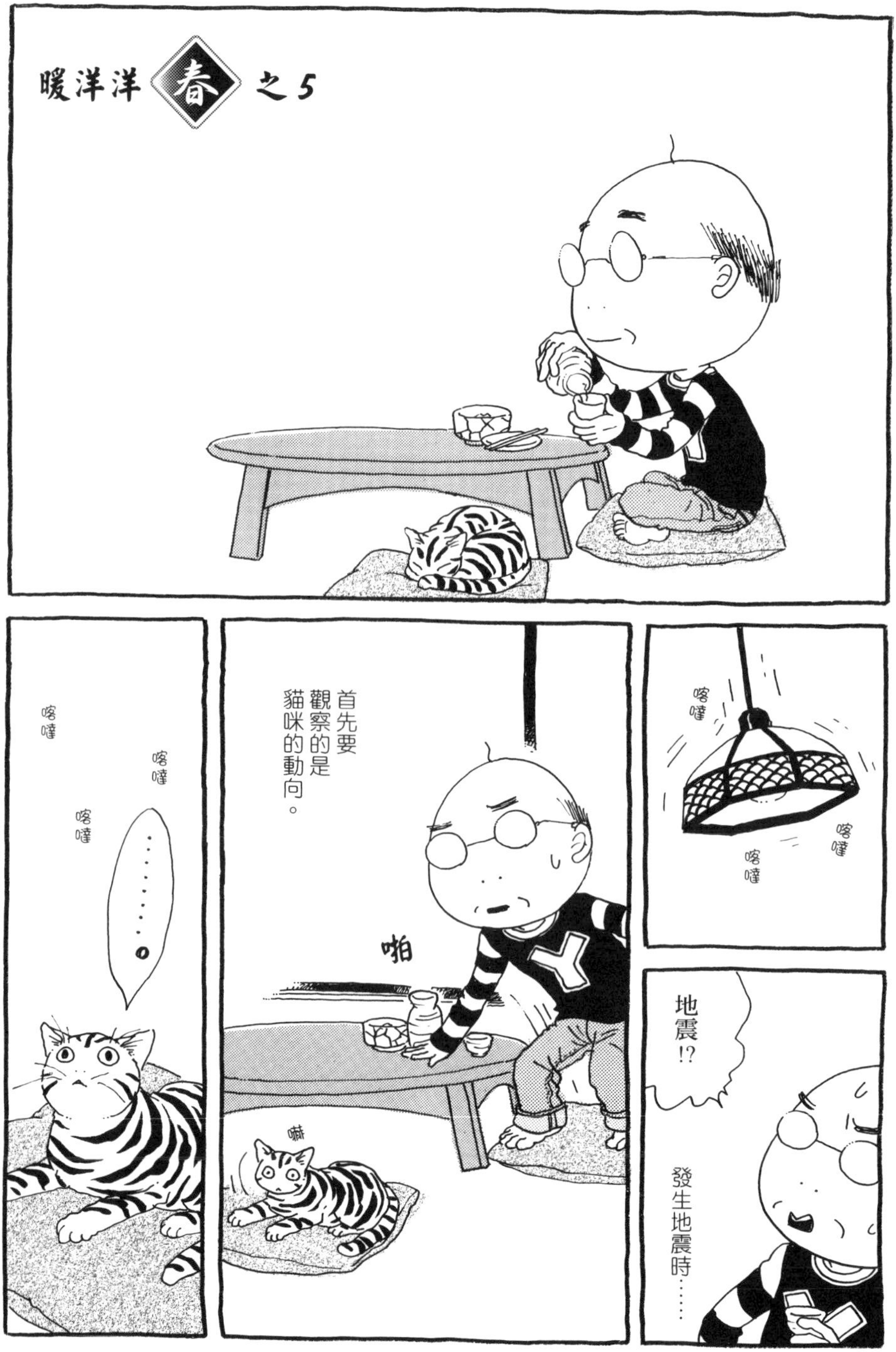

暖洋洋 春 之5

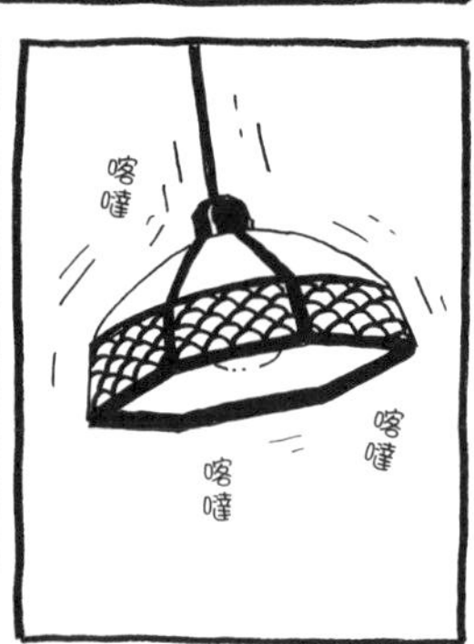

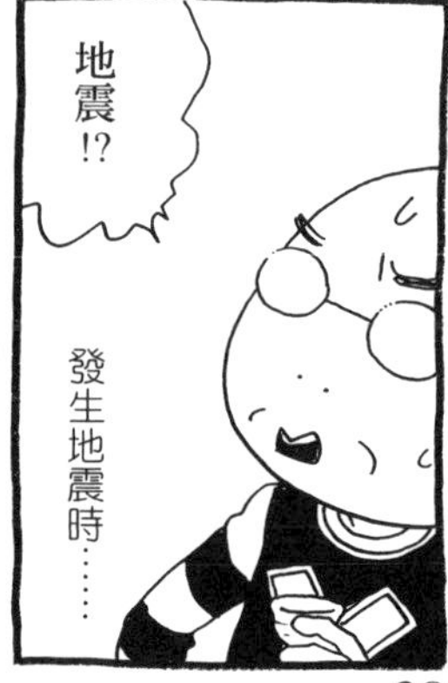

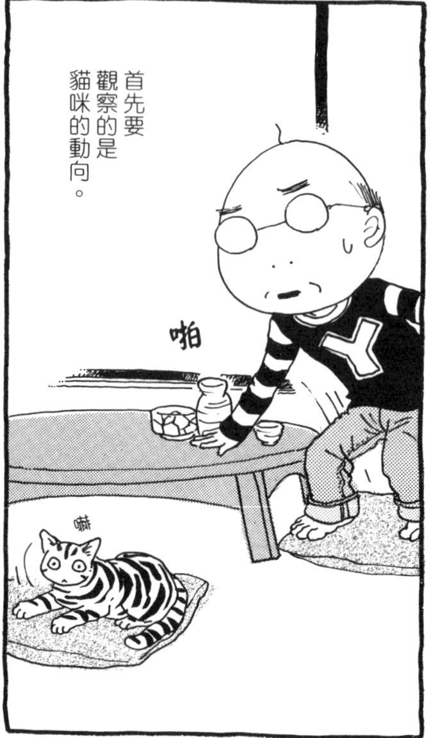

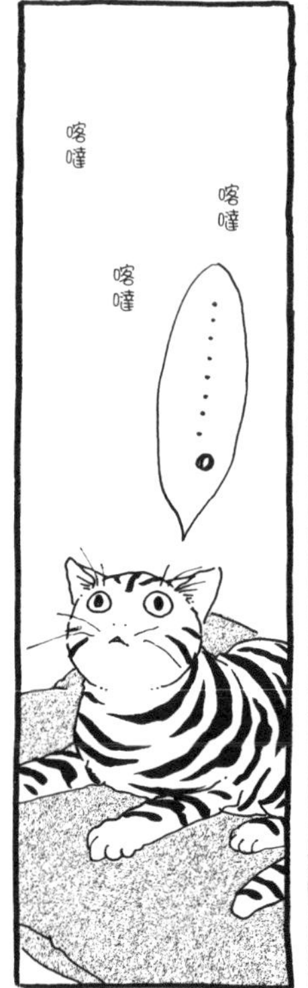

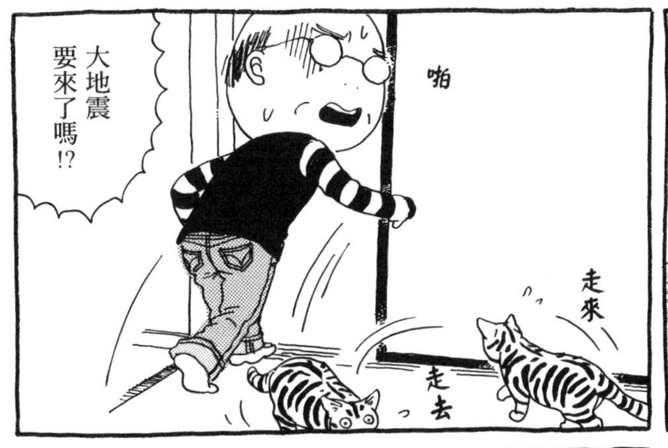
大地震要來了嗎!?
啪
走來
走去
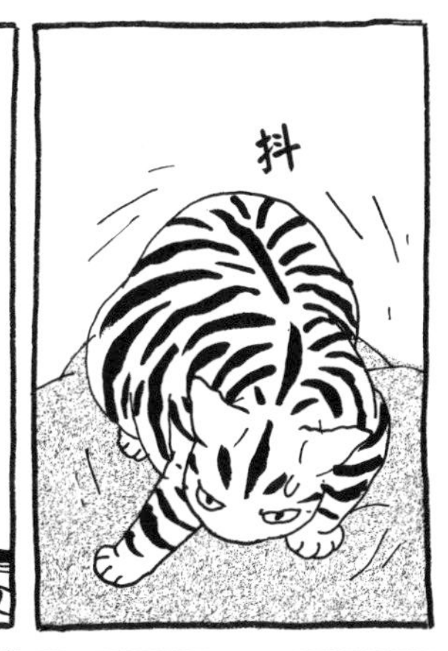
抖
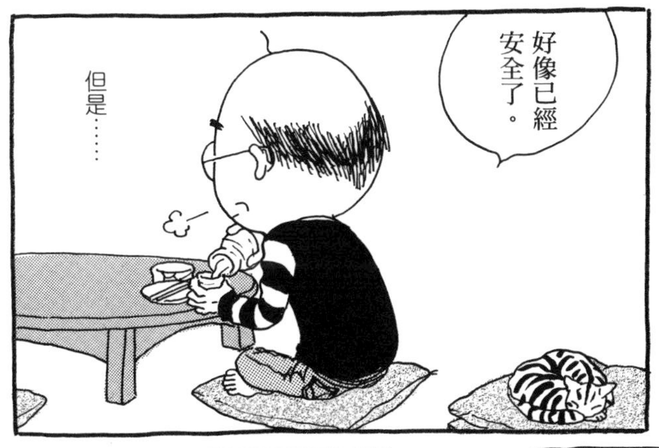
好像已經安全了。
但是……
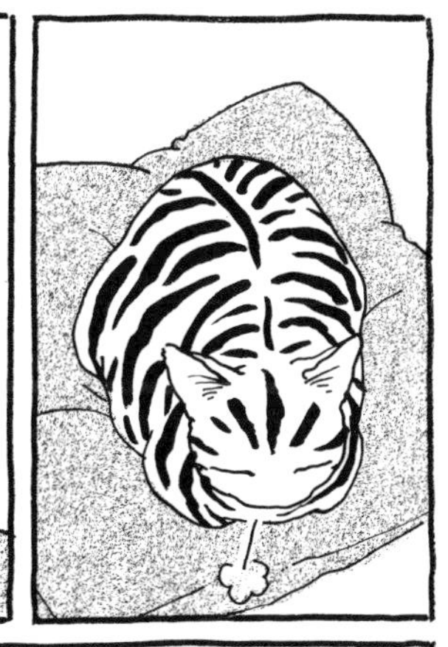
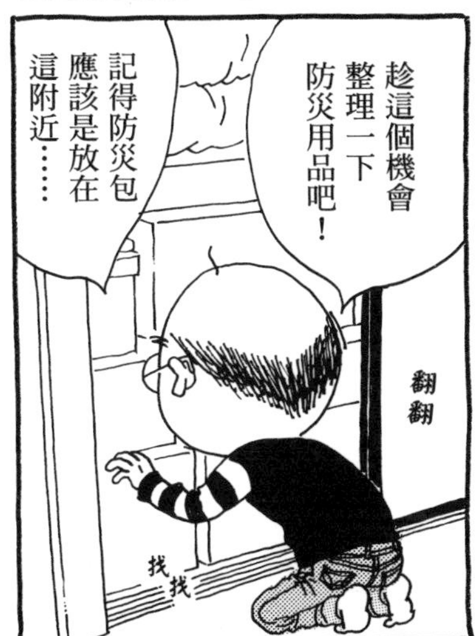
小縞的「野性的直覺」到底會準到什麼程度呢？
大地震可說是什麼時候發生都不意外。
趁這個機會整理一下防災用品吧！
記得防災包應該是放在這附近……
翻翻
找找
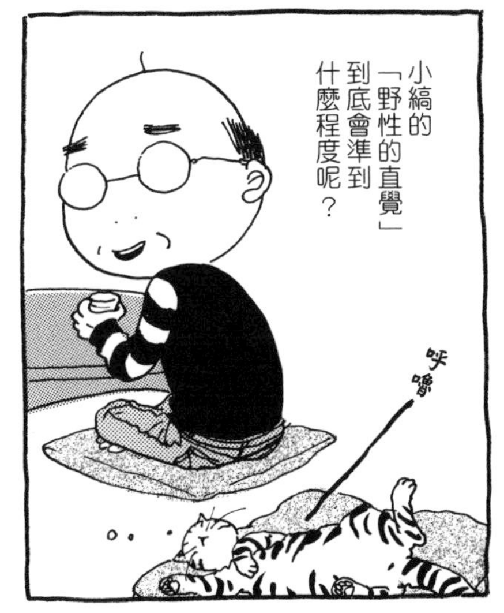
呼嚕

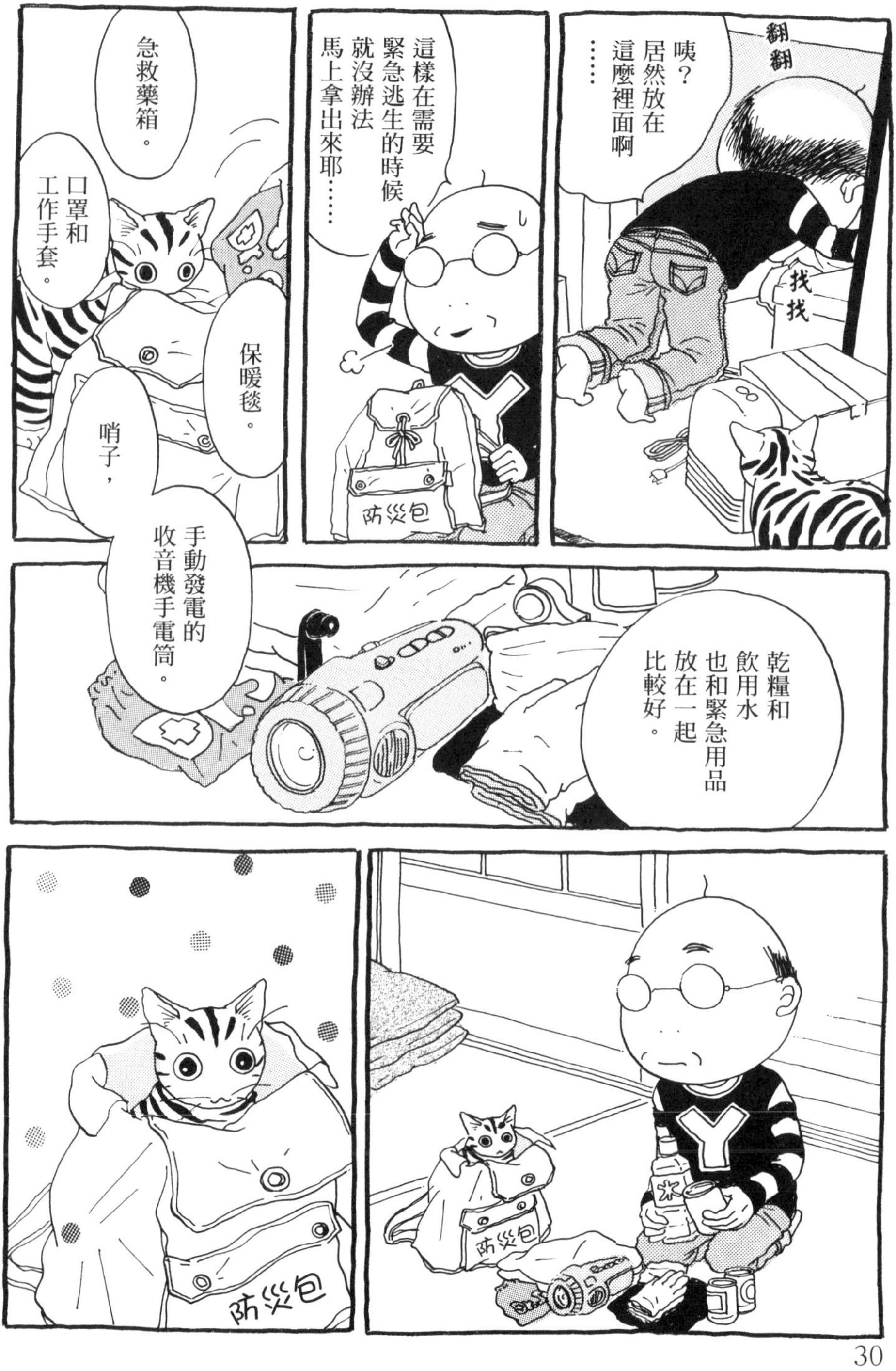

翻翻

咦？
居然放在
這麼裡面啊
……

找找

這樣在需要
緊急逃生的時候
就沒辦法
馬上拿出來耶……

防災包

急救藥箱。

口罩和
工作手套。

保暖毯。

哨子，

手動發電的
收音機手電筒。

乾糧和
飲用水
也和緊急用品
放在一起
比較好。

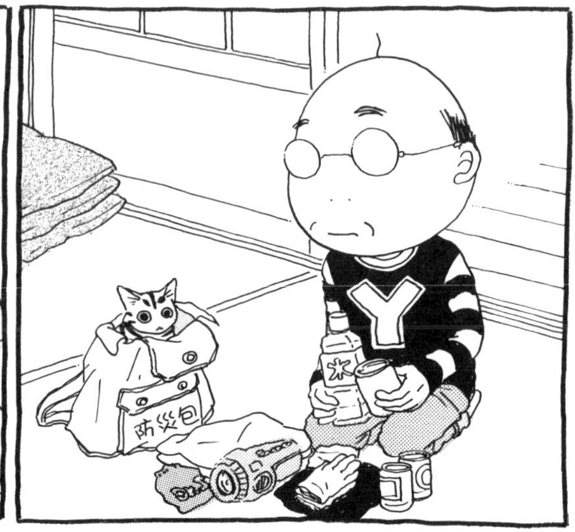

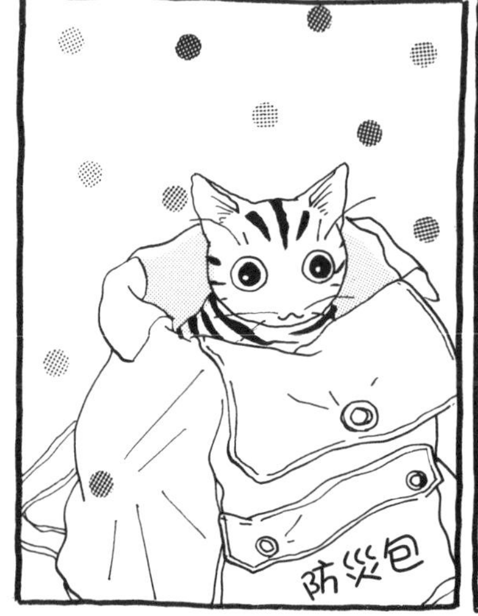

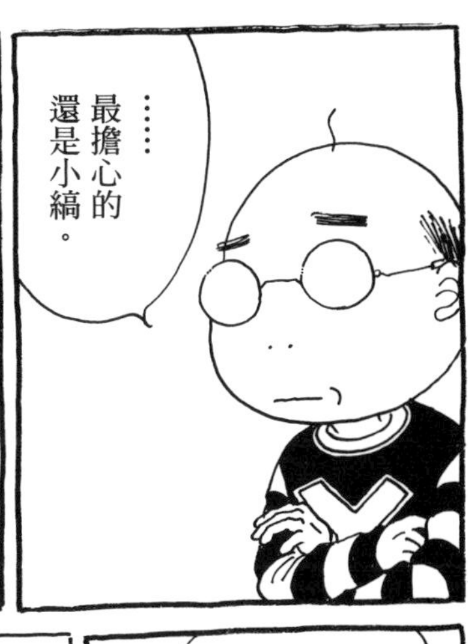

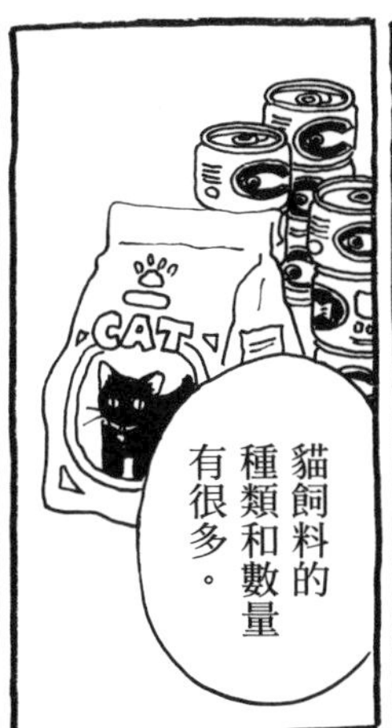

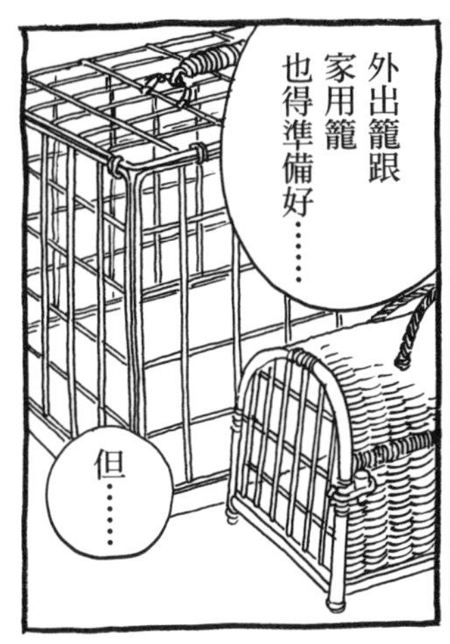

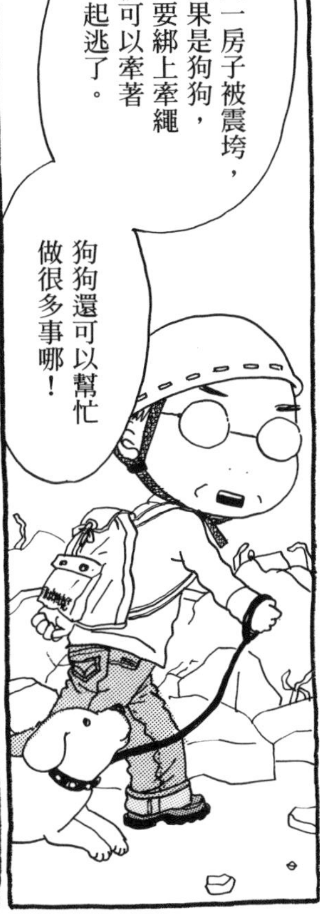

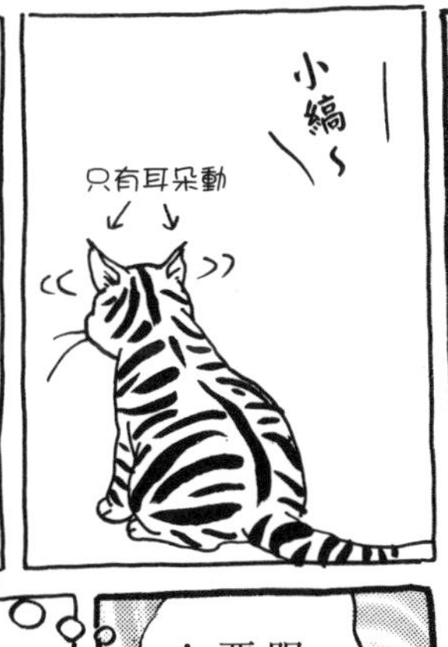

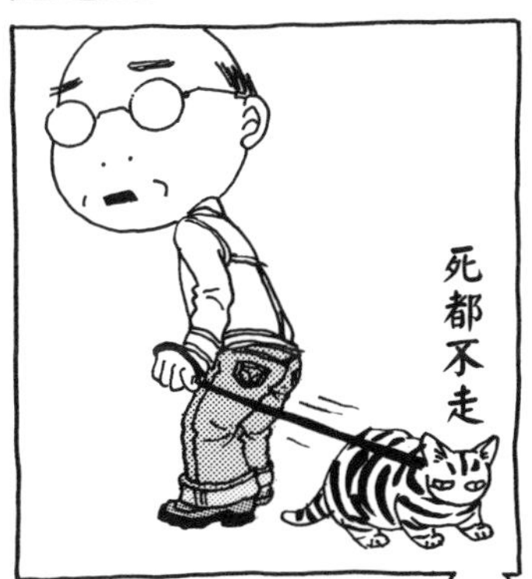

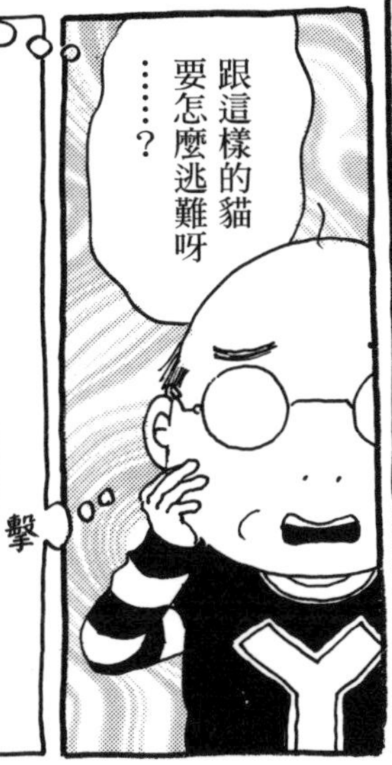

即使抱著貓咪一起逃到了避難所，也有可能……

不可攜帶寵物。

打擊

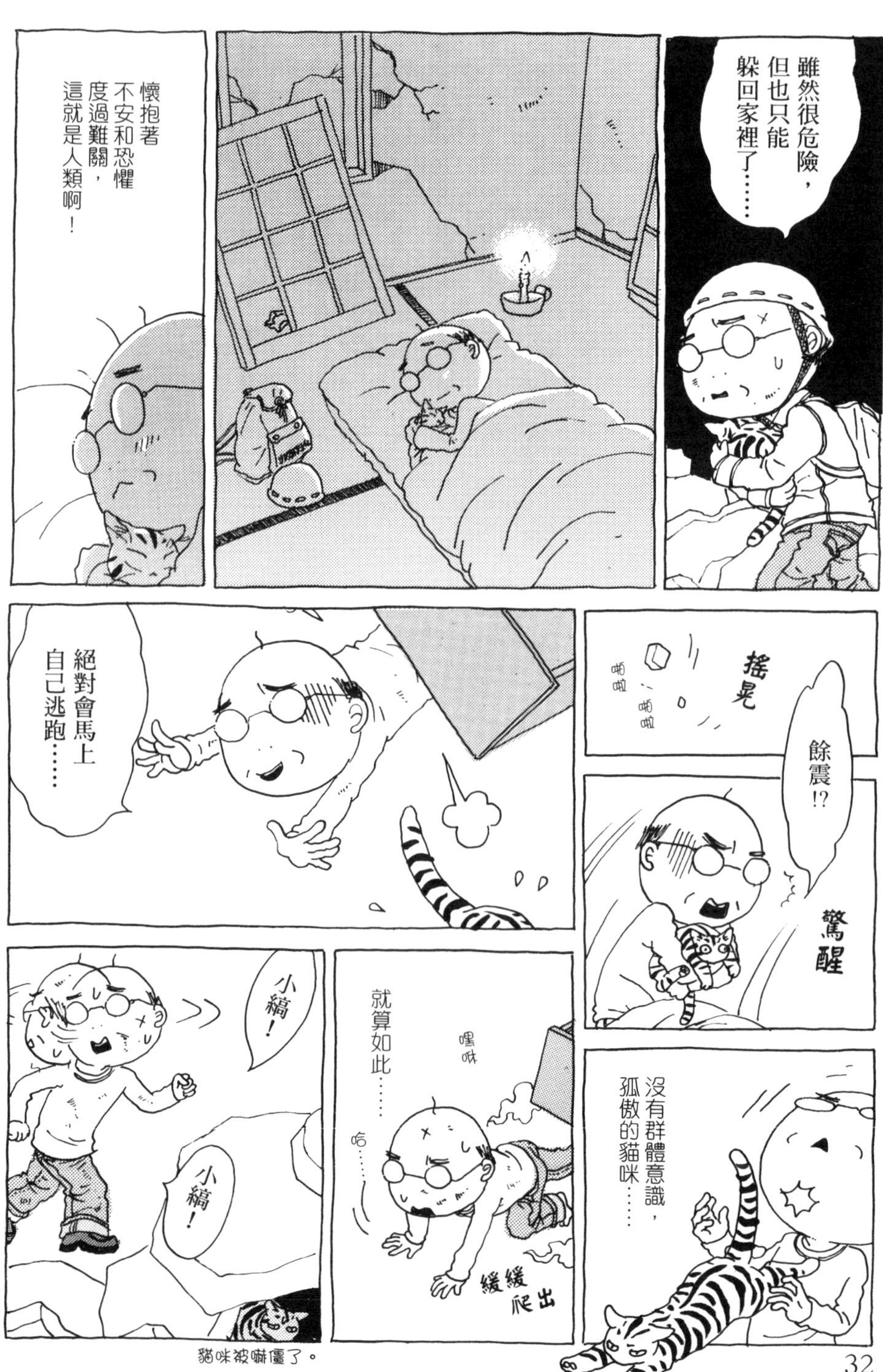
雖然很危險，但也只能躲回家裡了……
懷抱著不安和恐懼度過難關，這就是人類啊！
搖晃
啪啦 啪啦
餘震!?
驚醒
絕對會馬上自己逃跑……
沒有群體意識，孤傲的貓咪……
就算如此……
嘿咻
哈……
緩緩爬出
小縞！
小縞！

貓咪被嚇僵了。

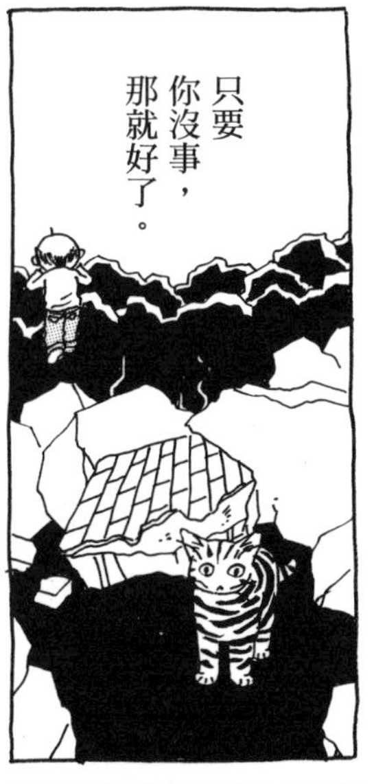
只要
你沒事，
那就好了。

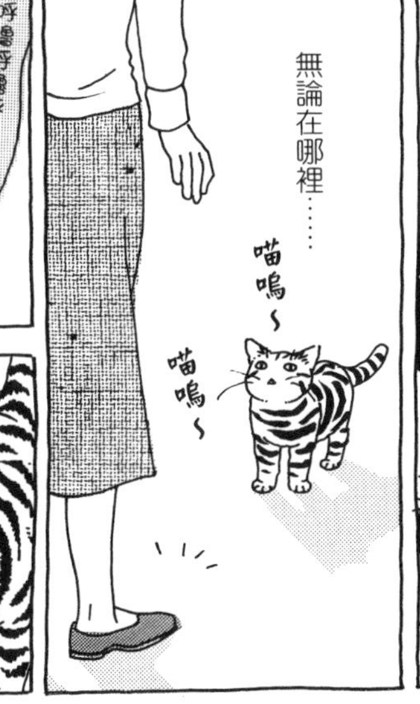
無論在哪裡……
喵嗚～
喵嗚～

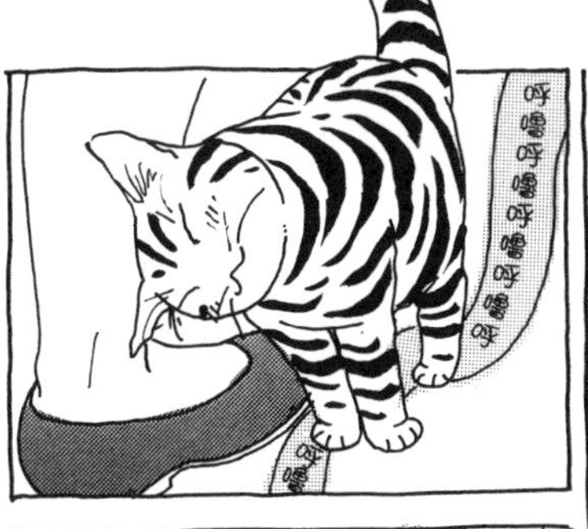
呼嚕呼嚕呼嚕呼嚕呼
呼嚕

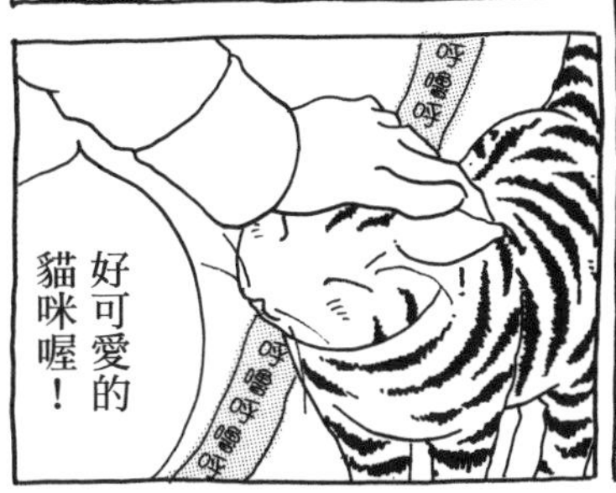
呼嚕呼
呼嚕呼嚕呼
好可愛的
貓咪喔！

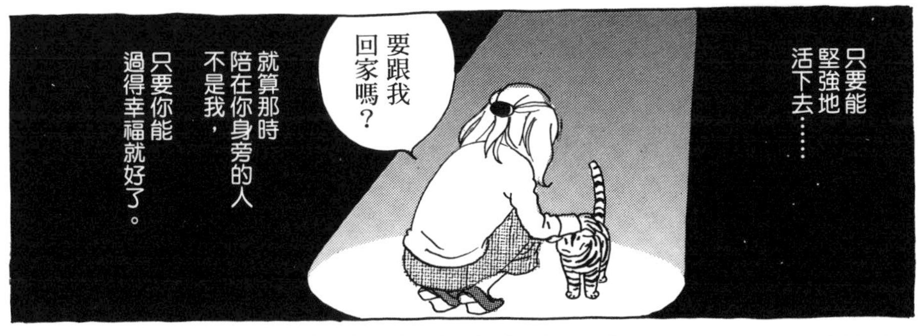
只要能
堅強地
活下去……
要跟我
回家嗎？
就算那時
陪在你身旁的人
不是我，
只要你能
過得幸福就好了。

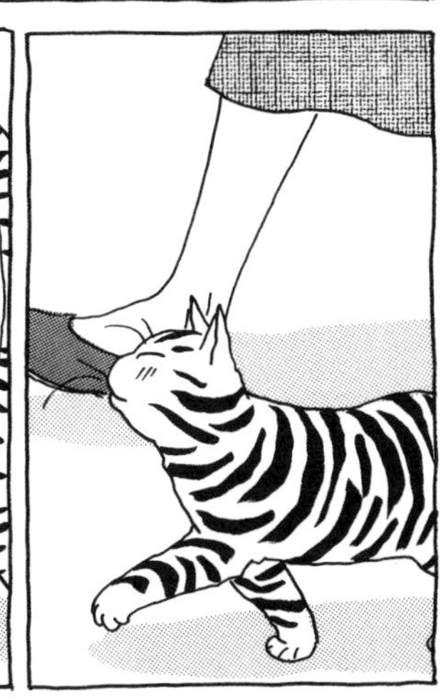

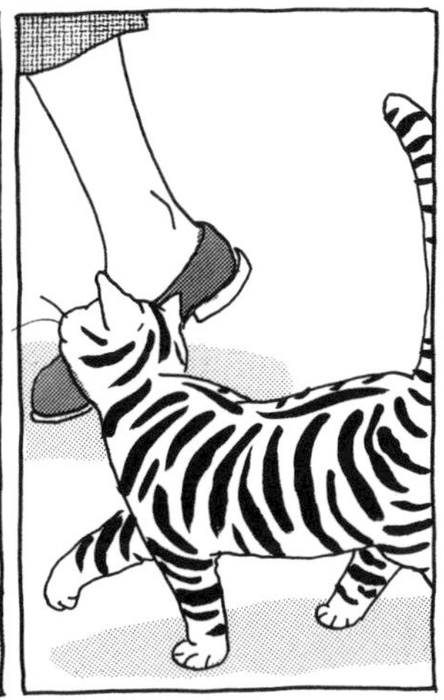

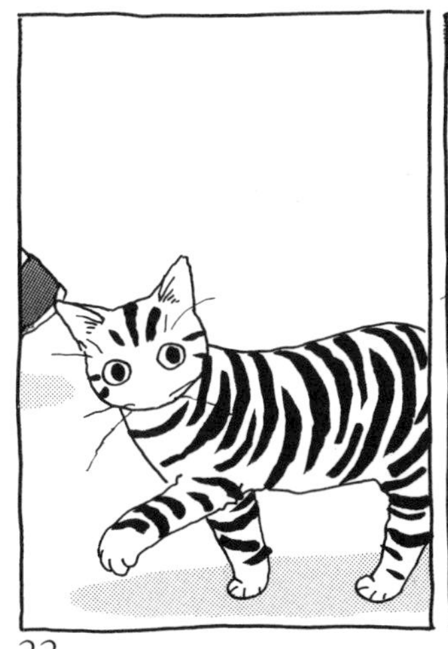

就算變成了遙遠的回憶，
你會偶爾……
想起我嗎？
模糊～

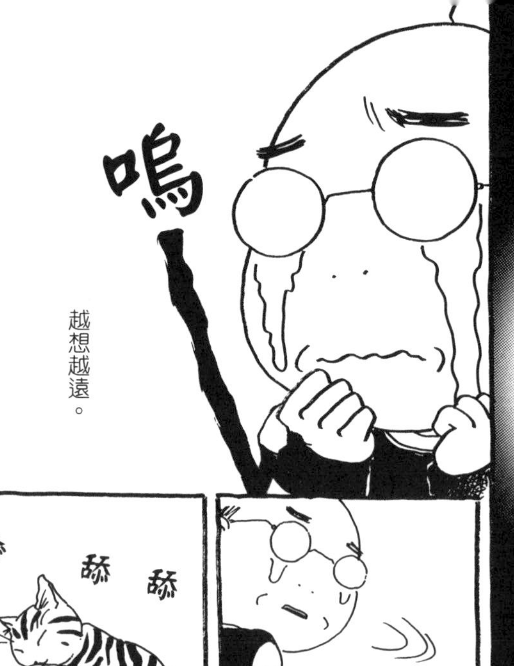
嗚
越想越遠。

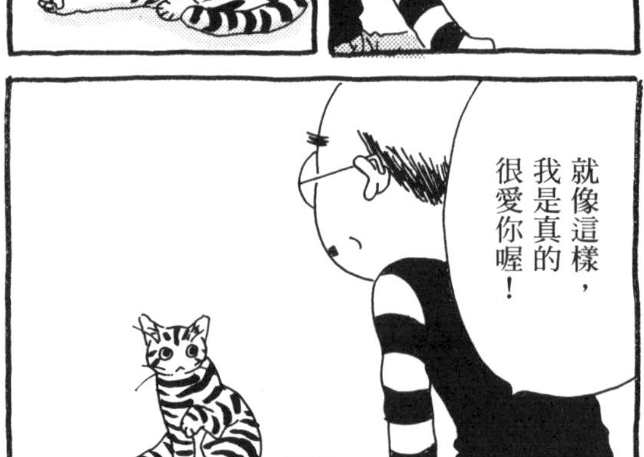
舔
舔
舔
就像這樣，
我是真的
很愛你喔！

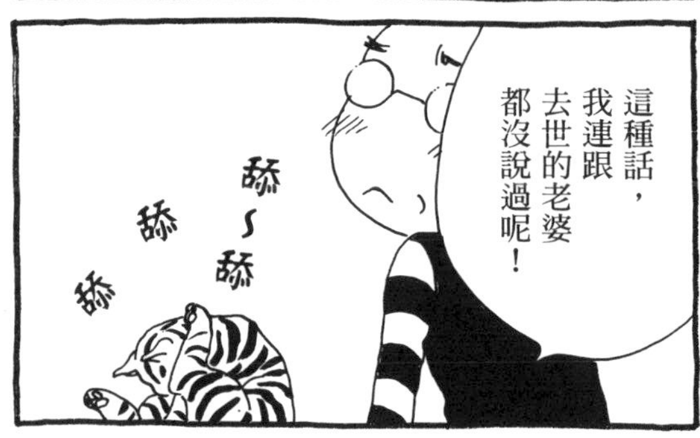
這種話，
我連跟
去世的老婆
都沒說過呢！
舔～
舔
舔
舔

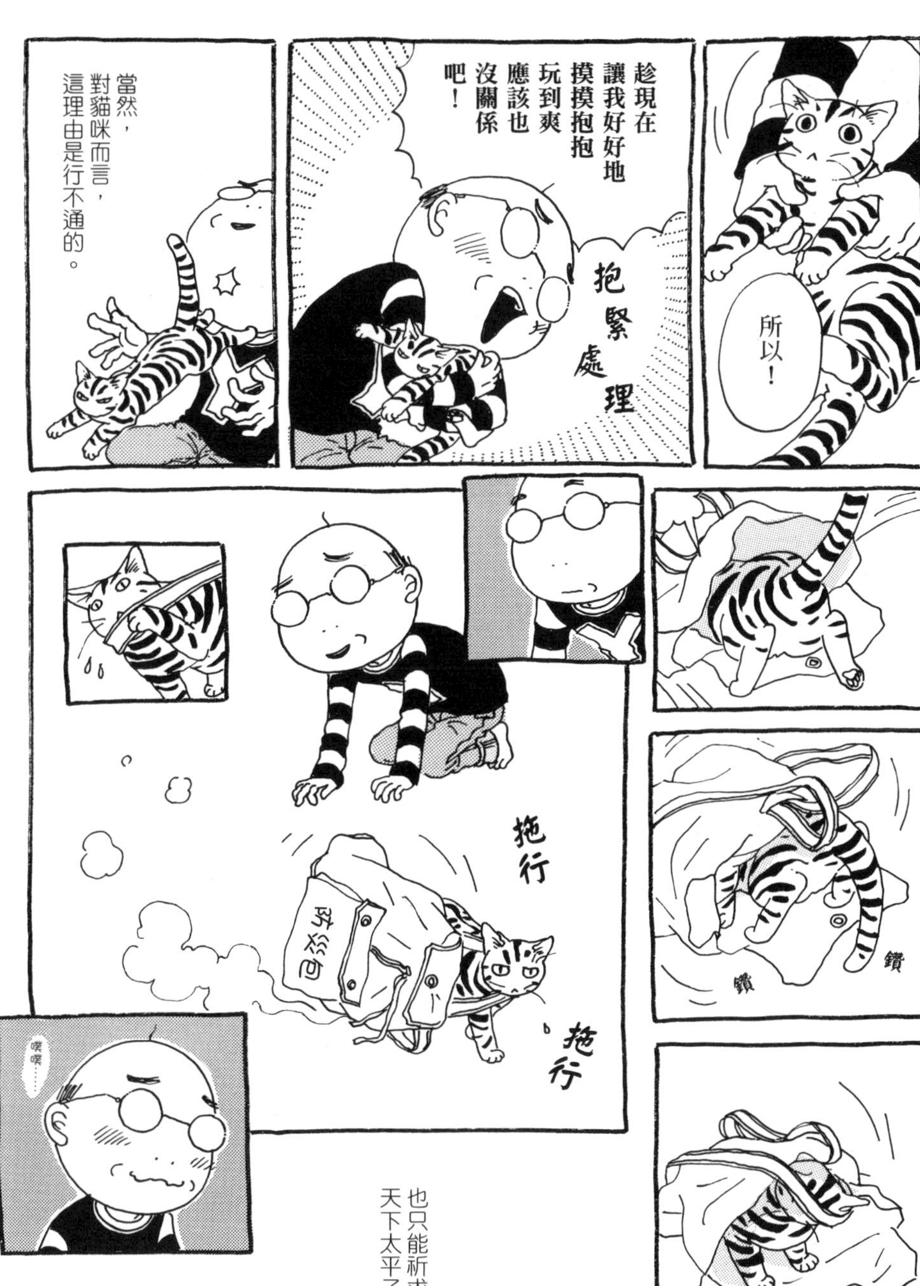
所以！
趁現在讓我好好地摸摸抱抱玩到爽應該也沒關係吧！
抱緊處理
當然，對貓咪而言，這理由是行不通的。
鑽
鑽
鑽
拖行
拖行
噗噗……
也只能祈求天下太平了。

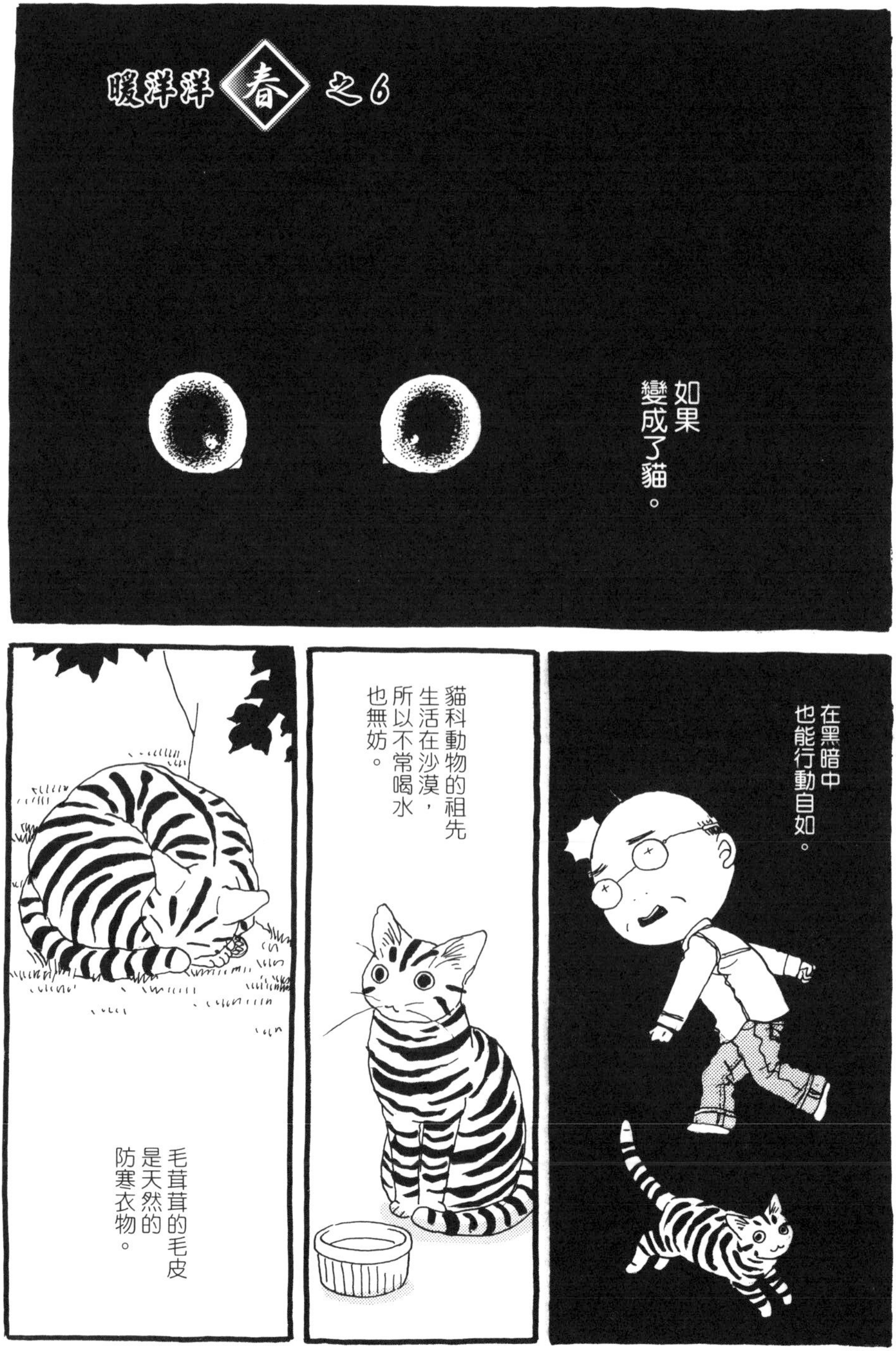

暖洋洋 春 之6

如果
變成了貓。

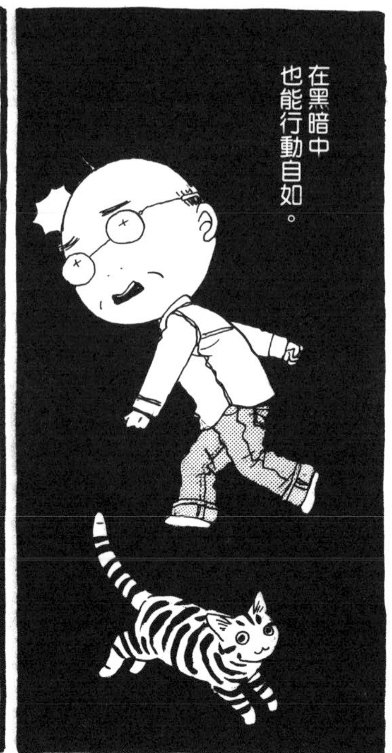

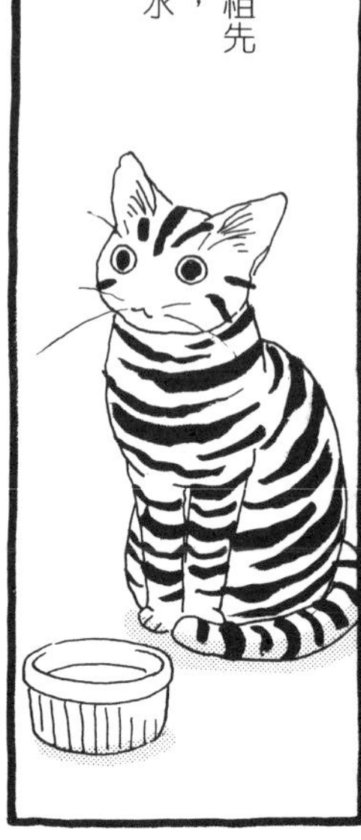

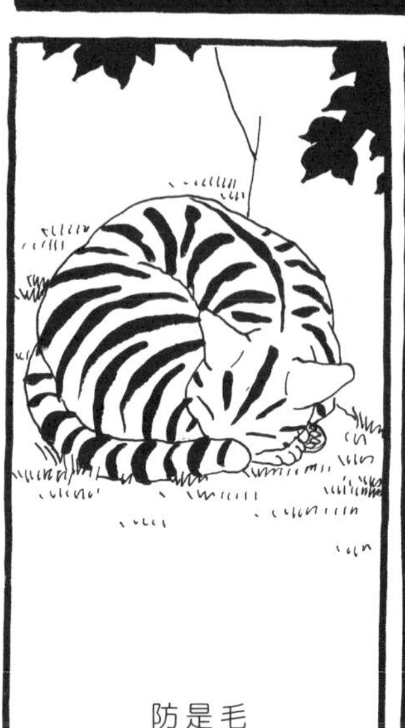

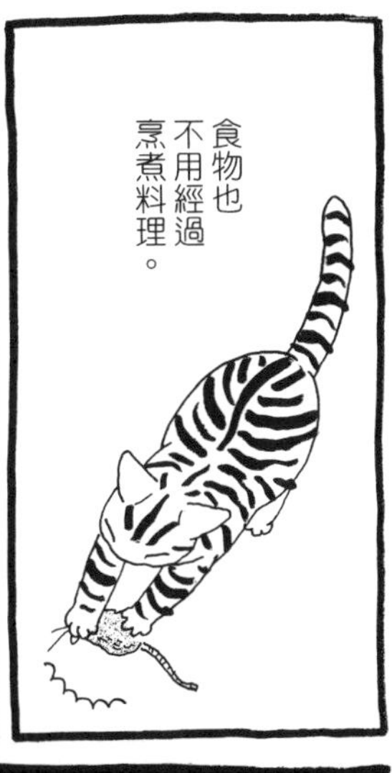
食物也
不用經過
烹煮料理。

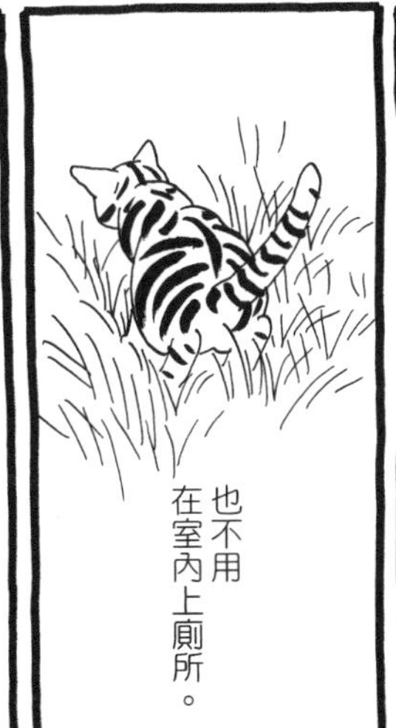
也不用
在室內上廁所。

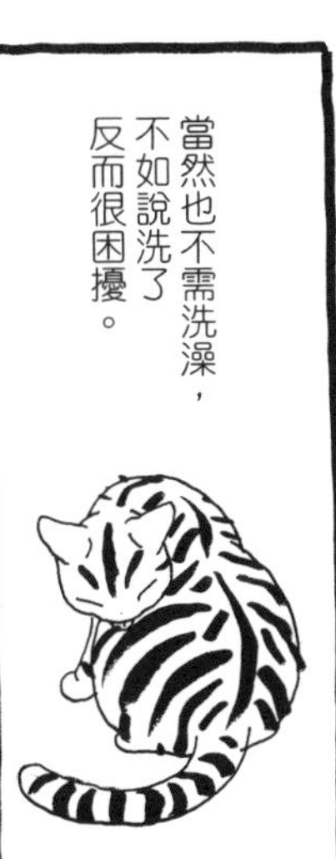
當然也不需洗澡，
不如說洗了
反而很困擾。

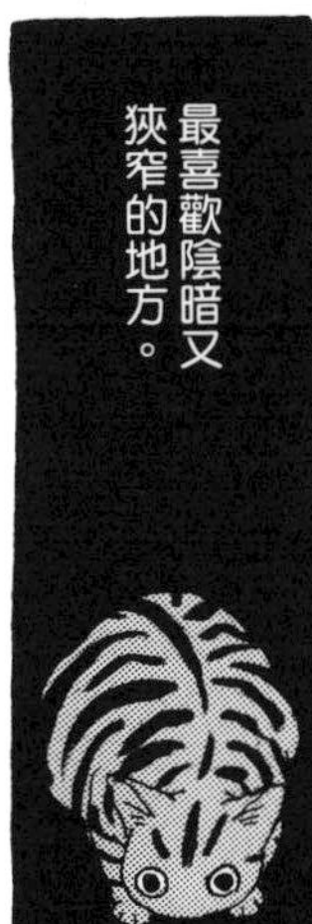
最喜歡陰暗又
狹窄的地方。

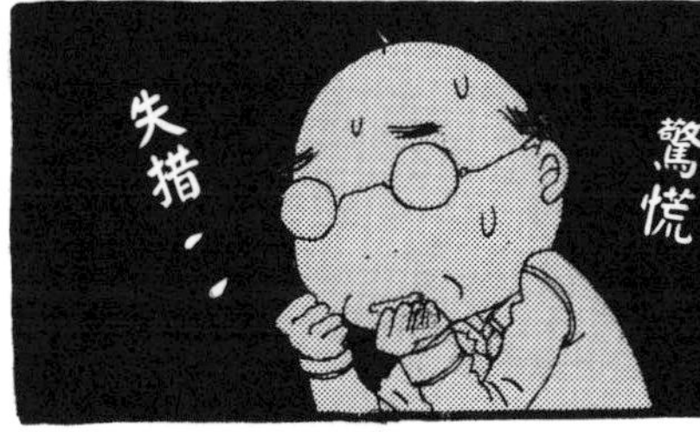
此時
如果換作是
現代人……
驚慌
失措

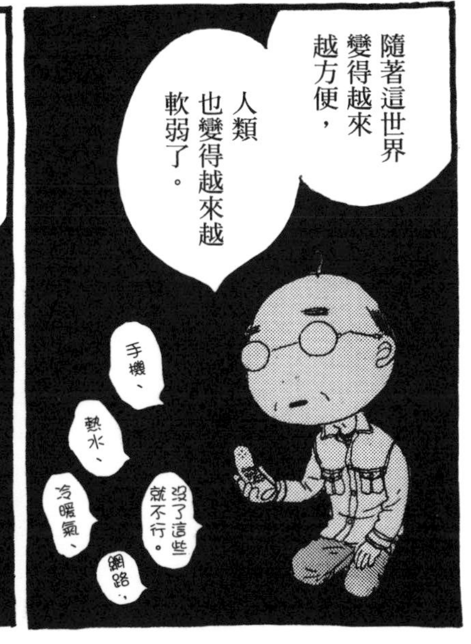
隨著這世界
變得越來
越方便，
人類
也變得越來越
軟弱了。
手機、
熱水、
冷暖氣、
網路，
沒了這些
就不行。

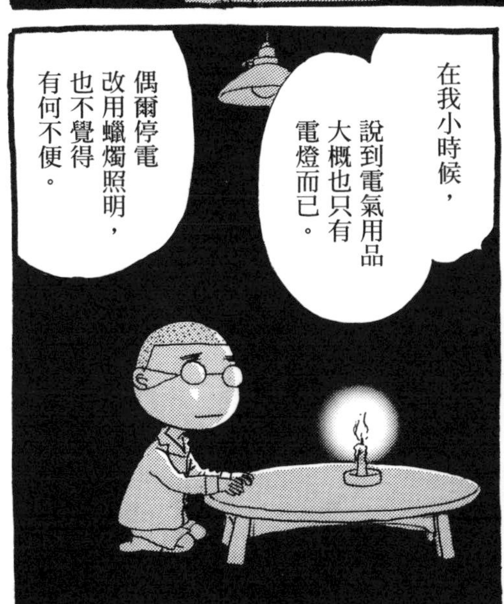
在我小時候，
說到電氣用品
大概也只有
電燈而已。
偶爾停電
改用蠟燭照明，
也不覺得
有何不便。

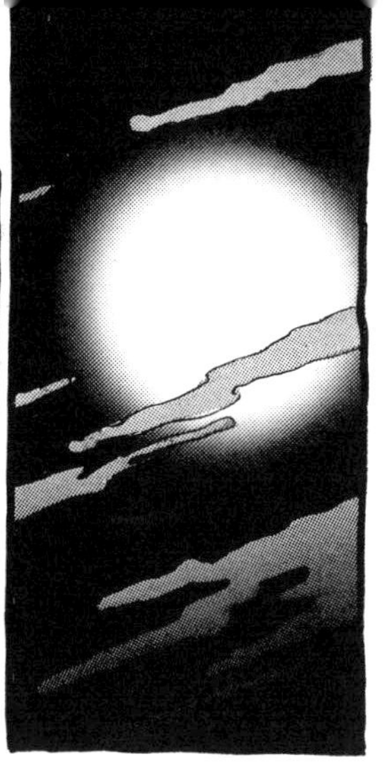
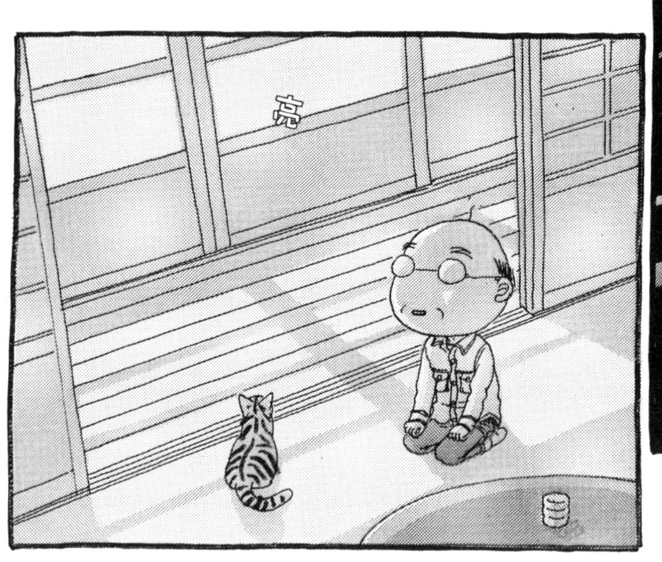
亮
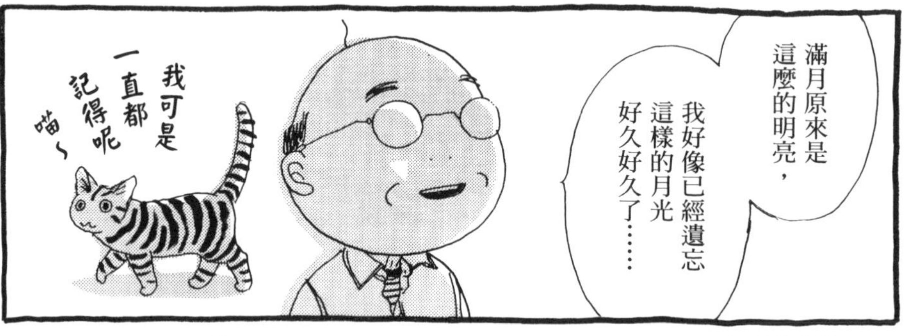
滿月原來是這麼的明亮，
我好像已經遺忘這樣的月光好久好久了……
我可是一直都記得呢喵～
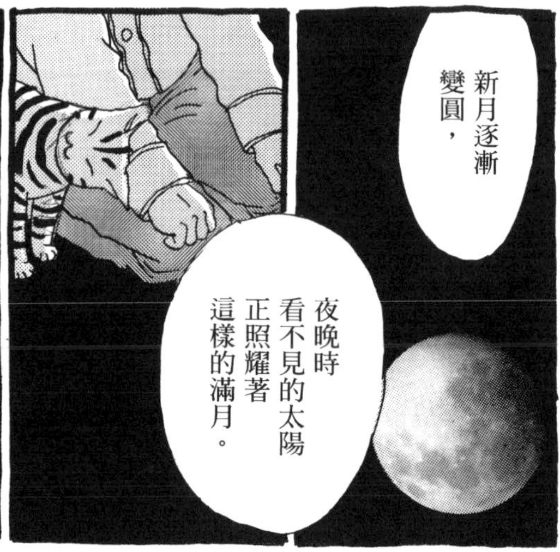
新月逐漸變圓，
夜晚時看不見的太陽正照耀著這樣的滿月。
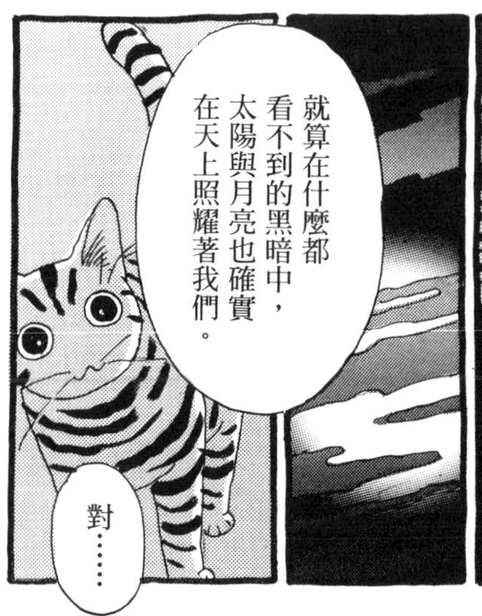
就算在什麼都看不到的黑暗中，太陽與月亮也確實在天上照耀著我們。
對……

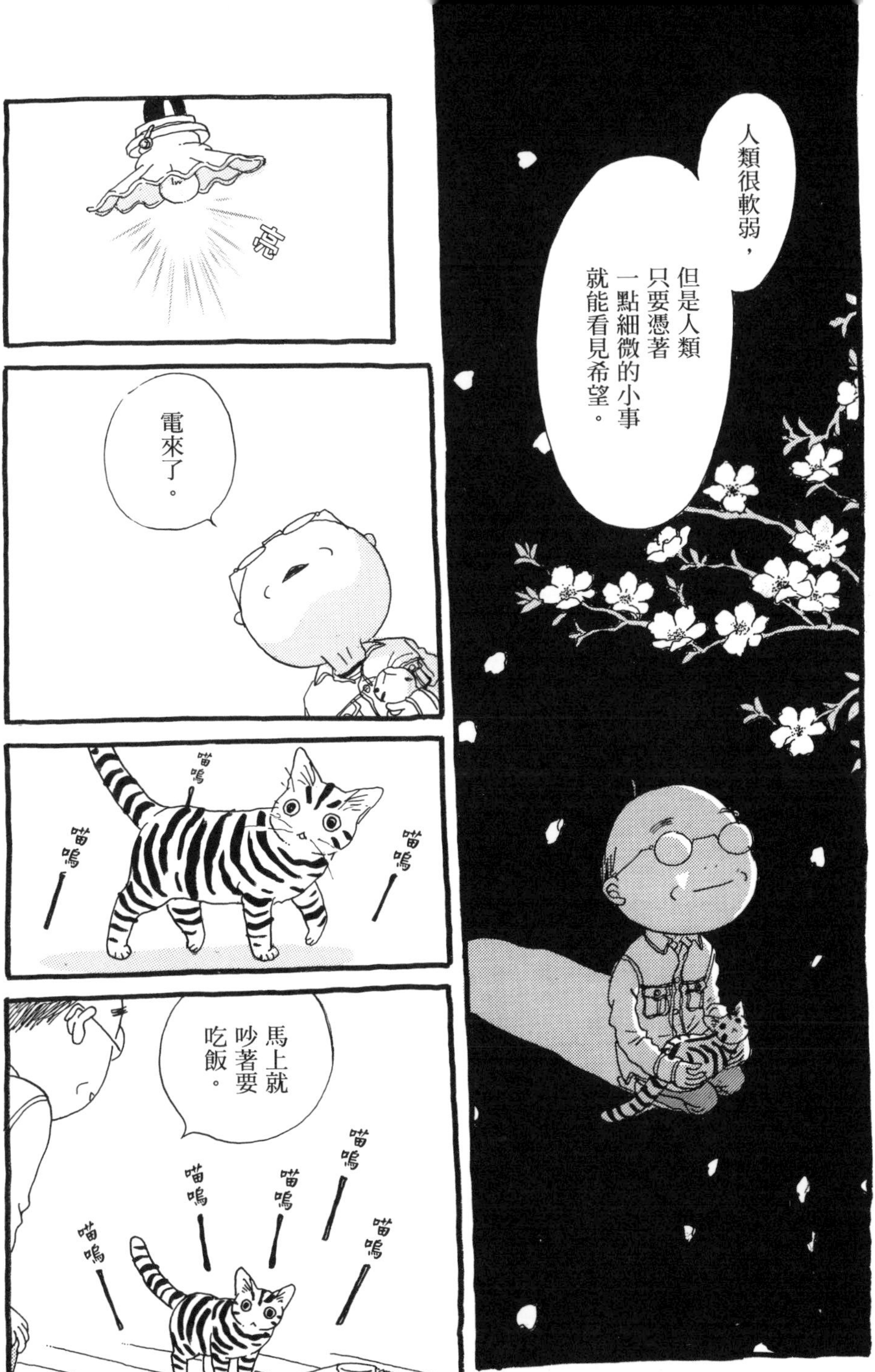

人類很軟弱，
但是人類只要憑著一點細微的小事就能看見希望。

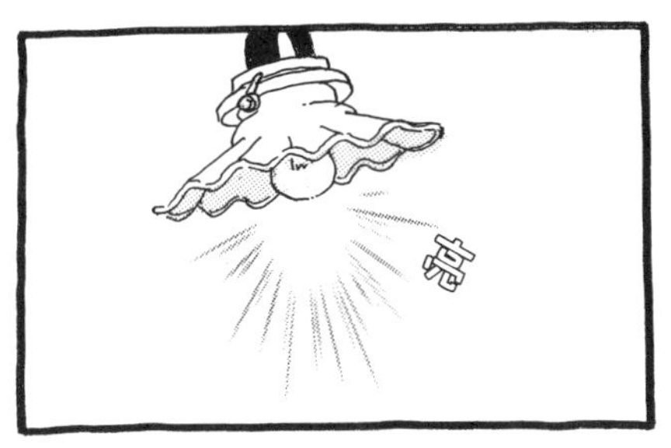

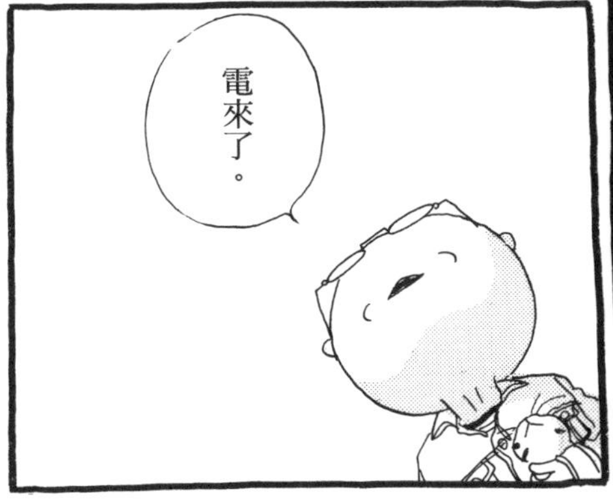

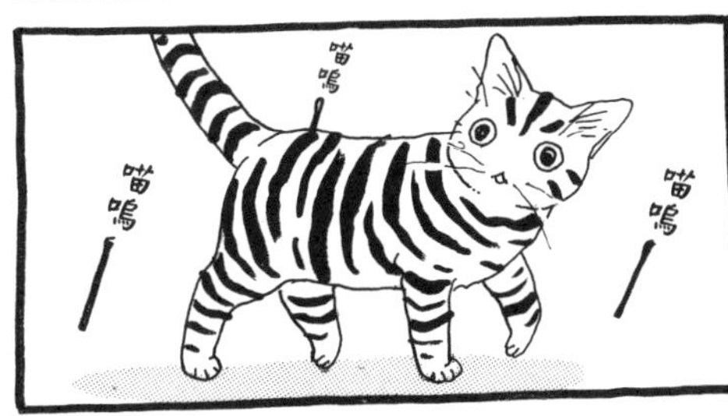

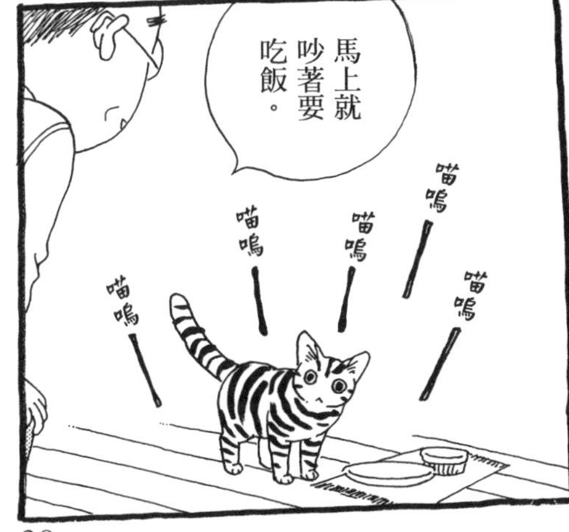

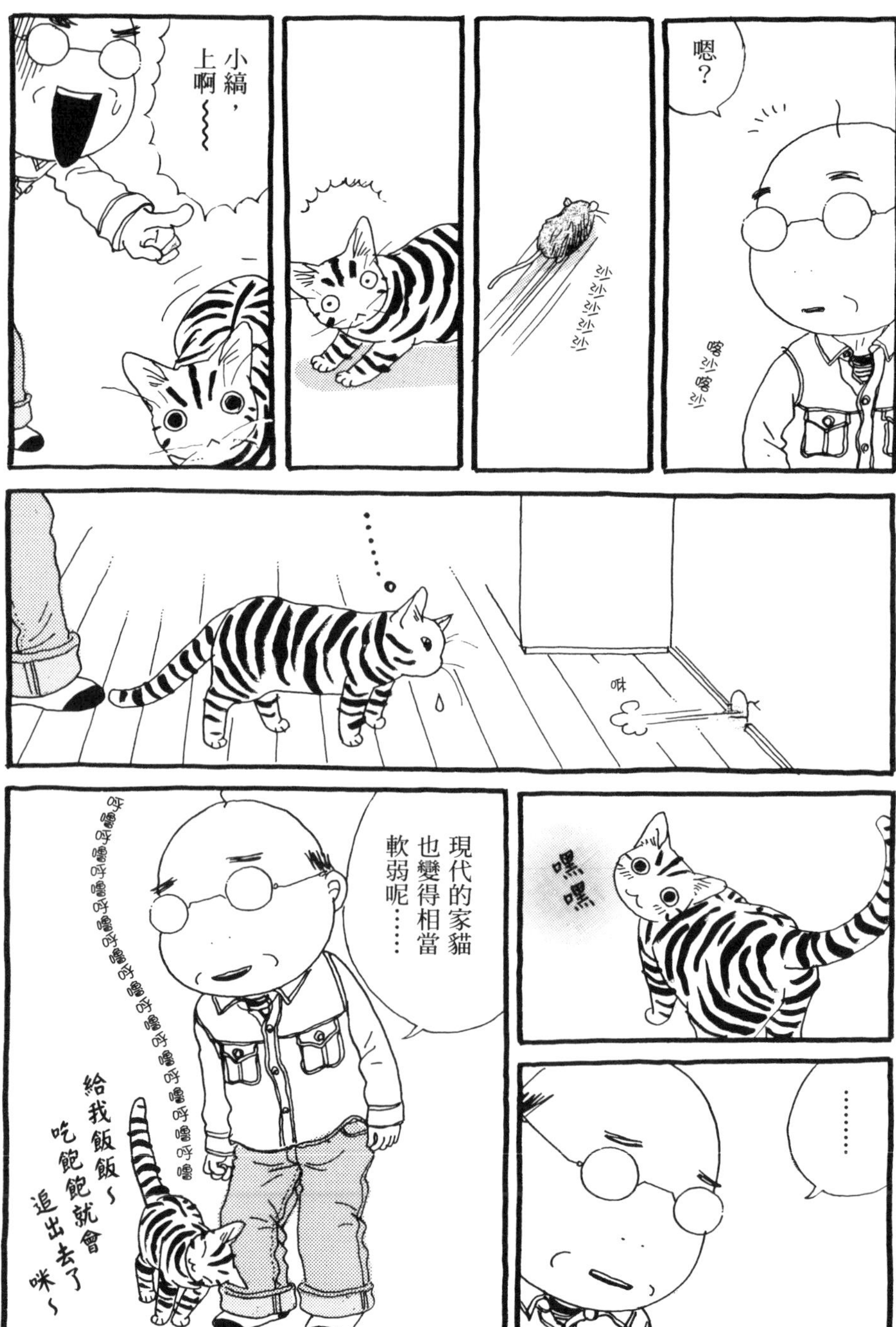
嗯？
喀沙喀沙
沙沙沙沙沙沙
小縞，上啊～～～
……
咻
現代的家貓也變得相當軟弱呢……
呼嚕呼嚕呼嚕呼嚕呼嚕呼嚕呼嚕呼嚕呼嚕呼嚕呼嚕呼嚕呼嚕
給我飯飯～吃飽飽就會追出去了咪～
嘿嘿
……

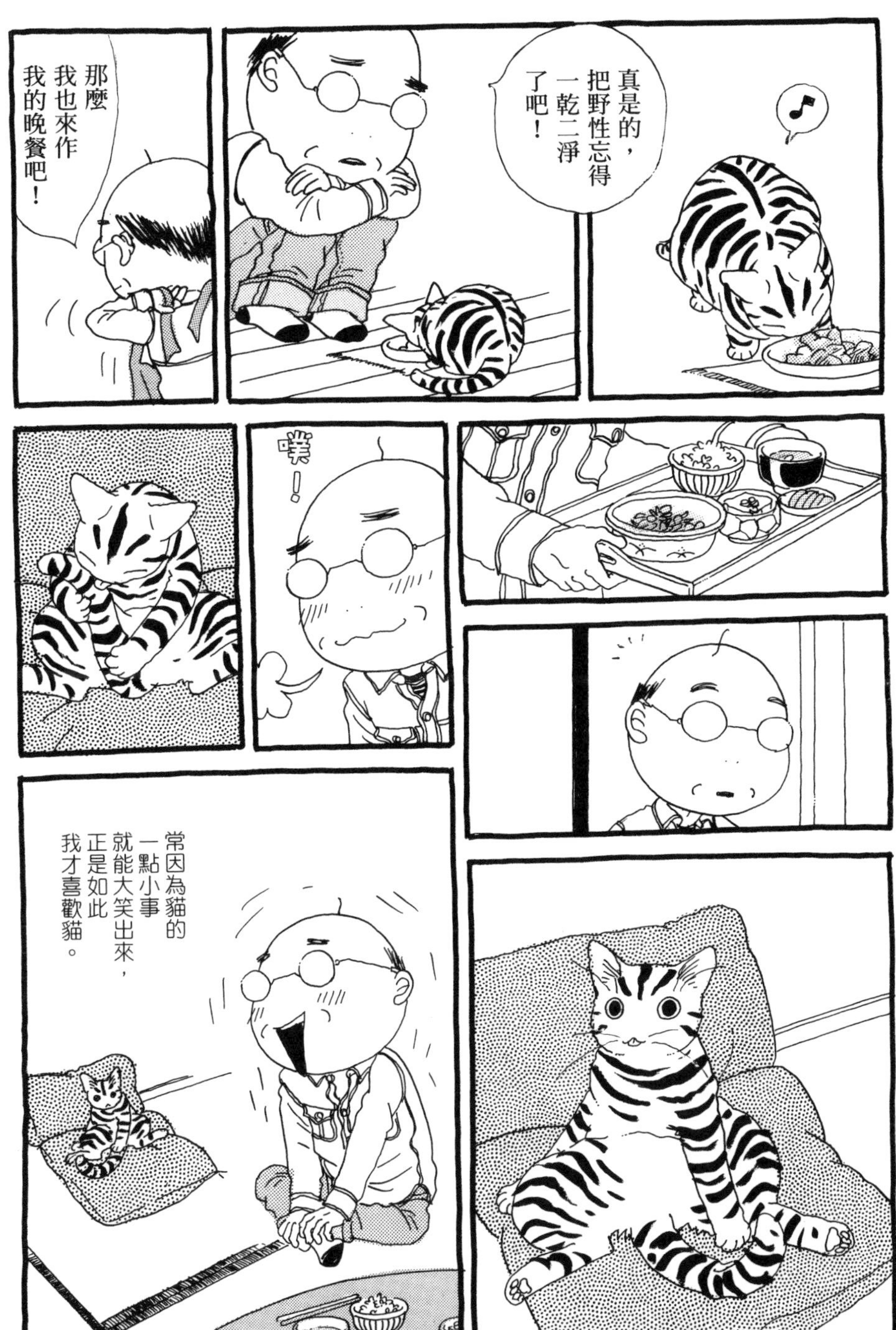
真是的，把野性忘得一乾二淨了吧！
那麼我也來作我的晚餐吧！
噗！
常因為貓的一點小事就能大笑出來，正是如此我才喜歡貓。

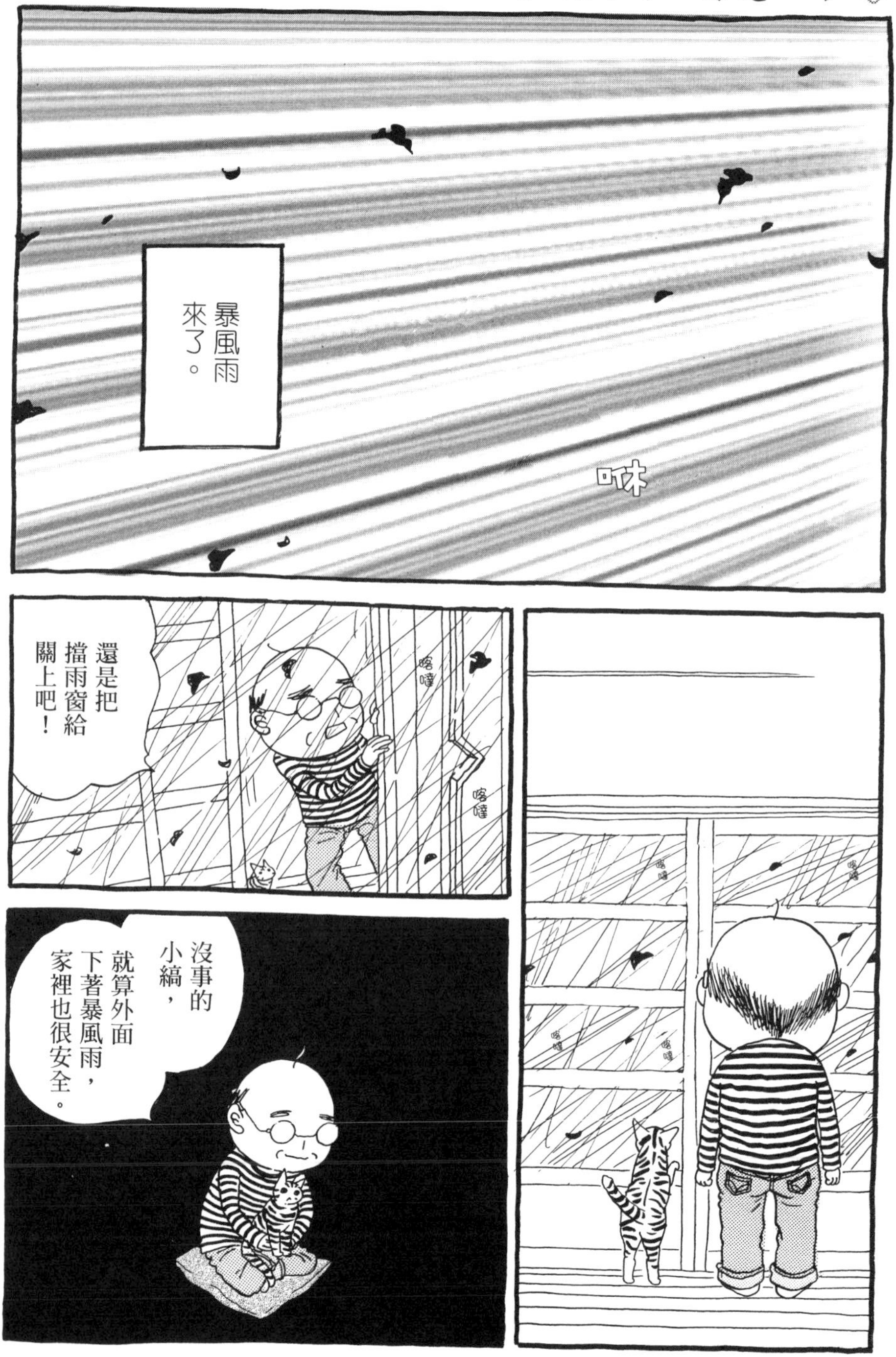

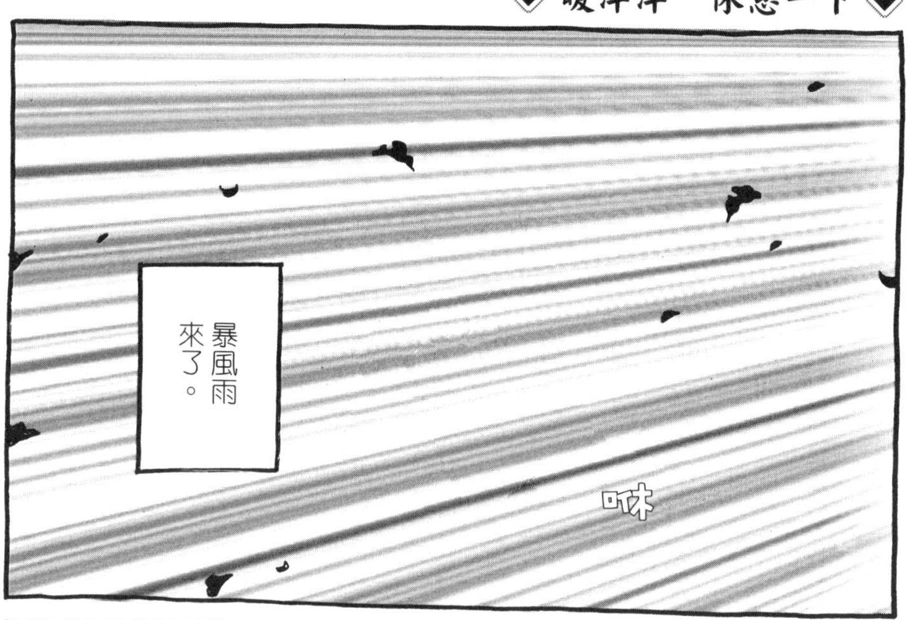

還是把擋雨窗給關上吧！

喀噠

喀噠

喀噠

喀噠

喀噠

喀噠

沒事的小縞，

就算外面下著暴風雨，家裡也很安全。

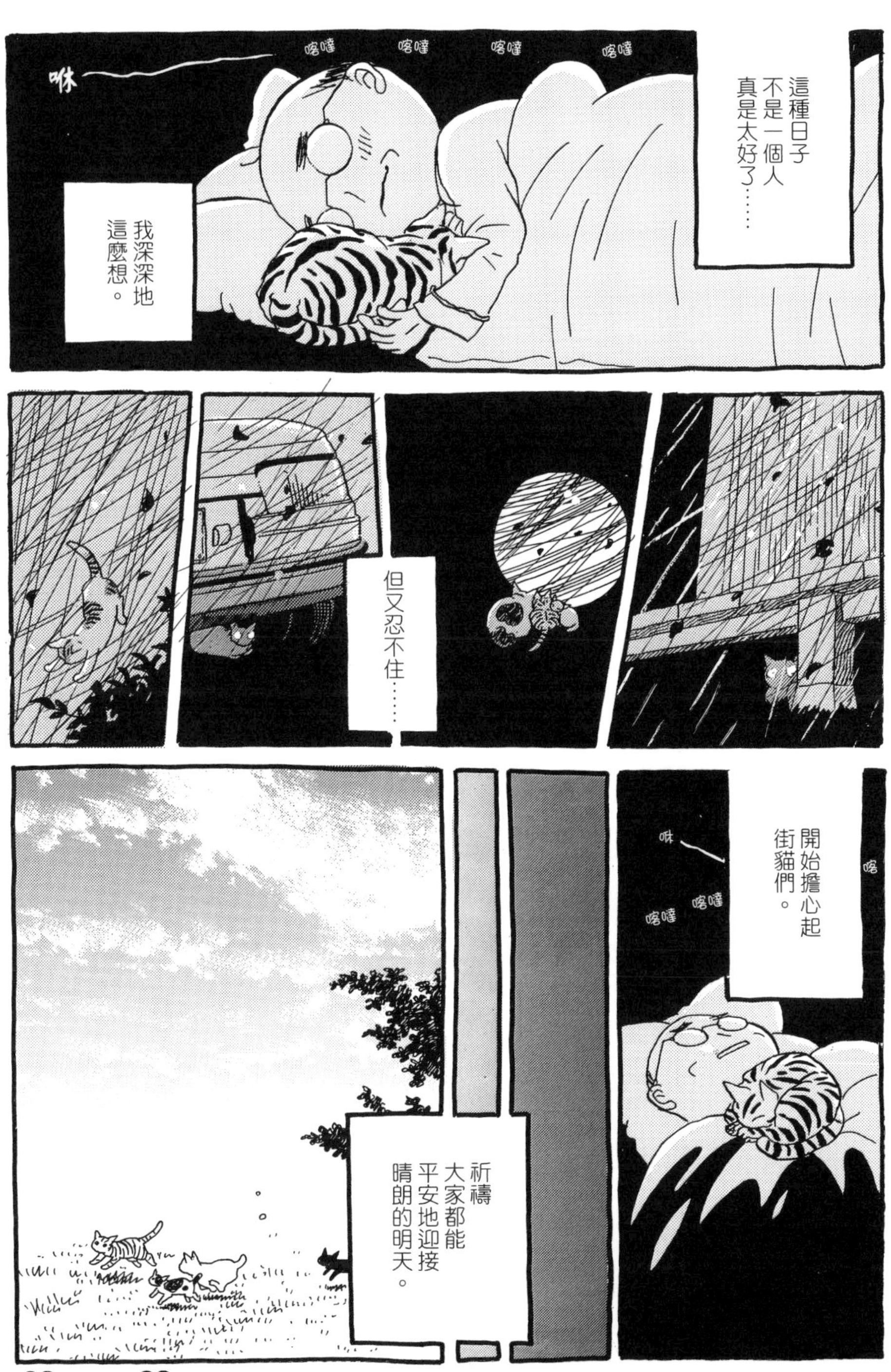
這種日子
不是一個人
真是太好了……
喀噠 喀噠 喀噠 喀噠
咻
我深深地
這麼想。
但又忍不住……
開始擔心起
街貓們。
喀
咻
喀噠 喀噠
祈禱
大家都能
平安地迎接
晴朗的明天。

♥END♥

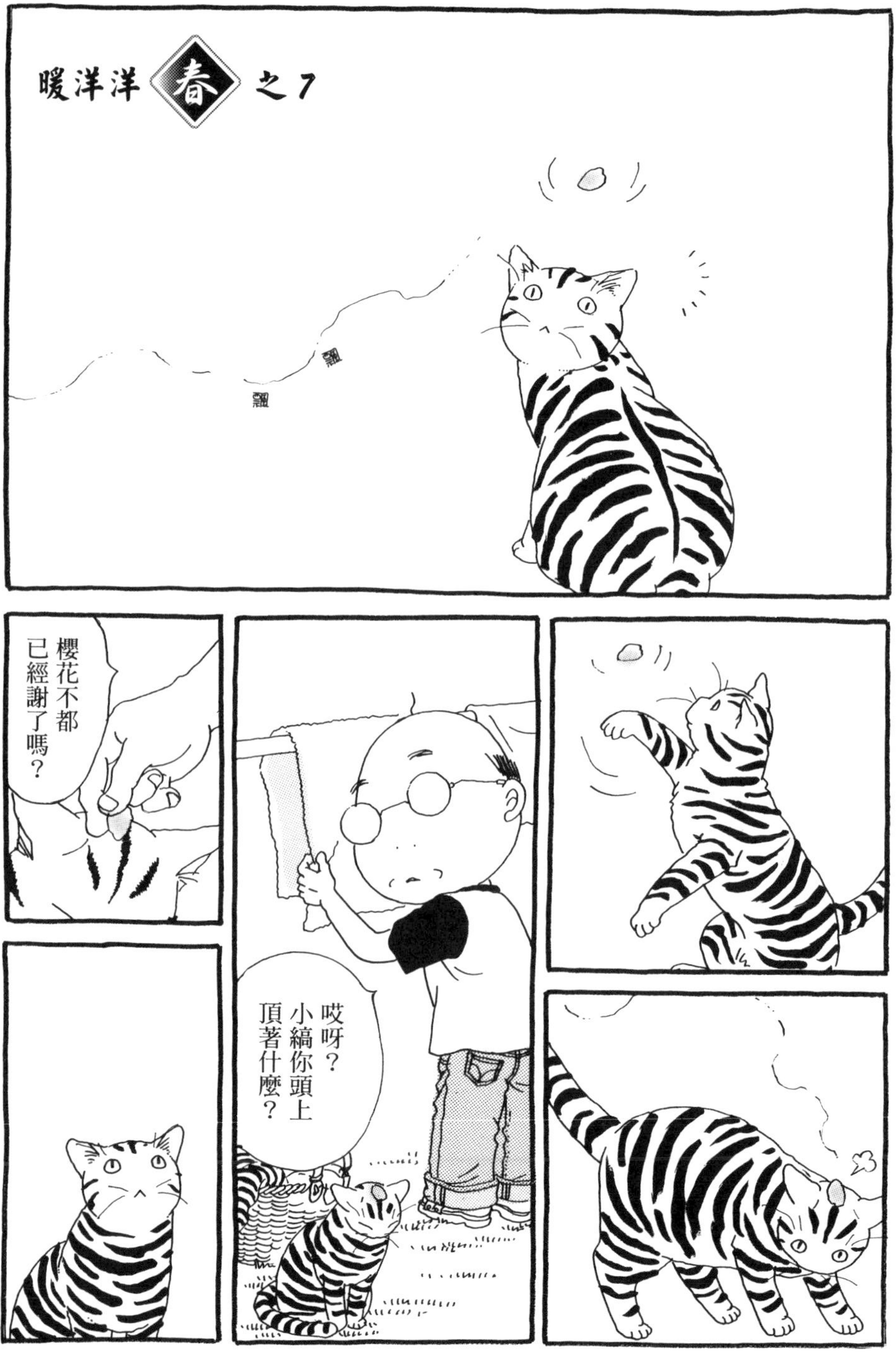

暖洋洋 春 之7

飄

飄

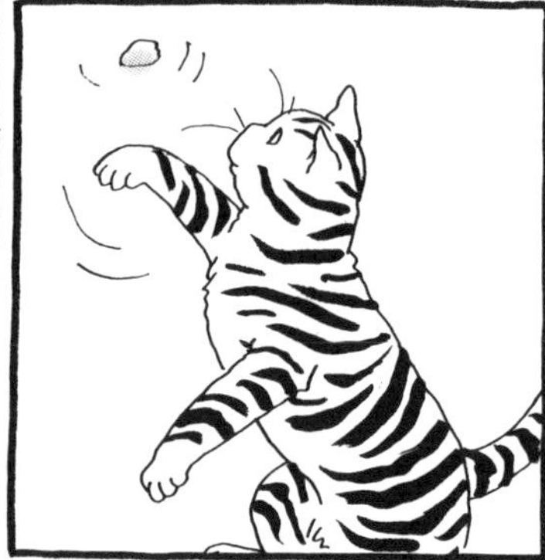

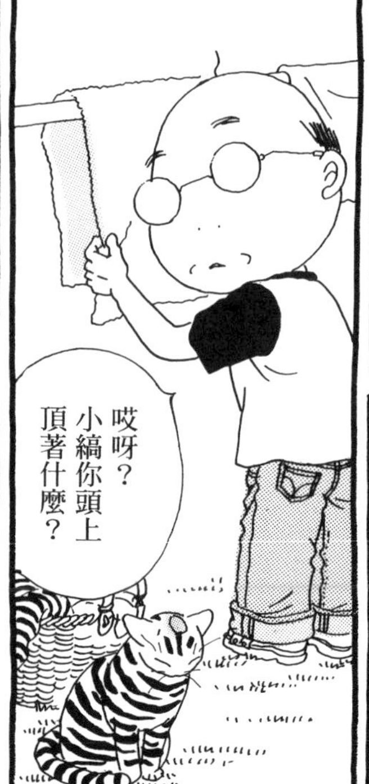

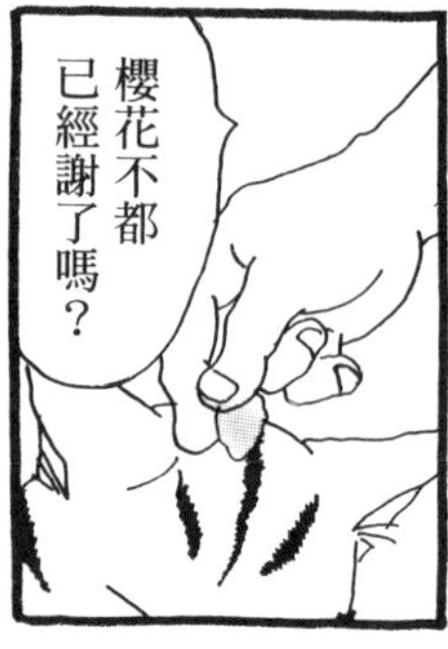

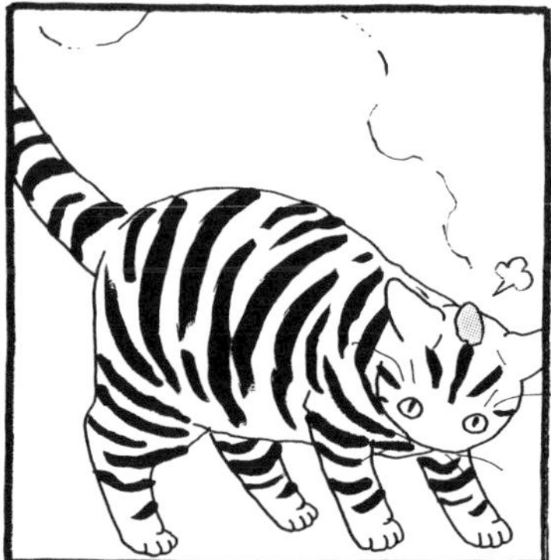

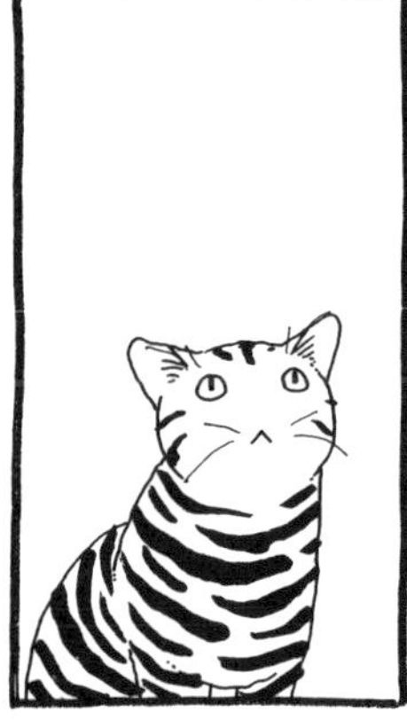

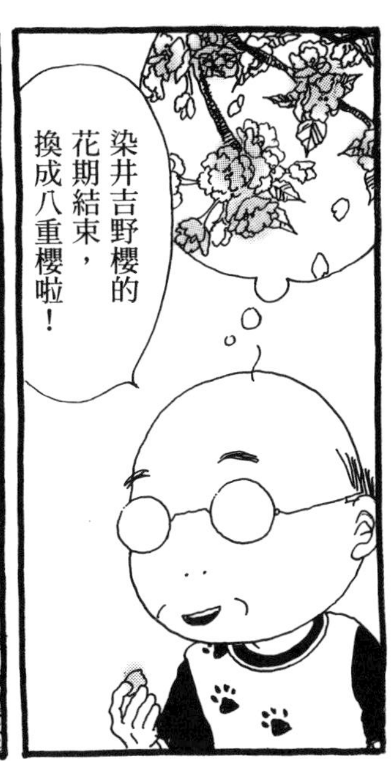
染井吉野櫻的
花期結束，
換成八重櫻啦！

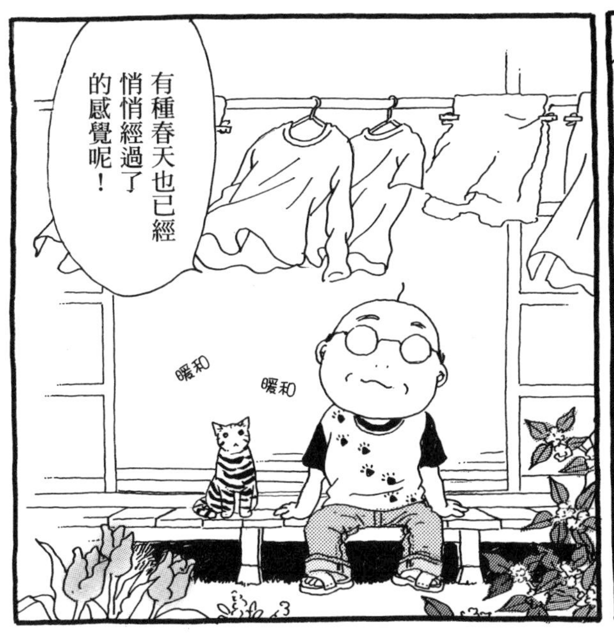
有種春天也已經
悄悄經過了
的感覺呢！
暖和
暖和

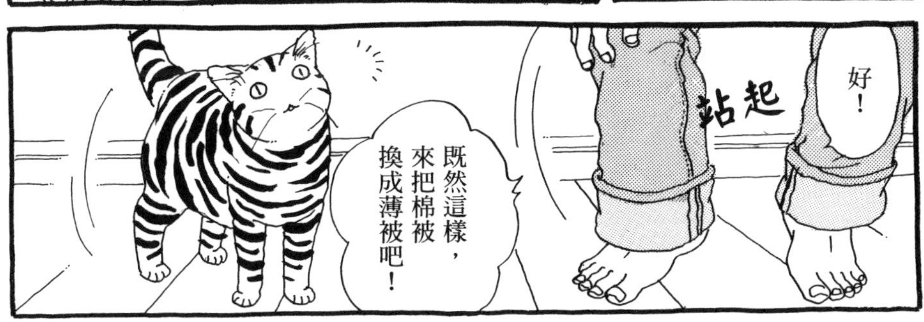
好！
站起
既然這樣，
來把棉被
換成薄被吧！

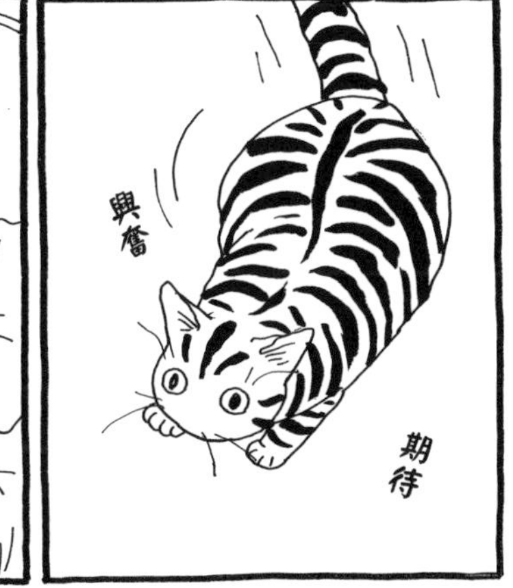
興奮
期待

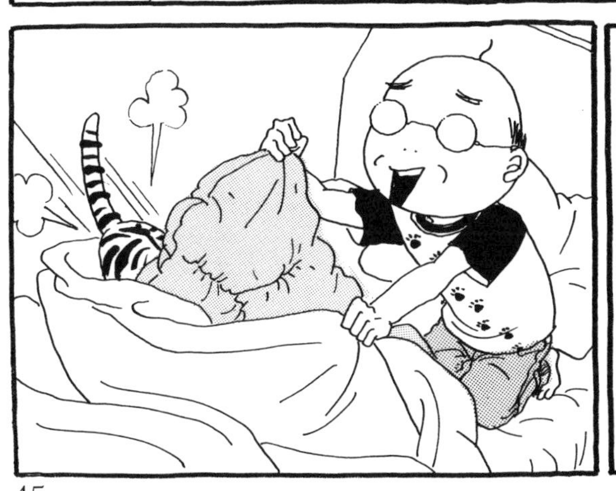

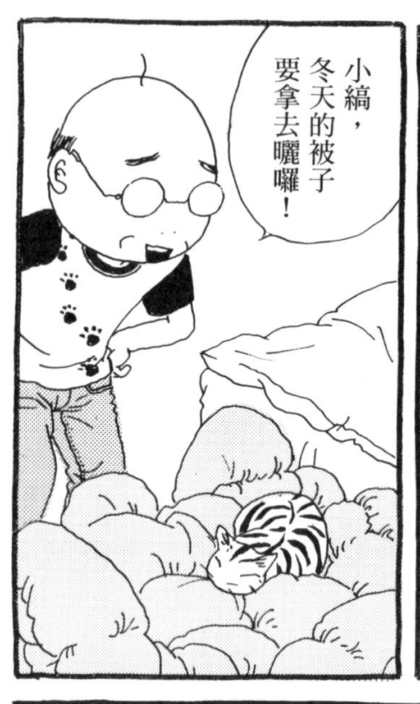
小縞，
冬天的被子
要拿去曬囉！
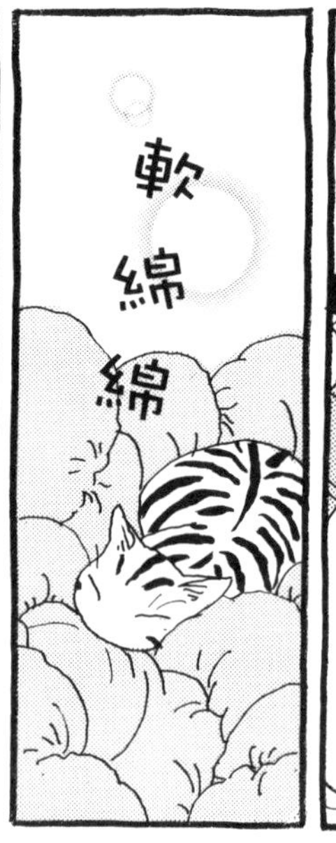
軟綿綿
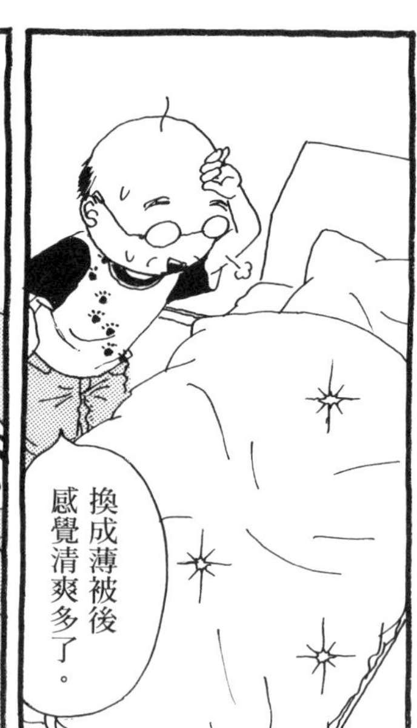
換成薄被後
感覺清爽多了。
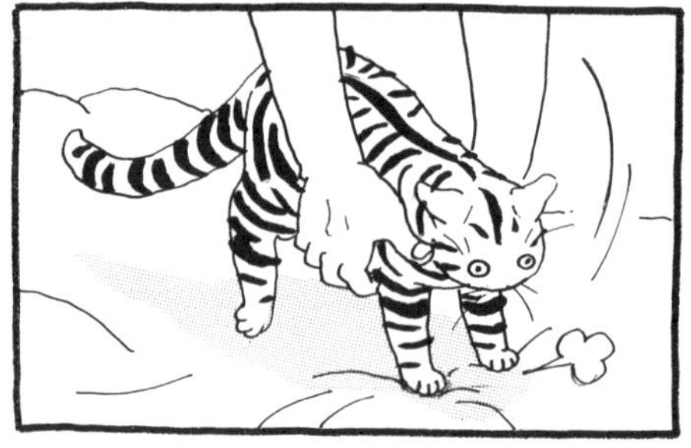
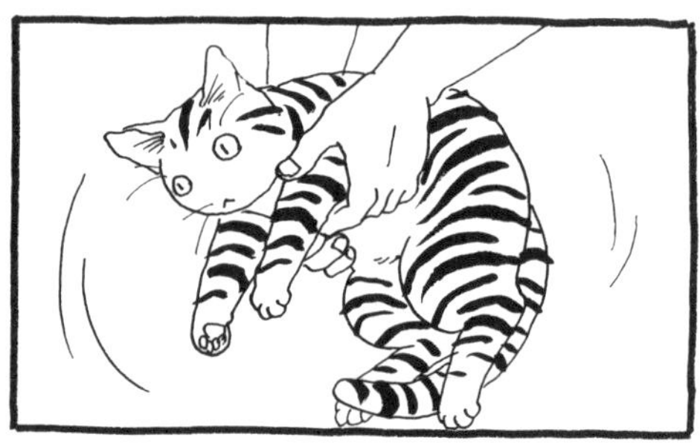
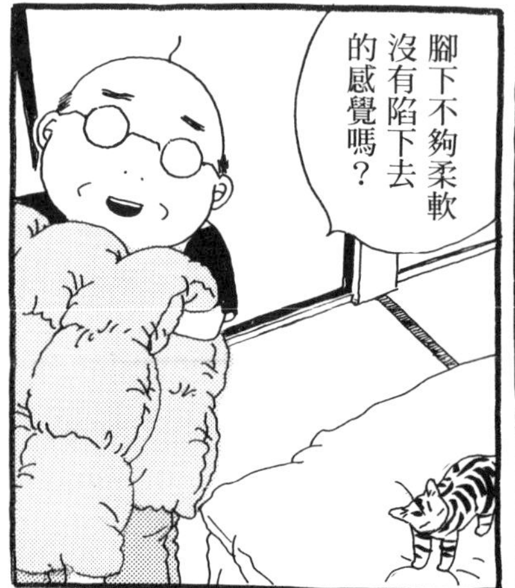
腳下不夠柔軟
沒有陷下去
的感覺嗎？
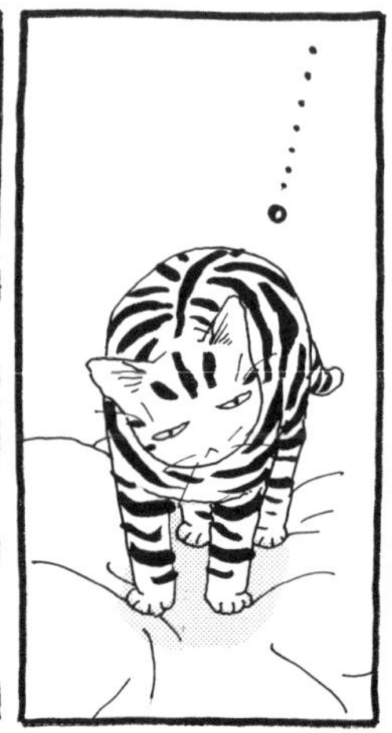
……
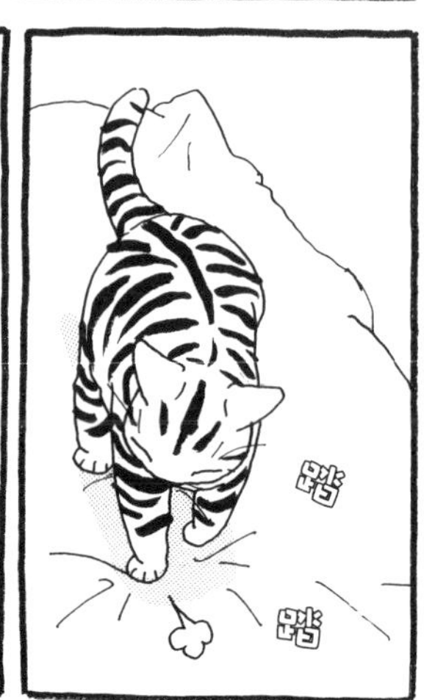
踏
踏

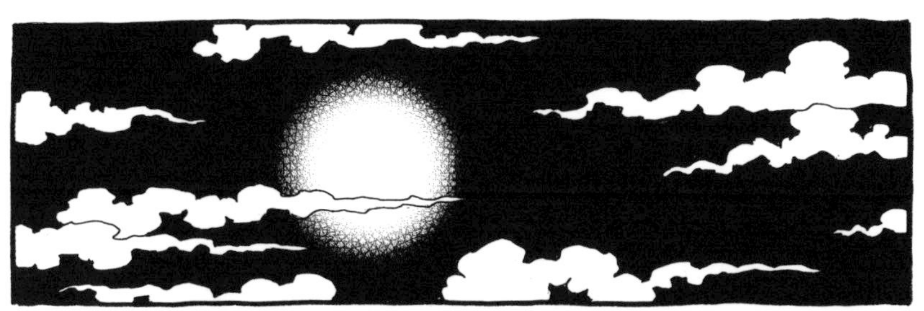

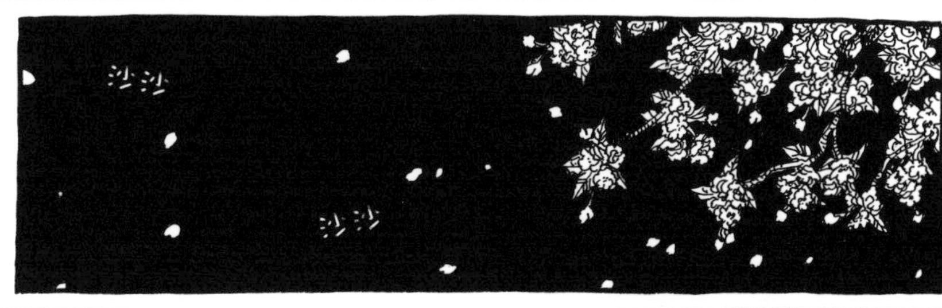

沙沙
沙沙

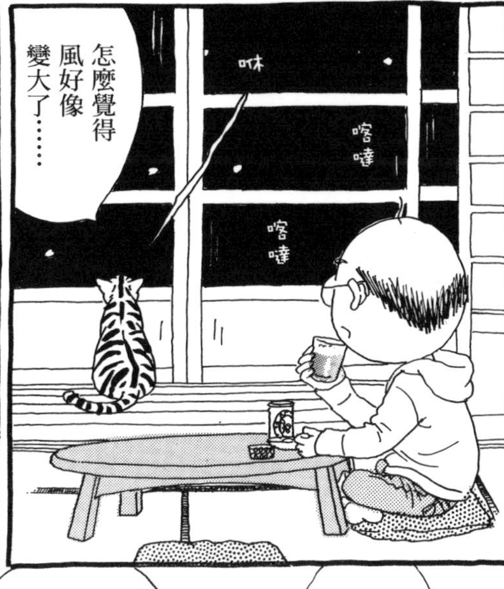

怎麼覺得
風好像
變大了……
咻
喀噠
喀噠

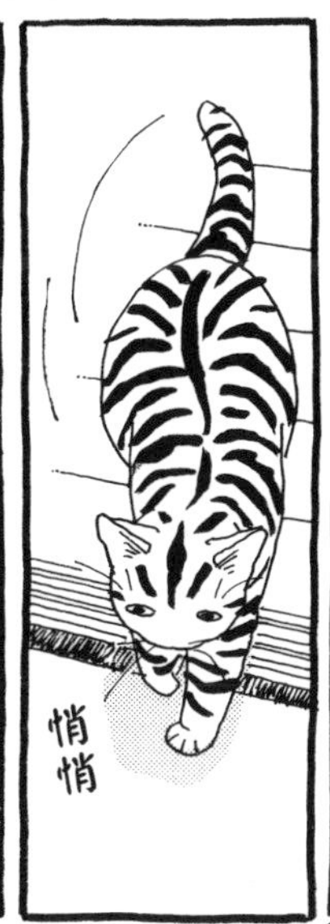

悄悄

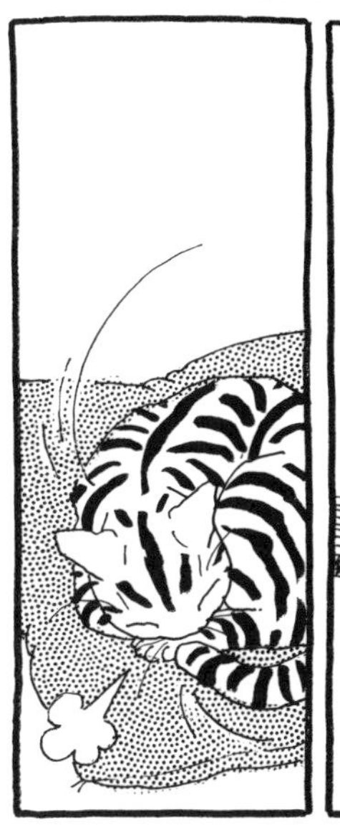

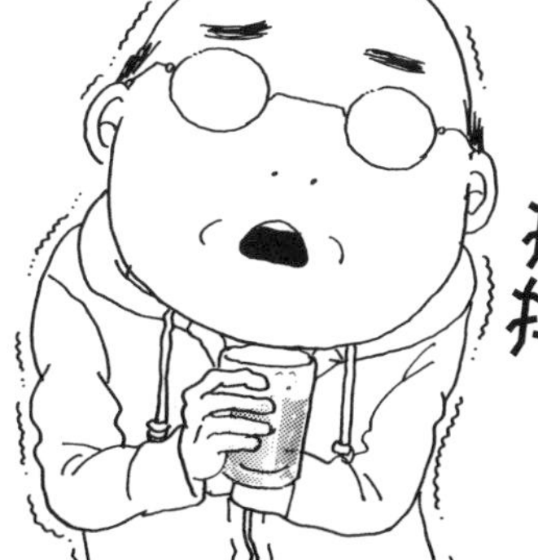

……白天明明就
很熱的說……
抖抖
現在好像
又變得
有點冷了
……

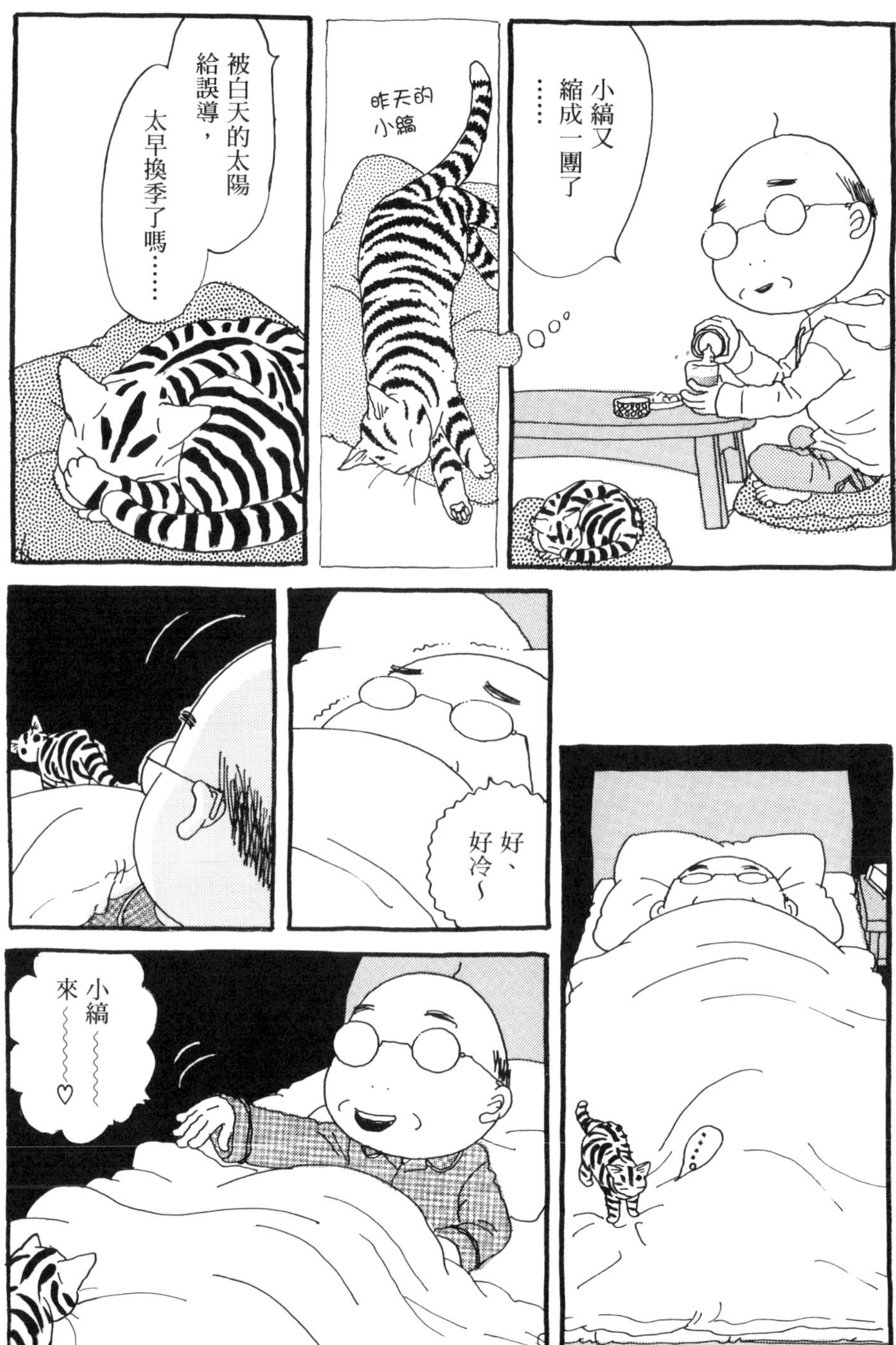
小縞又
縮成一團了
……
昨天的小縞
被白天的太陽
給誤導，
太早換季了嗎
……
好、
好冷～
……
小縞
～～～
來～～～～♡

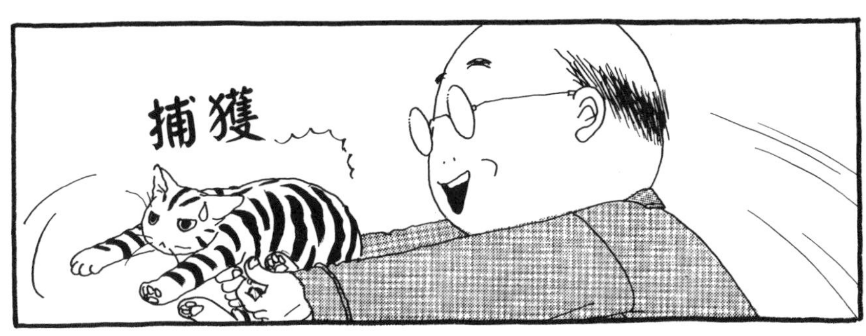
捕獲

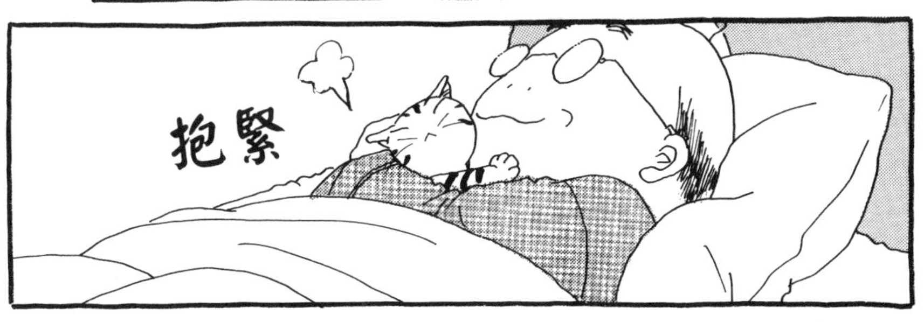
抱緊

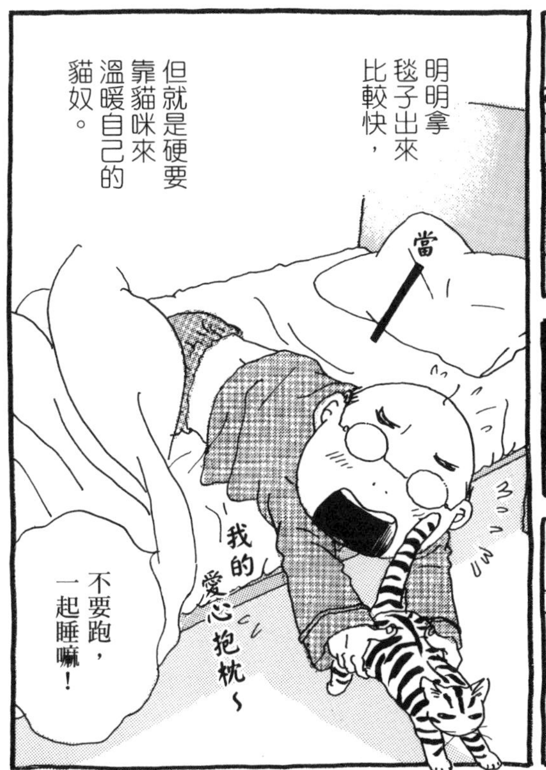
明明拿毯子出來比較快，
但就是硬要靠貓咪來溫暖自己的貓奴。
當
我的愛心抱枕～
不要跑，一起睡嘛！

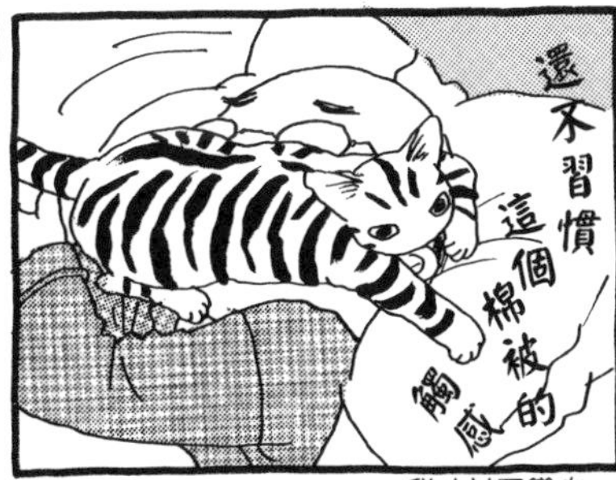
還不習慣這個棉被的觸感
貓咪討厭變化

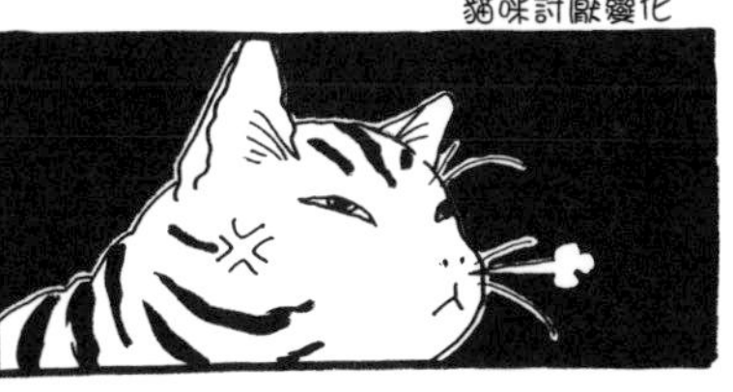

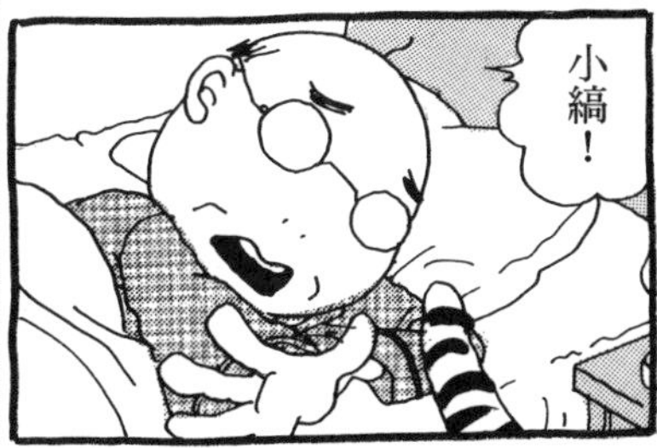
小縞！

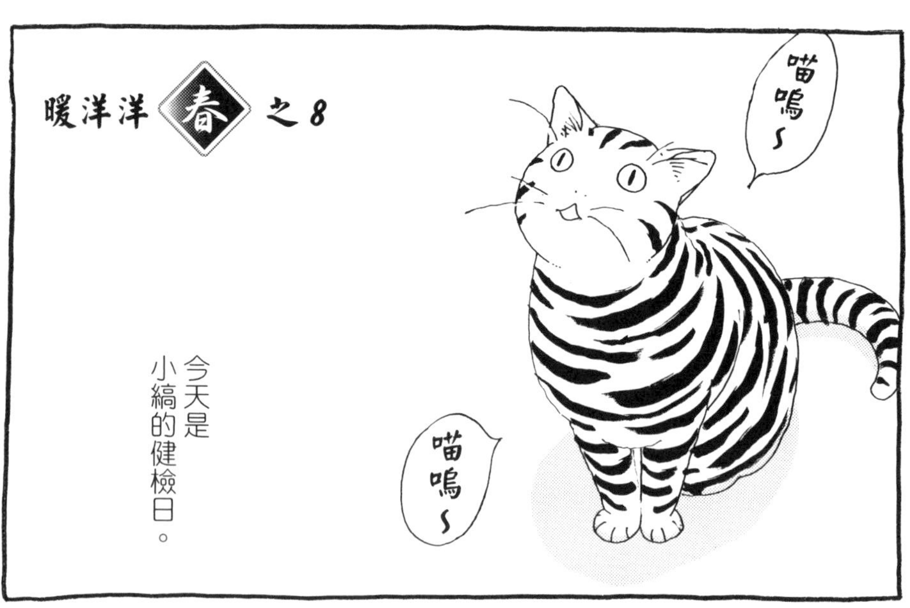
暖洋洋 春 之8
喵嗚～
喵嗚～
今天是小縞的健檢日。

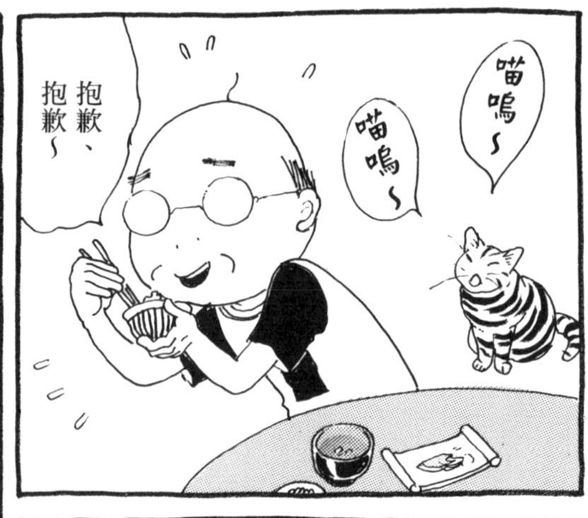
喵嗚～
喵嗚～
抱歉、抱歉～

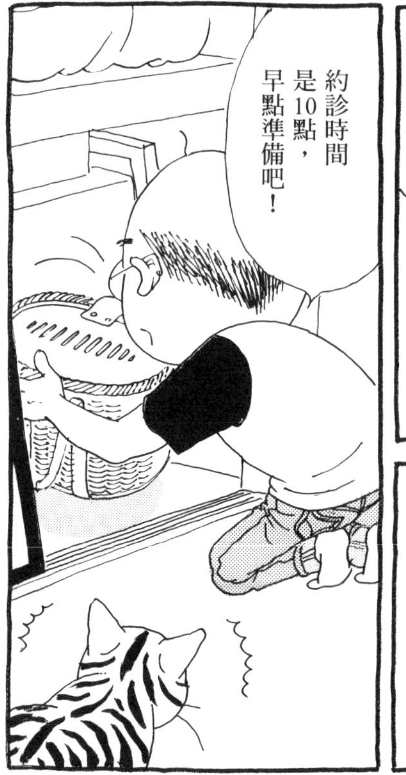
約診時間是10點，早點準備吧！

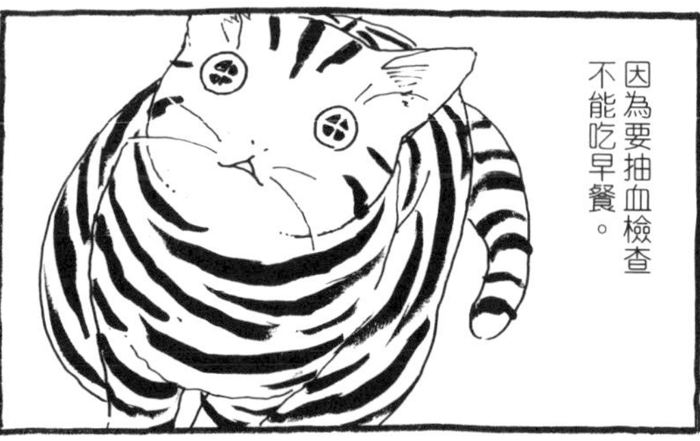
因為要抽血檢查不能吃早餐。

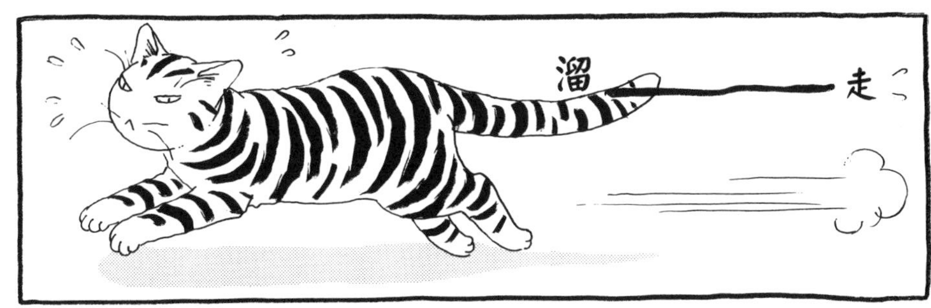
溜——走

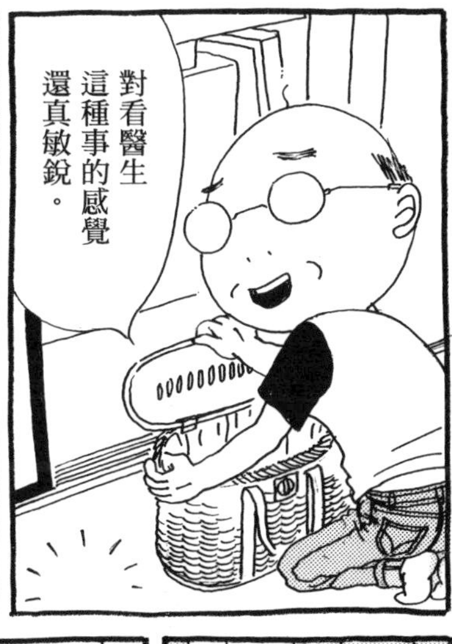
對看醫生
這種事的感覺
還真敏銳。

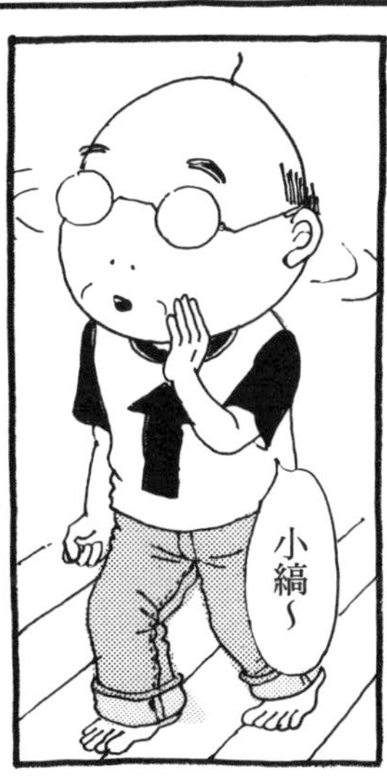
小縞～

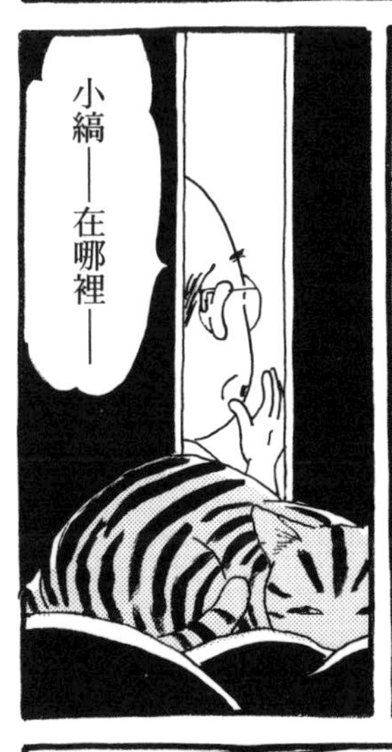
小縞——在哪裡——

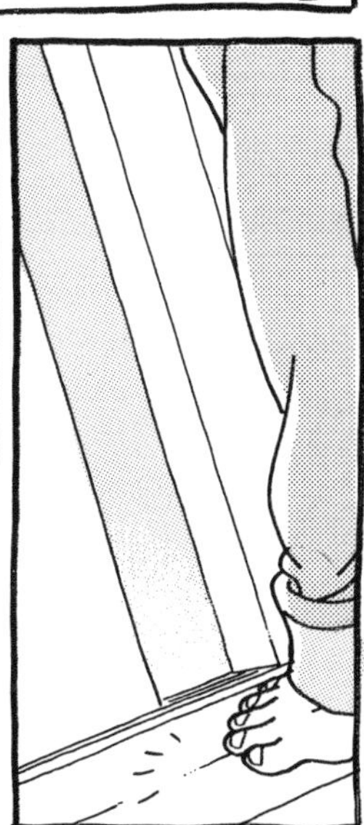

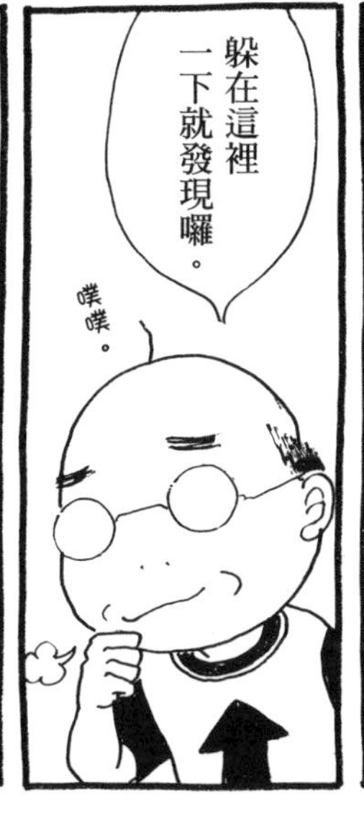
躲在這裡
一下就發現囉。
噗噗。

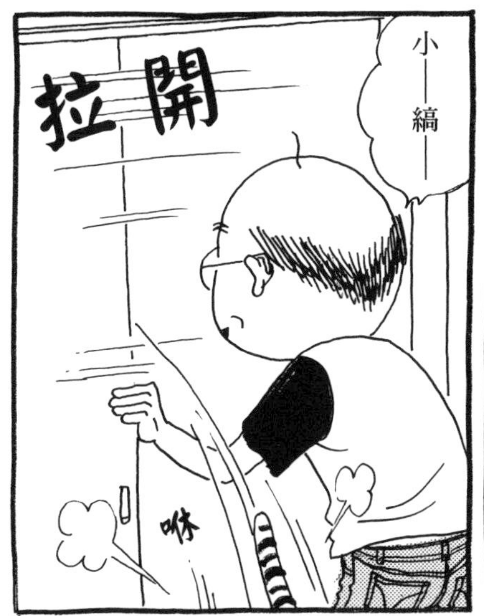
小——縞——
拉開
咻

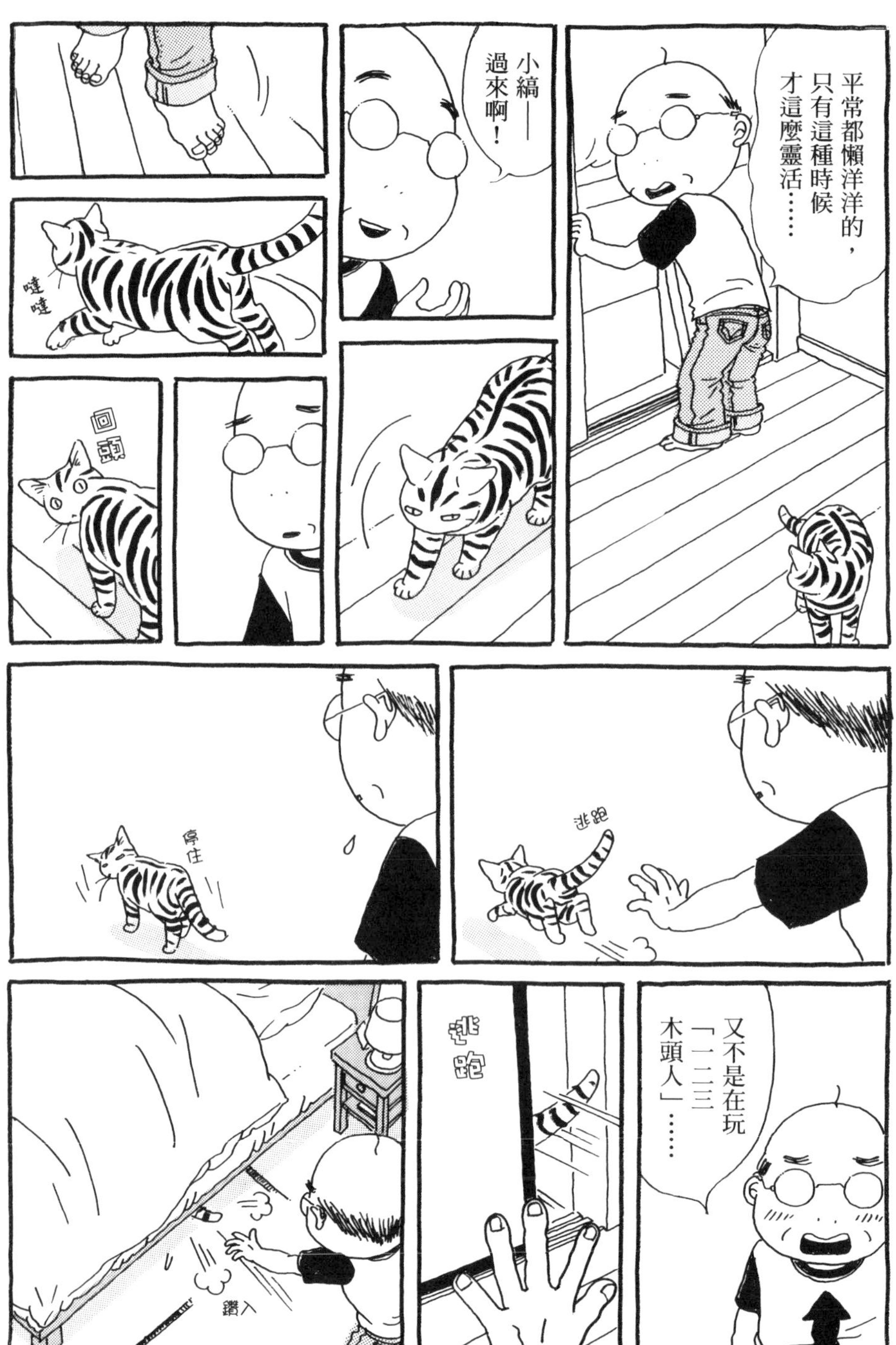
平常都懶洋洋的，只有這種時候才這麼靈活……
小縞──過來啊！
噠噠
回頭
停住
逃跑
又不是在玩「一二三木頭人」……
逃跑
鑽入

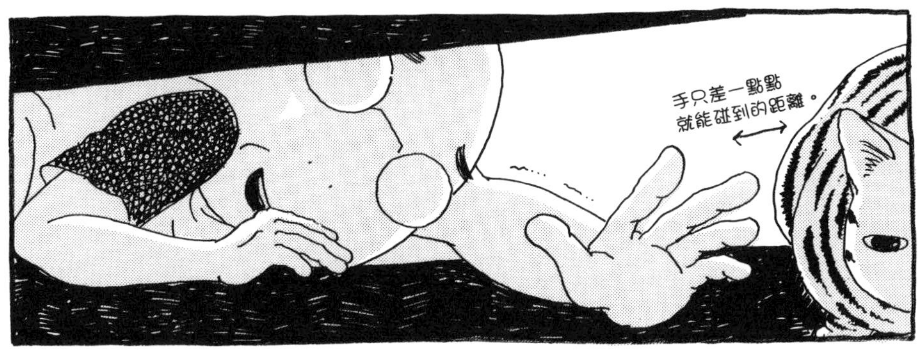
手只差一點點
就能碰到的距離。

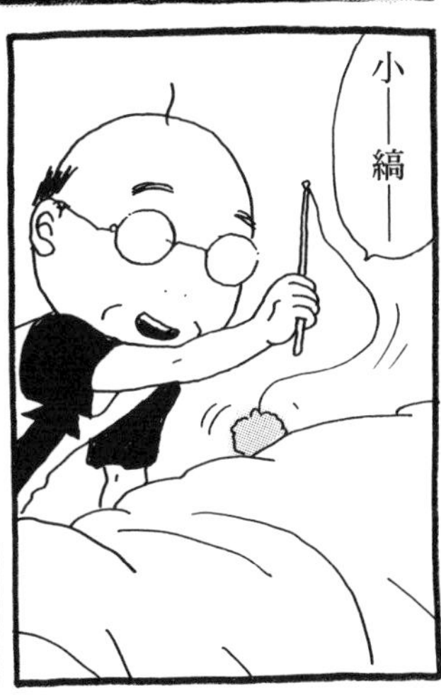
小——縞——

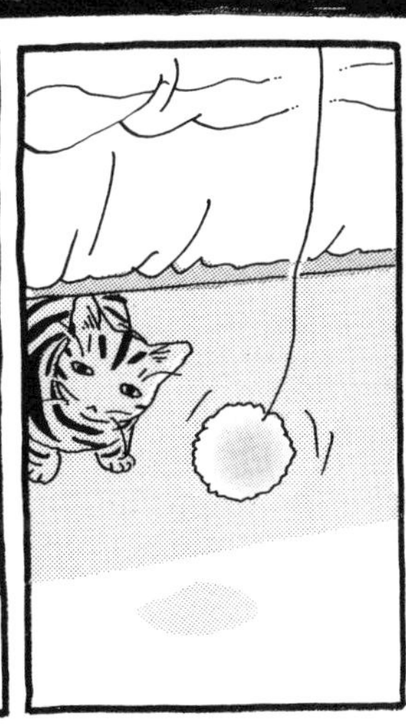

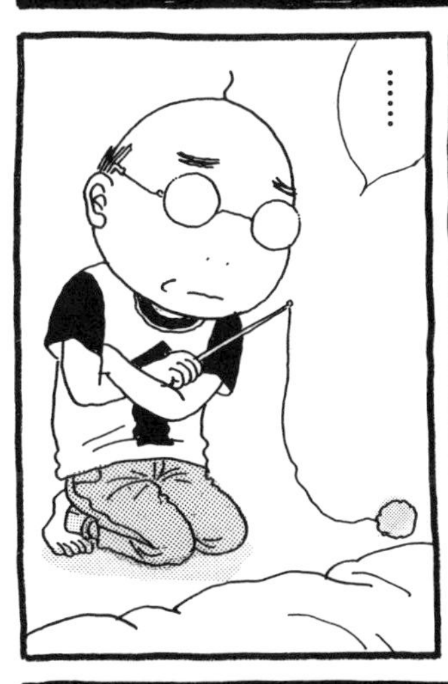
……

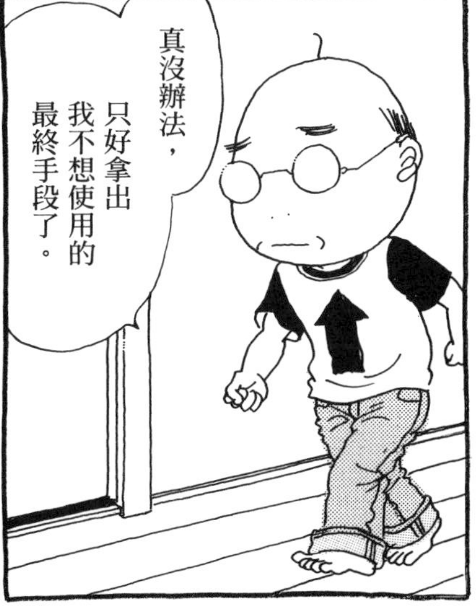
真沒辦法，
只好拿出
我不想使用的
最終手段了。

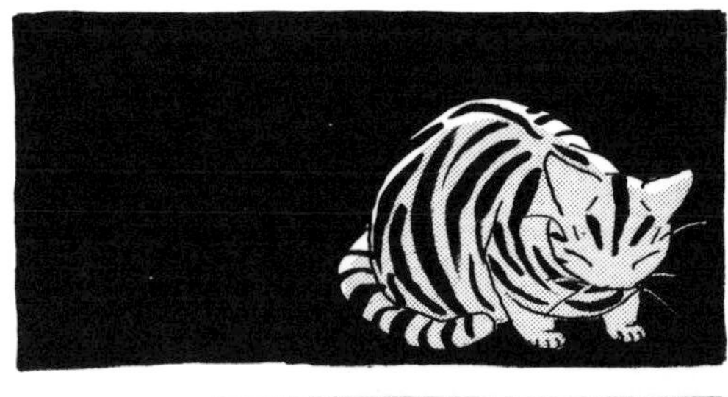

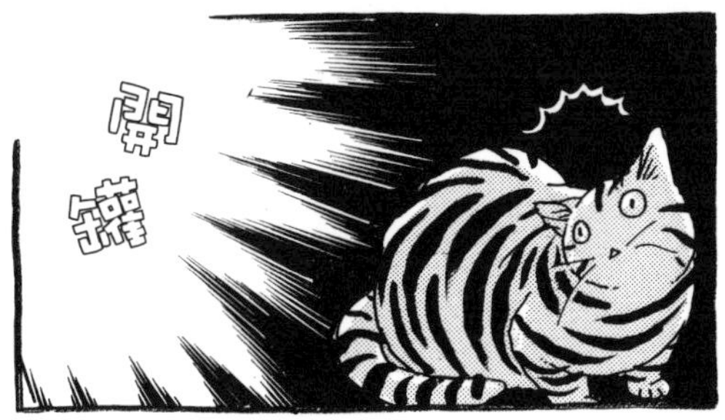
開罐

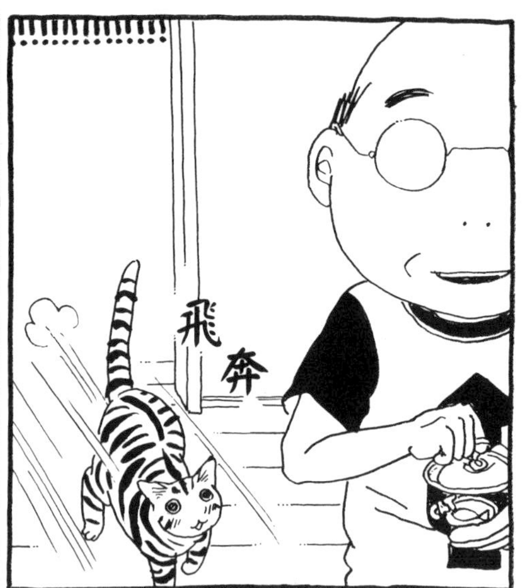
飛奔

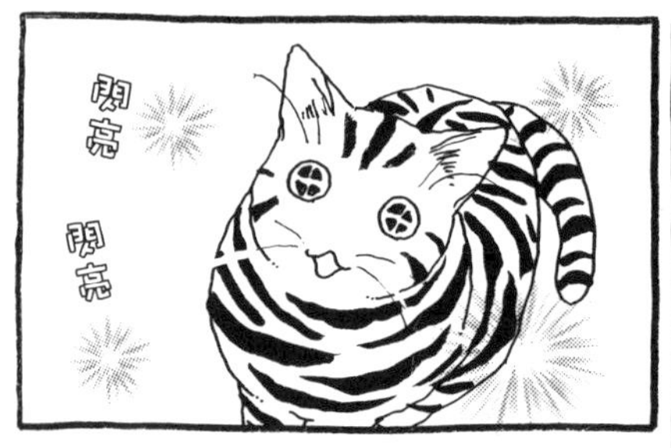
閃亮
閃亮

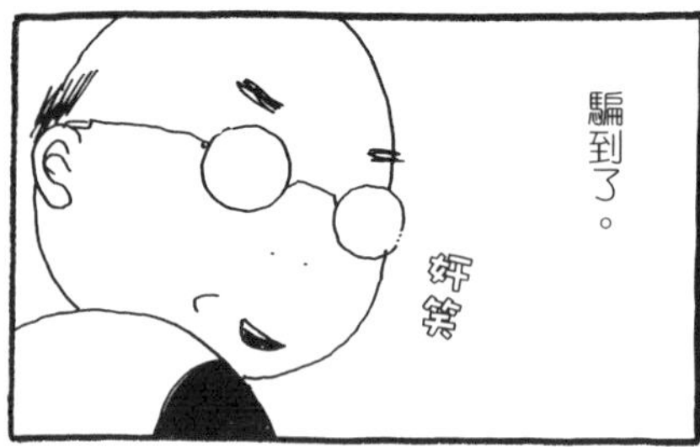
騙到了。
奸笑

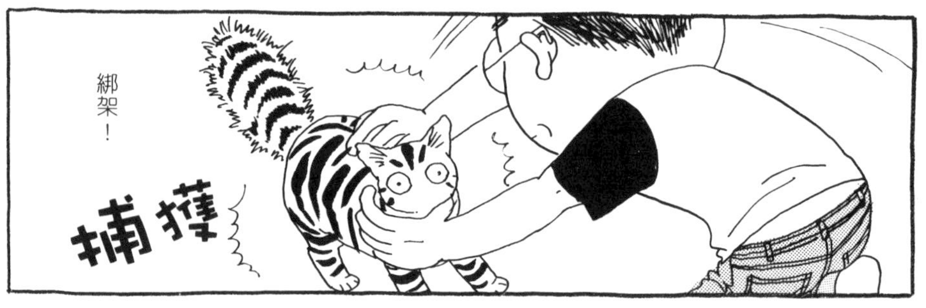
綁架！
捕獲

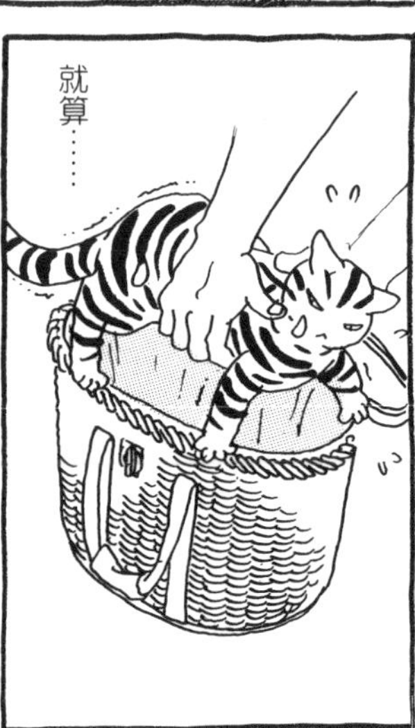
就算……

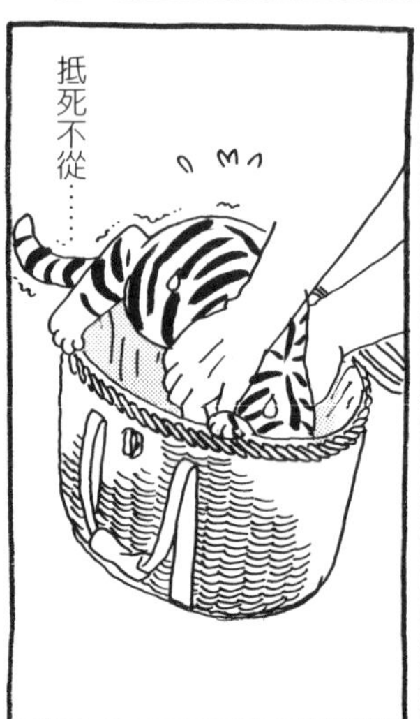
抵死不從……

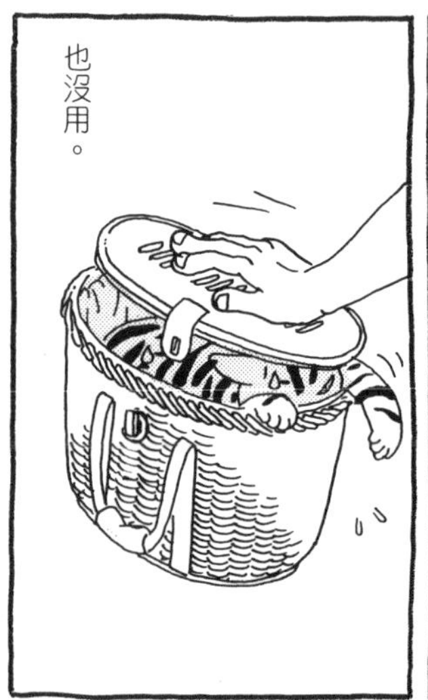
也沒用。

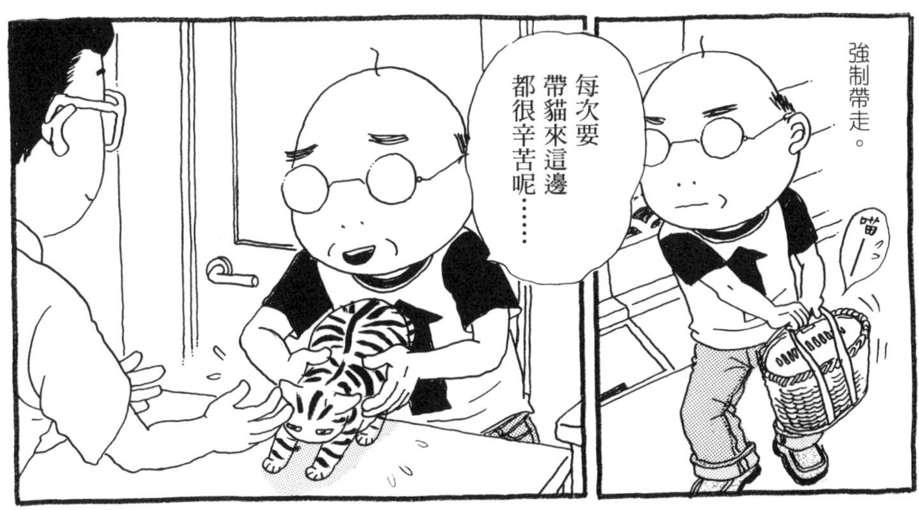
強制帶走。
喵
每次要帶貓來這邊都很辛苦呢……

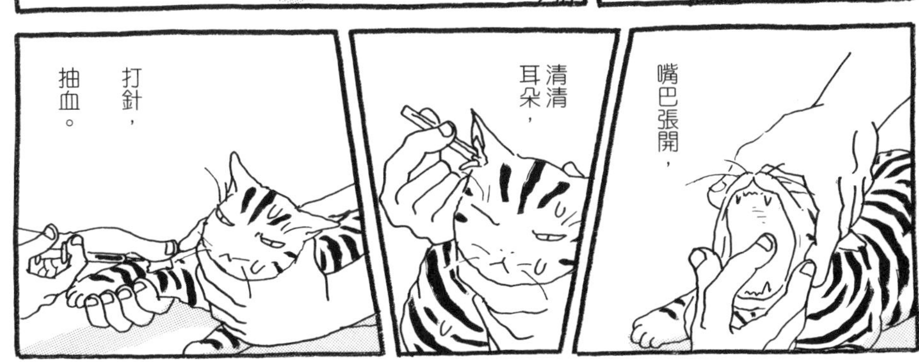
嘴巴張開，
清清耳朵，
打針，抽血。

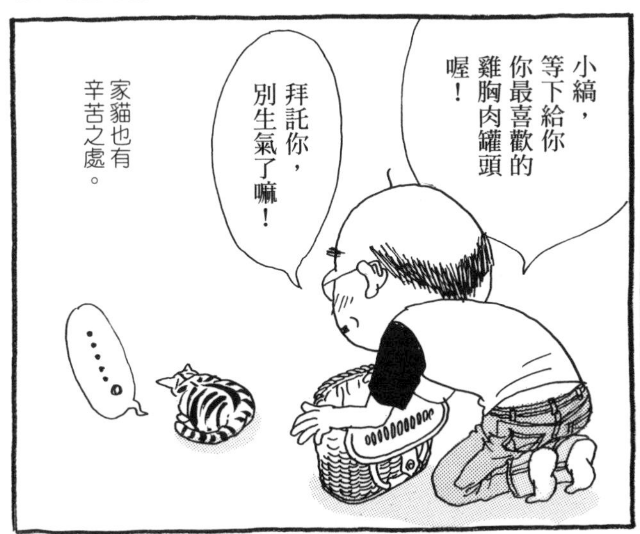
小縞，等下給你你最喜歡的雞胸肉罐頭喔！
拜託你，別生氣了嘛！
家貓也有辛苦之處。
……。

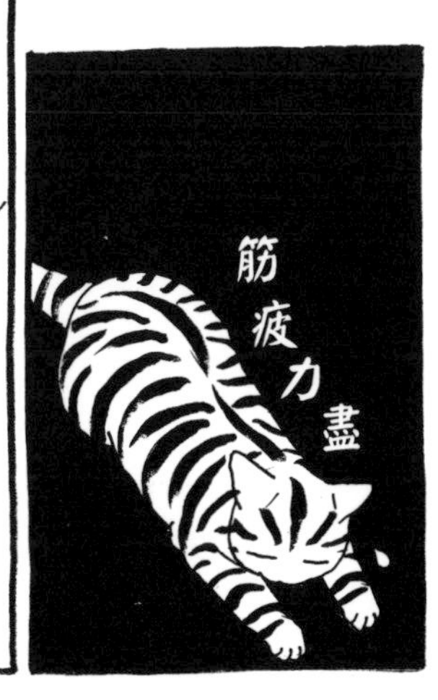
筋疲力盡

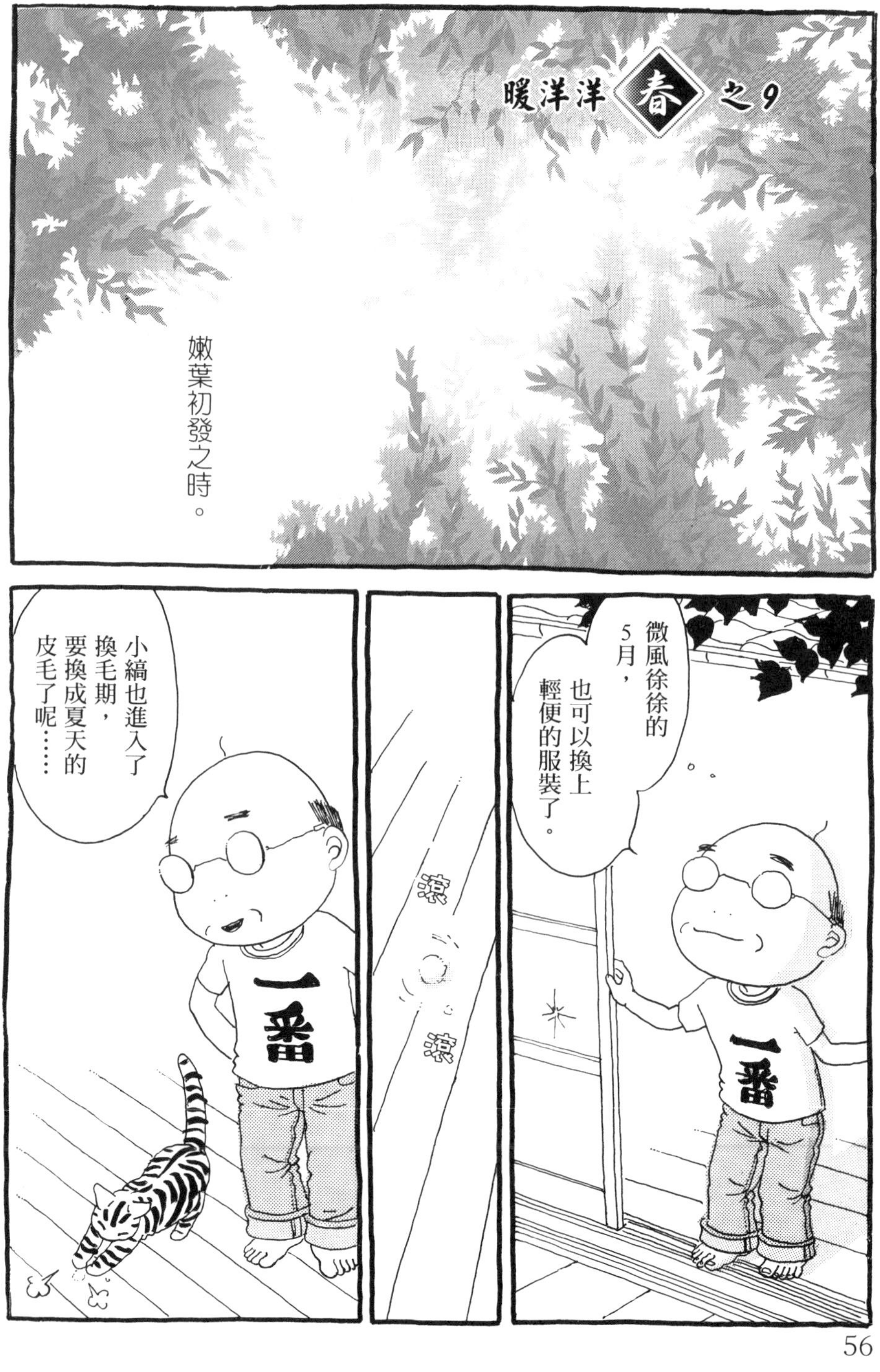

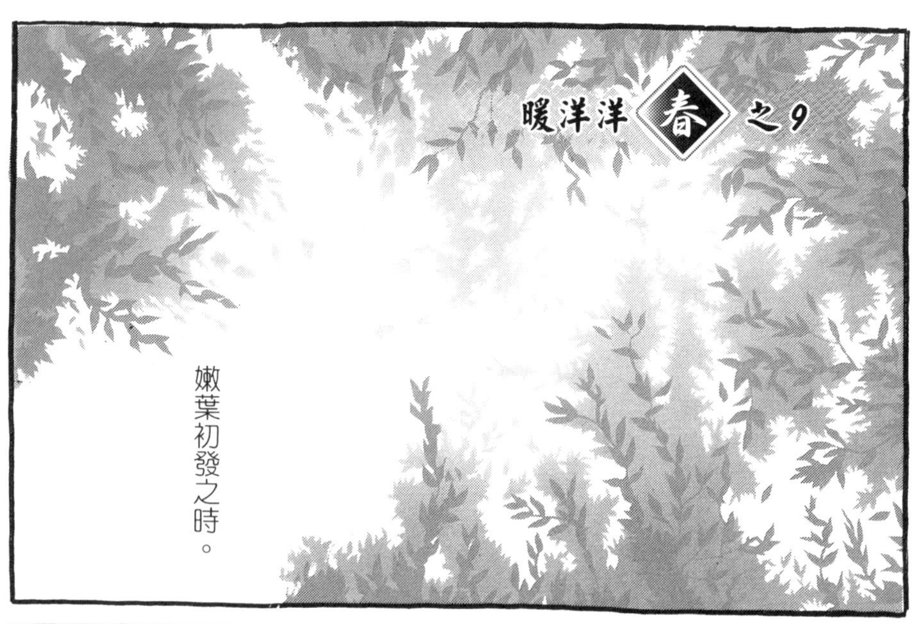

微風徐徐的5月，也可以換上輕便的服裝了。

滾
滾

小縞也進入了換毛期，要換成夏天的皮毛了呢……

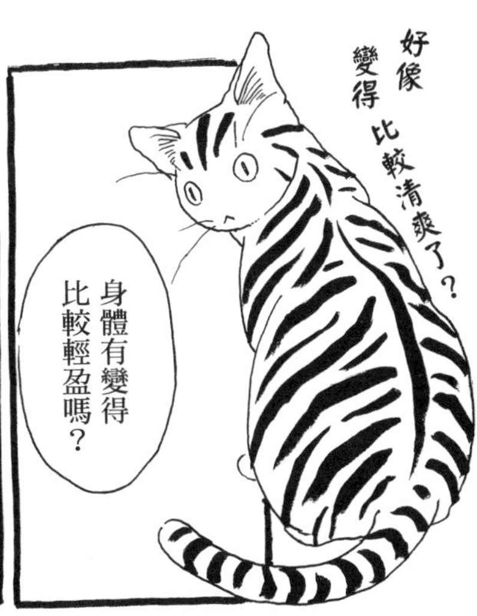
好像變得比較清爽了？
身體有變得比較輕盈嗎？

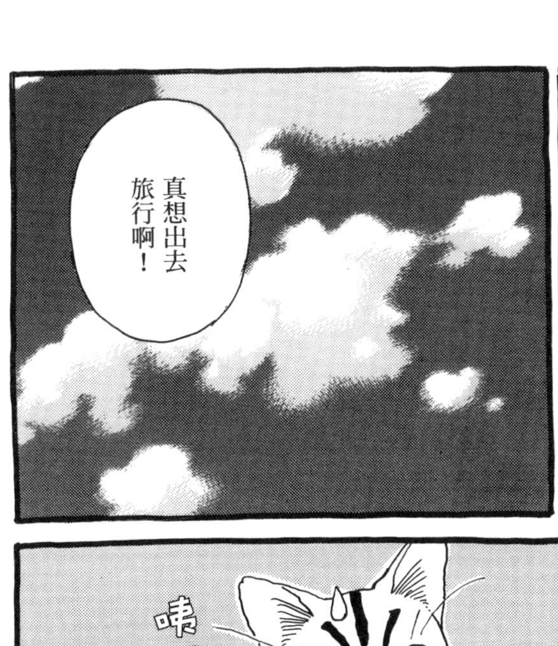
真想出去旅行啊！

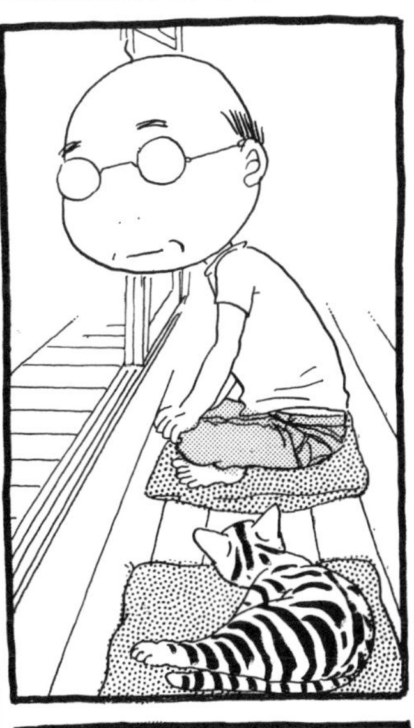

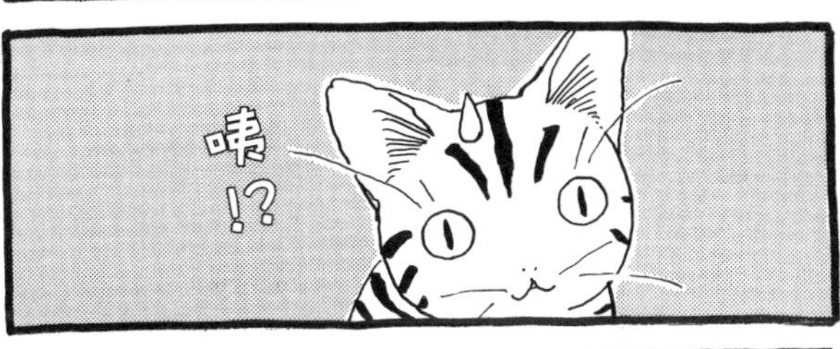
咦!?

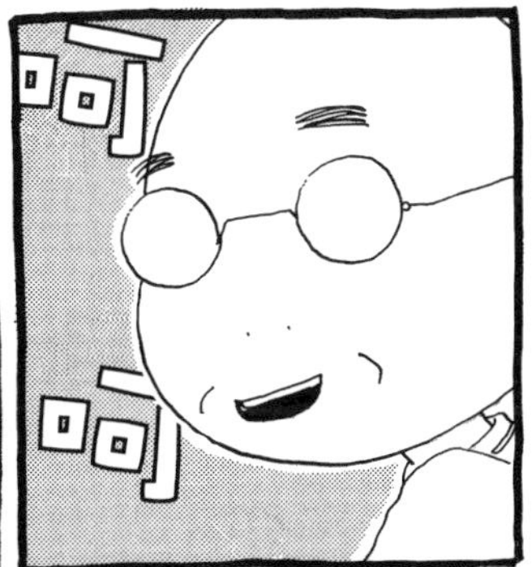
呵
呵

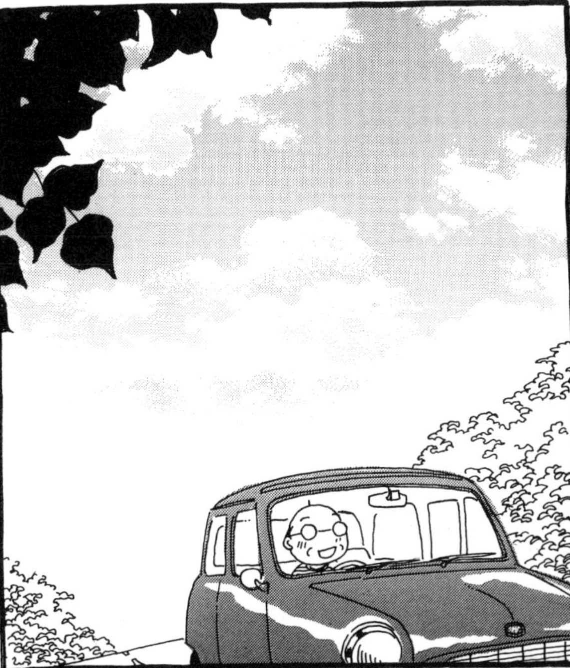

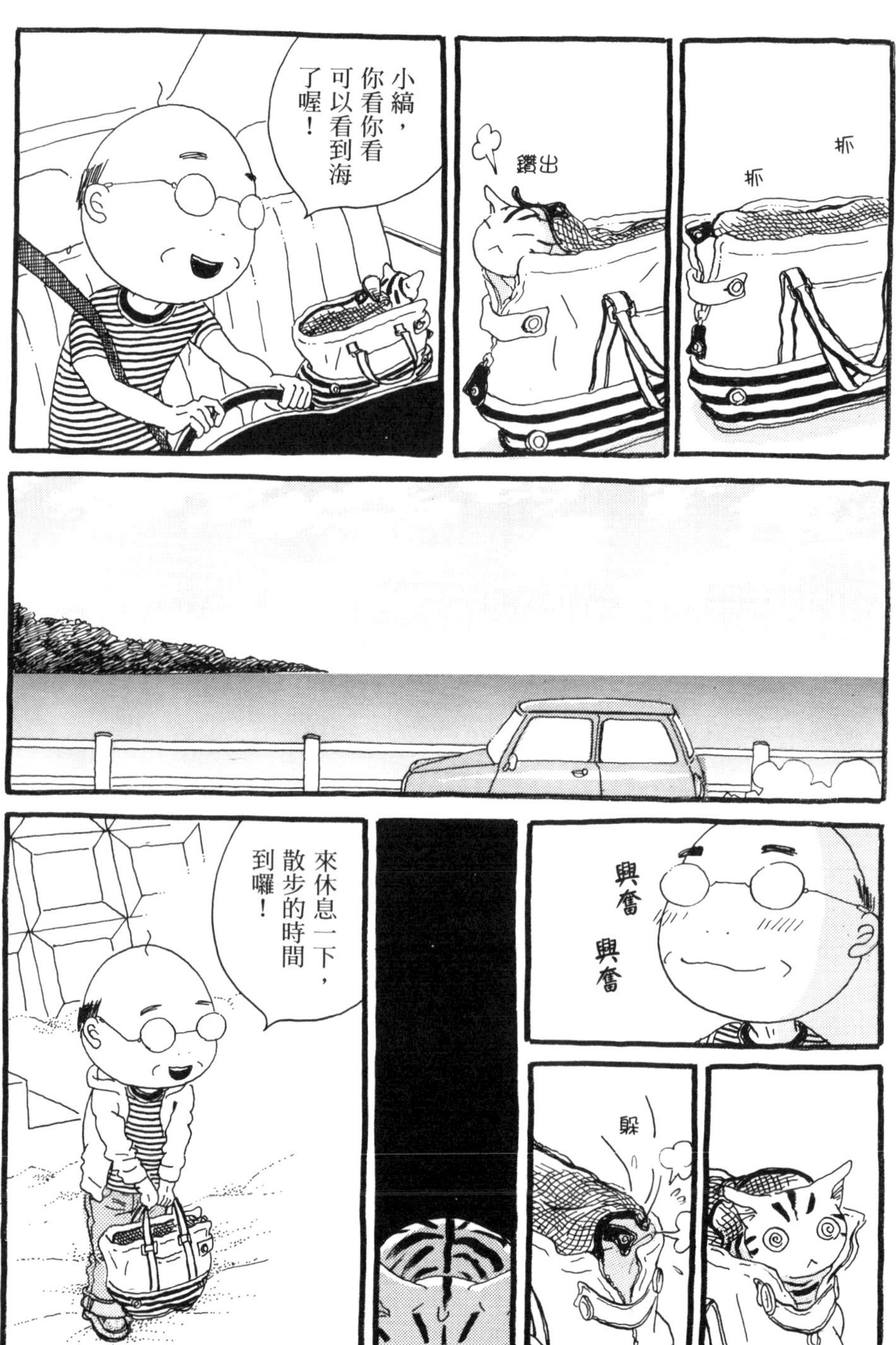
小縞，你看你看可以看到海了喔！
鑽出
抓
抓
來休息一下，散步的時間到囉！
興奮
興奮
躲

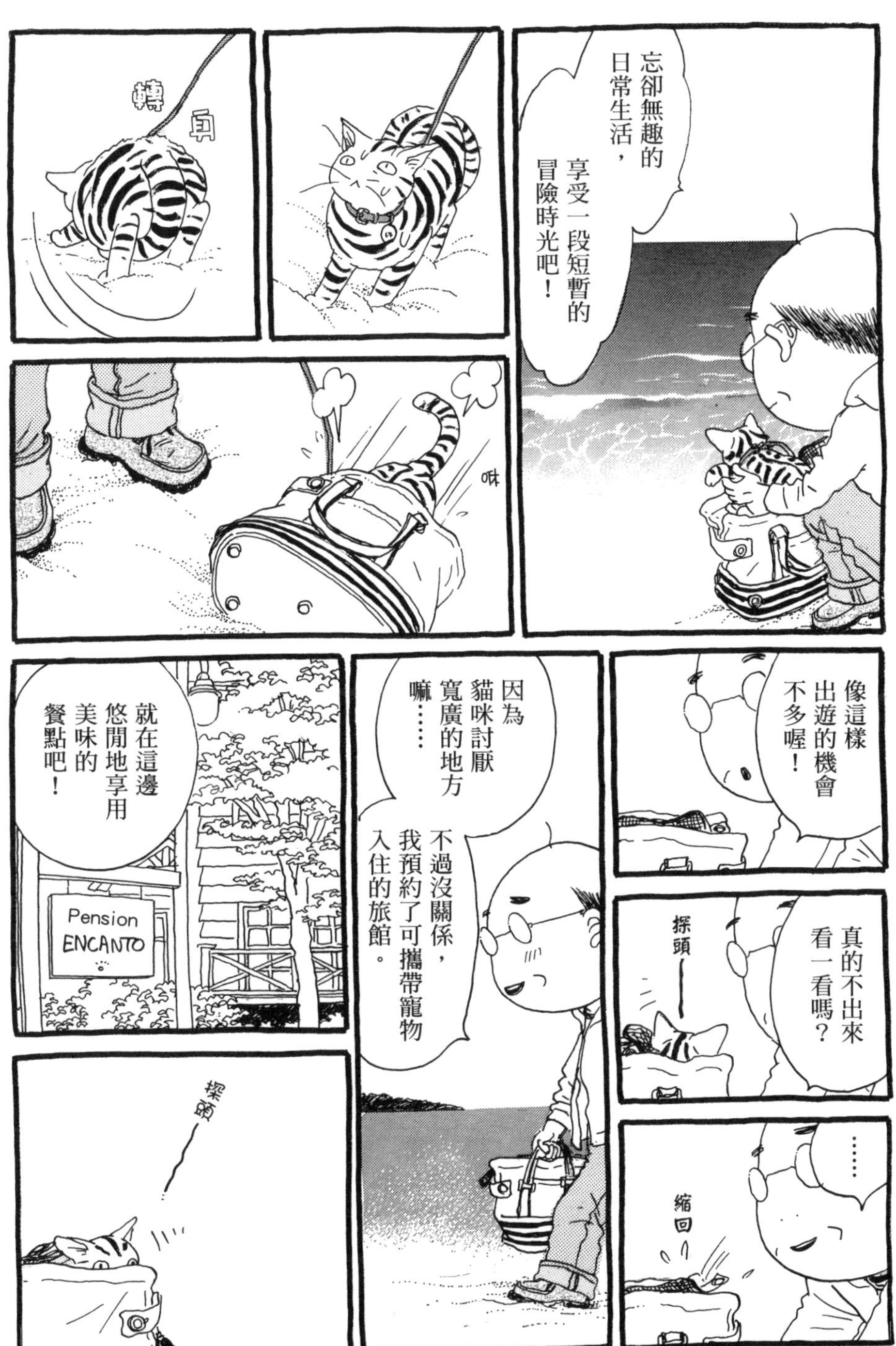
忘卻無趣的日常生活，
享受一段短暫的冒險時光吧！
轉身
咻
像這樣出遊的機會不多喔！
因為貓咪討厭寬廣的地方嘛……
不過沒關係，我預約了可攜帶寵物入住的旅館。
就在這邊悠閒地享用美味的餐點吧！
Pension ENCANTO
真的不出來看一看嗎？
探頭——
……
縮回
探頭——

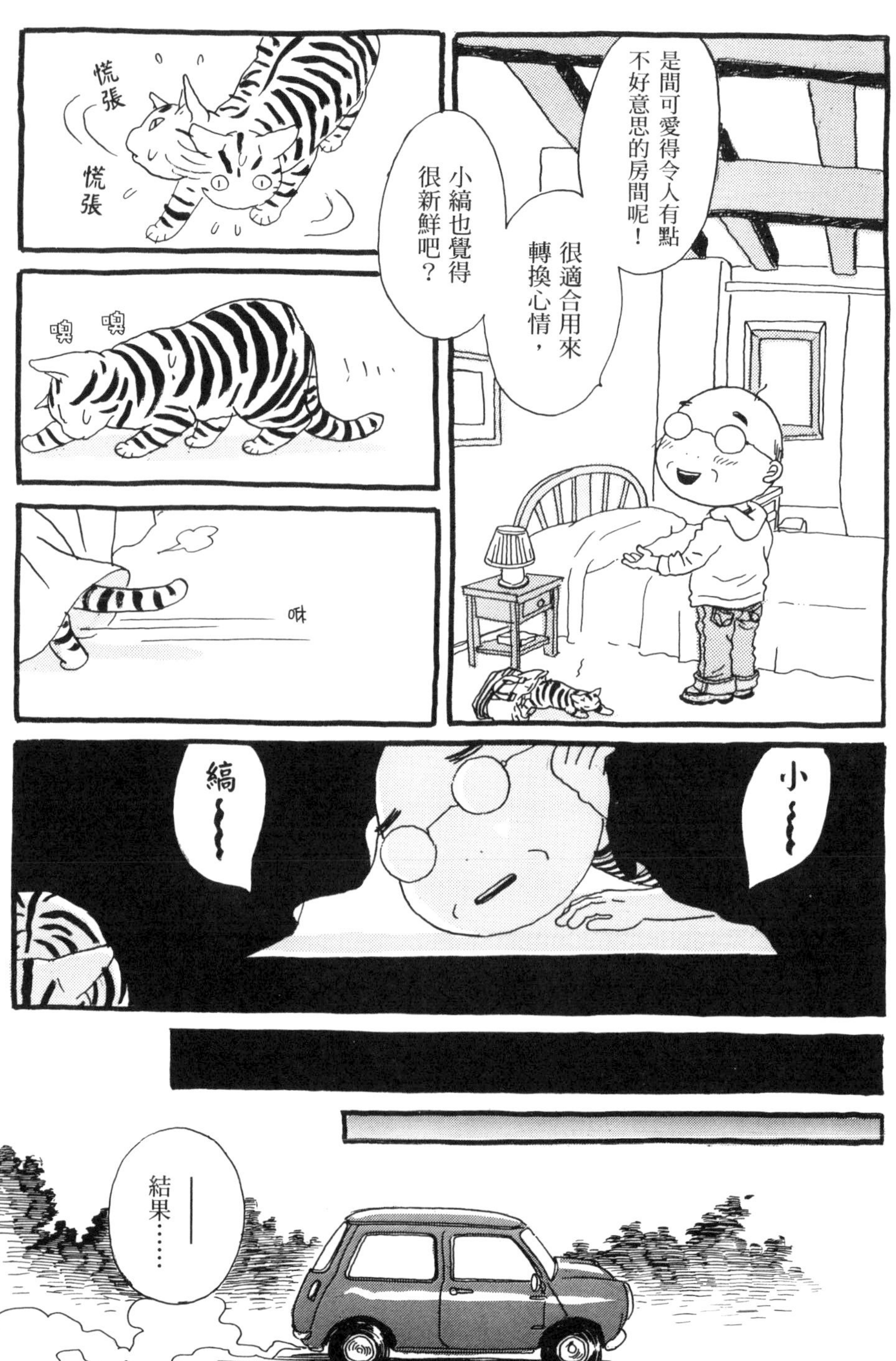

是間可愛得令人有點
不好意思的房間呢！
很適合用來
轉換心情，
小縞也覺得
很新鮮吧？
慌張
慌張
嗅
嗅
咻
小～
縞～
結果——……

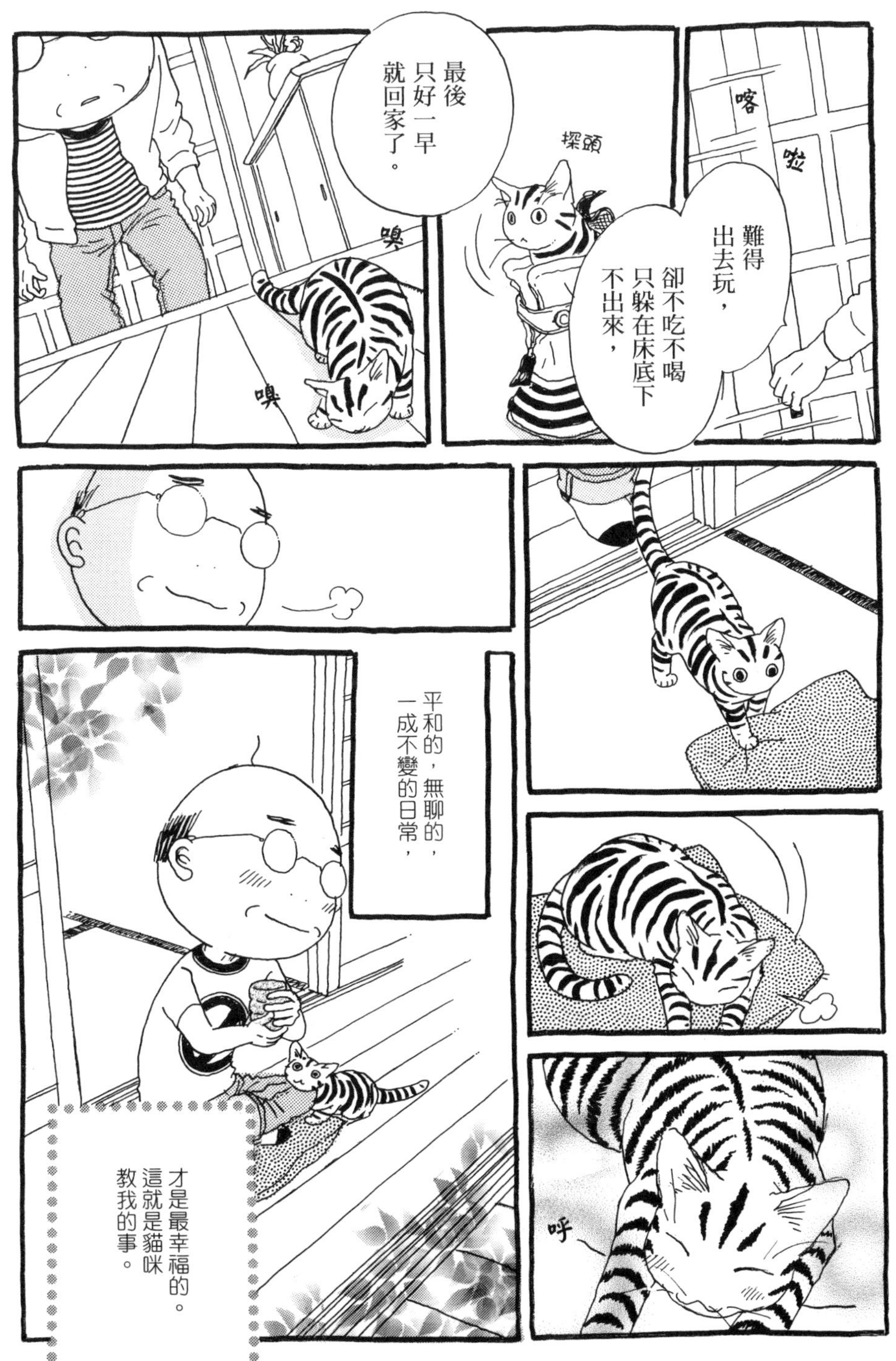
喀
啦
難得出去玩，卻不吃不喝只躲在床底下不出來，
探頭
最後只好一早就回家了。
嗅
嗅
平和的，無聊的，一成不變的日常，
才是最幸福的。這就是貓咪教我的事。
呼

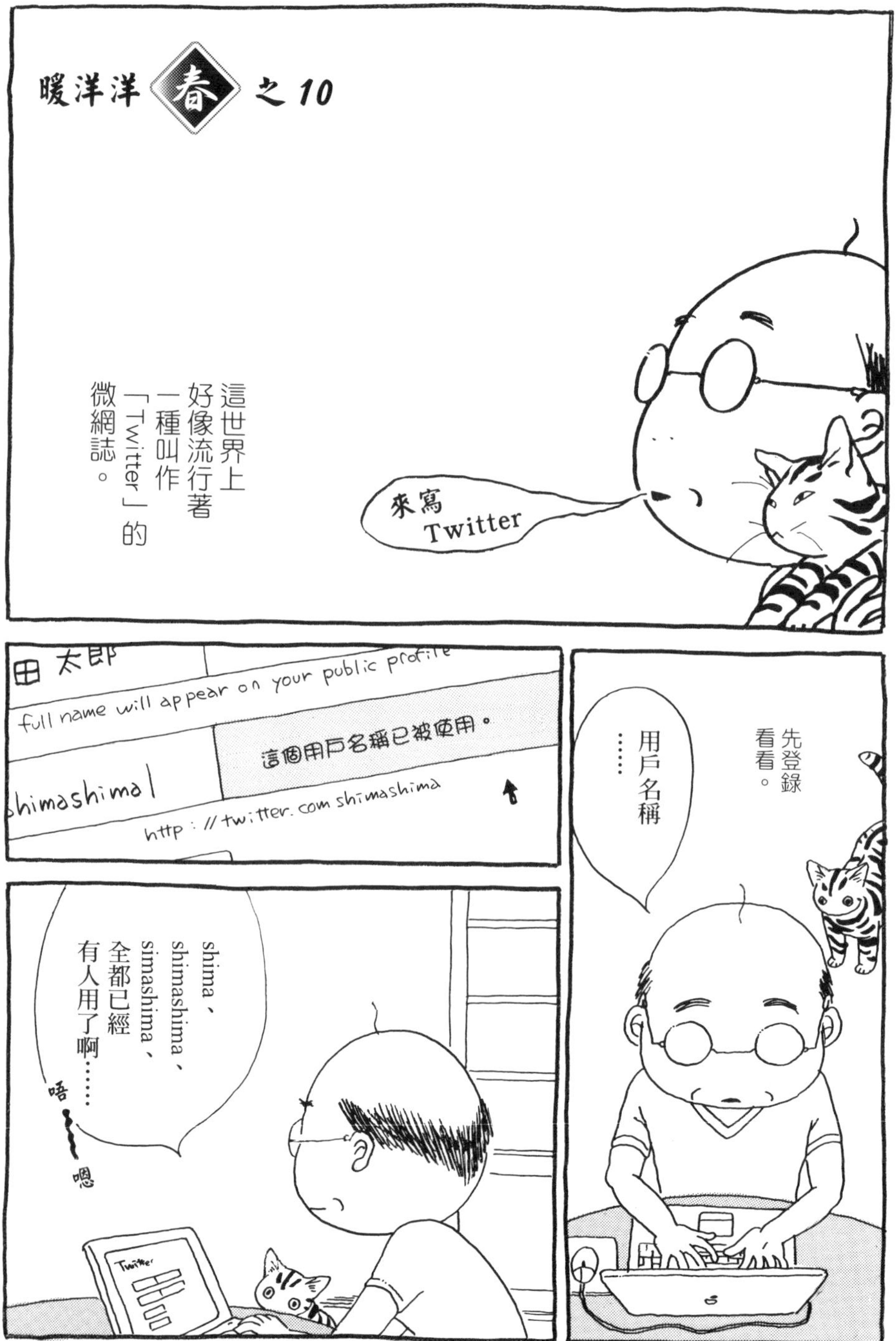

暖洋洋 春 之10

這世界上好像流行著一種叫作「Twitter」的微網誌。

來寫Twitter

先登錄看看。

用戶名稱……

田太郎
full name will appear on your public profile
這個用戶名稱已被使用。
shimashima
http://twitter.com shimashima

shima、shimashima、simashima、全都已經有人用了啊……

唔——嗯

※註：shima為小編的日文拼音。

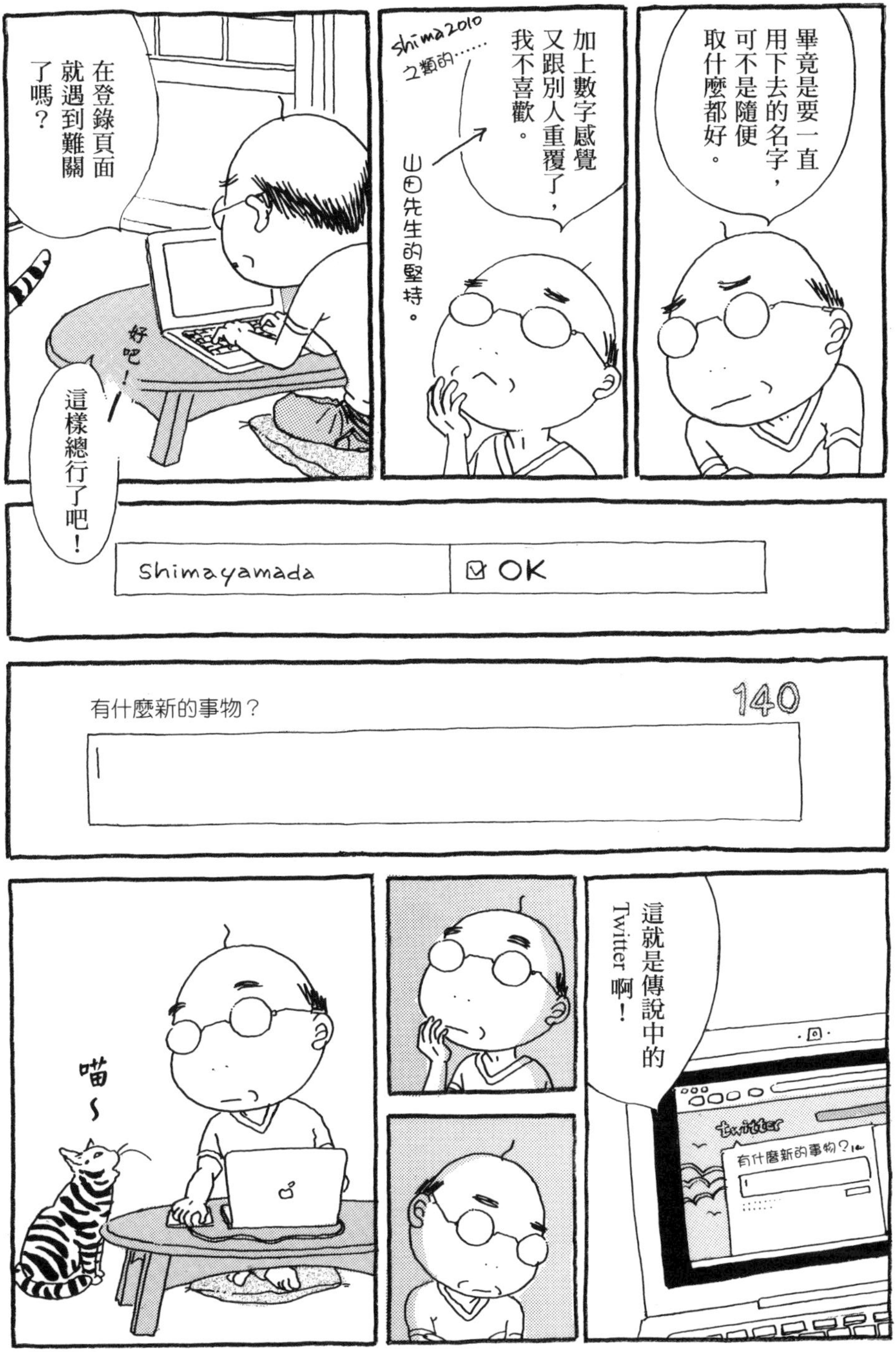

畢竟是要一直用下去的名字，可不是隨便取什麼都好。
加上數字感覺又跟別人重覆了，我不喜歡。
shima2010之類的……
山田先生的堅持。
在登錄頁面就遇到難關了嗎？
好吧！
這樣總行了吧！
Shimayamada
☑ OK
有什麼新的事物？
140
這就是傳說中的Twitter啊！
有什麼新的事物？
喵～

肚子餓了喵。

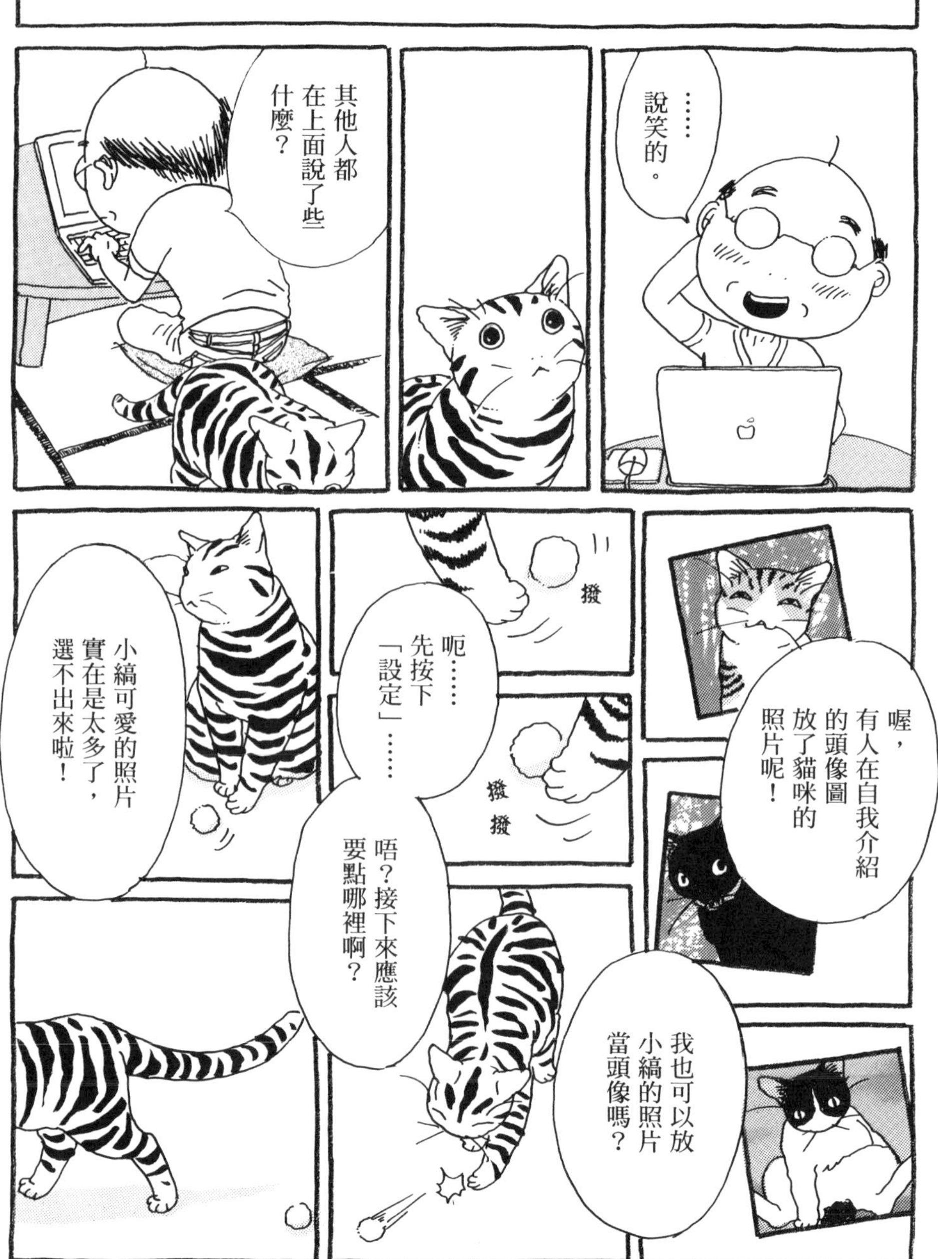

……說笑的。
其他人都在上面說了些什麼？
喔，有人在自我介紹的頭像圖放了貓咪的照片呢！
撥
呃……先按下「設定」……
撥撥
小縞可愛的照片實在是太多了，選不出來啦！
我也可以放小縞的照片當頭像嗎？
唔？接下來應該要點哪裡啊？

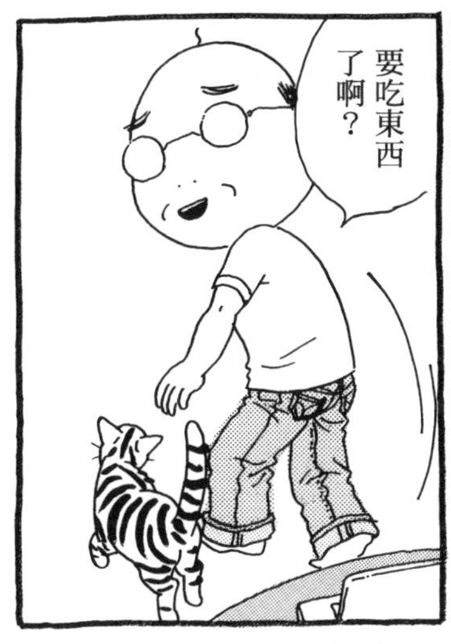
要吃東西
了啊？

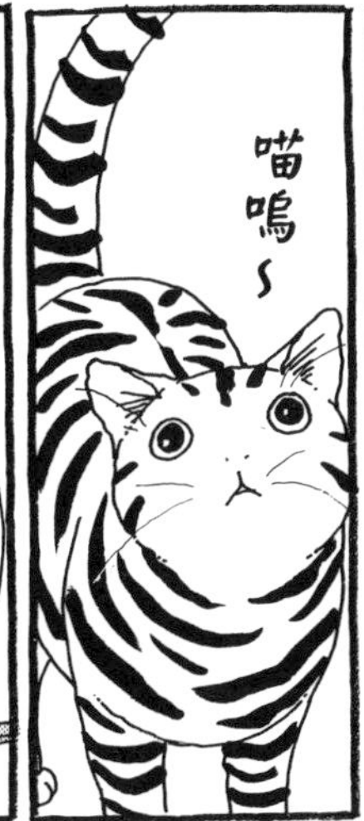
喵嗚～

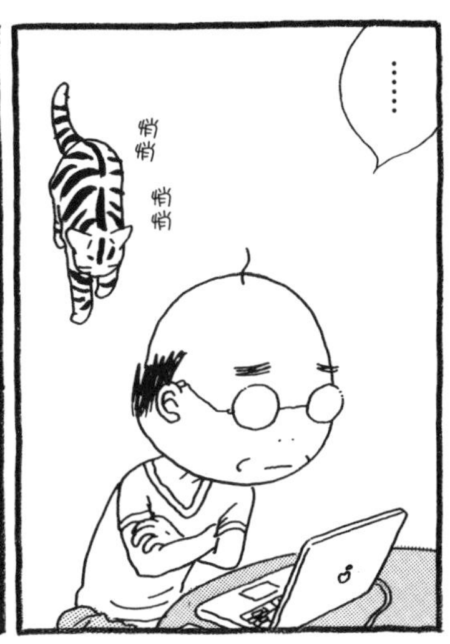
……
悄悄
悄悄

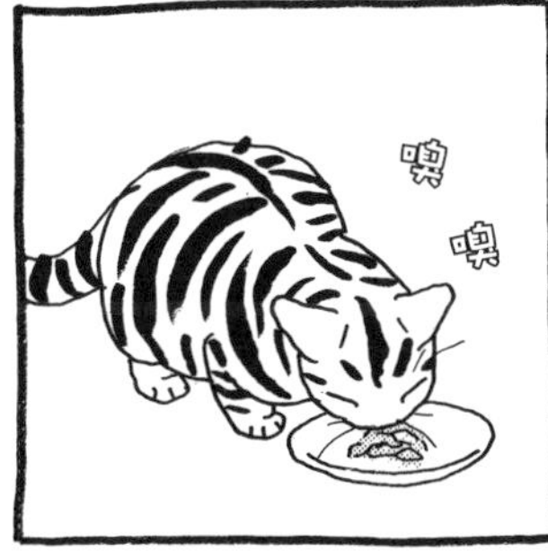
嗅
嗅

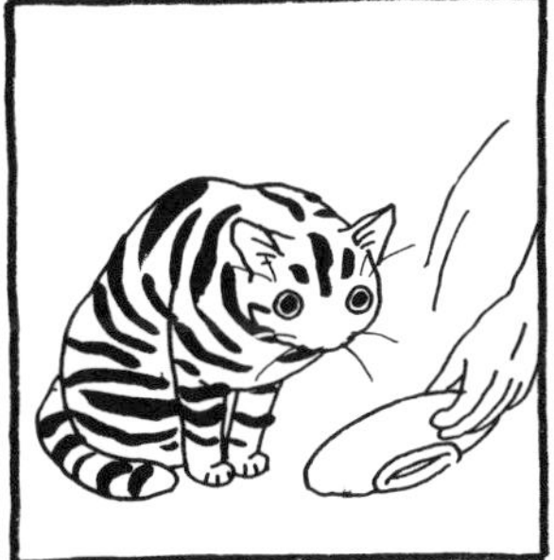

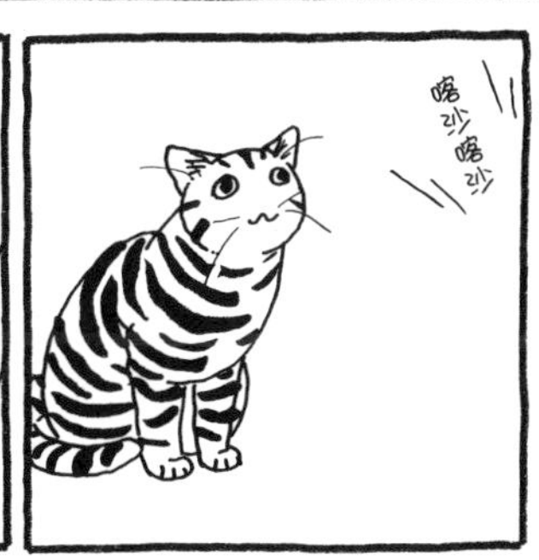
喀沙喀沙

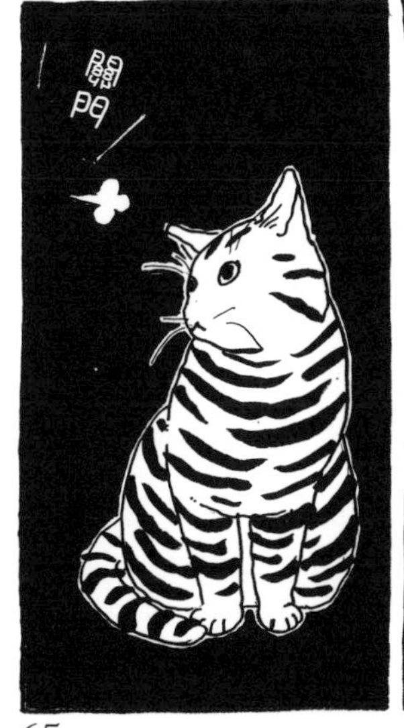
關門

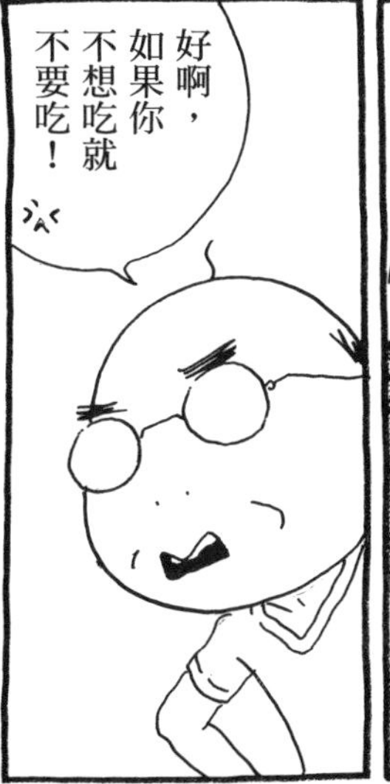
好啊，
如果你
不想吃就
不要吃！

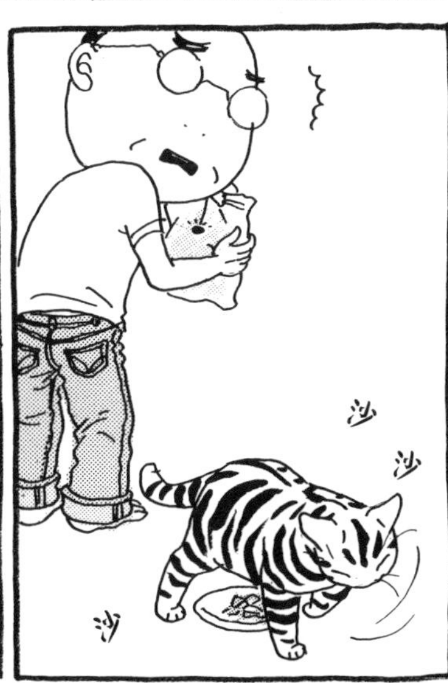
沙
沙
沙

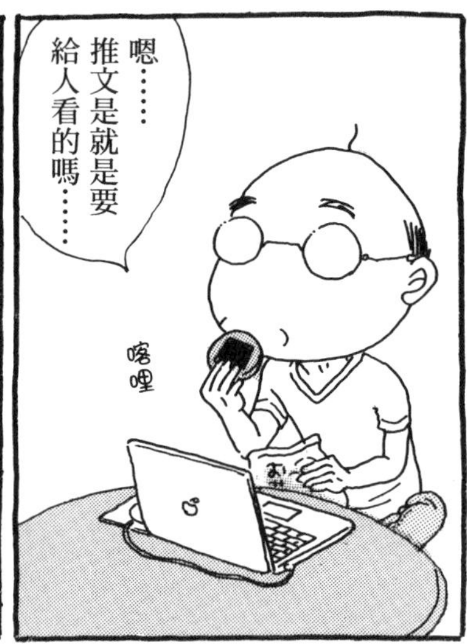
嗯……
推文是就是要
給人看的嗎……
喀哩

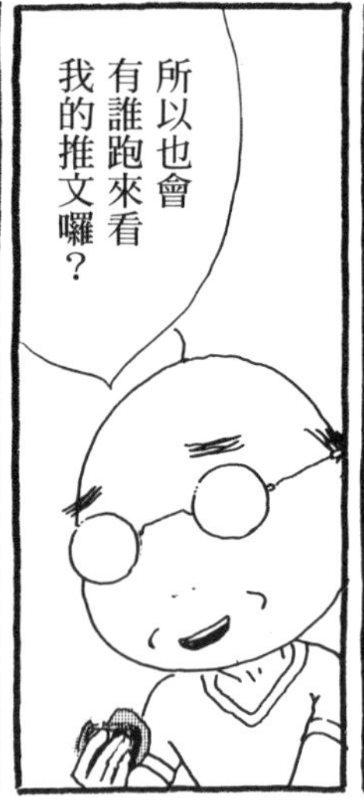
所以也會
有誰跑來看
我的推文囉？

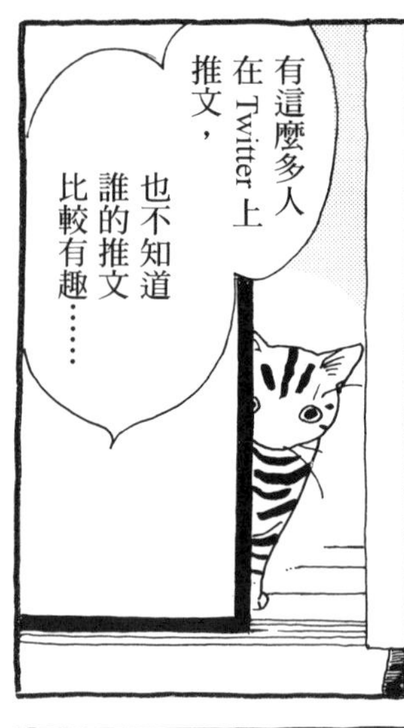
有這麼多人
在 Twitter 上
推文，
也不知道
誰的推文
比較有趣……

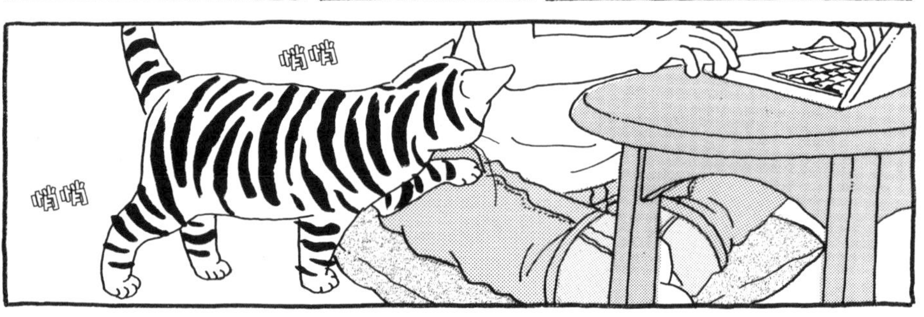
悄悄
悄悄

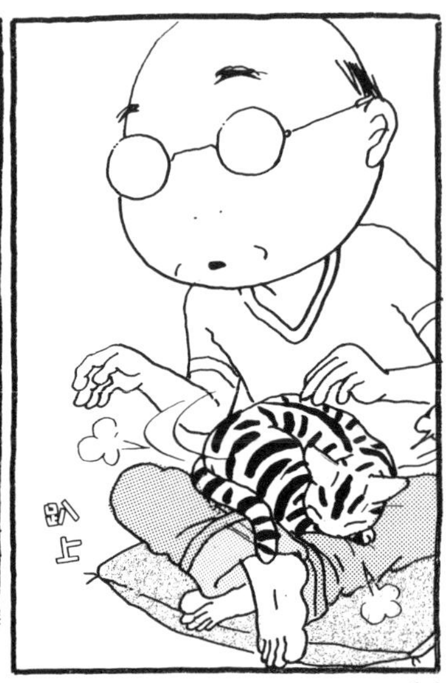
趴上

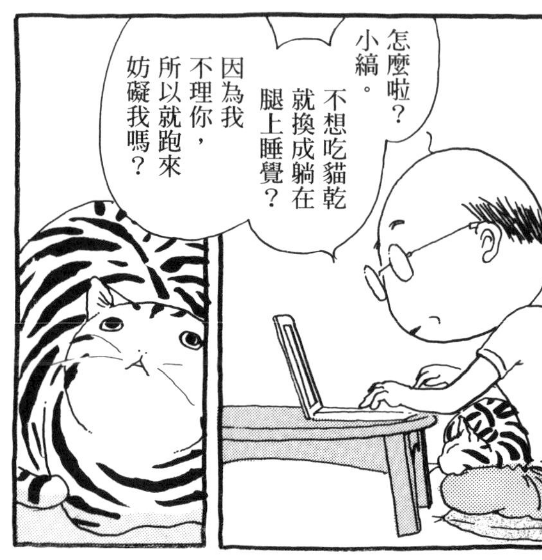
怎麼啦？
小縞。
不想吃貓乾
就換成躺在
腿上睡覺？
因為我
不理你，
所以就跑來
妨礙我嗎？

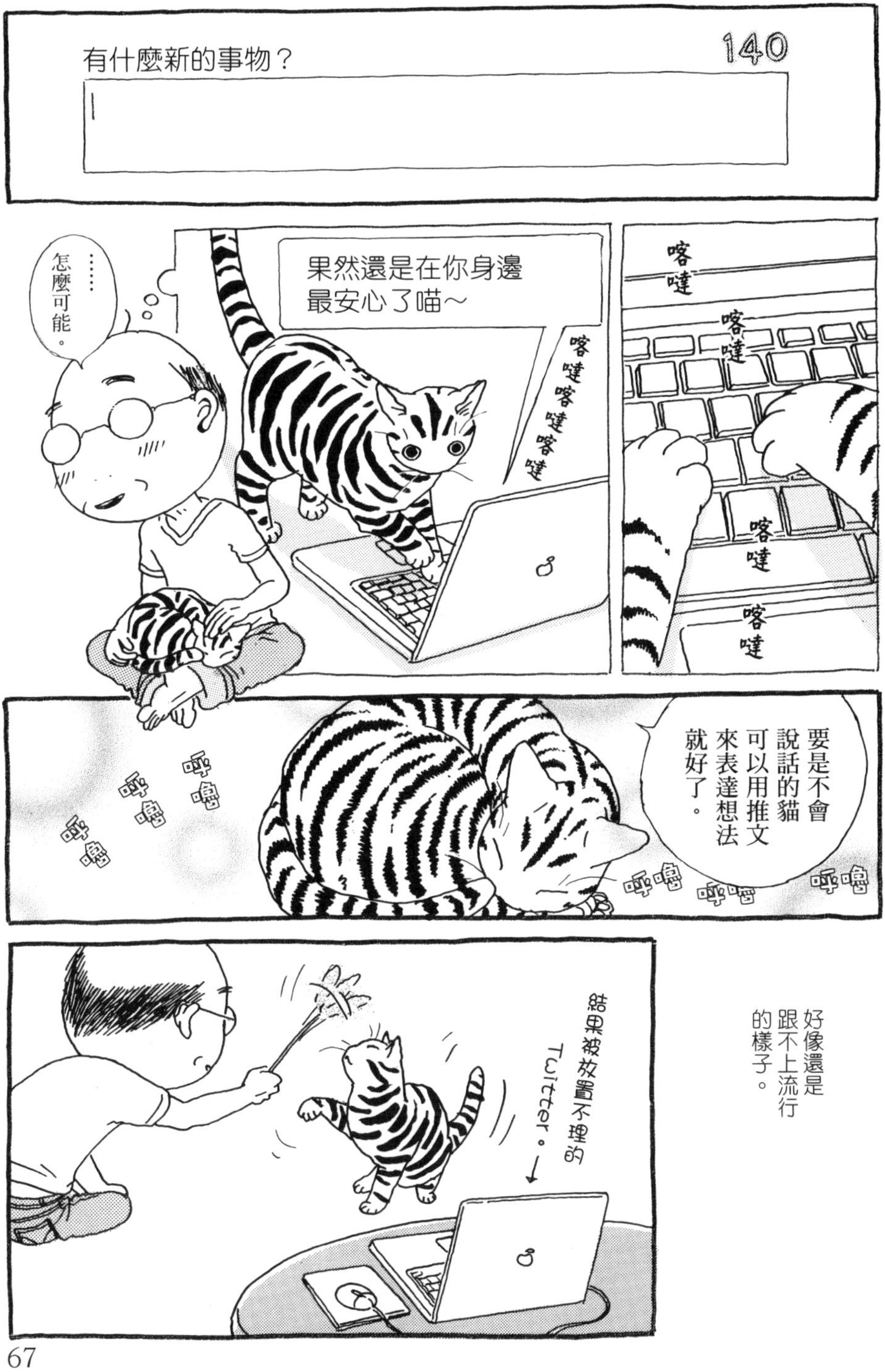

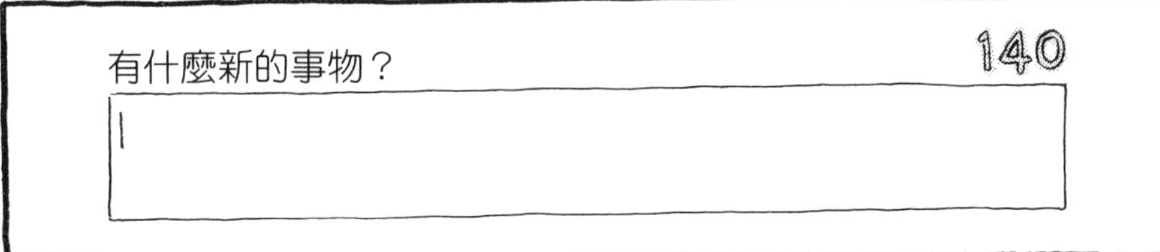

喀噠
喀噠
喀噠
喀噠

果然還是在你身邊最安心了喵～

喀噠喀噠喀噠

……怎麼可能。

要是不會說話的貓可以用推文來表達想法就好了。

呼嚕 呼嚕 呼嚕

呼嚕 呼嚕 呼嚕

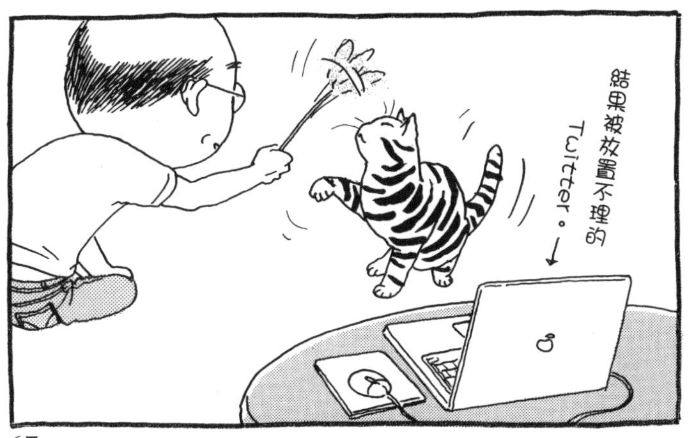

好像還是跟不上流行的樣子。

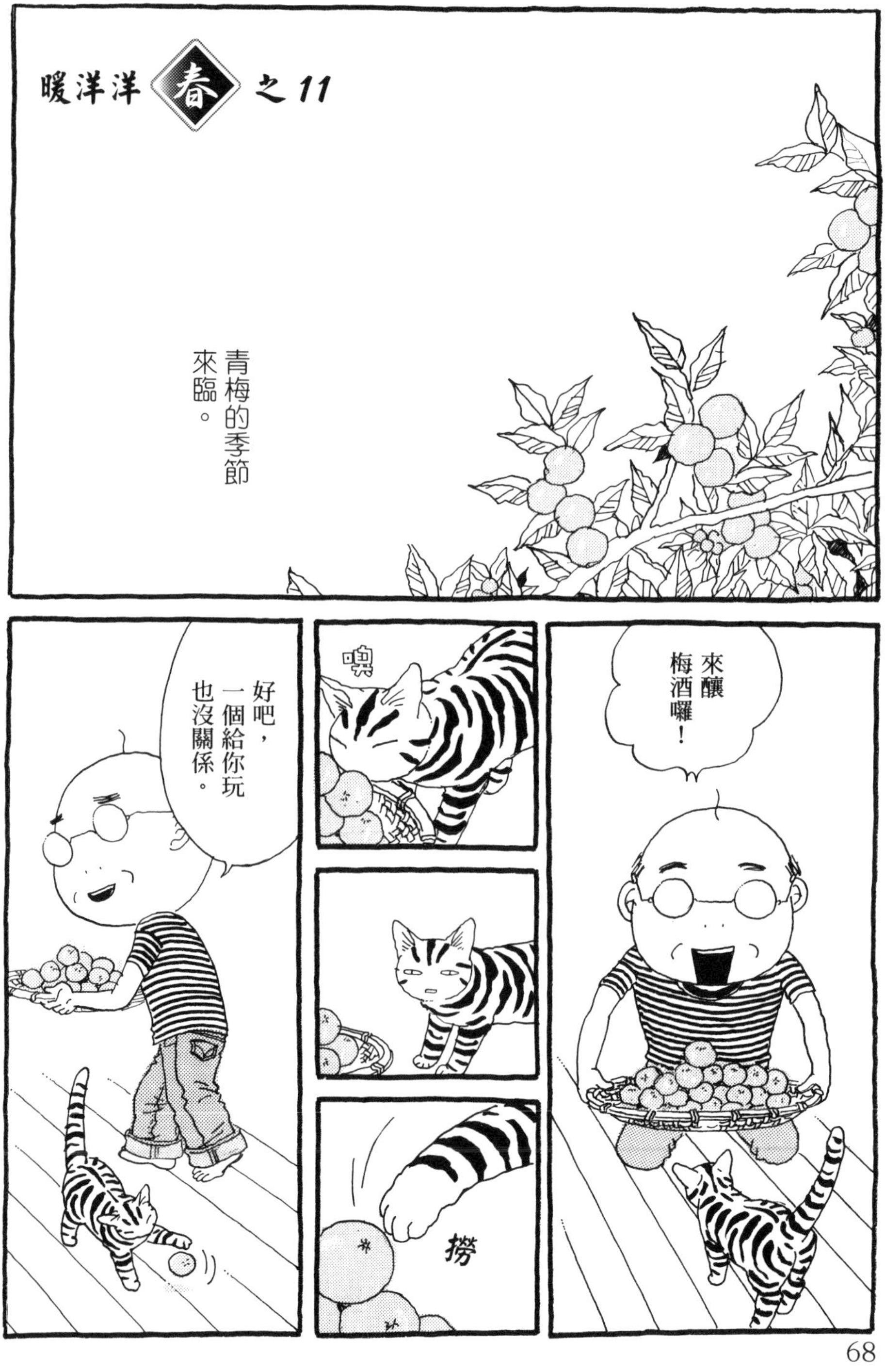

暖洋洋 春 之11

青梅的季節
來臨。

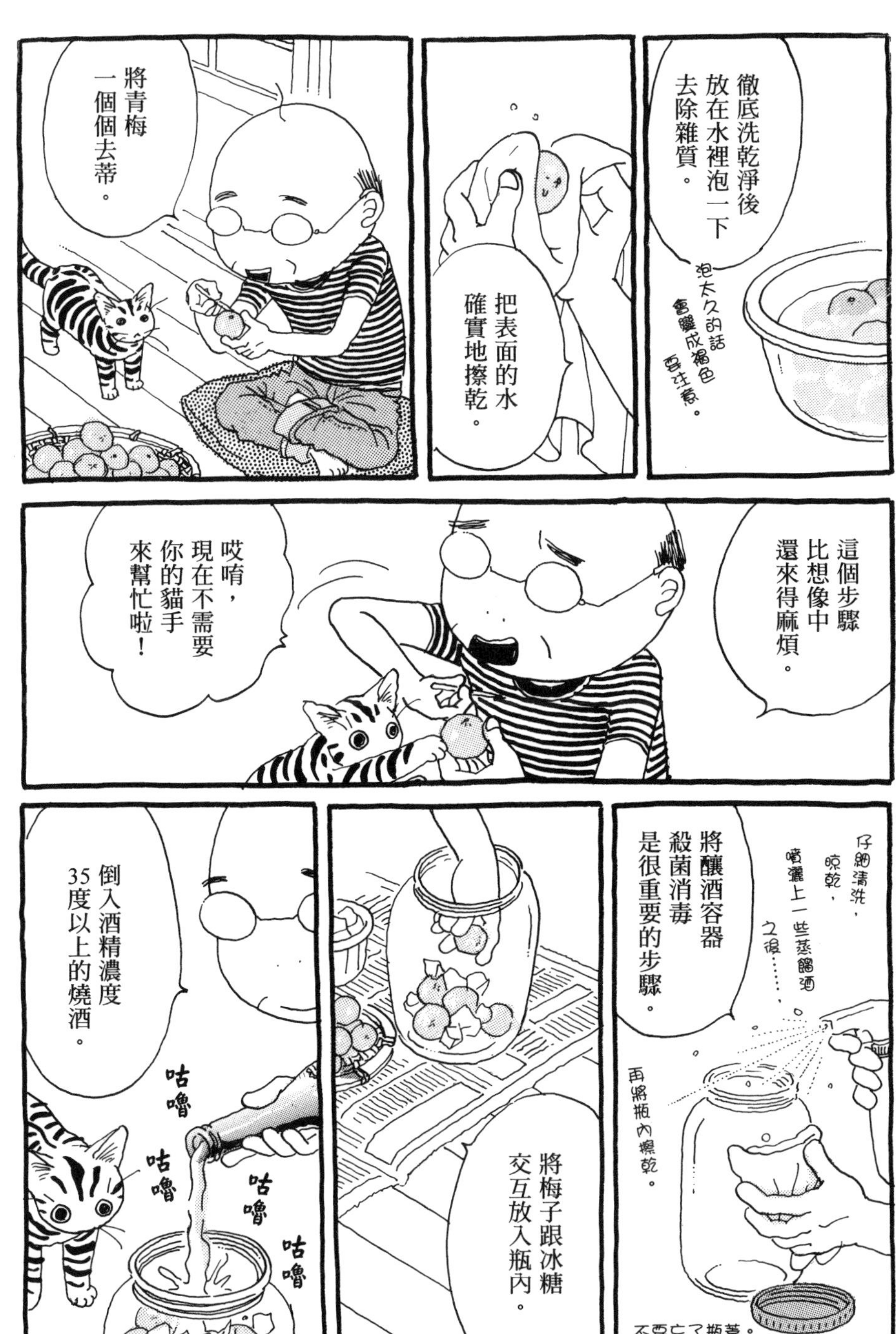

徹底洗乾淨後放在水裡泡一下去除雜質。
泡太久的話會變成褐色要注意。
把表面的水確實地擦乾。
將青梅一個個去蒂。
這個步驟比想像中還來得麻煩。
哎唷，現在不需要你的貓手來幫忙啦！
仔細清洗，晾乾，噴灑上一些蒸餾酒之後……
將釀酒容器殺菌消毒是很重要的步驟。
再將瓶內擦乾。
不要忘了瓶蓋。
將梅子跟冰糖交互放入瓶內。
倒入酒精濃度35度以上的燒酒。
咕嚕
咕嚕
咕嚕
咕嚕

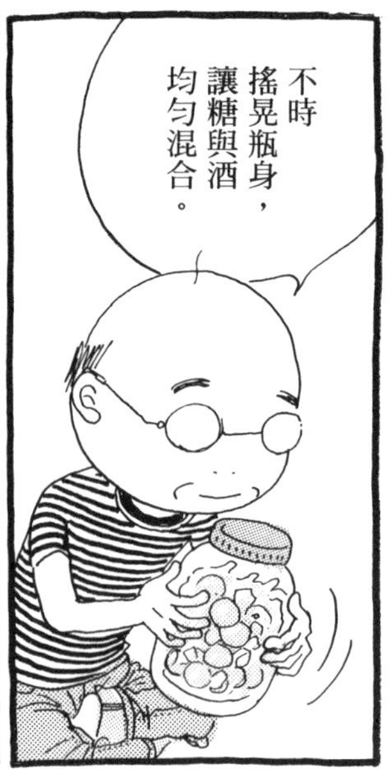
不時
搖晃瓶身，
讓糖與酒
均勻混合。

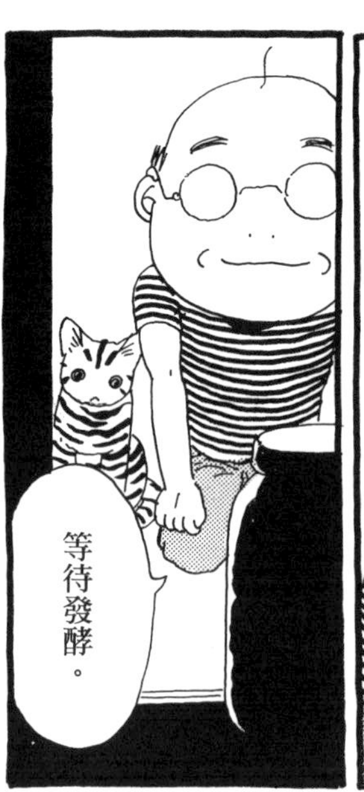
等待發酵。

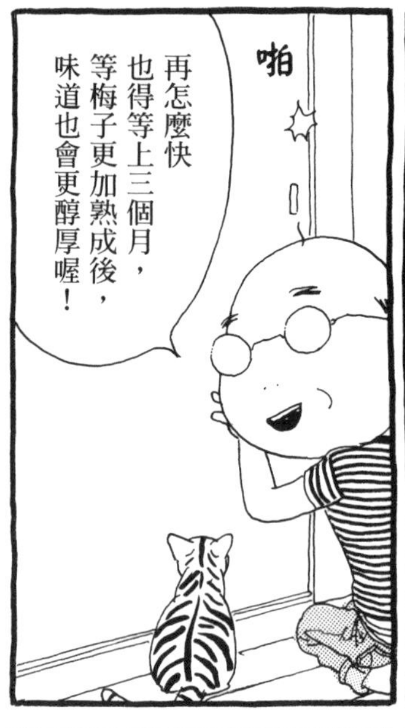
啪
再怎麼快
也得等上三個月，
等梅子更加熟成後，
味道也會更醇厚喔！

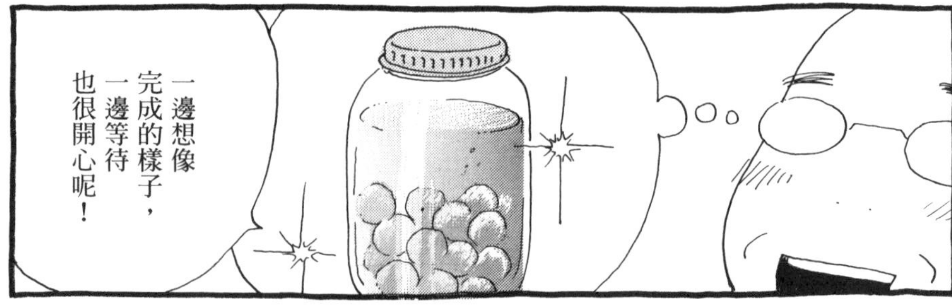
一邊想像
完成的樣子，
一邊等待
也很開心呢！

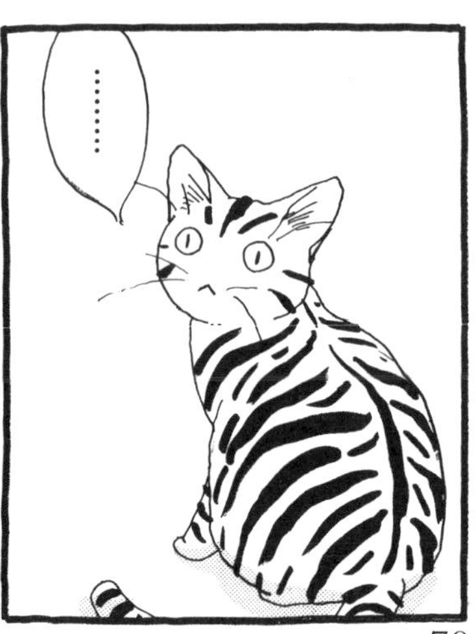
……

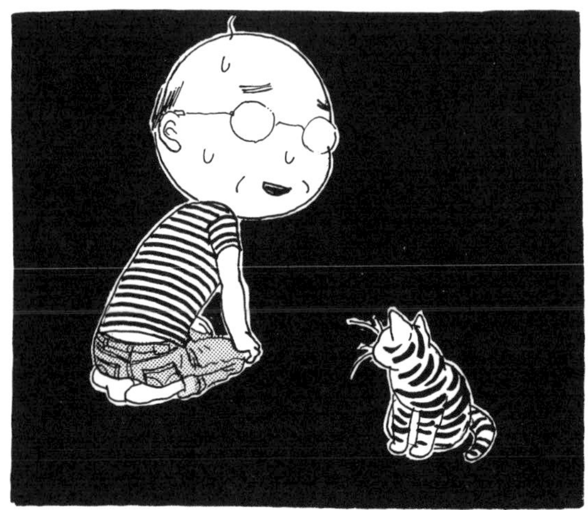

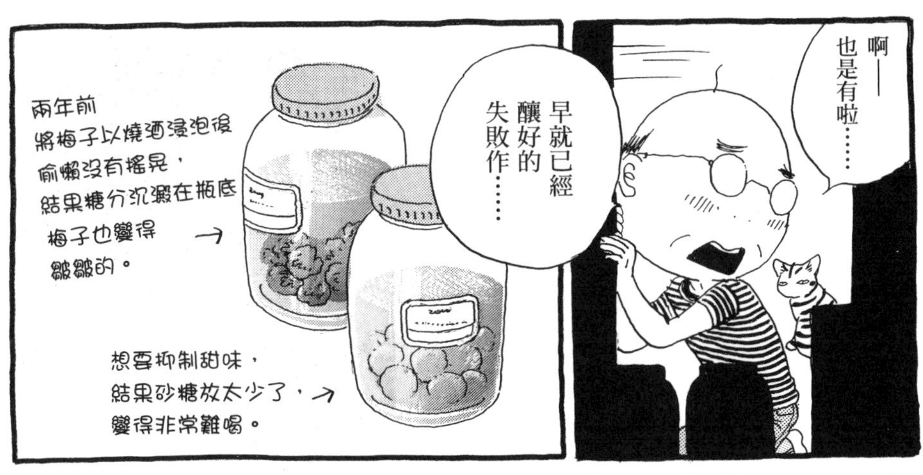
啊——
也是有啦……
早就已經
釀好的
失敗作……
兩年前
將梅子以燒酒浸泡後
偷懶沒有搖晃，
結果糖分沉澱在瓶底
梅子也變得
皺皺的。
想要抑制甜味，
結果砂糖放太少了，
變得非常難喝。

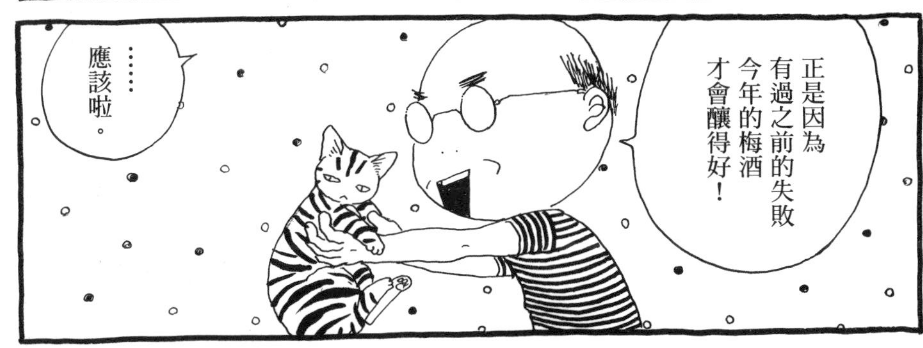
正是因為
有過之前的失敗
今年的梅酒
才會釀得好！
……
應該
啦。

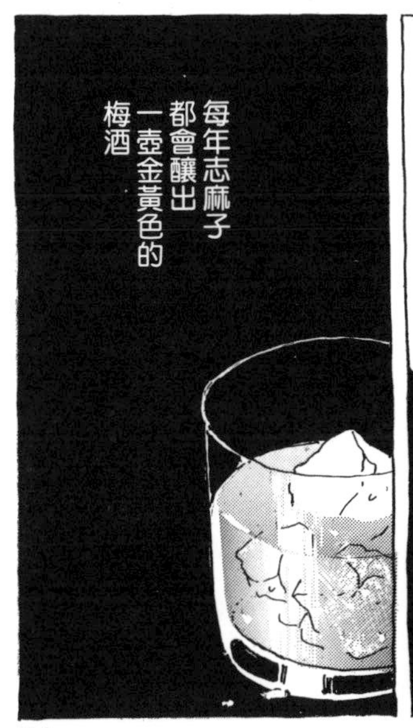
每年志麻子
都會釀出
一壺金黃色的
梅酒

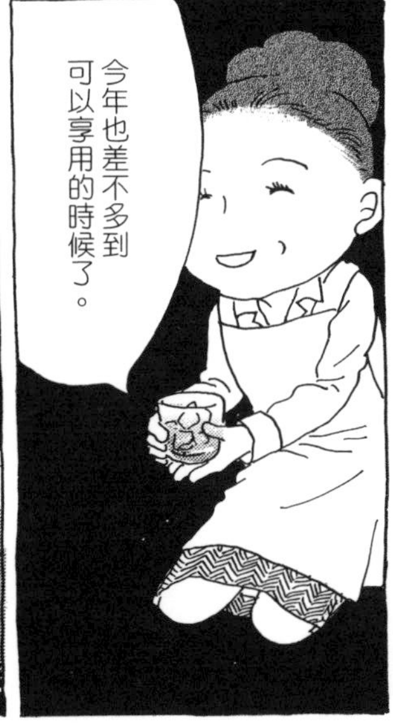
今年也差不多到
可以享用的時候了。

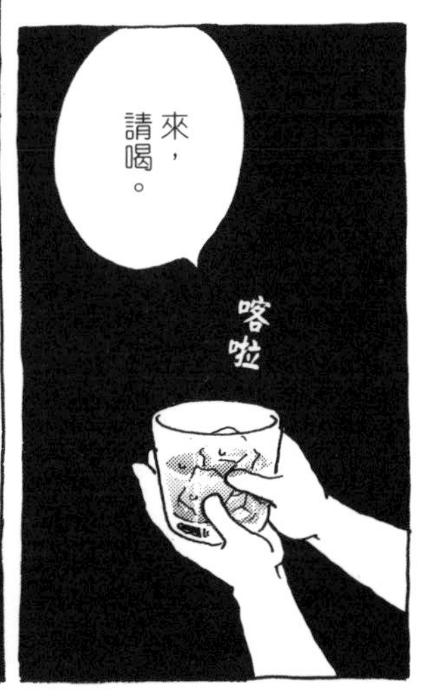
來，
請喝。
喀啦

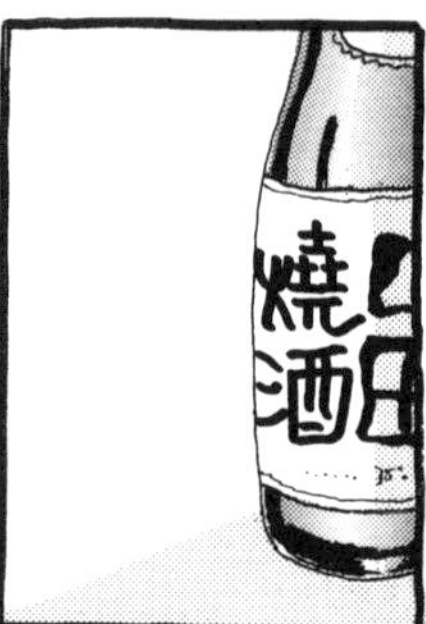
燒酒

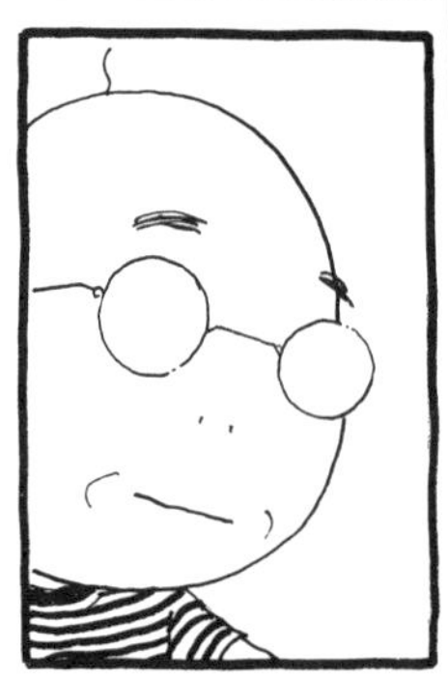

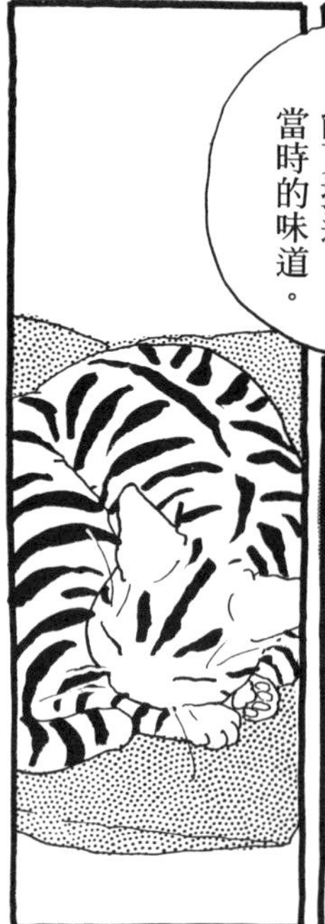

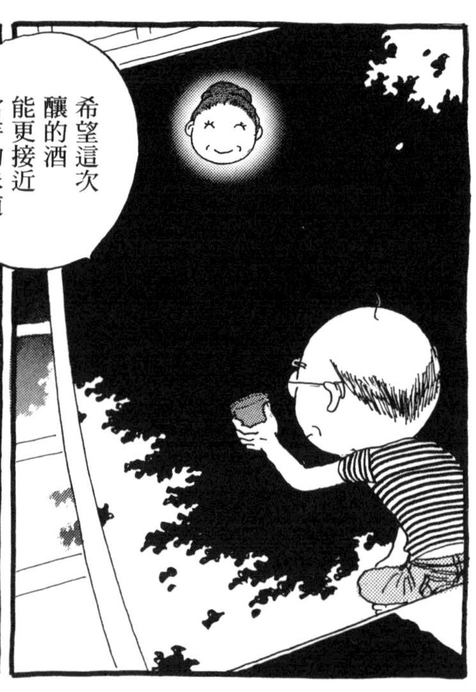
希望這次
釀的酒
能更接近
當時的味道。

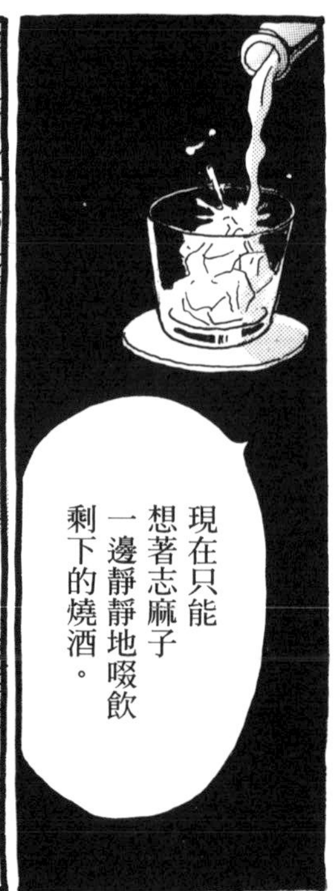
現在只能
想著志麻子
一邊靜靜地啜飲
剩下的燒酒。

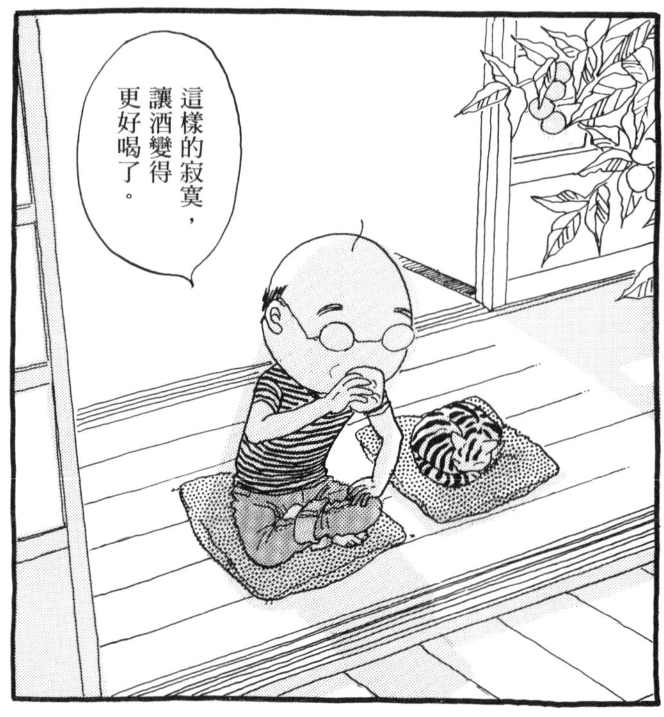
這樣的寂寞，
讓酒變得
更好喝了。

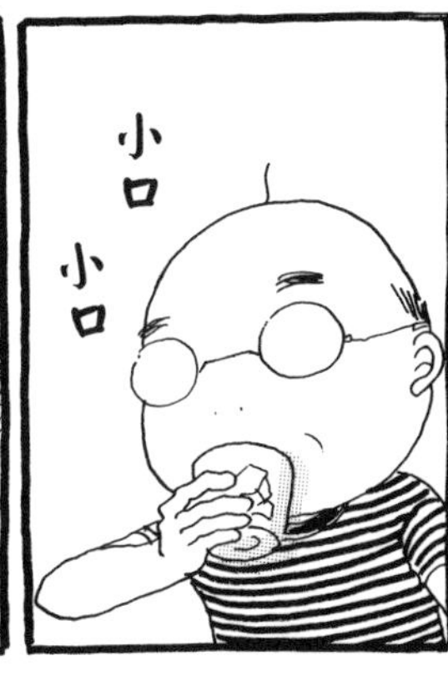
小口
小口
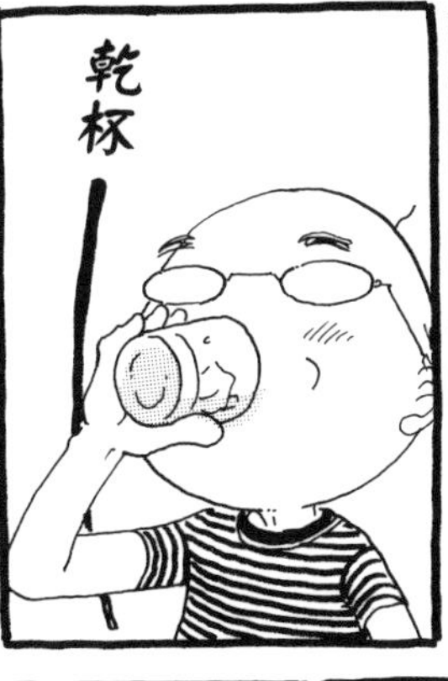
乾杯
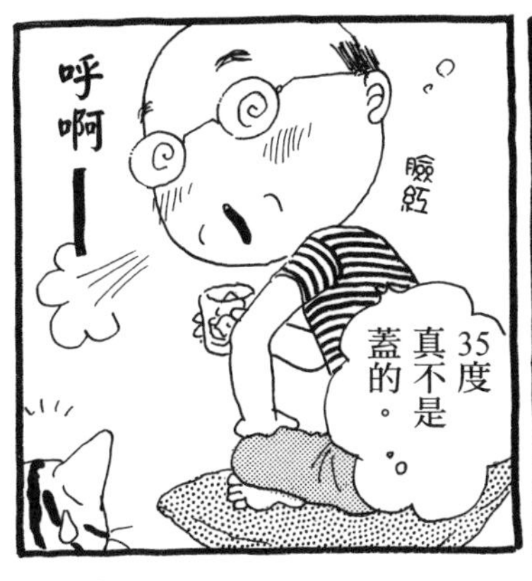
呼啊
臉紅
35度真不是蓋的。
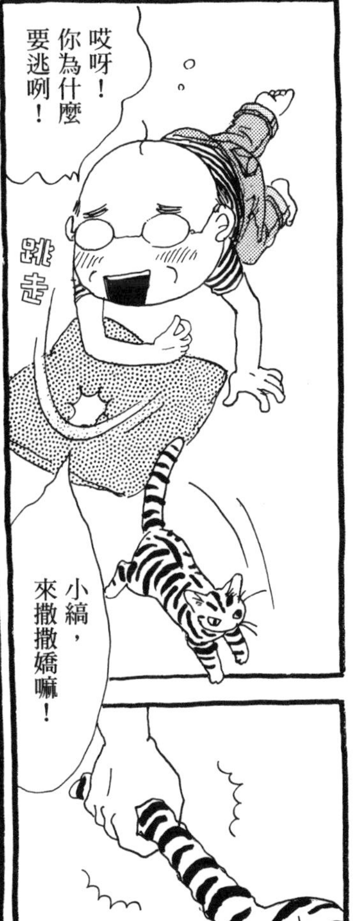
哎呀！你為什麼要逃咧！
跳走
小縞，來撒撒嬌嘛！
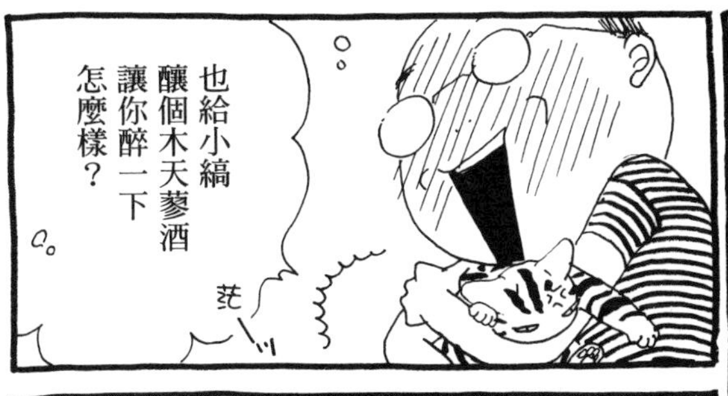
也給小縞釀個木天蓼酒讓你醉一下怎麼樣？
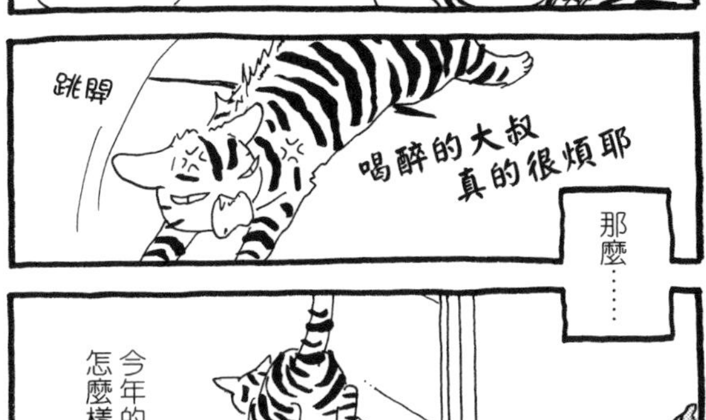
跳開
喝醉的大叔真的很煩耶
那麼……
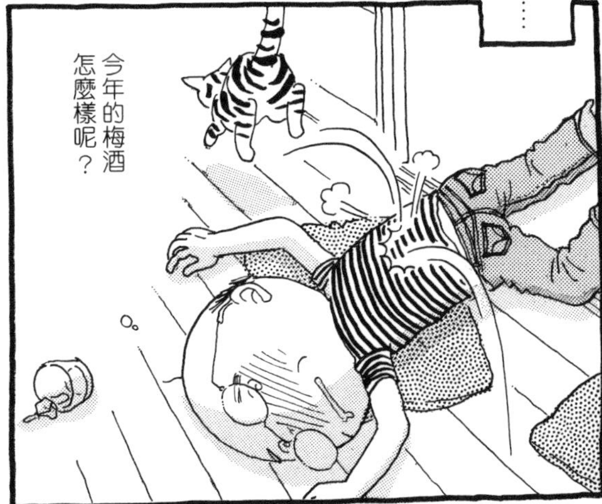
今年的梅酒怎麼樣呢？

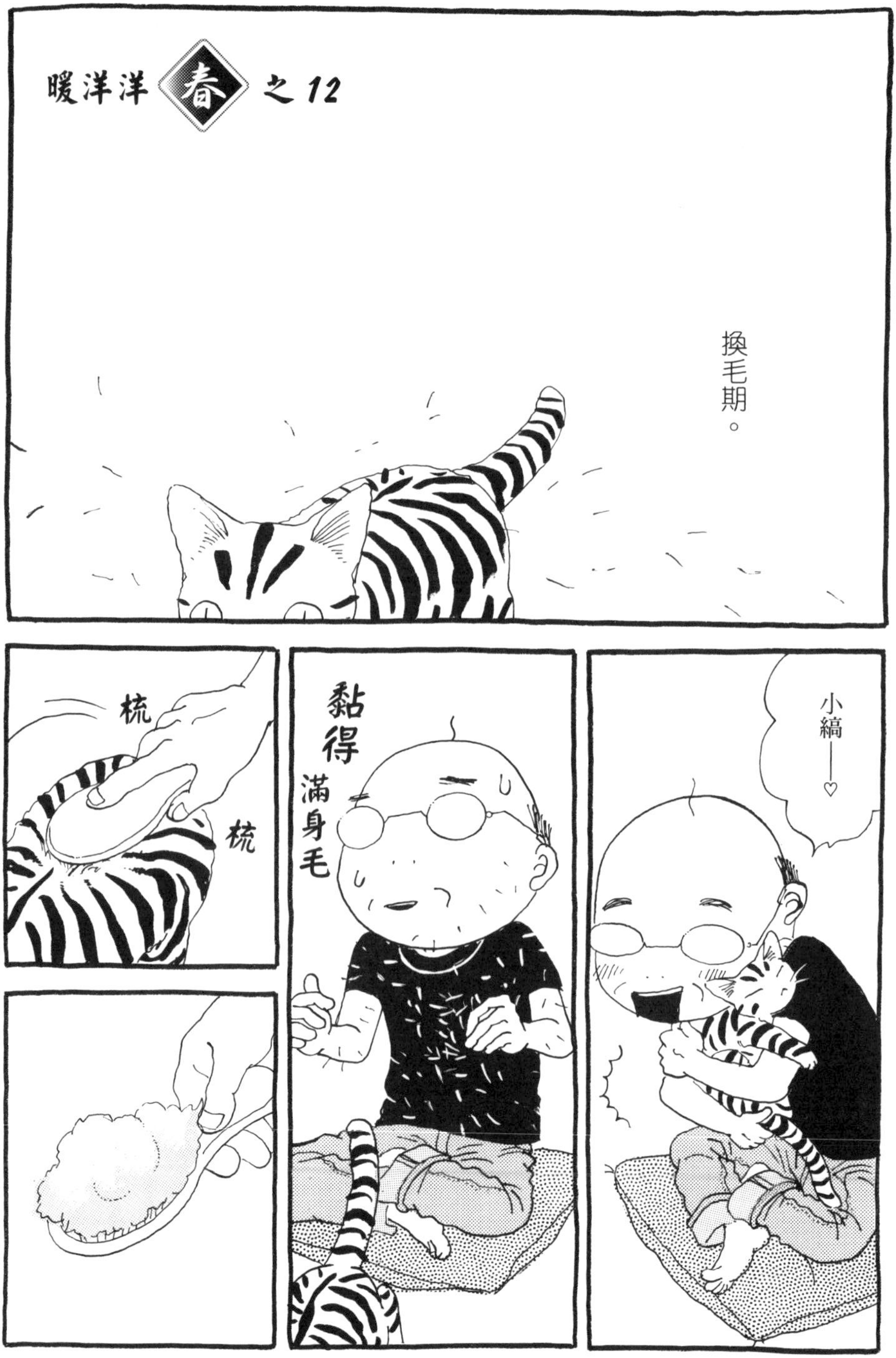

暖洋洋 春 之12

換毛期。

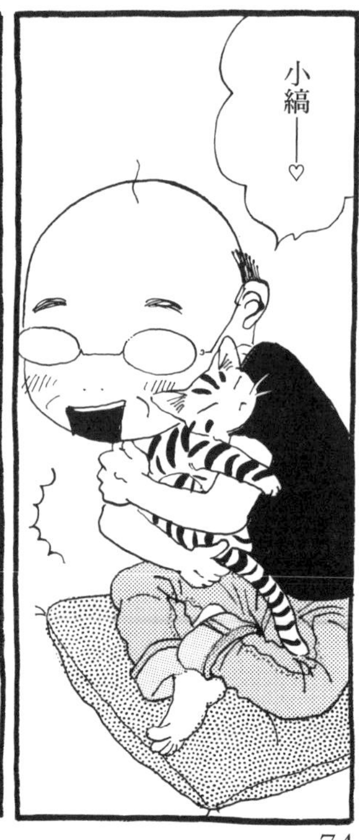

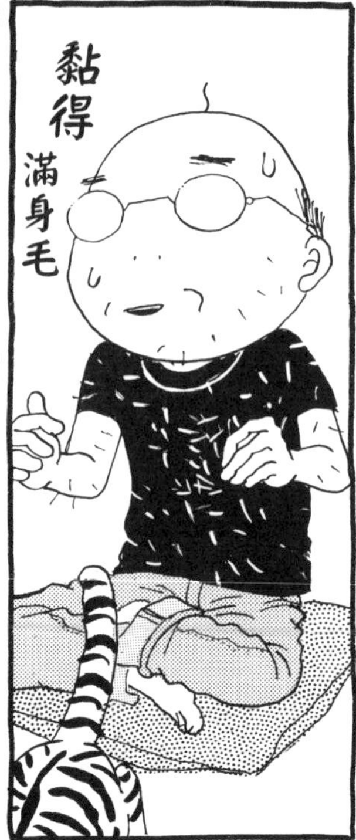

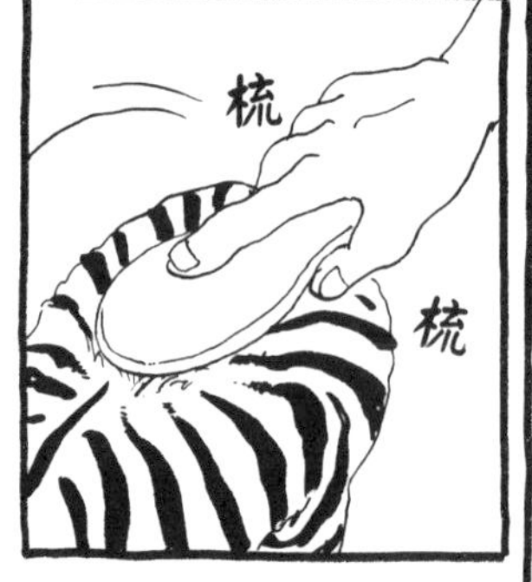

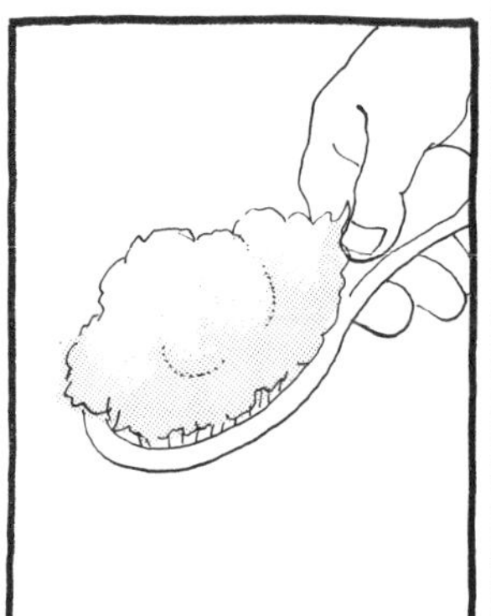

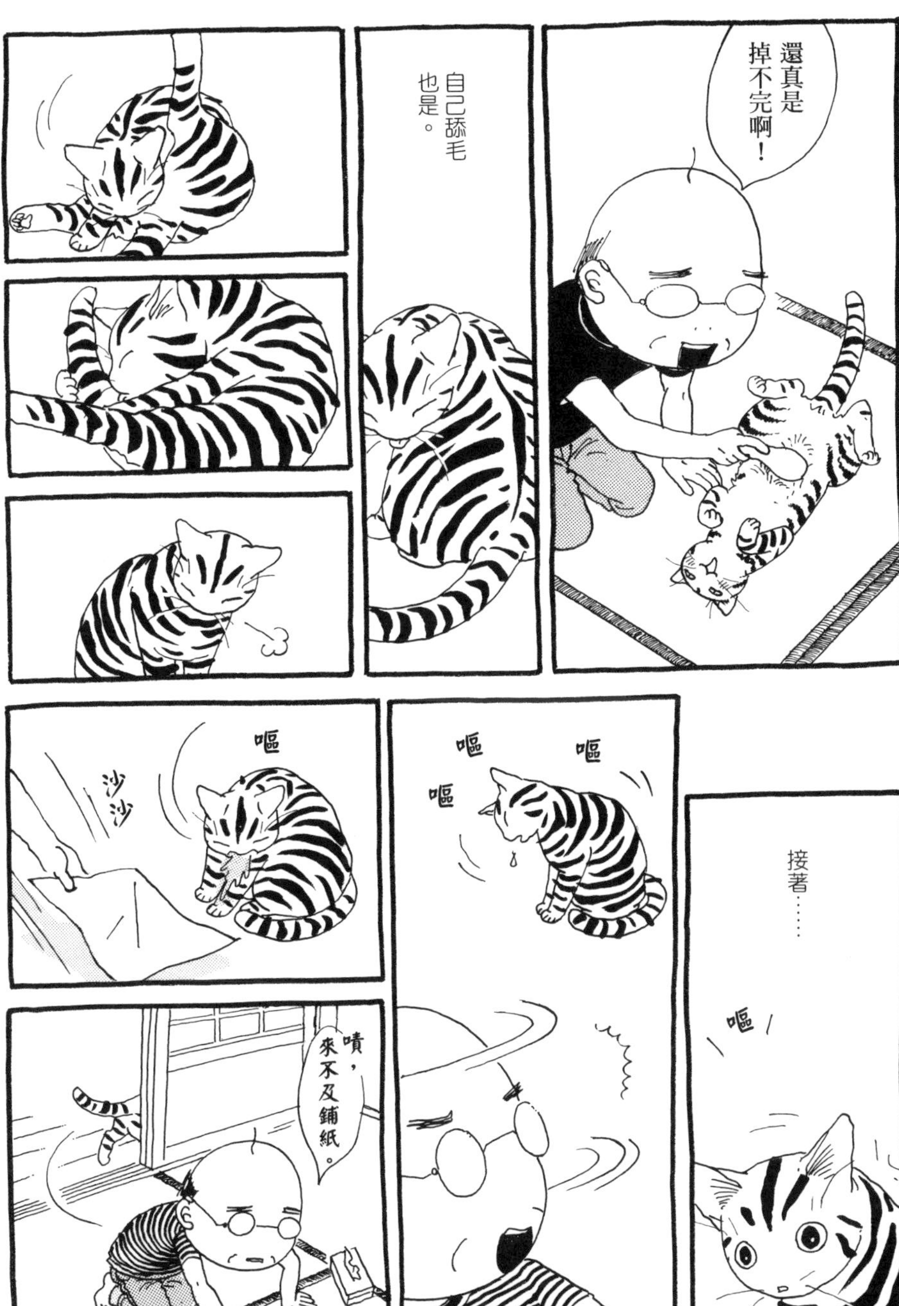
還真是掉不完啊！
自己舔毛也是。
接著……
嘔
嘔
嘔
嘔
嘔
沙沙
嘖，來不及鋪紙。

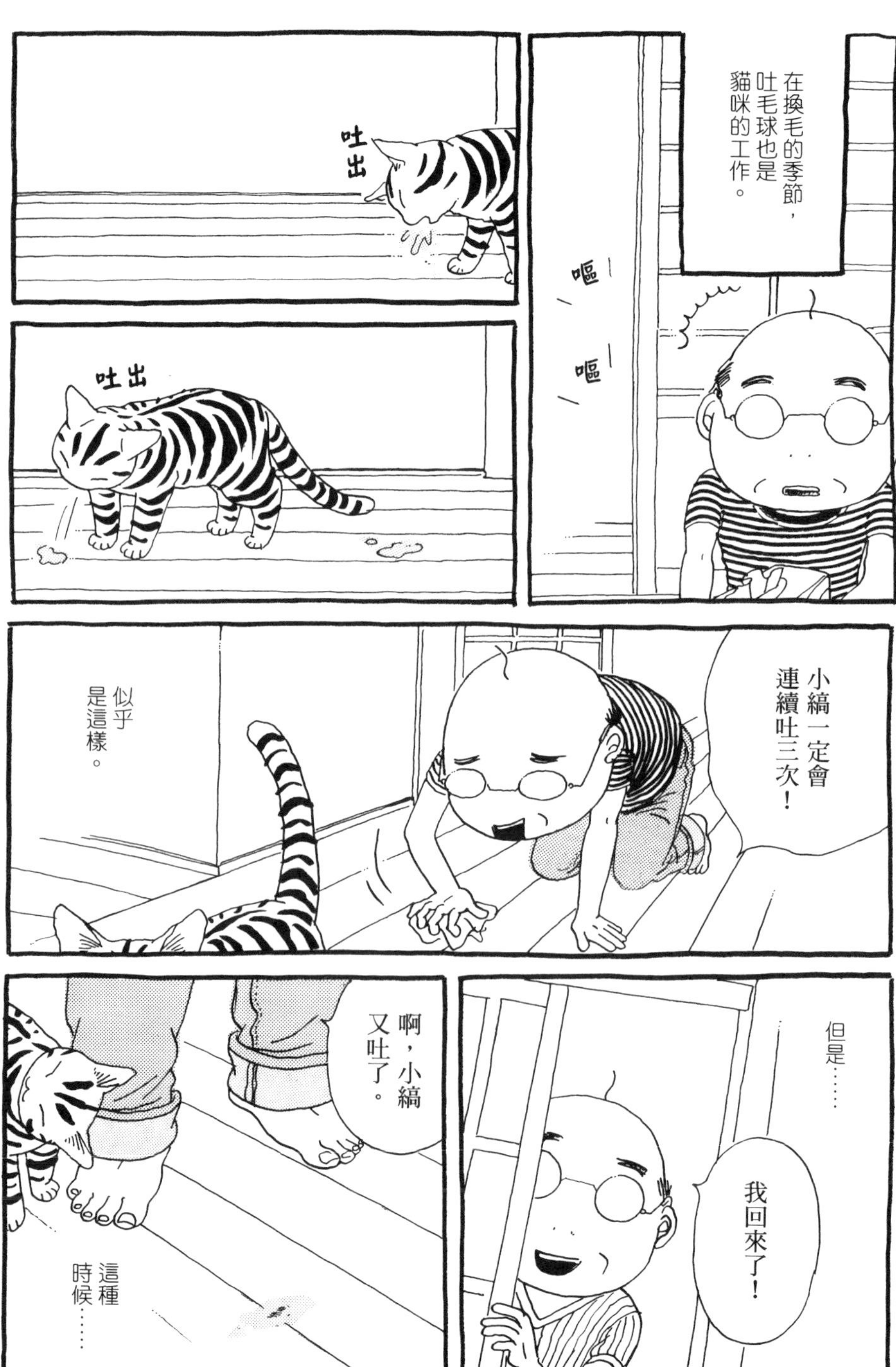
在換毛的季節，
吐毛球也是
貓咪的工作。
嘔
嘔
吐出
吐出
小縞一定會
連續吐三次！
似乎
是這樣。
但是……
我回來了！
啊，小縞
又吐了。
這種
時候……

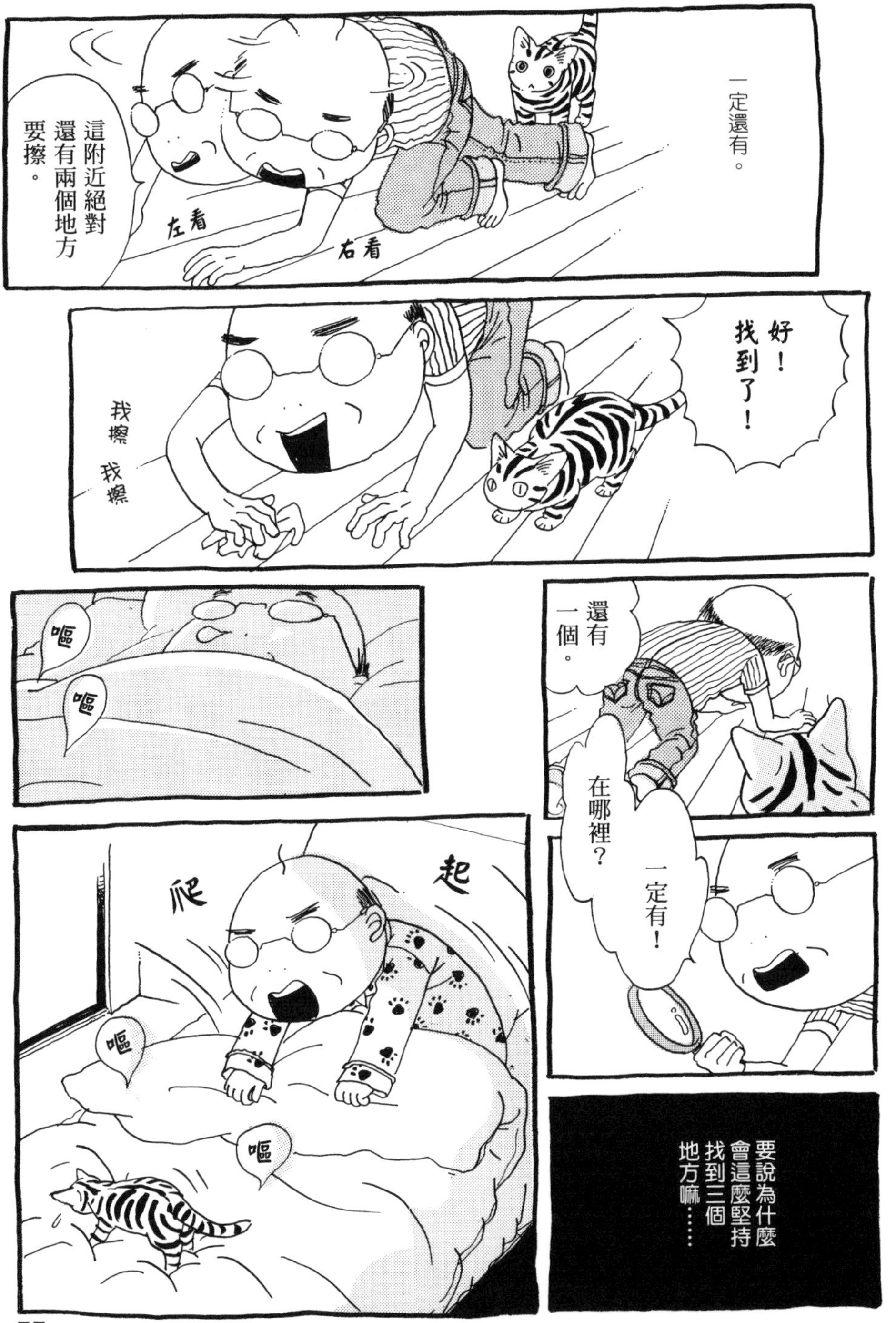

一定還有。

這附近絕對還有兩個地方要擦。

左看

右看

好！找到了！

我擦 我擦

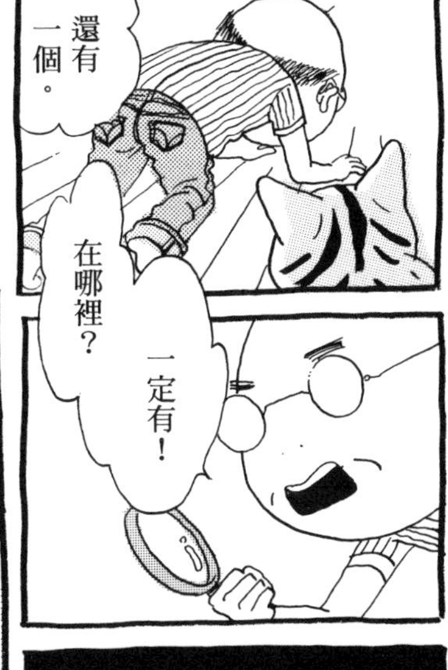

嘔

嘔

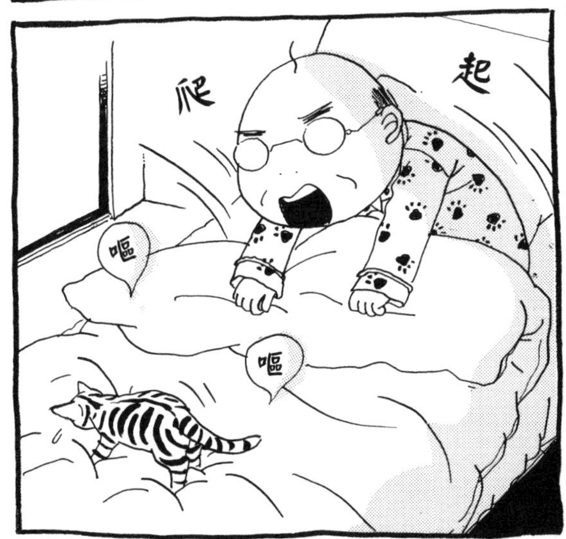

要說為什麼會這麼堅持找到三個地方嘛……

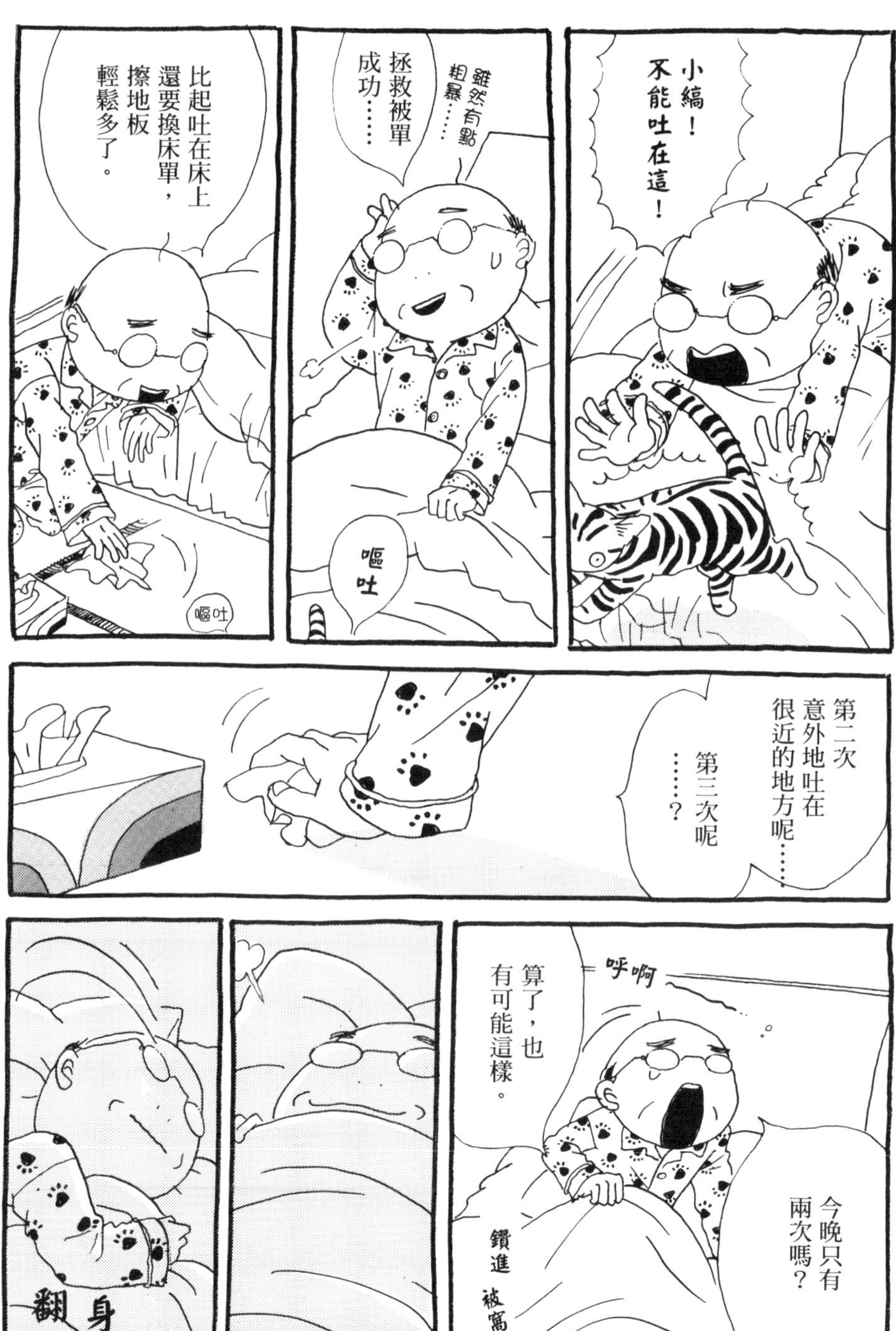

小縞！
不能吐在這！
雖然有點粗暴……
拯救被單成功……
嘔吐
比起吐在床上還要換床單，擦地板輕鬆多了。
嘔吐
第二次意外地吐在很近的地方呢……
第三次呢……？
今晚只有兩次嗎？
呼啊
算了，也有可能這樣。
鑽進被窩
翻身

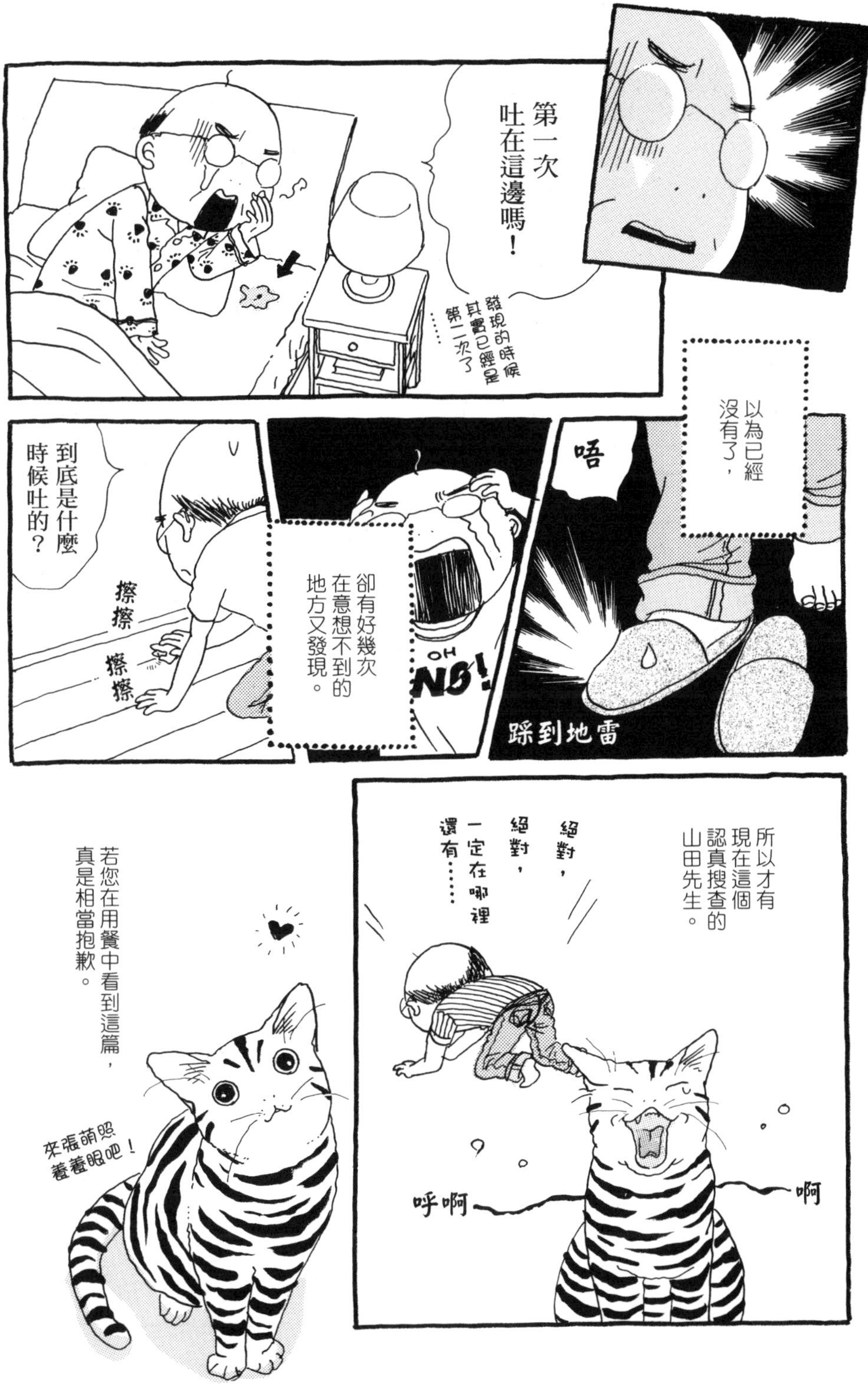

第一次吐在這邊嗎！

發現的時候其實已經是第二次了……

以為已經沒有了，

唔

踩到地雷

OH NO!

卻有好幾次在意想不到的地方又發現。

到底是什麼時候吐的？

擦擦

擦擦

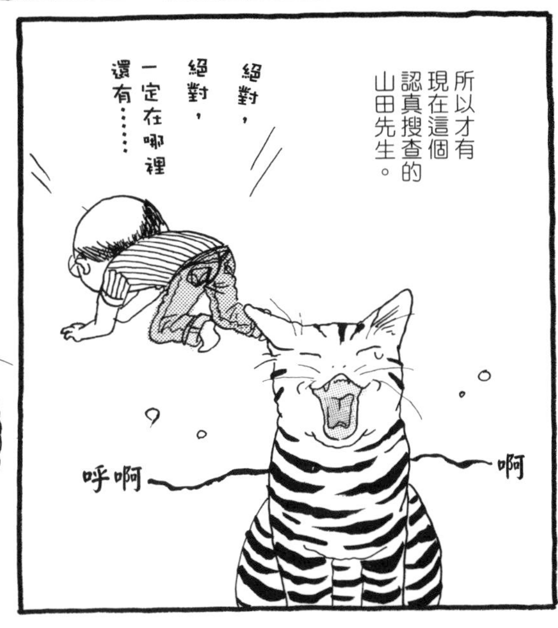

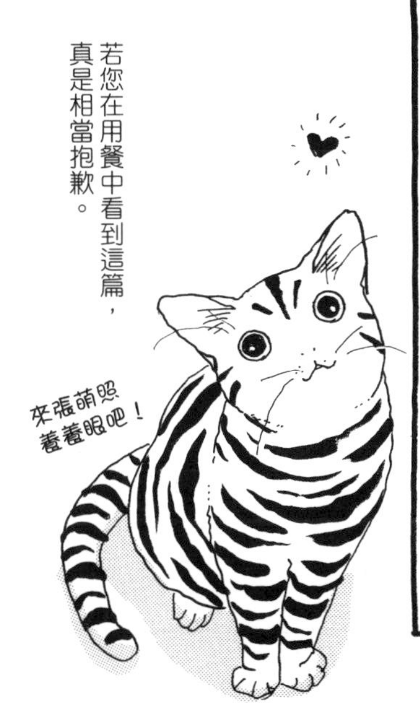

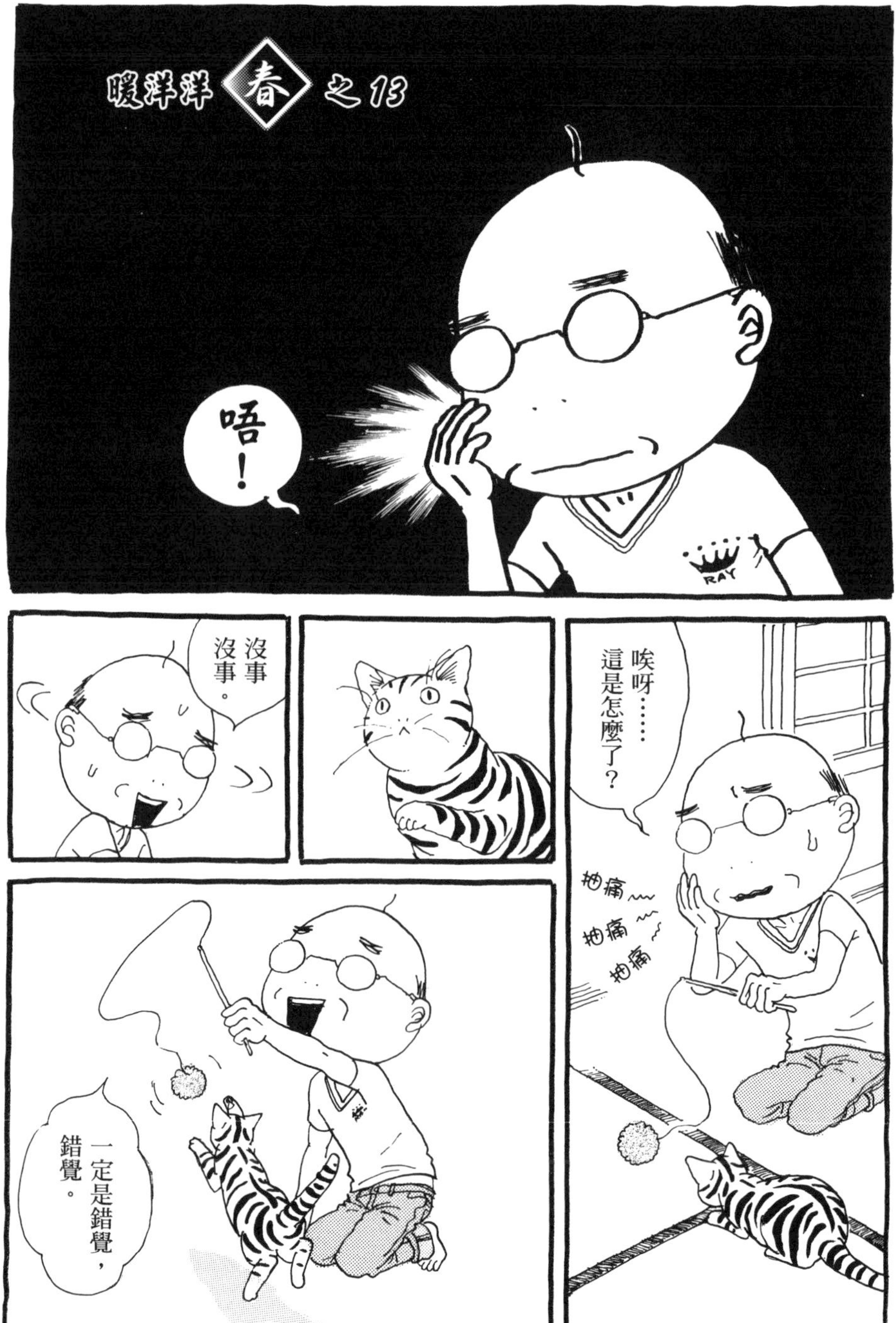

暖洋洋 春 之13

唔！

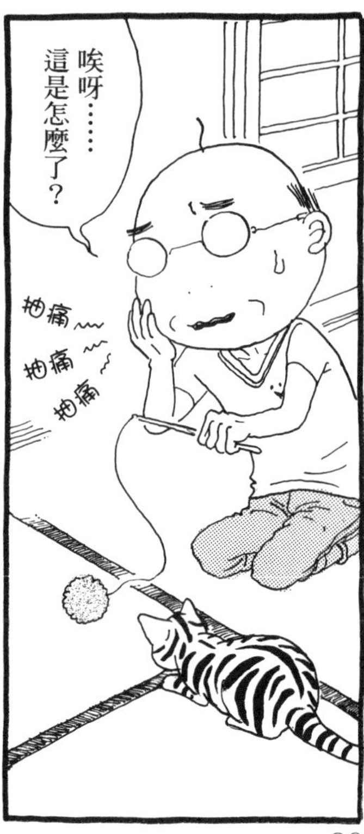

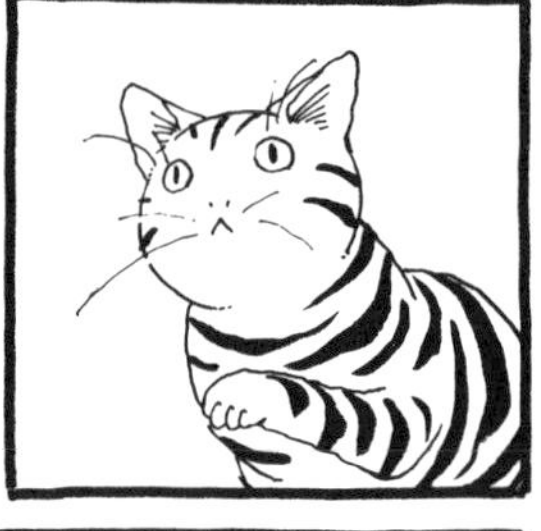

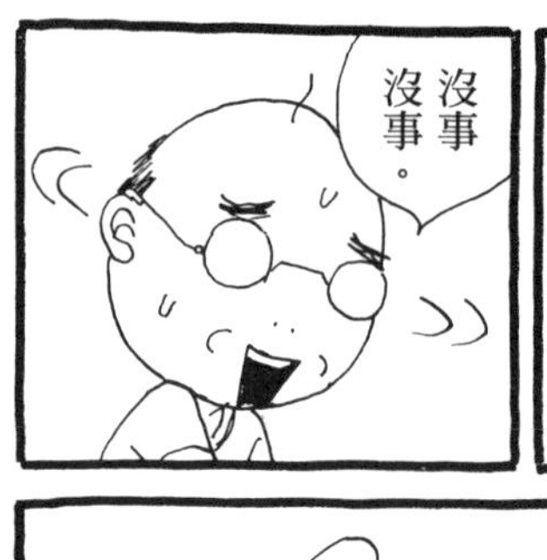

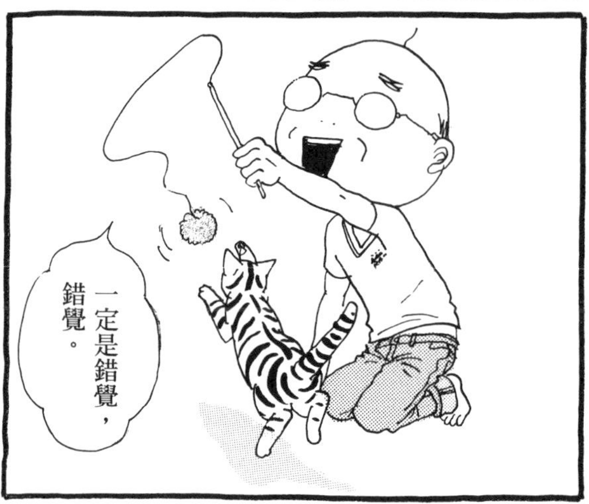

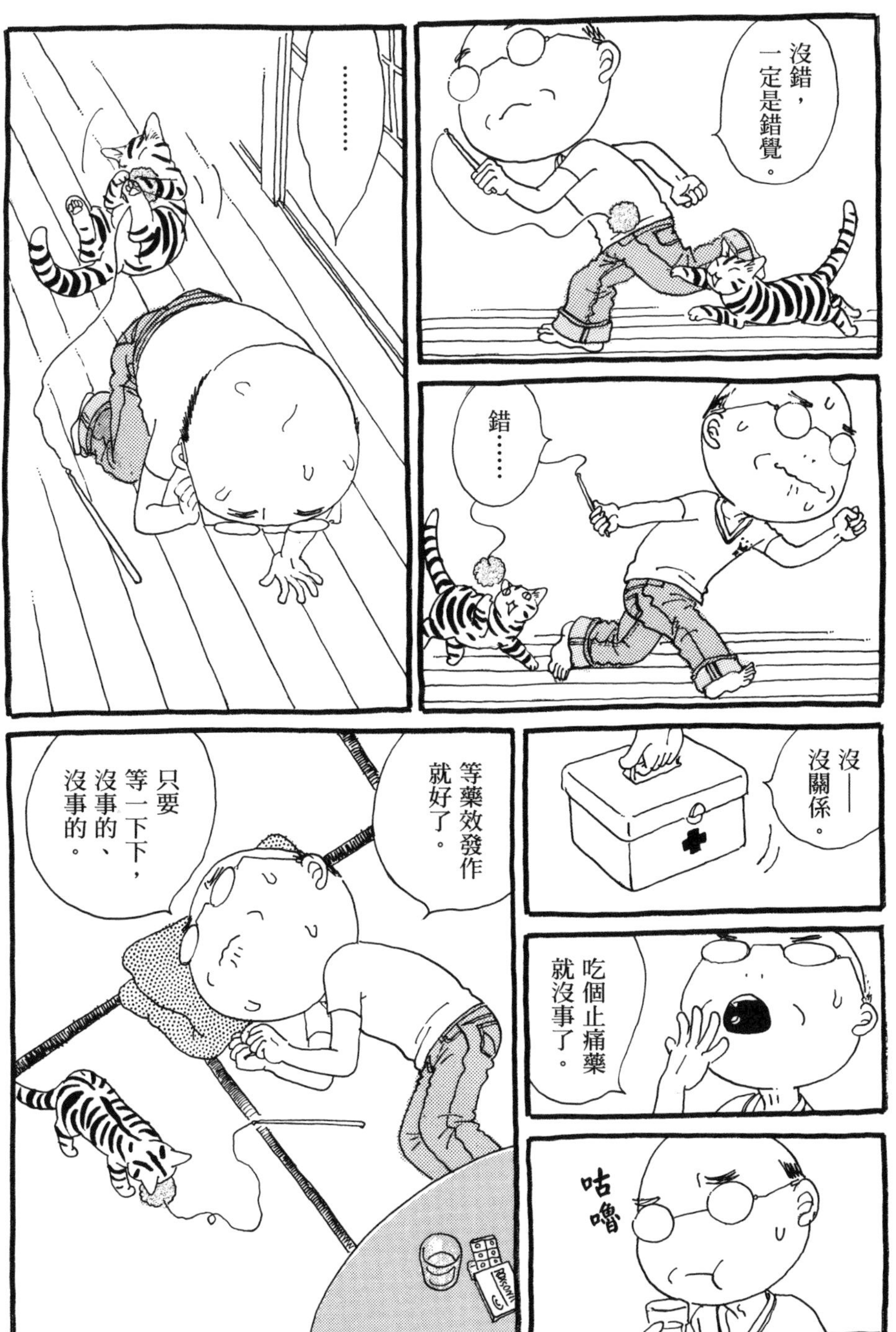

沒錯，
一定是錯覺。
錯……
……
沒──
沒關係。
吃個止痛藥
就沒事了。
咕嚕
等藥效發作
就好了。
只要
等一下下，
沒事的、
沒事的。

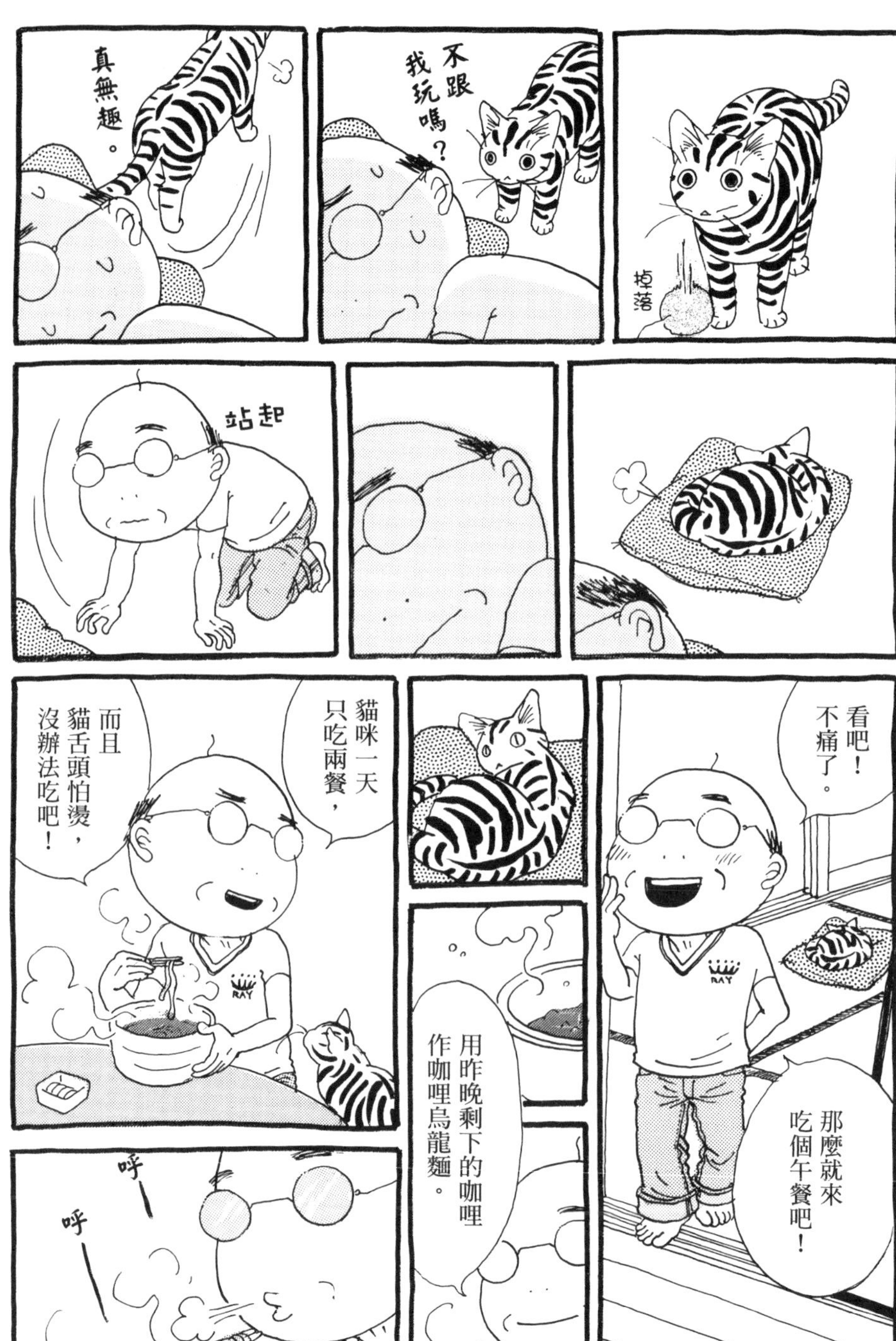
掉落
不跟我玩嗎？
真無趣。
站起
看吧！不痛了。
那麼就來吃個午餐吧！
用昨晚剩下的咖哩作咖哩烏龍麵。
貓咪一天只吃兩餐，
而且貓舌頭怕燙，沒辦法吃吧！
呼ー
呼ー

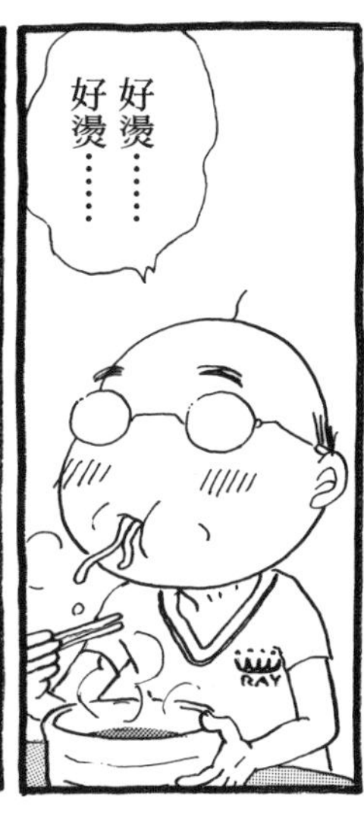
好燙……
好燙……
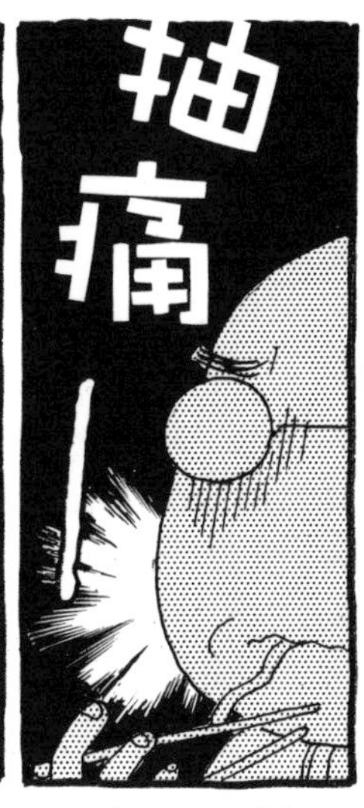
抽痛！
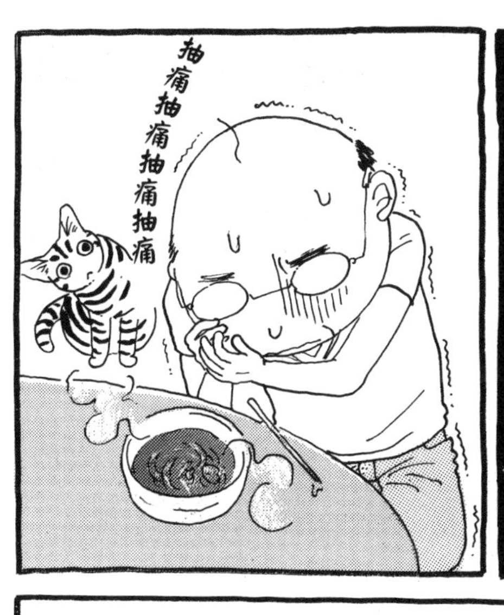
抽痛抽痛抽痛抽痛
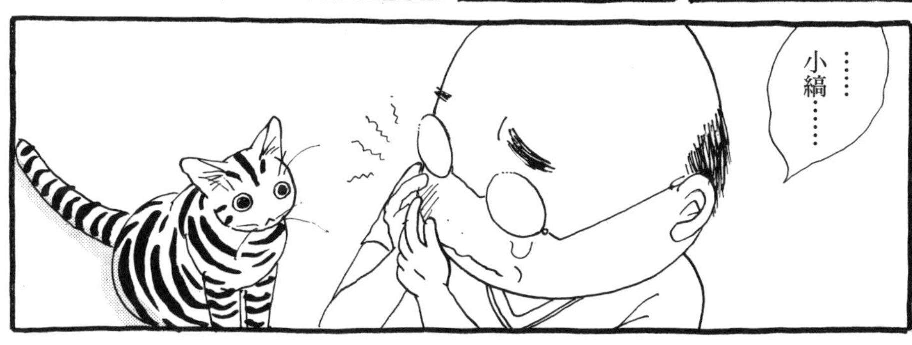
……小縞……
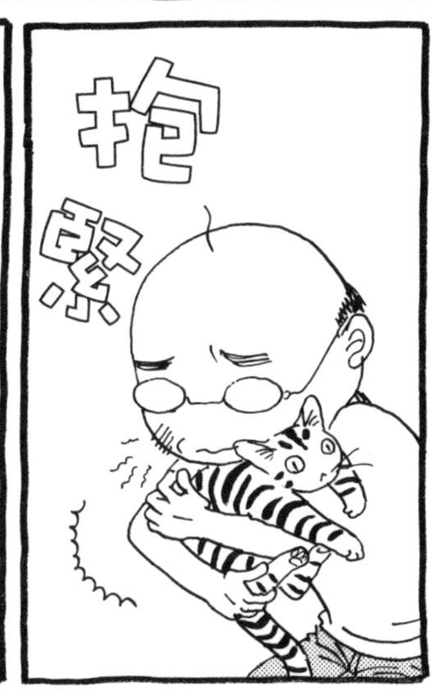
搶
緊
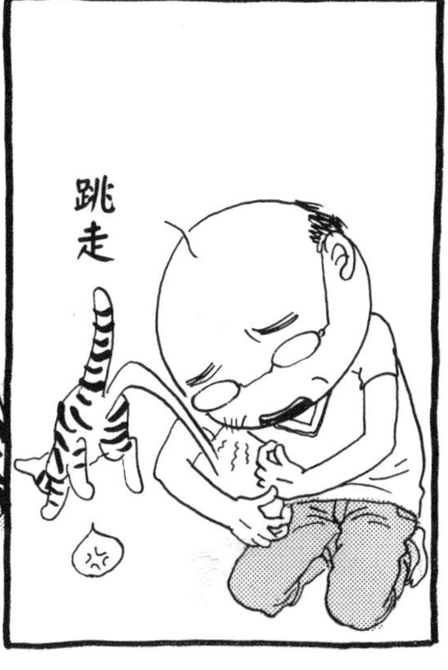
跳走
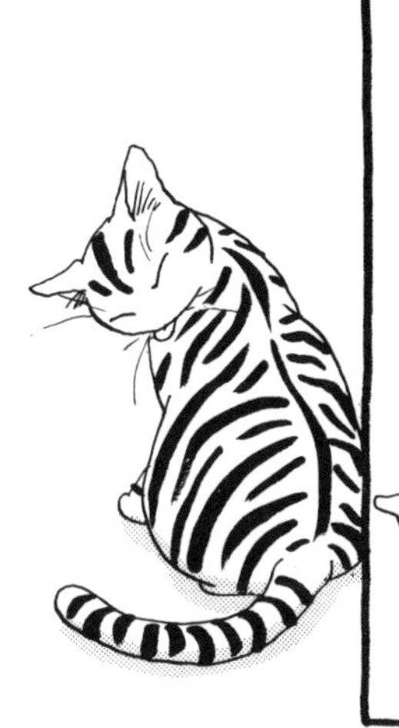

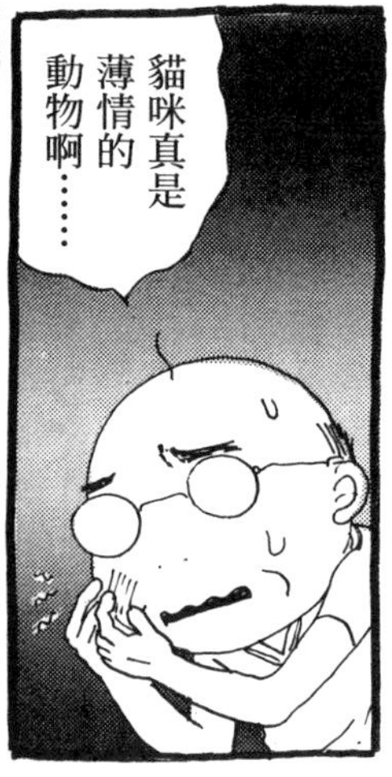
貓咪真是薄情的動物啊……

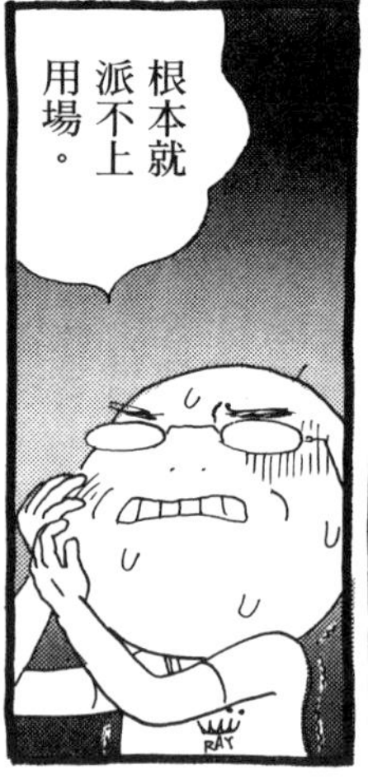
根本就派不上用場。

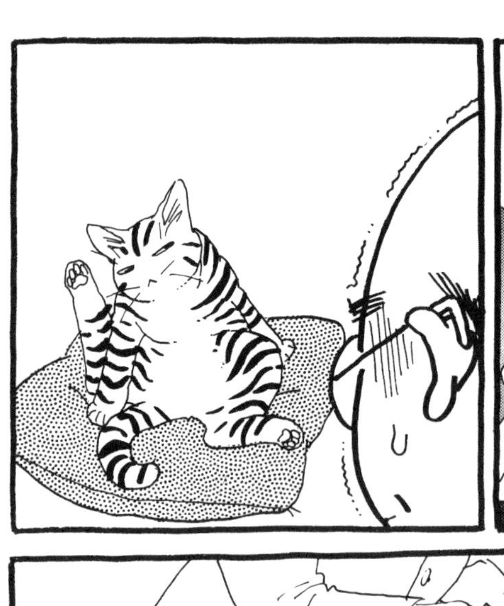

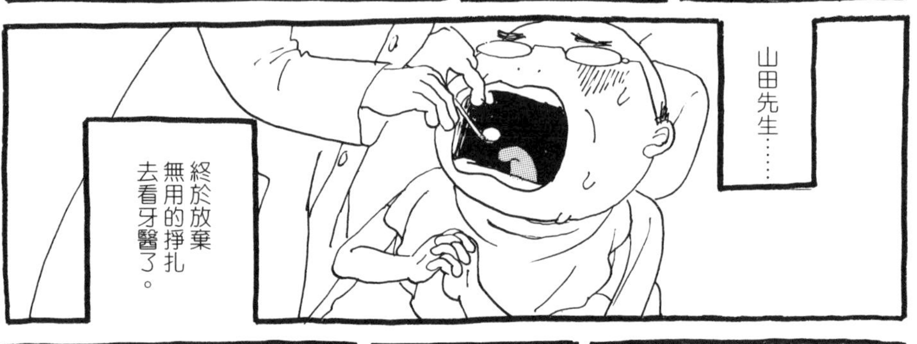
山田先生……
終於放棄無用的掙扎去看牙醫了。

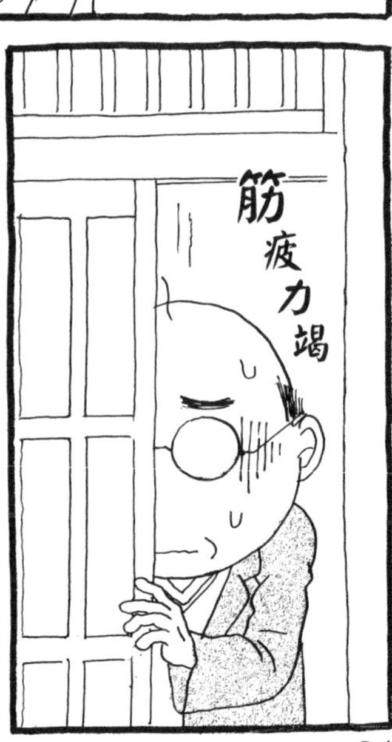
筋疲力竭

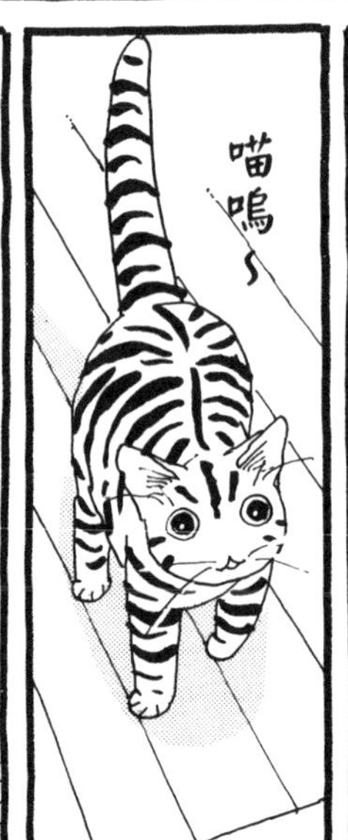
喵嗚~

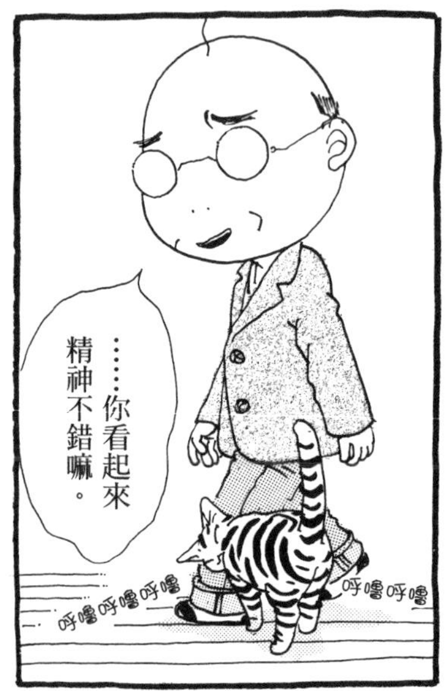
……你看起來精神不錯嘛。
呼嚕呼嚕
呼嚕呼嚕呼嚕

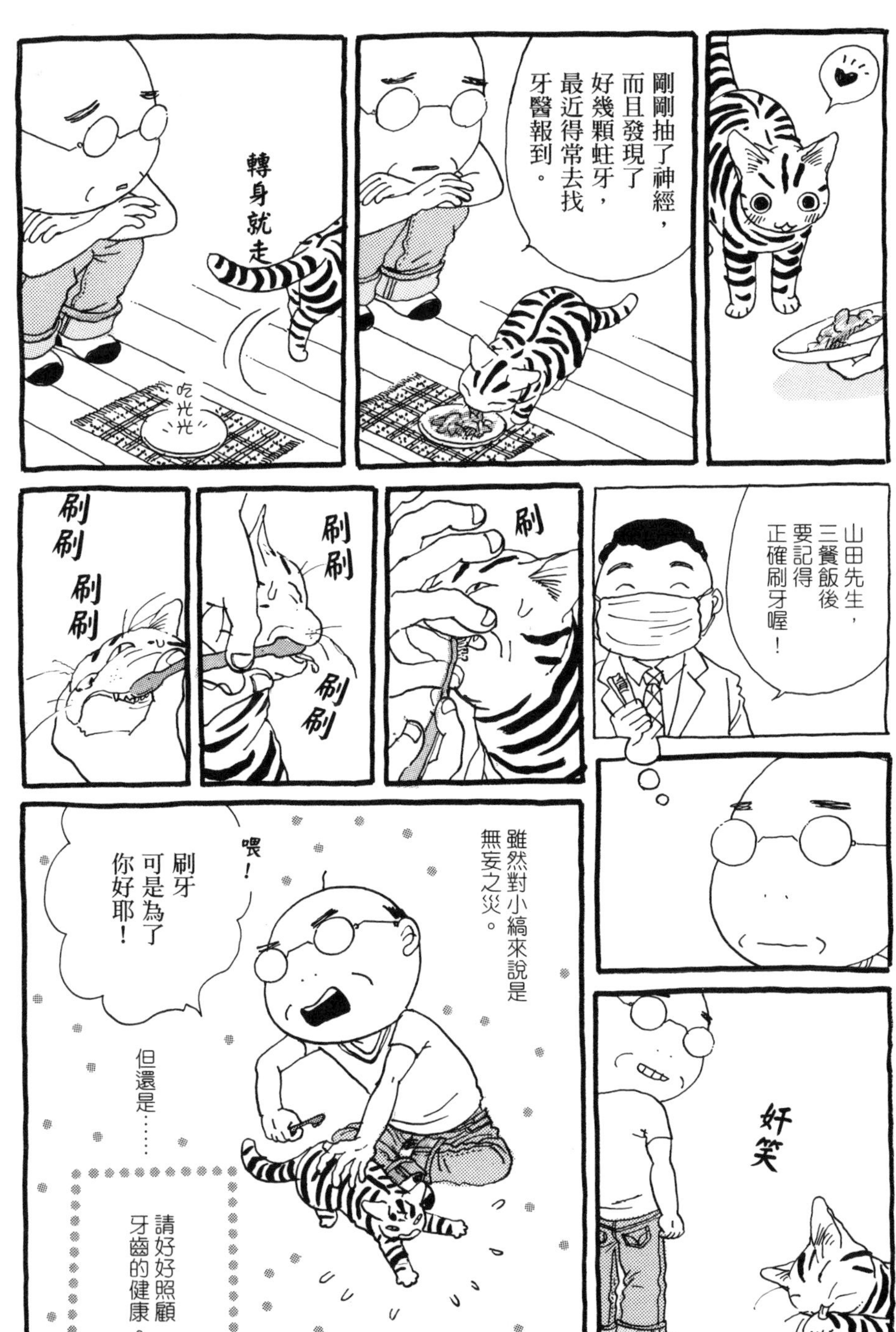
剛剛抽了神經，而且發現了好幾顆蛀牙，最近得常去找牙醫報到。
轉身就走
吃光光
山田先生，三餐飯後要記得正確刷牙喔！
刷
刷刷
刷刷
刷刷
刷刷
好笑
雖然對小縞來說是無妄之災。
喂！
刷牙可是為了你好耶！
但還是……
請好好照顧牙齒的健康。

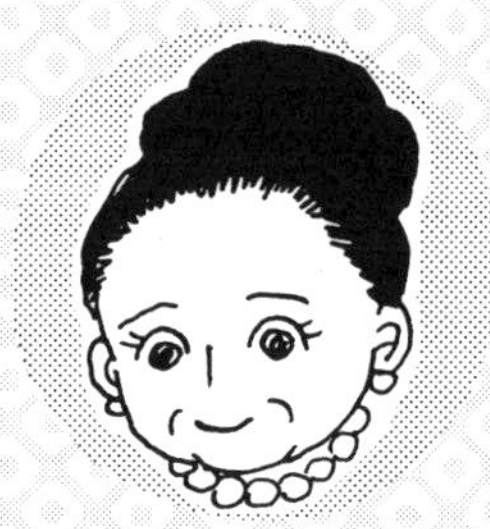

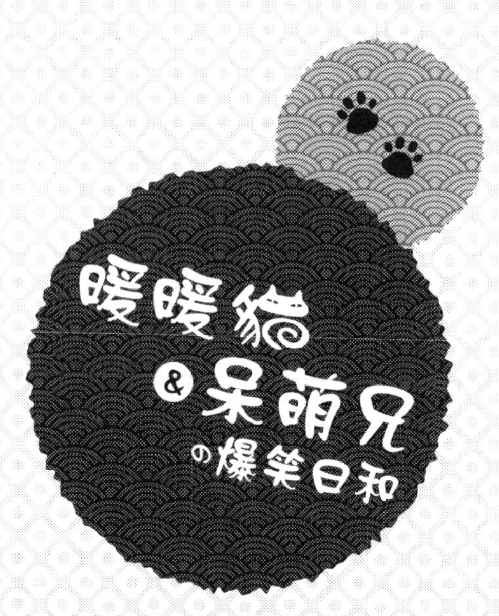
暖暖貓
&
呆萌兄
の爆笑日和

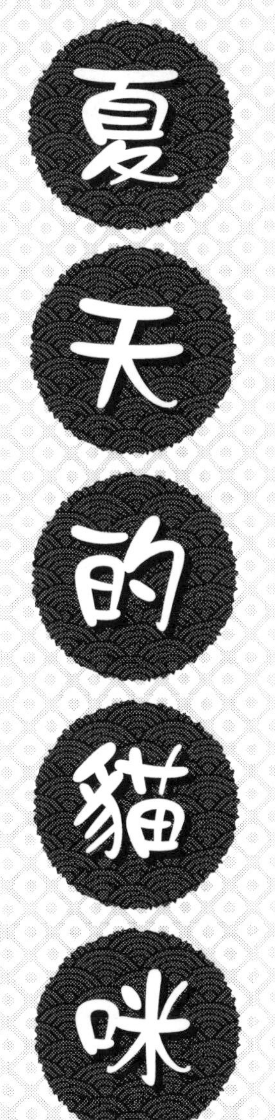
夏天的貓咪

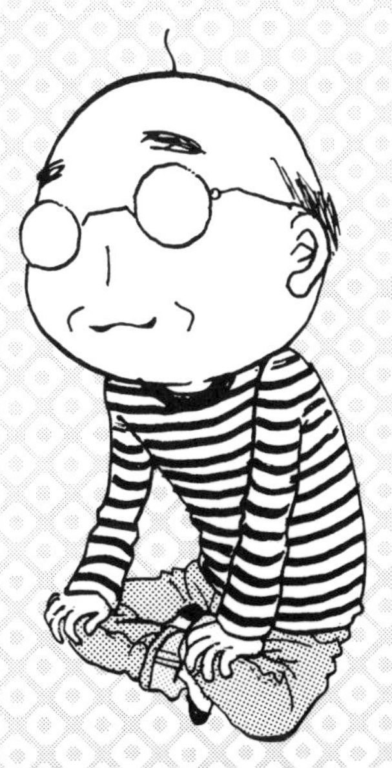

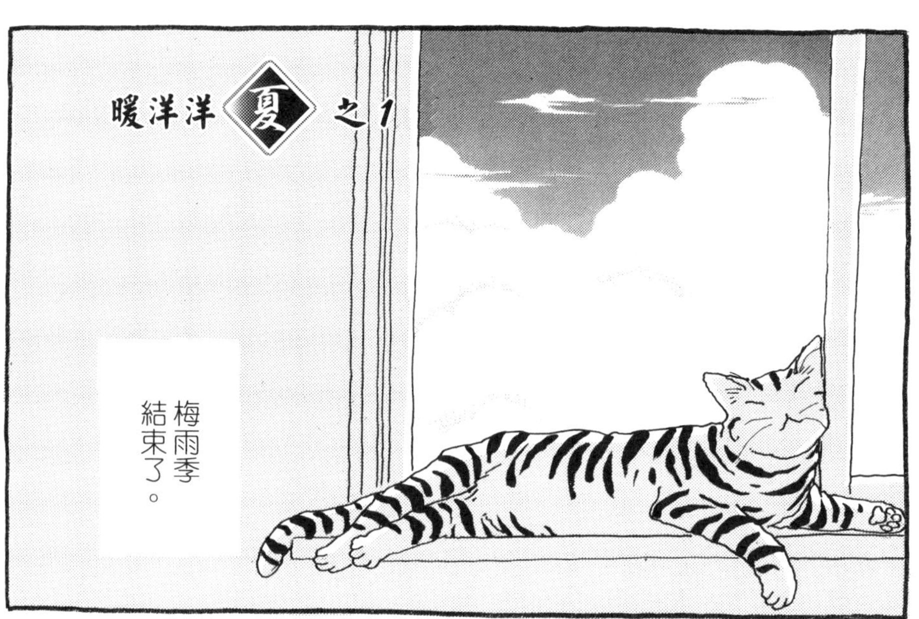
暖洋洋夏之1
梅雨季結束了。

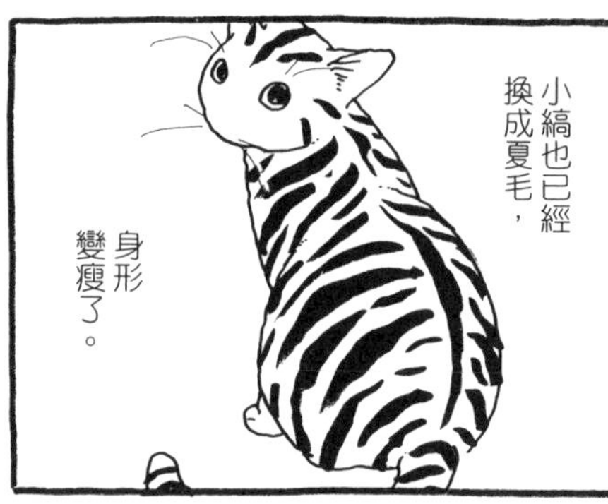
小縞也已經換成夏毛，
身形變瘦了。

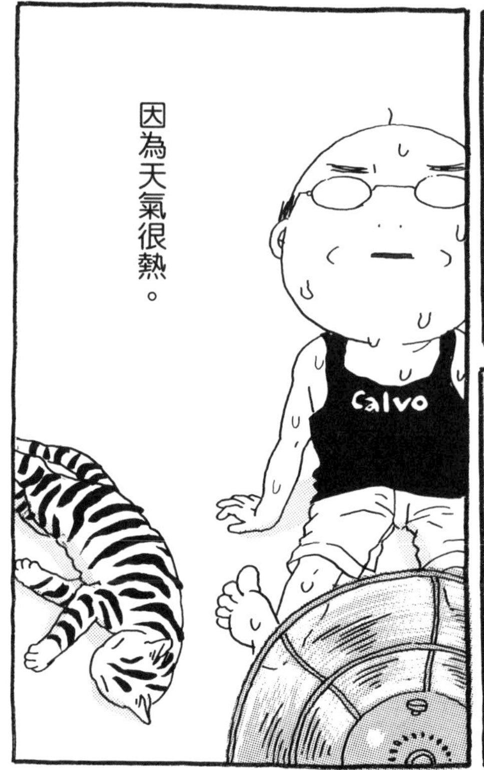
因為天氣很熱。
Calvo

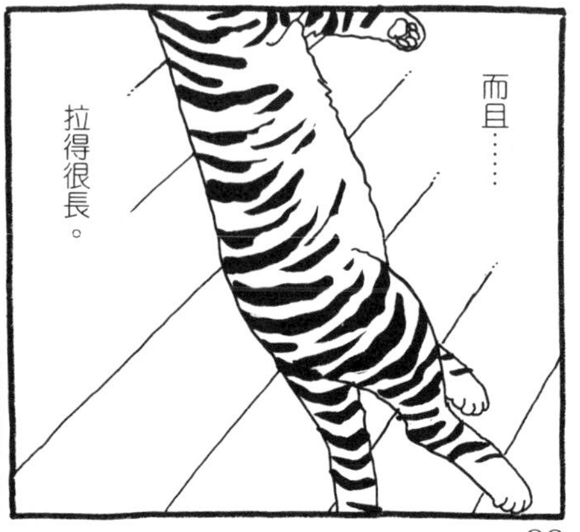
而且……
拉得很長。

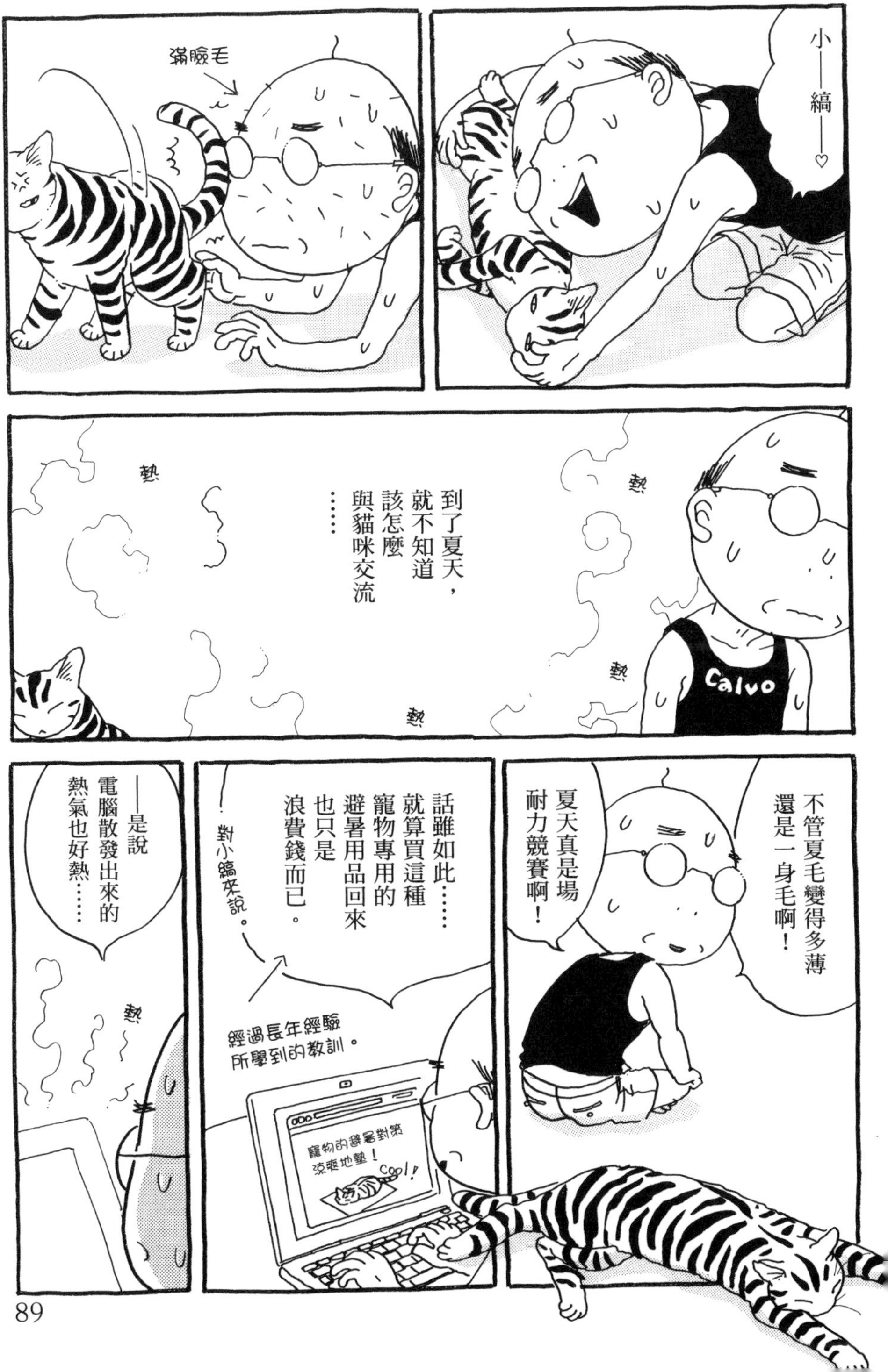

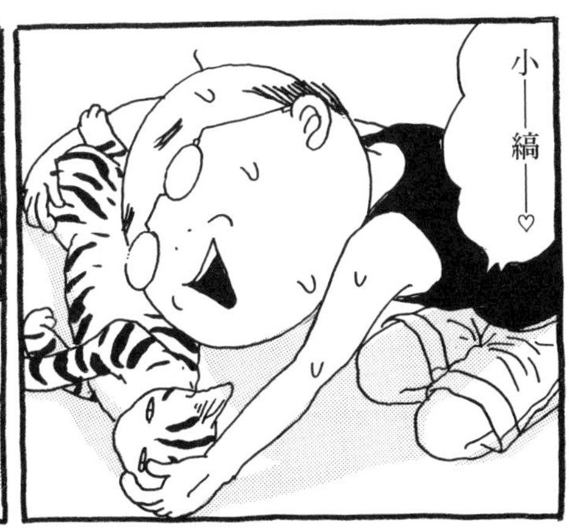

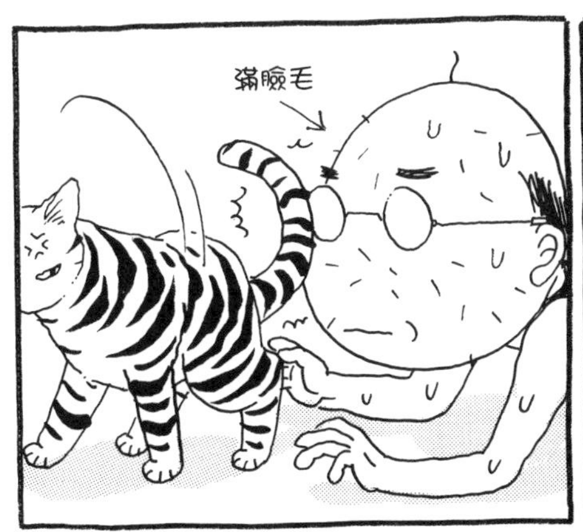

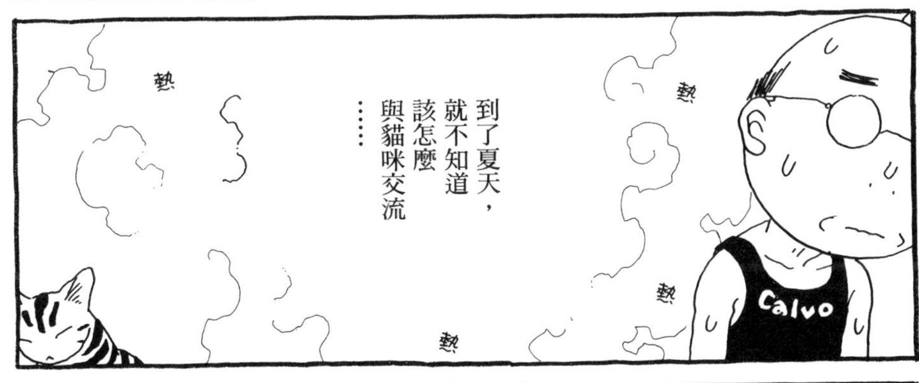

不管夏毛變得多薄還是一身毛啊！

夏天真是場耐力競賽啊！

話雖如此……就算買這種寵物專用的避暑用品回來也只是浪費錢而已。

對小縞來說。

經過長年經驗所學到的教訓。

寵物的避暑對策

涼爽地墊！

Cool!

——是說電腦散發出來的熱氣也好熱……

熱

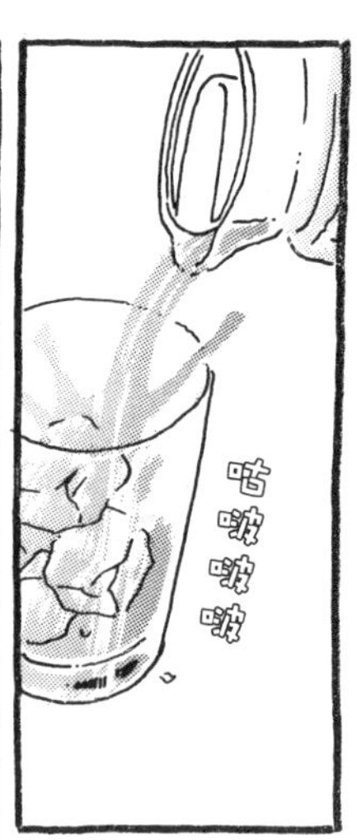
咕啵啵啵

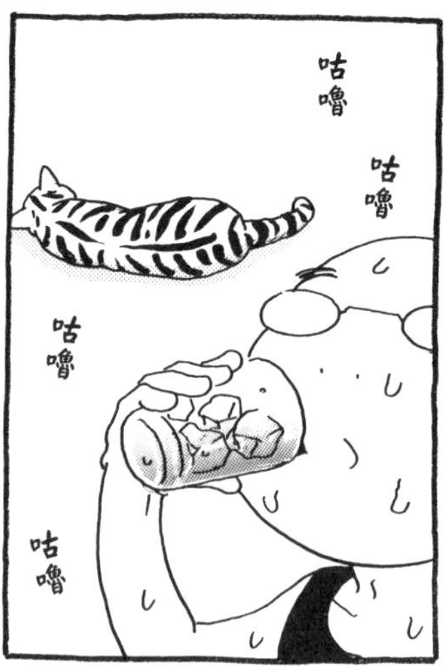
咕嚕
咕嚕
咕嚕

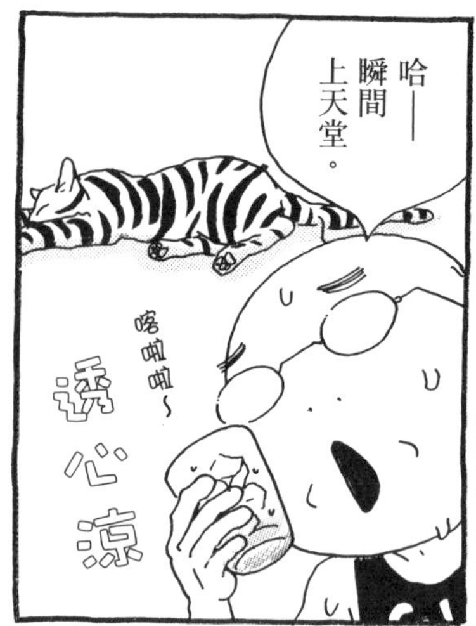
哈——瞬間上天堂。
咕嚕
咯啦啦～
透心涼

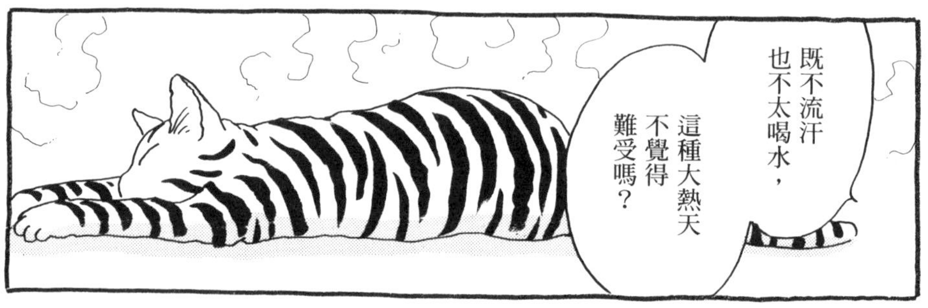
既不流汗也不太喝水，
這種大熱天不覺得難受嗎？

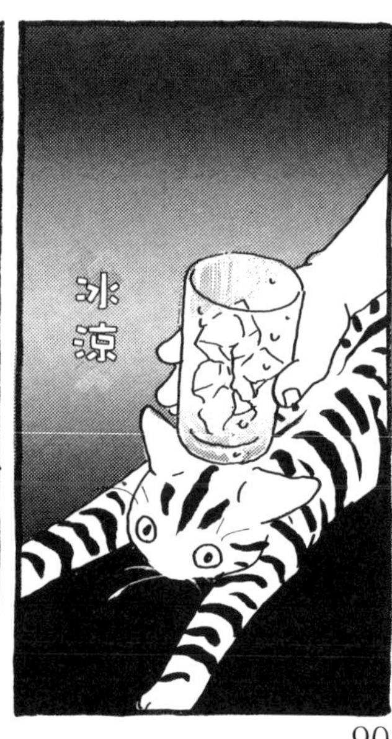
冰涼

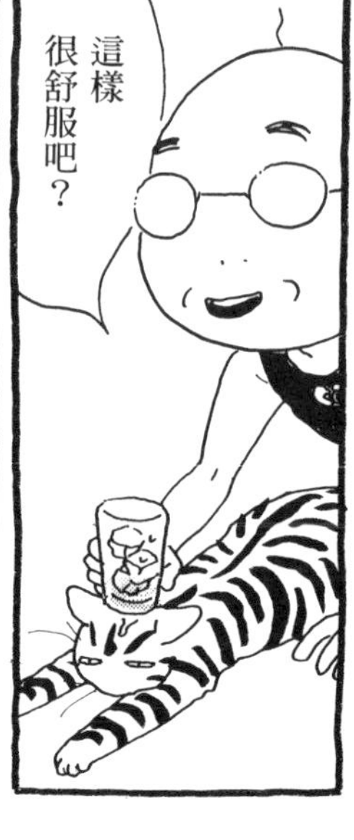
這樣很舒服吧？

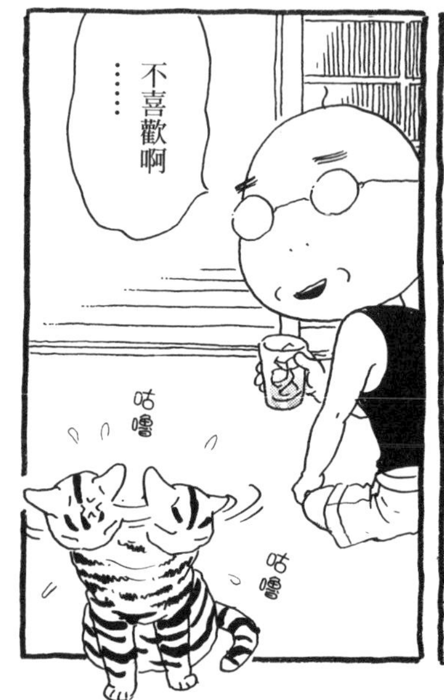
不喜歡啊……
咕嚕
咕嚕

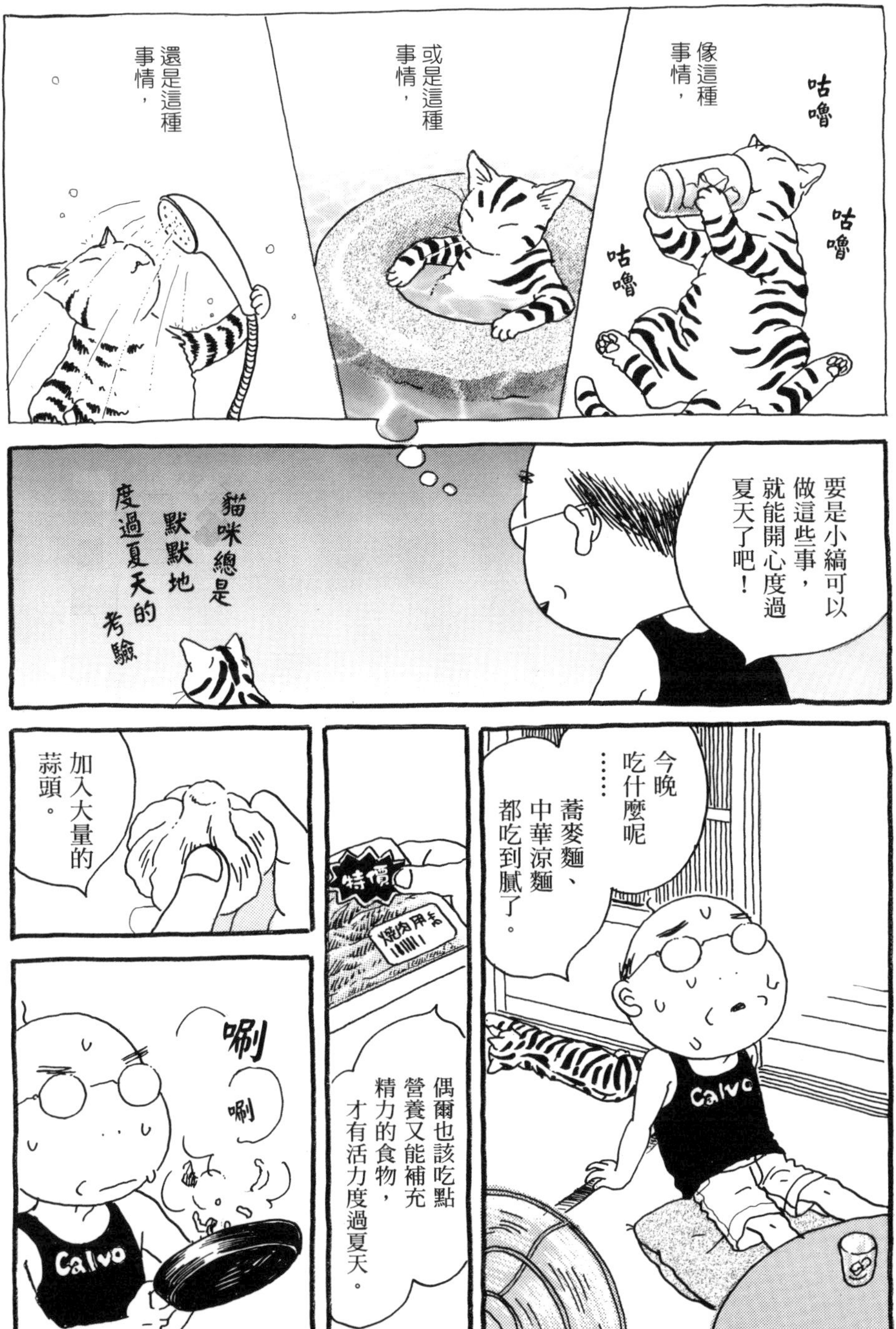

咕嚕

像這種事情，

咕嚕

咕嚕

或是這種事情，

還是這種事情，

要是小縞可以做這些事，就能開心度過夏天了吧！

貓咪總是默默地度過夏天的考驗

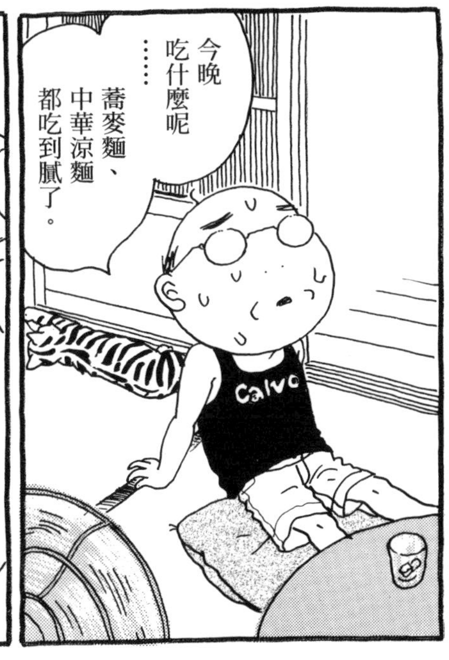

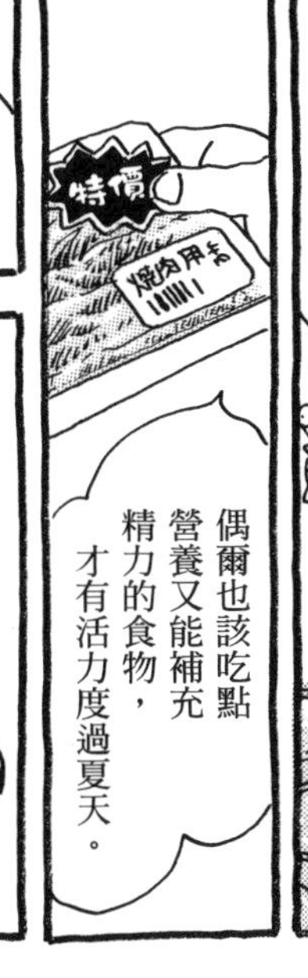

加入大量的蒜頭。

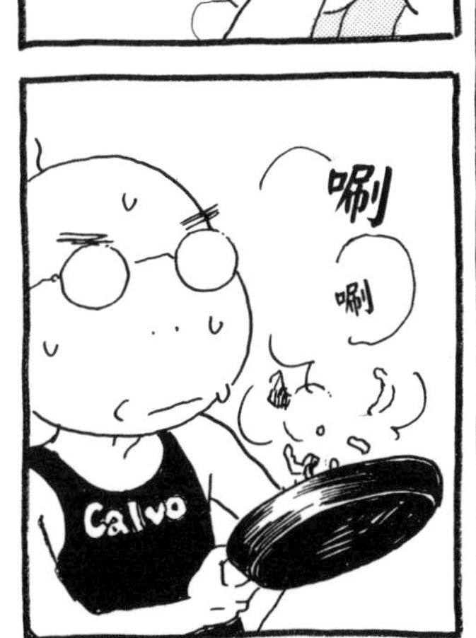

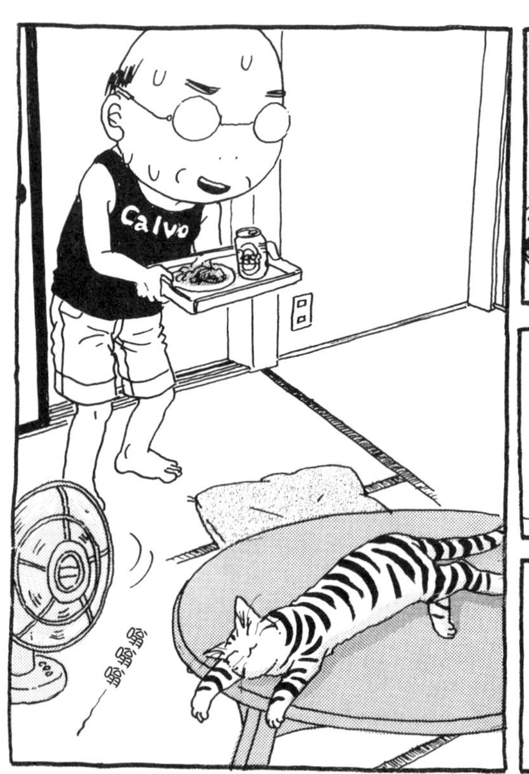
Calvo
嗡嗡嗡

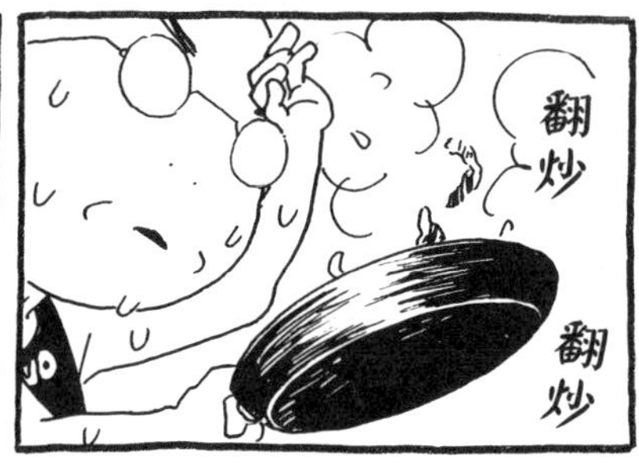
翻炒
翻炒

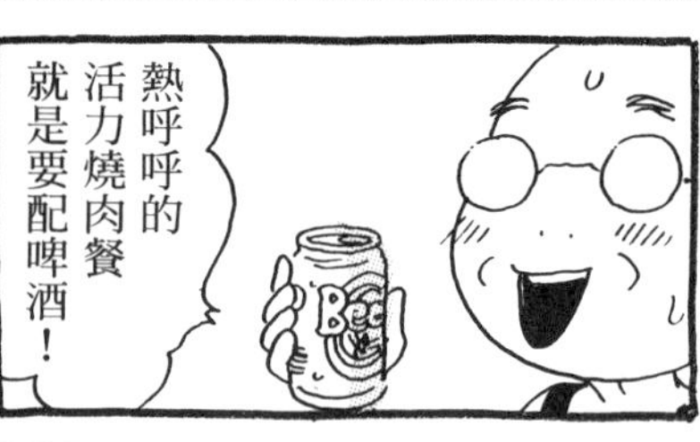
熱呼呼的活力燒肉餐就是要配啤酒！
Beer

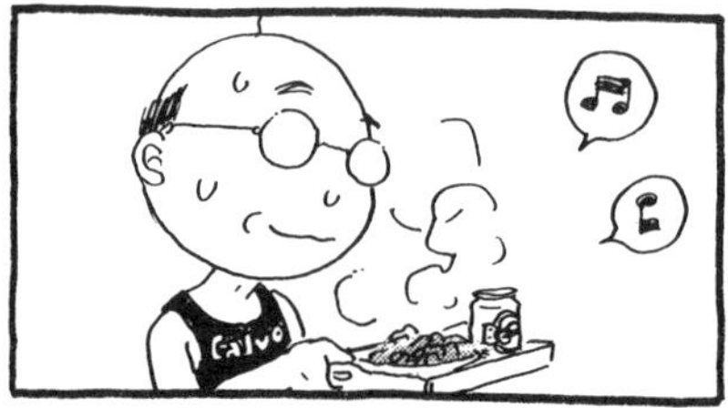
Calvo

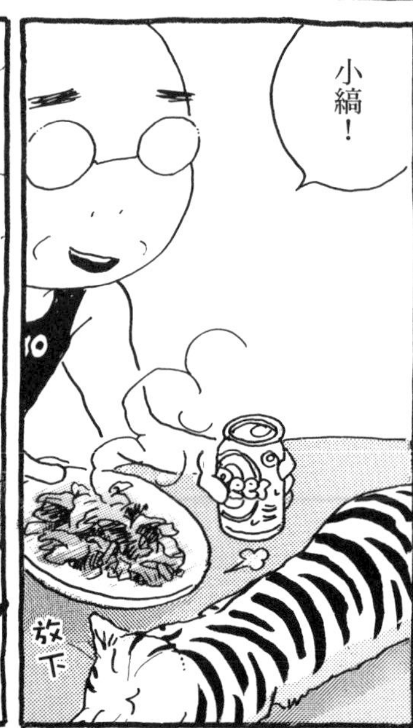
小縞！
放下

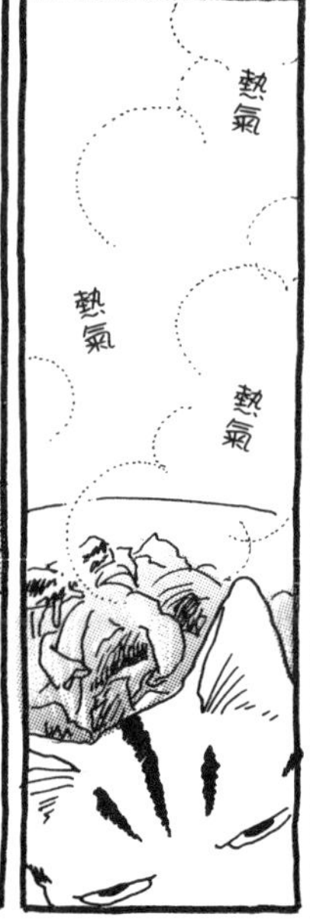
熱氣
熱氣
熱氣

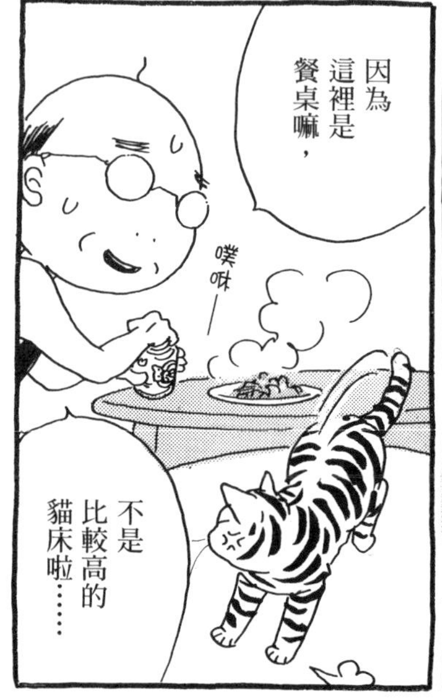
因為這裡是餐桌嘛，
噗哧
不是比較高的貓床啦……

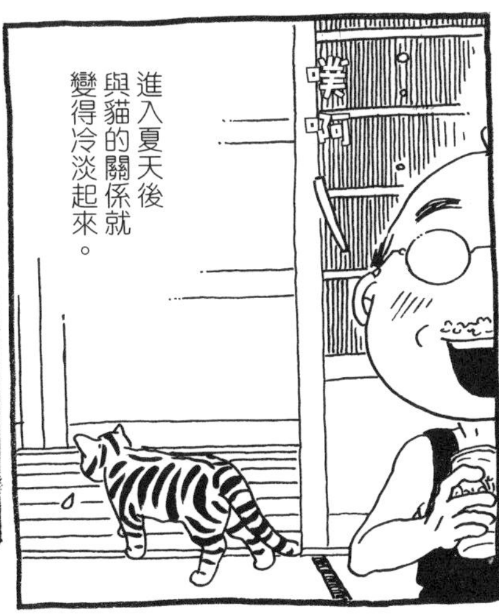

噗啊
進入夏天後
與貓的關係就
變得冷淡起來。

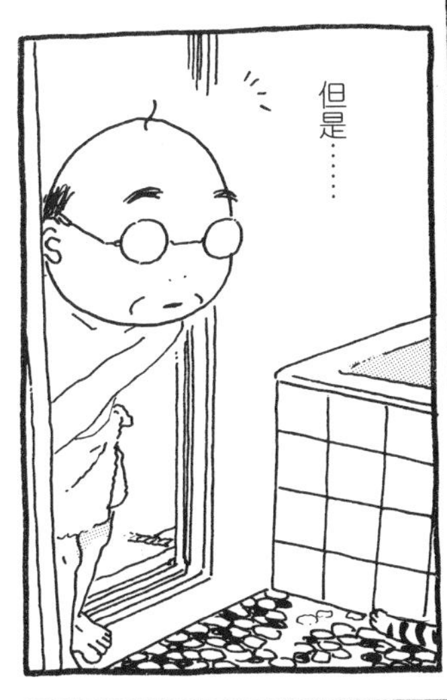

但是……

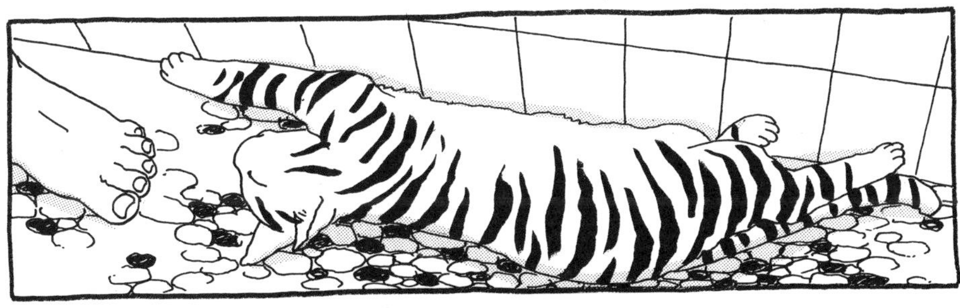

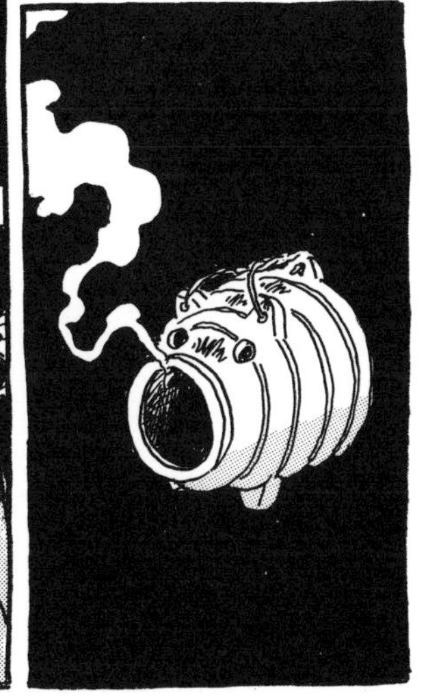

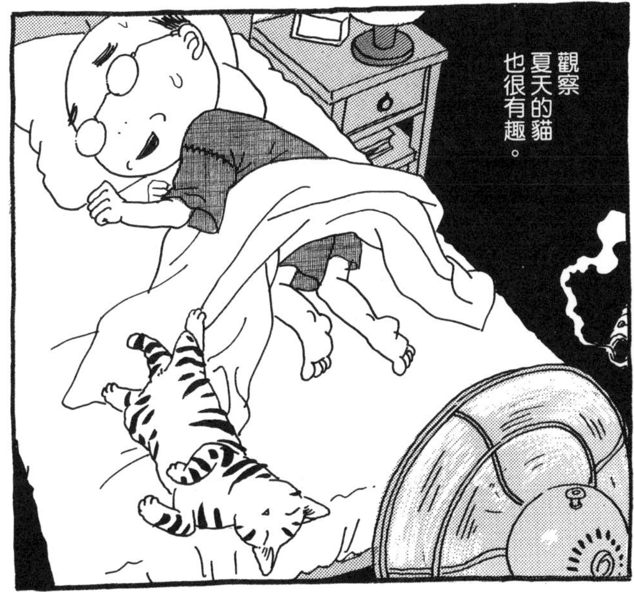

觀察
夏天的貓
也很有趣。

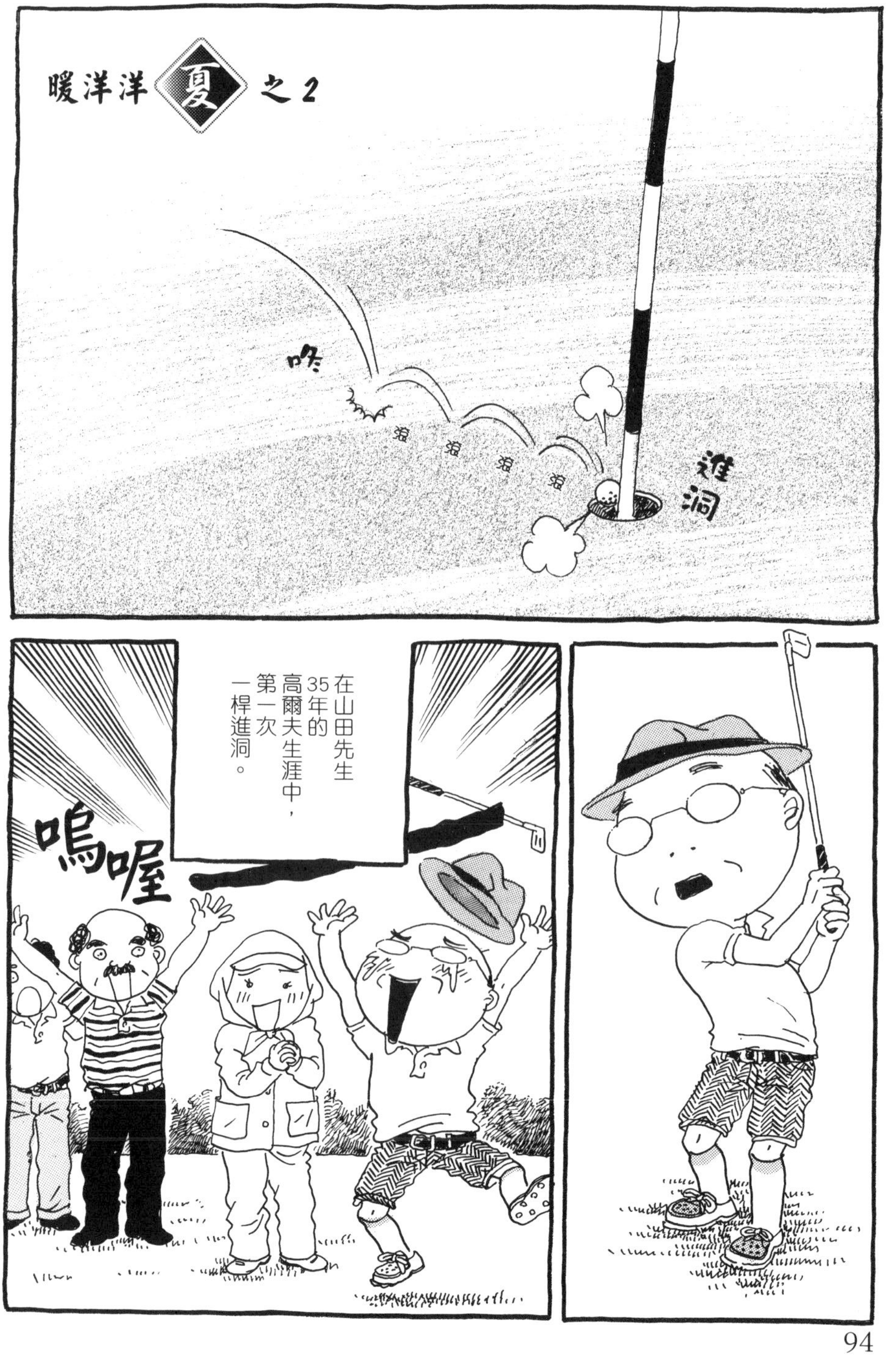

暖洋洋 夏 之2

咚

進洞

在山田先生35年的高爾夫生涯中，第一次一桿進洞。

嗚喔

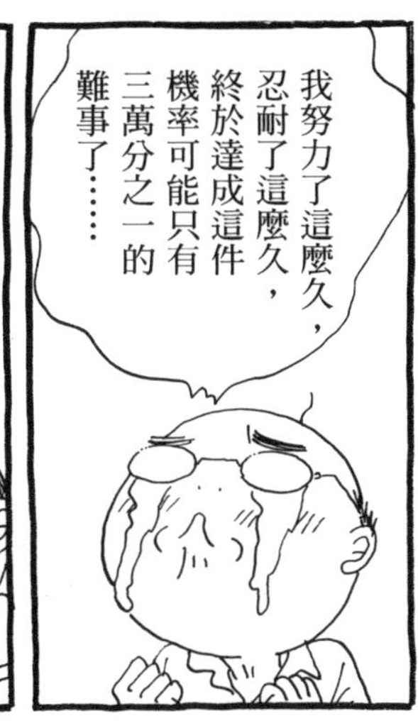
我努力了這麼久，忍耐了這麼久，終於達成這件機率可能只有三萬分之一的難事了……

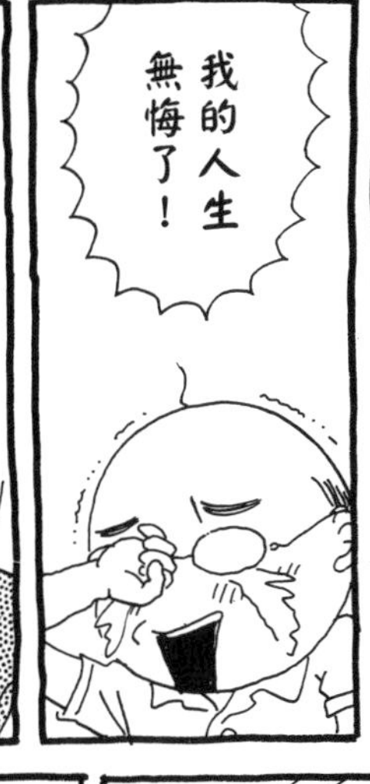
我的人生無悔了！

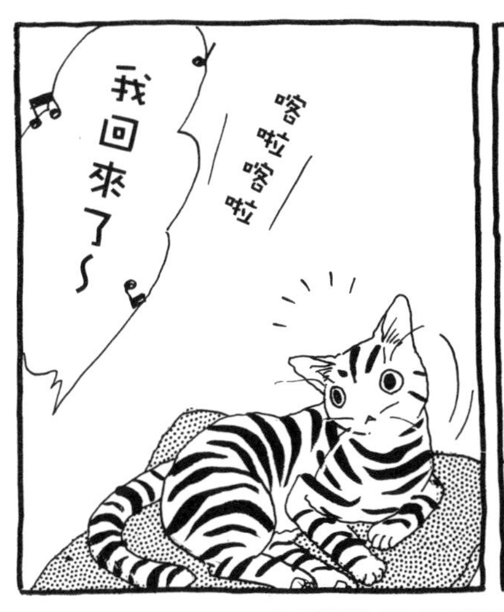
喀啦喀啦
我回來了～

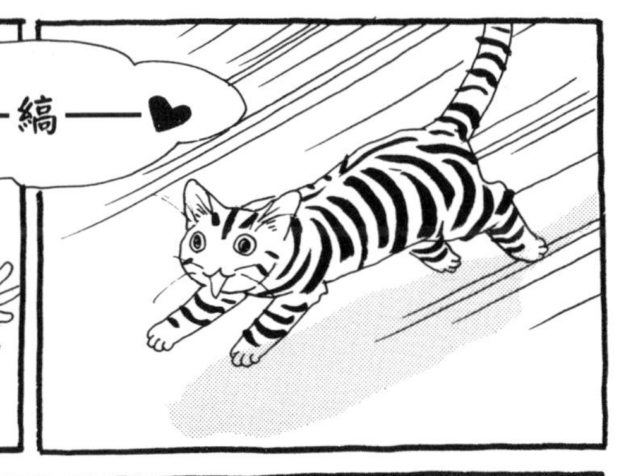

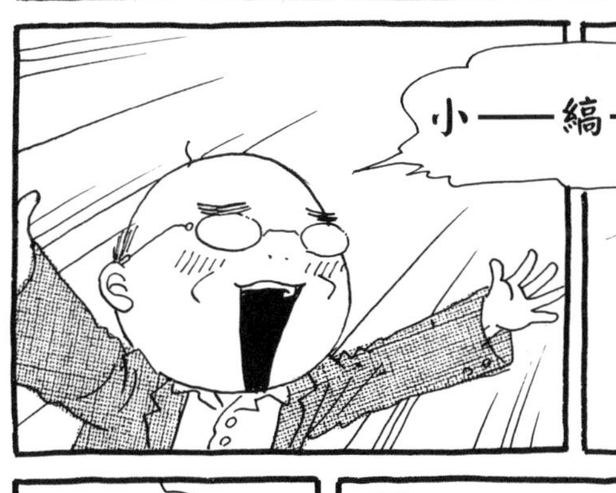
小——縞——♥

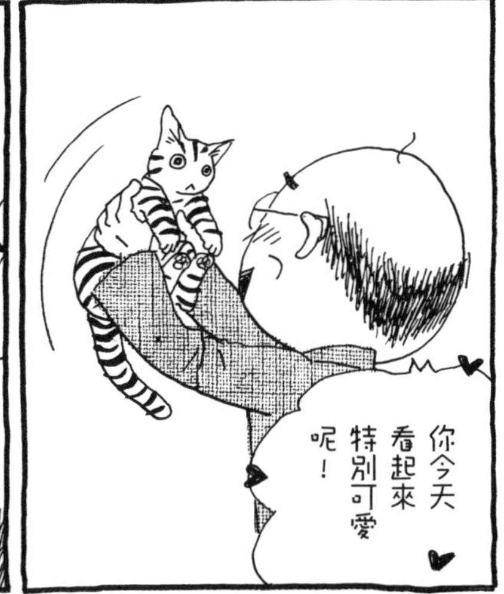
你今天看起來特別可愛呢！

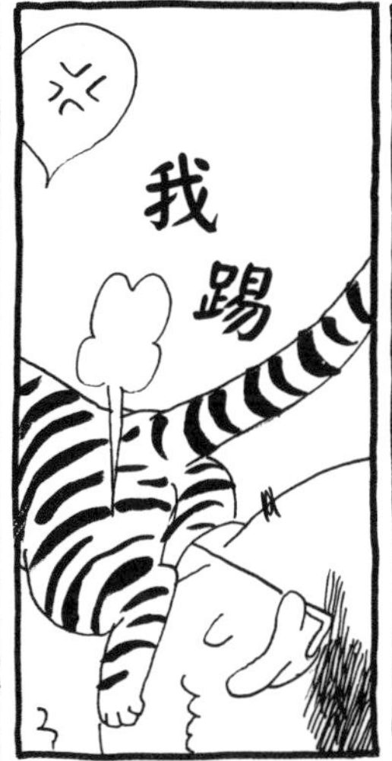
我踢

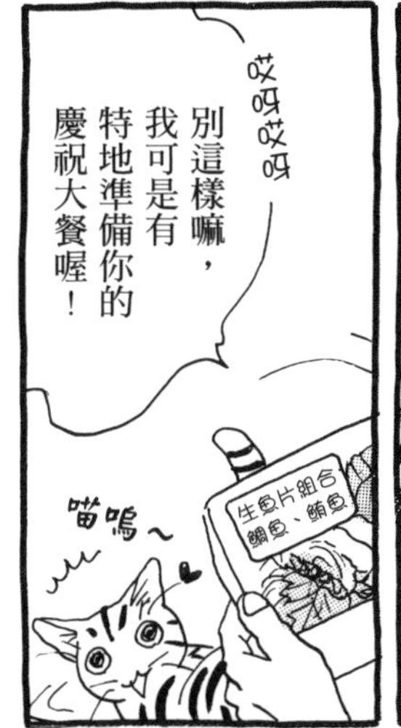
哎呀哎呀
別這樣嘛，我可是有特地準備你的慶祝大餐喔！
生魚片組合
鯛魚、鮪魚
喵嗚～

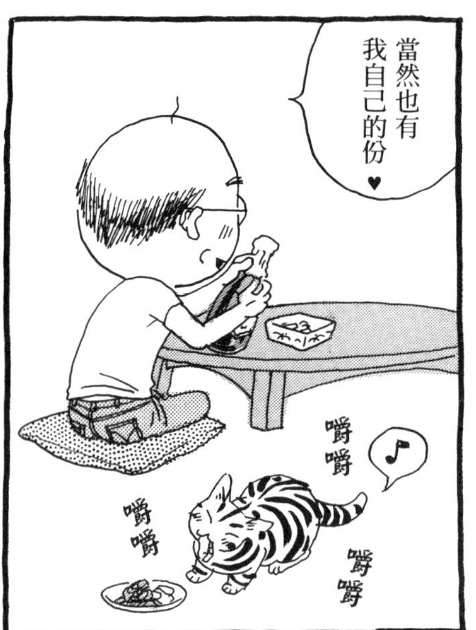
當然也有
我自己的份♥
嚼嚼
♪
嚼嚼
嚼嚼

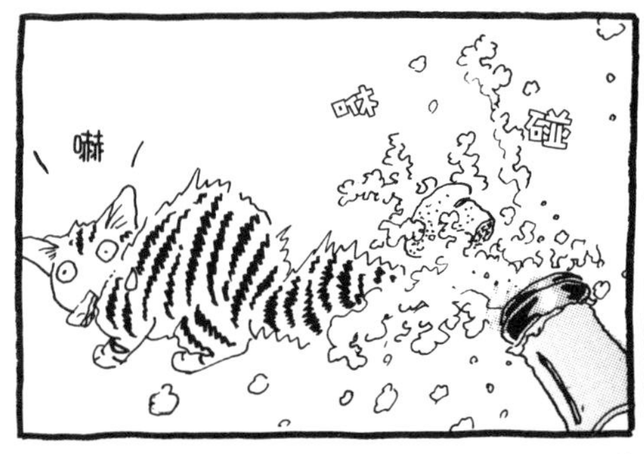
咻
碰
嚇

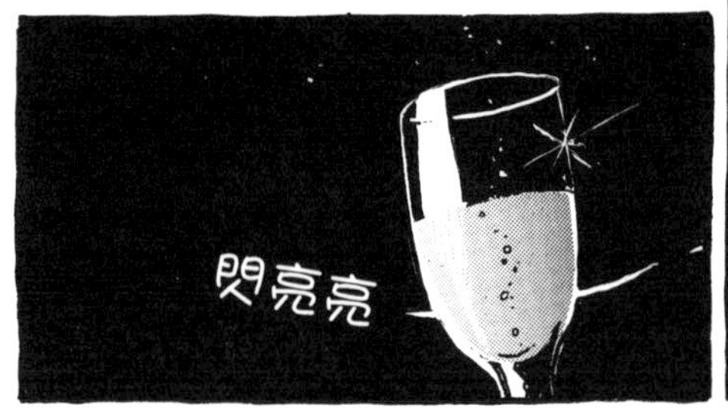
閃亮亮

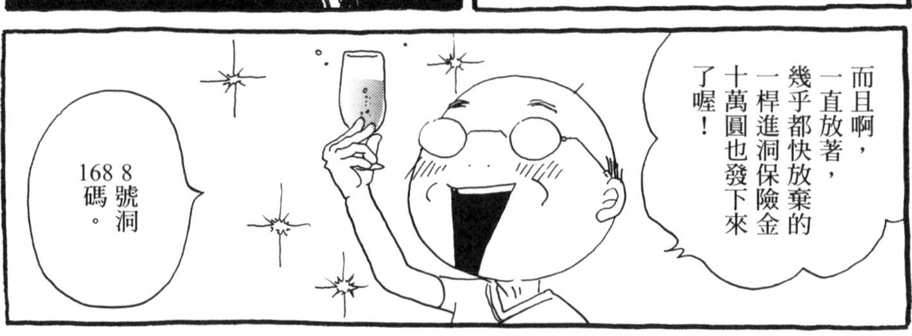
而且啊，
一直放著，
幾乎都快放棄的
一桿進洞保險金
十萬圓也發下來
了喔！
8號洞
168碼。

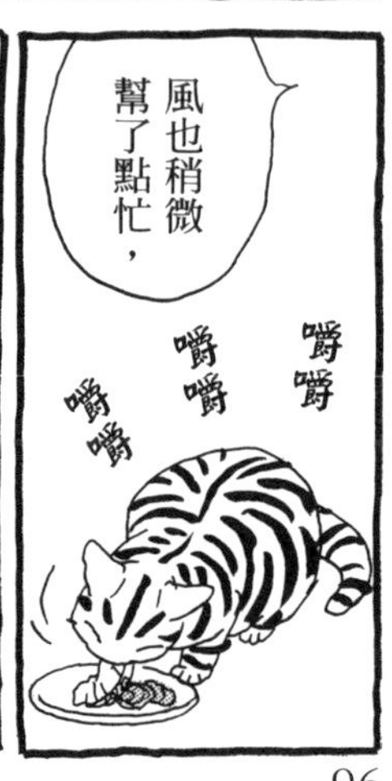
風也稍微
幫了點忙，
嚼嚼
嚼嚼
嚼嚼

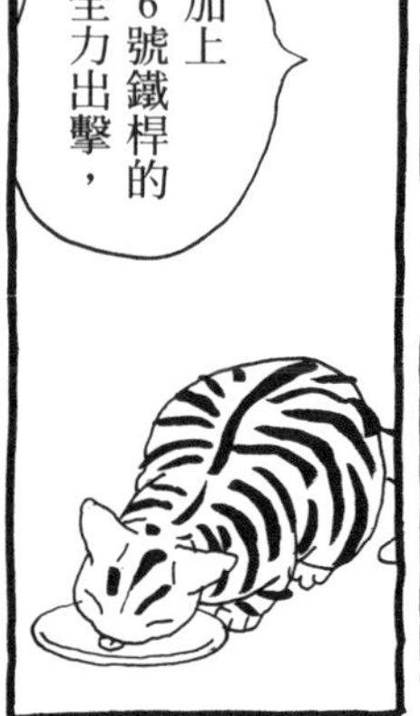
加上
6號鐵桿的
全力出擊，

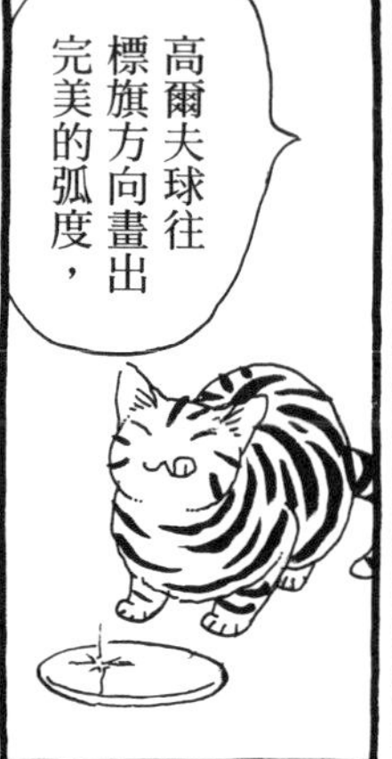
高爾夫球往
標旗方向畫出
完美的弧度，

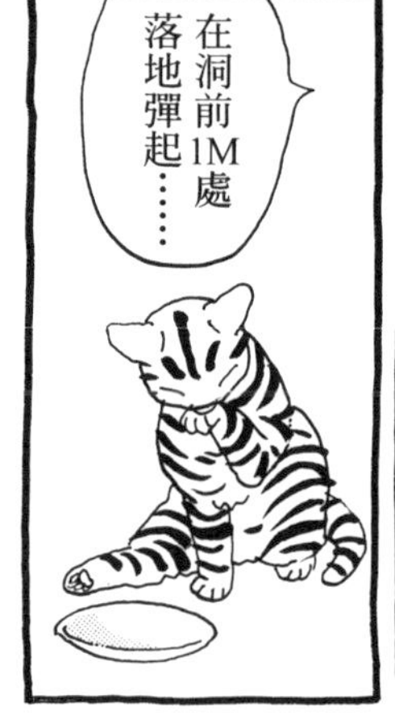
在洞前1M處
落地彈起……

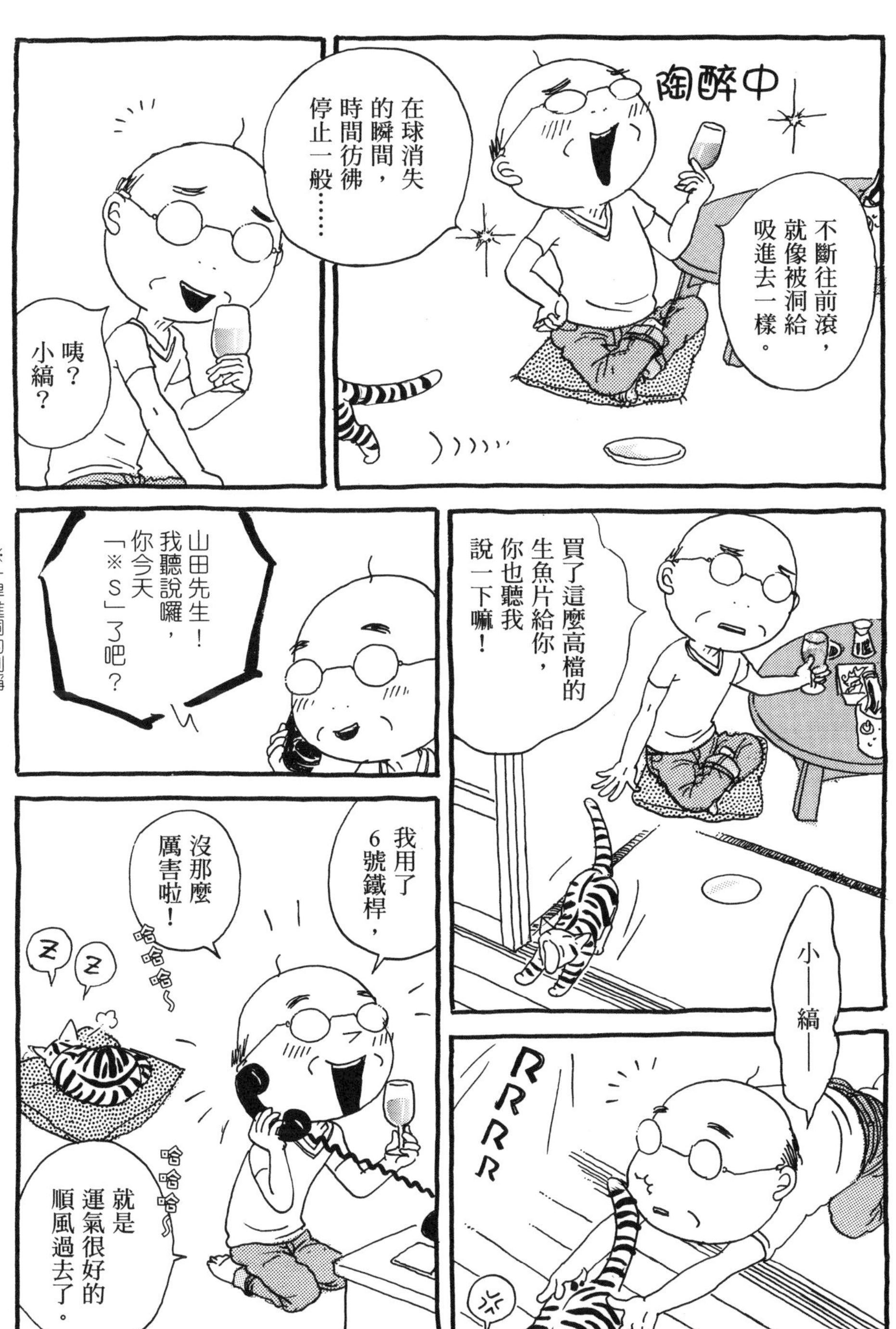
不斷往前滾，就像被洞給吸進去一樣。
陶醉中
在球消失的瞬間，時間彷彿停止一般……
咦？小縞？
買了這麼高檔的生魚片給你，你也聽我說一下嘛！
山田先生！我聽說囉，你今天「※S」了吧？
小——縞——
RRRR
我用了6號鐵桿，
沒那麼厲害啦！
哈哈哈～
Z
Z
就是運氣很好的順風過去了。
哈哈哈～

※一桿進洞的別稱

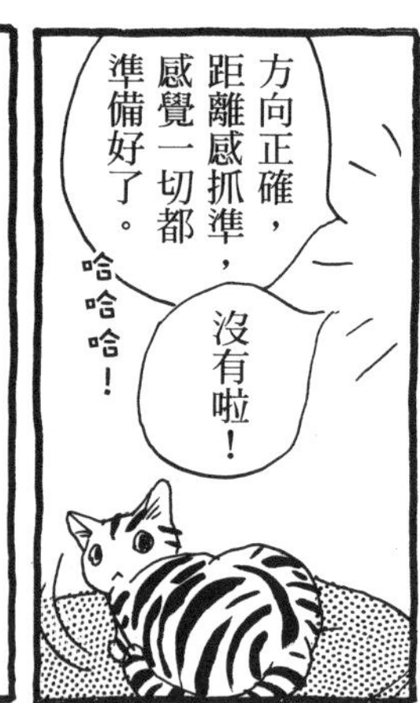
方向正確，距離感抓準，感覺一切都準備好了。
沒有啦！
哈哈哈！

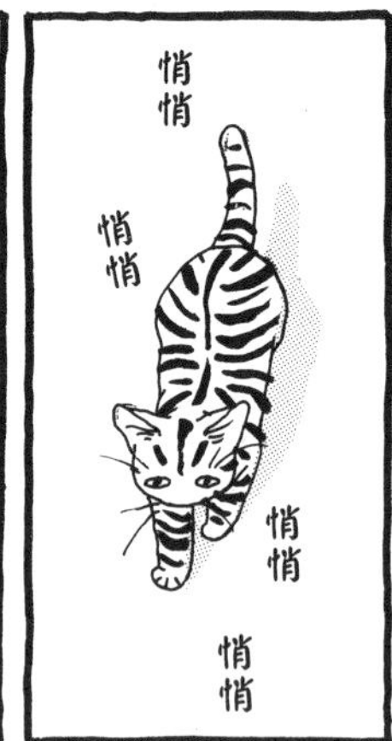
悄悄
悄悄
悄悄
悄悄

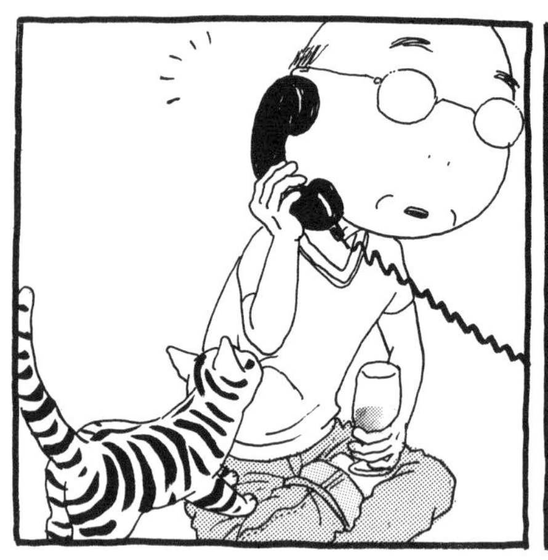

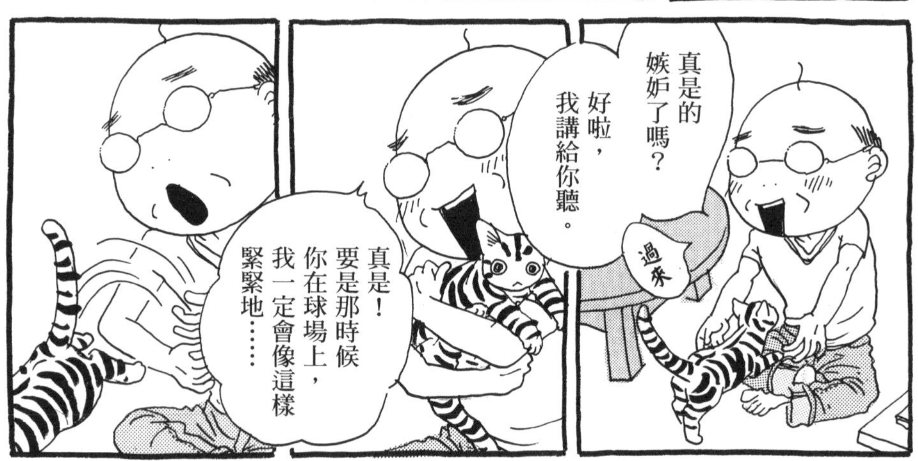
真是的 嫉妒了嗎？
過來
好啦，我講給你聽。
真是！要是那時候你在球場上，我一定會像這樣緊緊地……

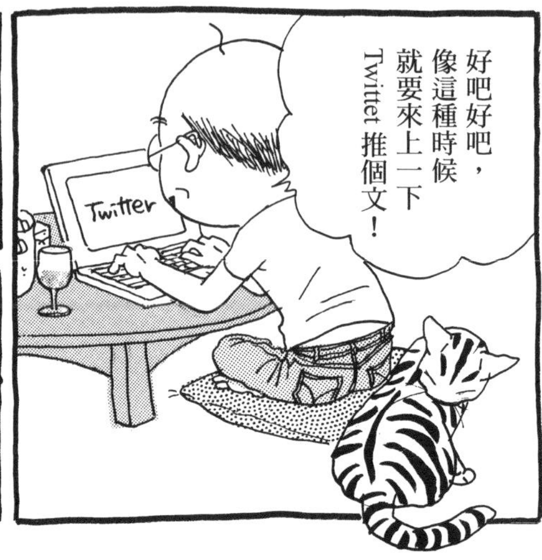
好吧好吧，像這種時候就要來上一下 Twittet 推個文！
Twitter

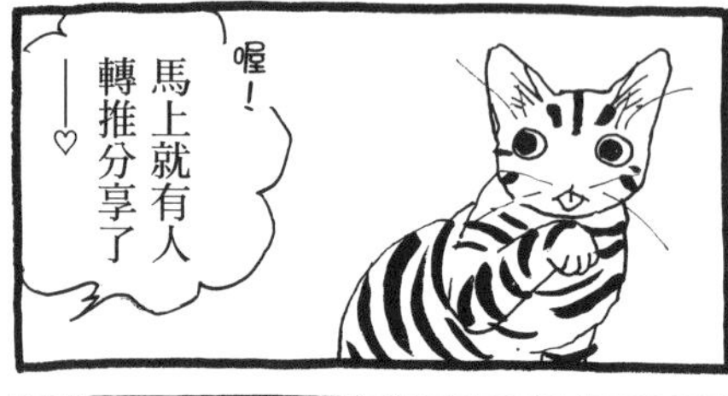
喔！
馬上就有人轉推分享了——♡

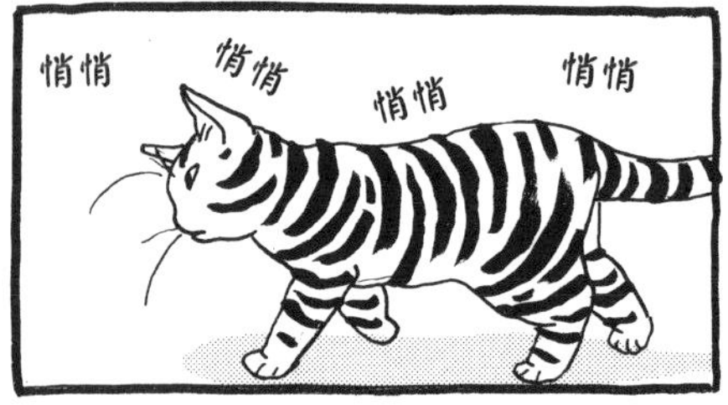
悄悄
悄悄
悄悄
悄悄

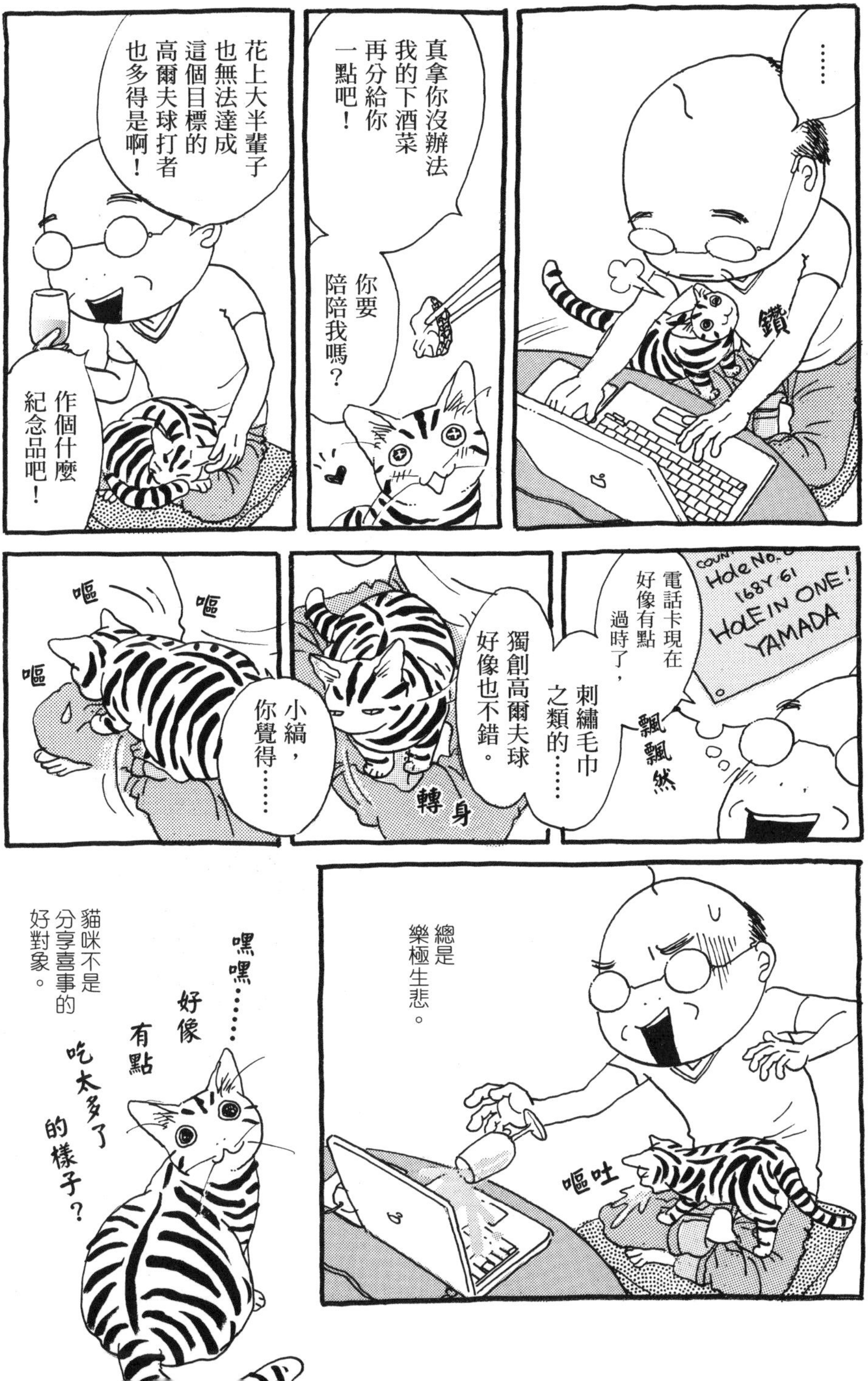

……

鑽

真拿你沒辦法
我的下酒菜
再分給你
一點吧！

你要
陪陪我嗎？

花上大半輩子
也無法達成
這個目標的
高爾夫球打者
也多得是啊！

作個什麼
紀念品吧！

COUNT
Hole No. 6
168Y 61
HOLE IN ONE!
YAMADA

電話卡現在
好像有點
過時了，

刺繡毛巾
之類的……

飄飄然

獨創高爾夫球
好像也不錯。

轉身

小縞，
你覺得……

嘔
嘔
嘔

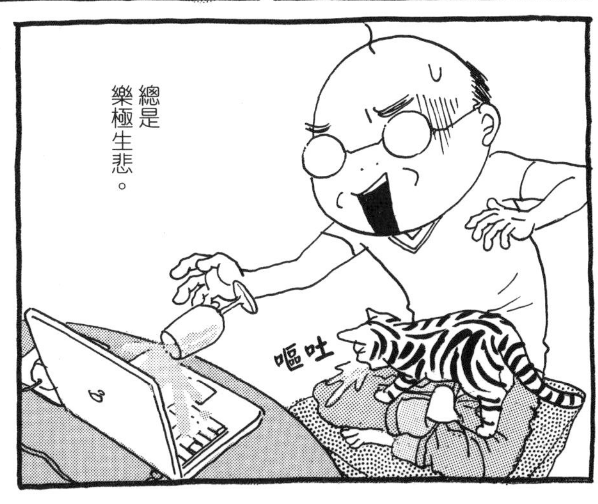

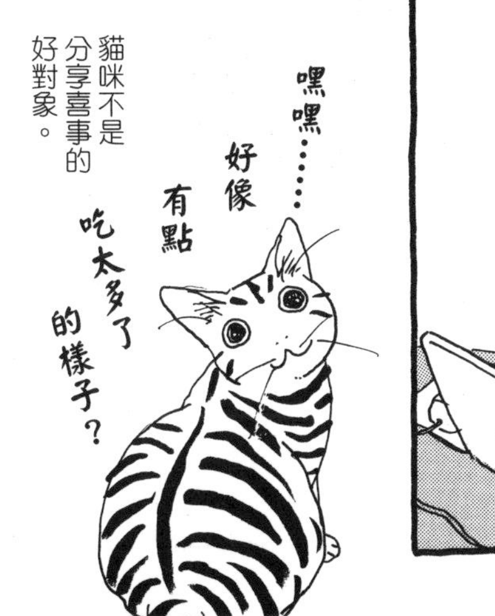

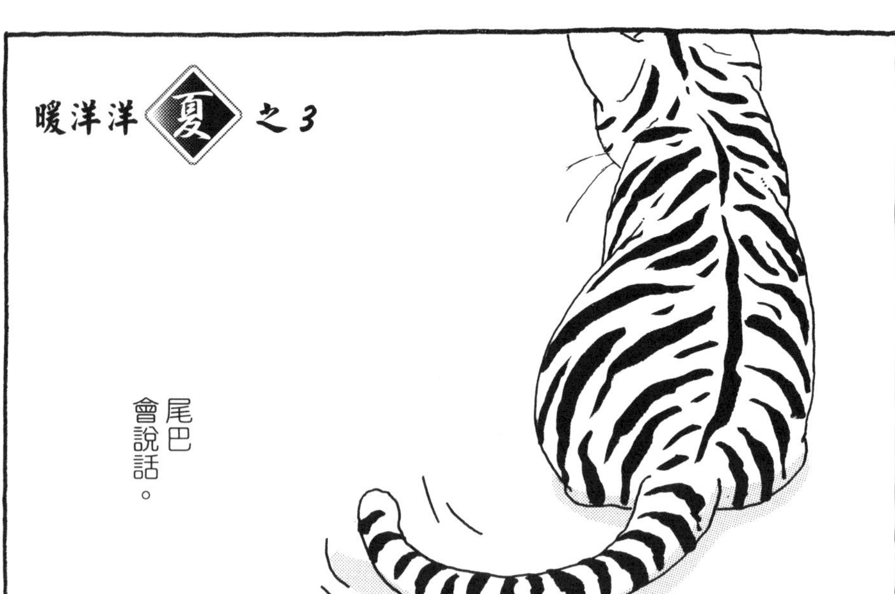
暖洋洋 夏 之3
尾巴會說話。

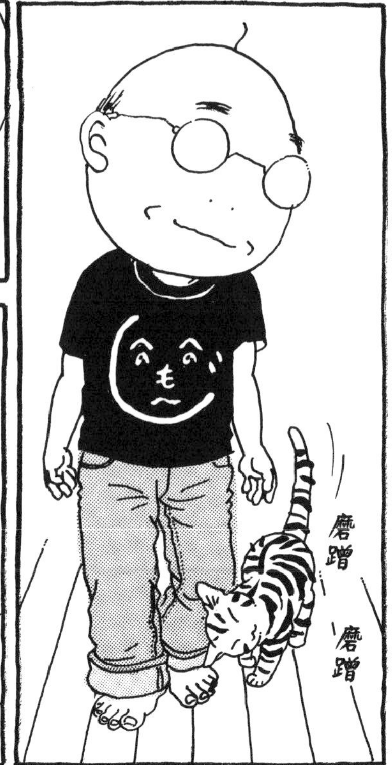
磨蹭
磨蹭

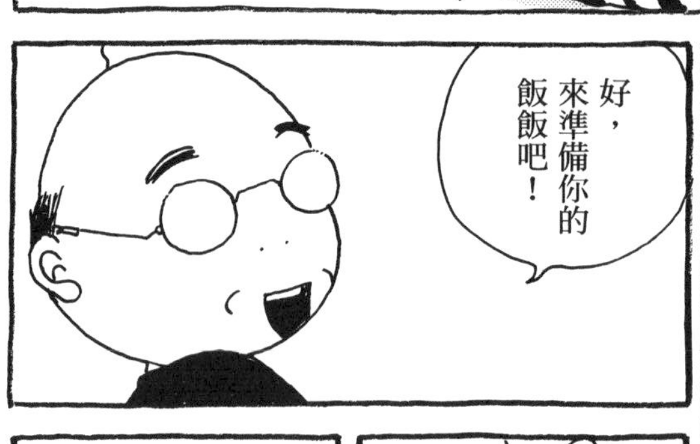
好，來準備你的飯飯吧！

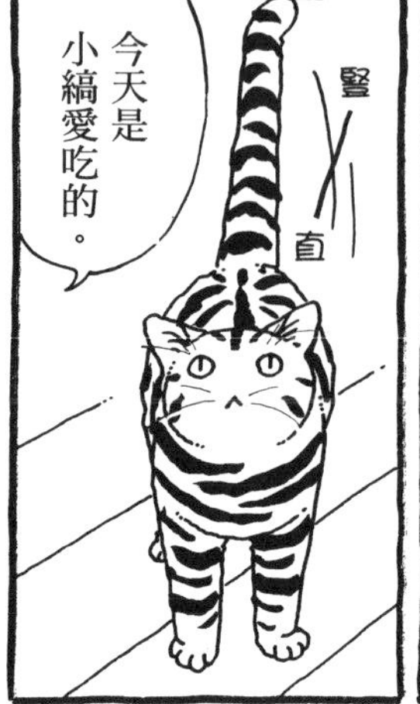
豎
直
今天是小縞愛吃的。

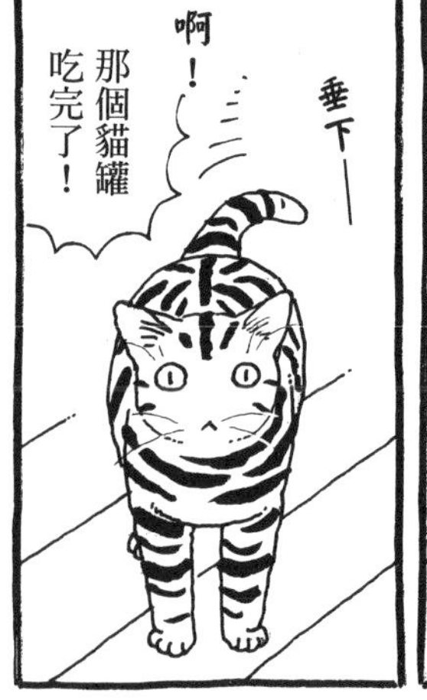
垂下
啊！
那個貓罐吃完了！

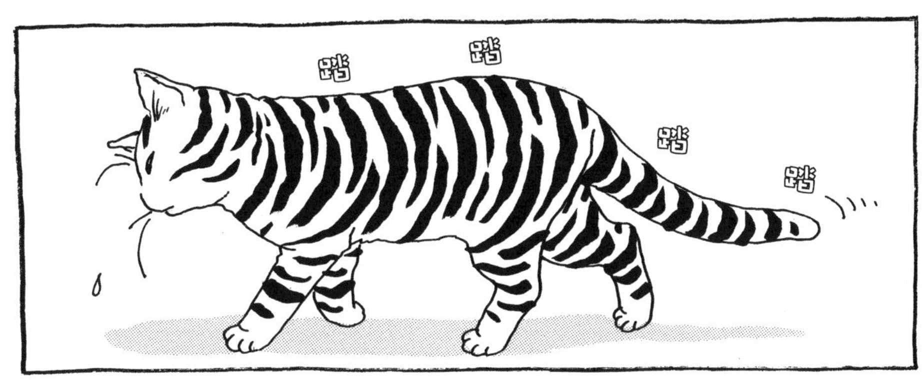
踏
踏
踏
踏

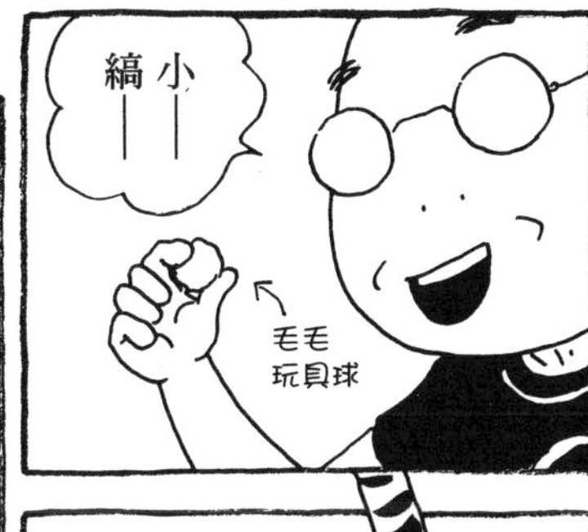
小縞——
毛毛玩具球

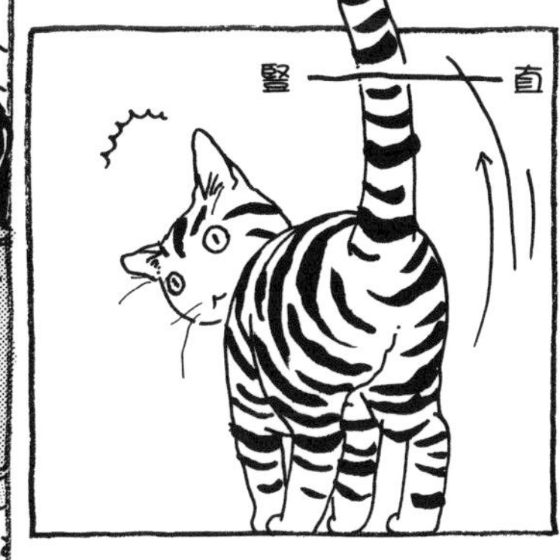
豎——直

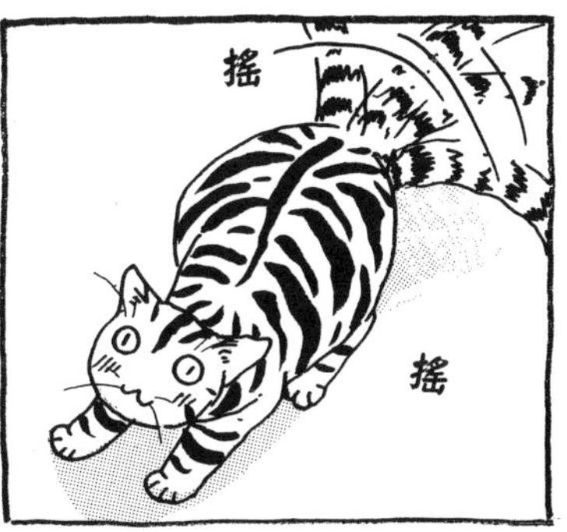
搖
搖

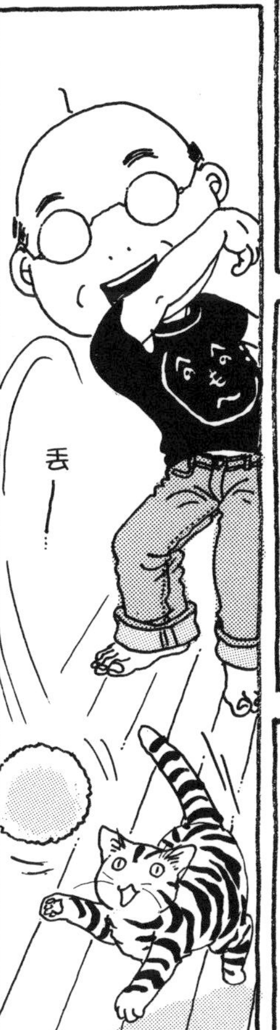
丟——

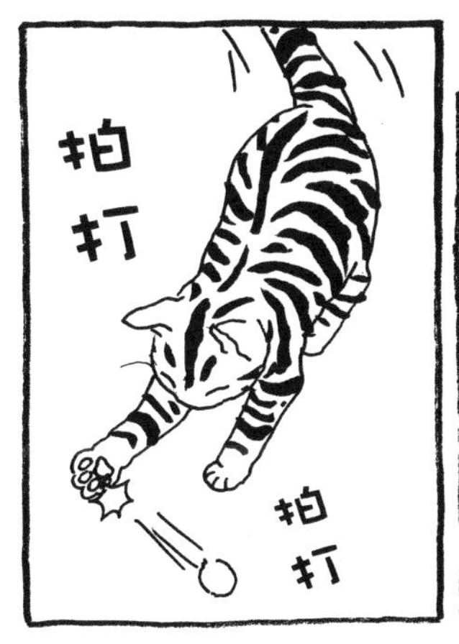
拍打
拍打

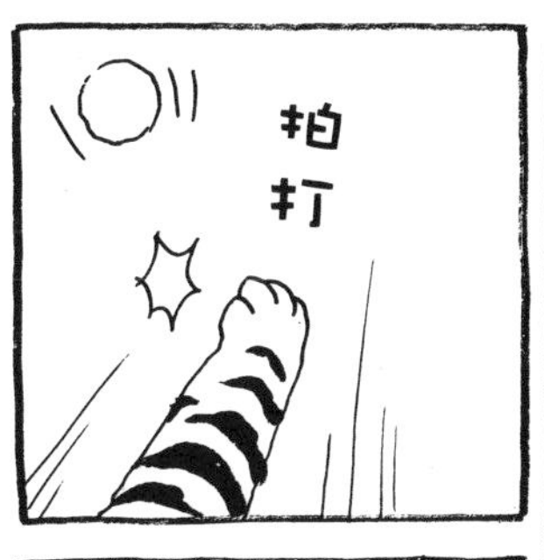
拍打

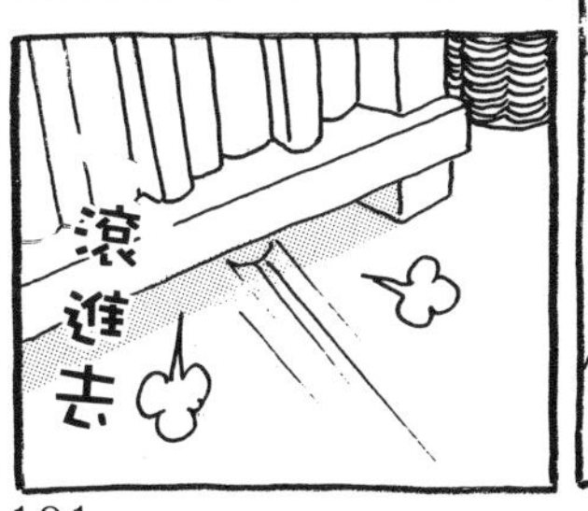
滾進去

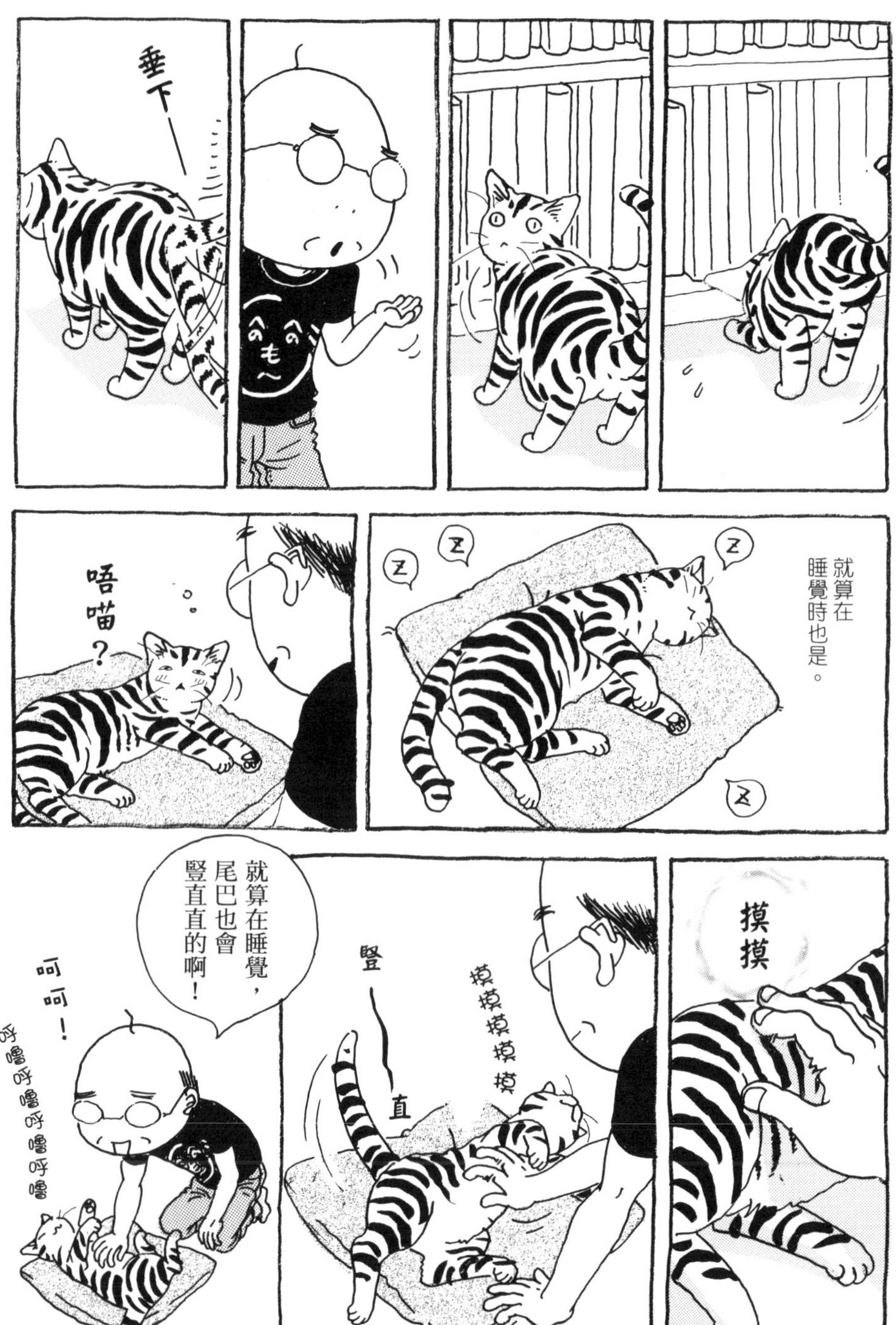

垂下
唔喵？
z
z
z
z
就算在睡覺時也是。
摸摸
摸摸摸摸摸
豎直
就算在睡覺，尾巴也會豎直直的啊！
呵呵！
呼嚕呼嚕呼嚕呼嚕

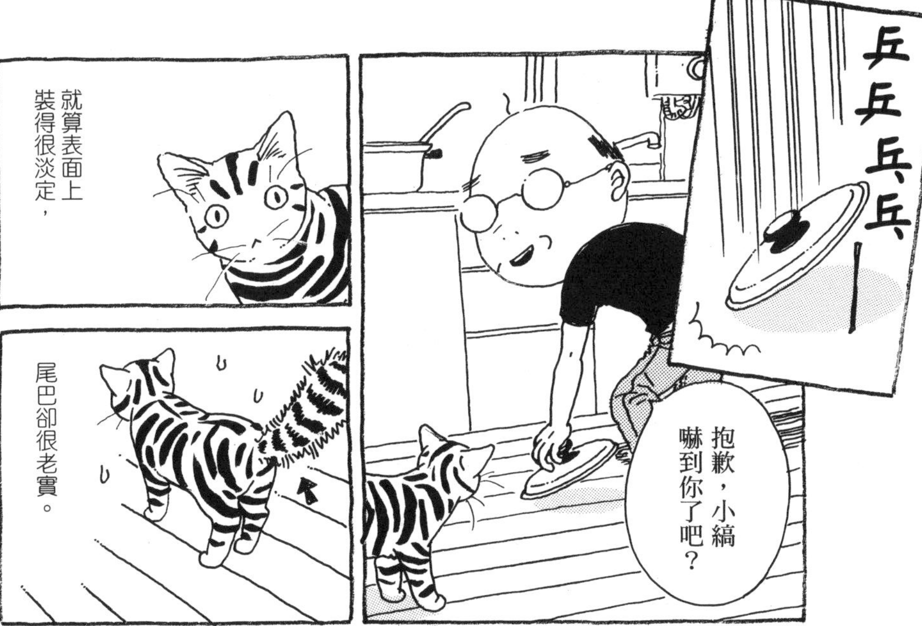
乒乒乒乒
抱歉，小縞
嚇到你了吧？
就算表面上
裝得很淡定，
尾巴卻很老實。

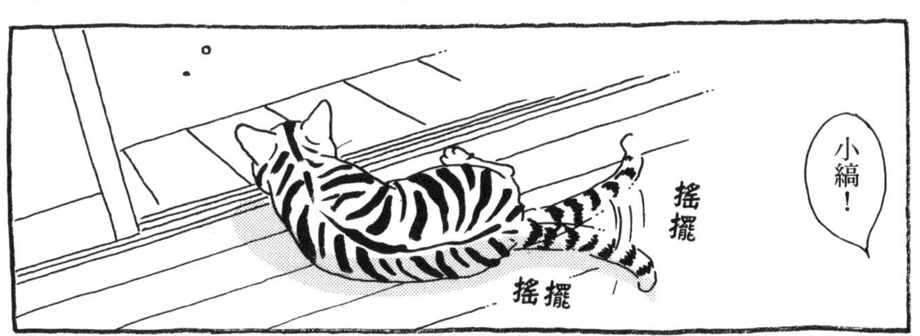
小縞！
搖擺
搖擺

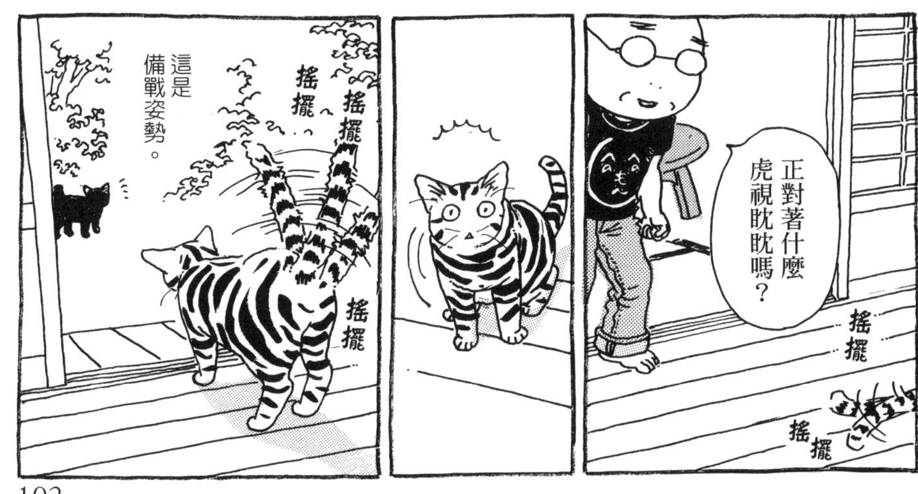
正對著什麼
虎視眈眈嗎？
搖擺
搖擺
搖擺
搖擺
這是
備戰姿勢。
搖擺

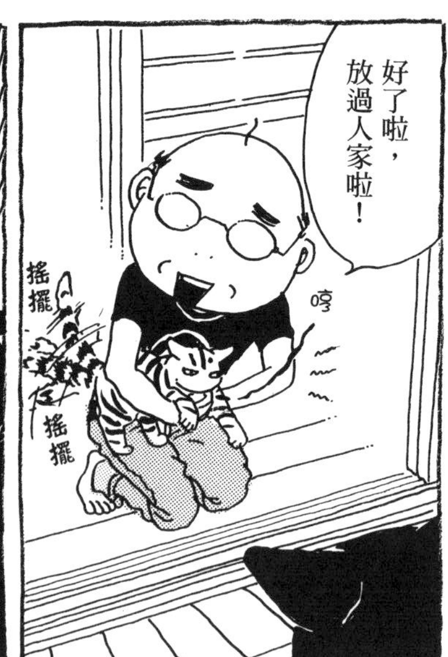
好了啦，放過人家啦！
搖擺
搖擺
哼

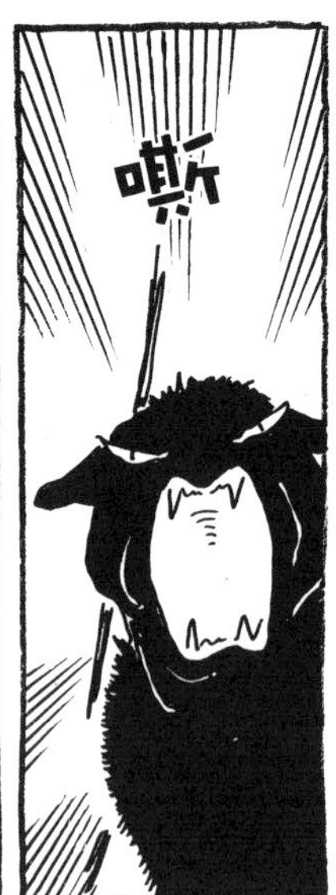
嘶

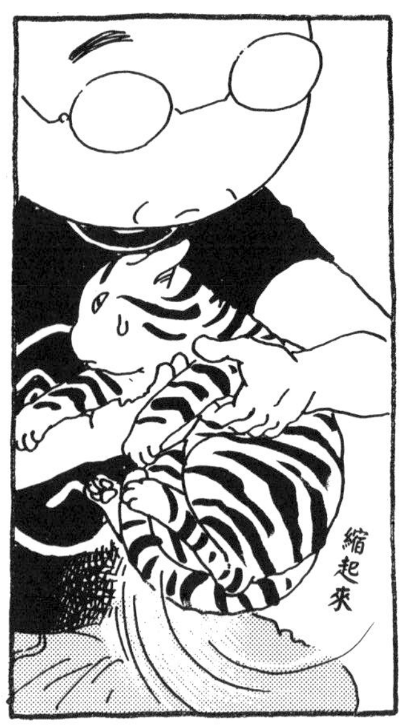
縮起來

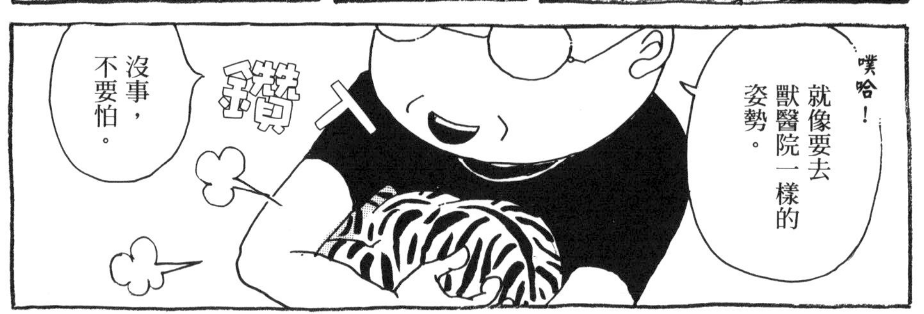
噗哈！
就像要去獸醫院一樣的姿勢。
鑽
沒事，不要怕。

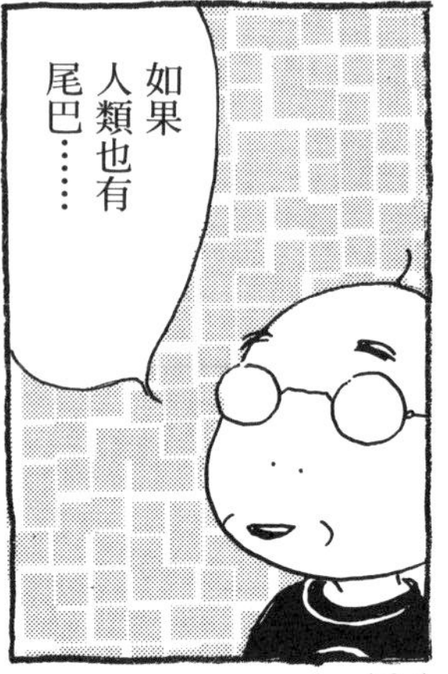
如果人類也有尾巴……

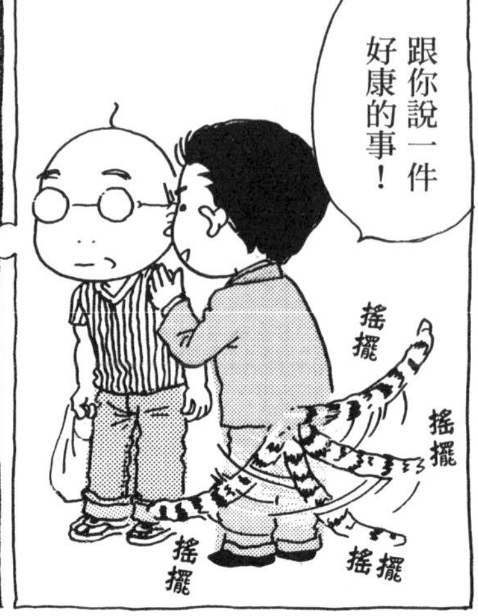
跟你說一件好康的事！
搖擺
搖擺
搖擺
搖擺

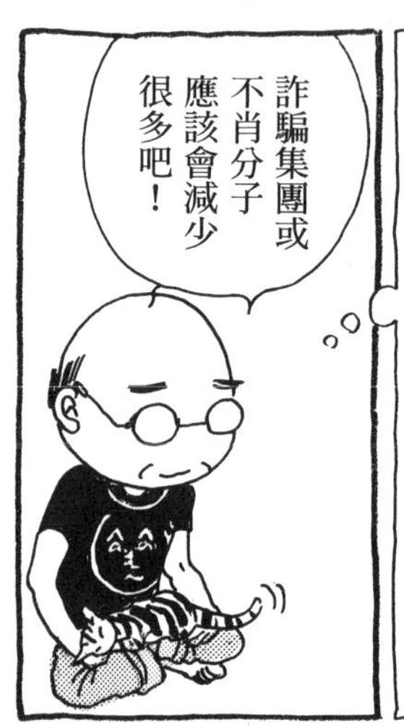
詐騙集團或不肖分子應該會減少很多吧！

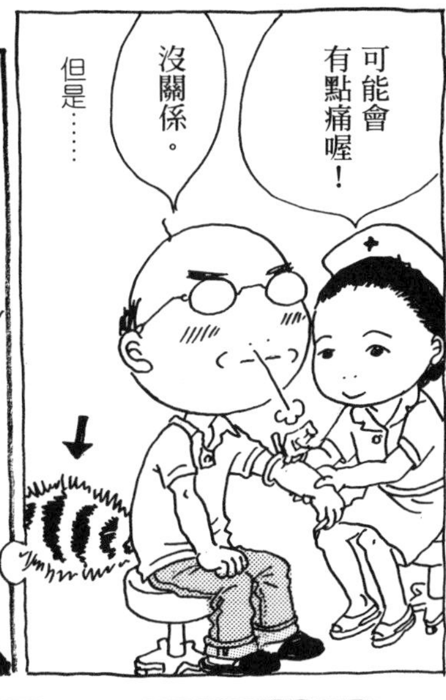
可能會有點痛喔！
沒關係。
但是……

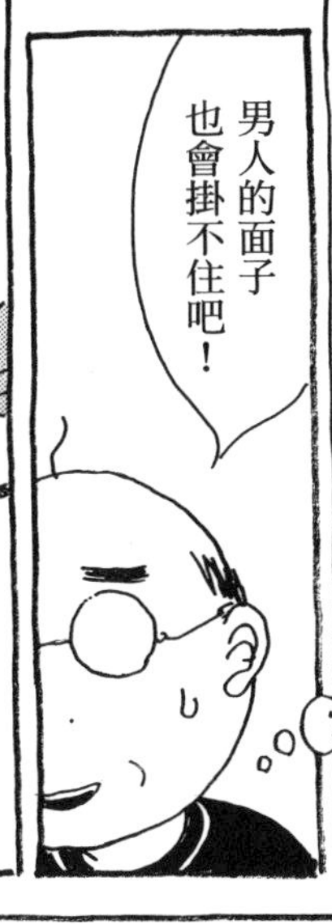
男人的面子也會掛不住吧！

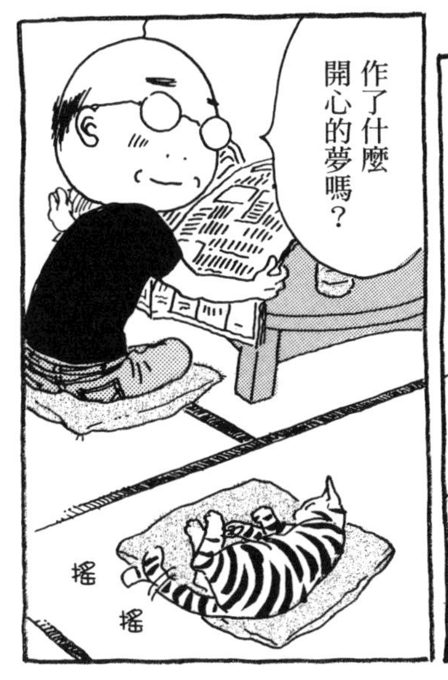
作了什麼開心的夢嗎？
搖
搖

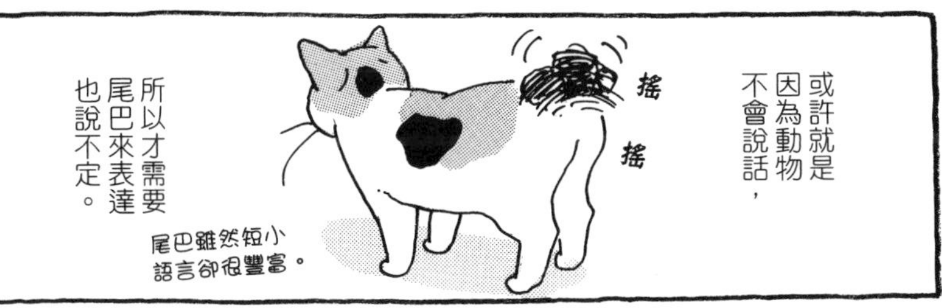
或許就是因為動物不會說話，
搖
搖
所以才需要尾巴來表達也說不定。
尾巴雖然短小
語言卻很豐富。

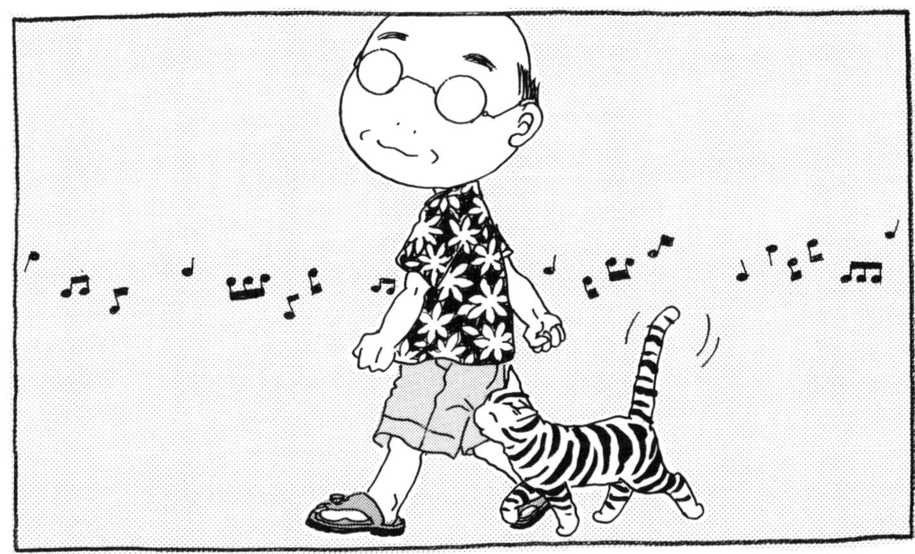

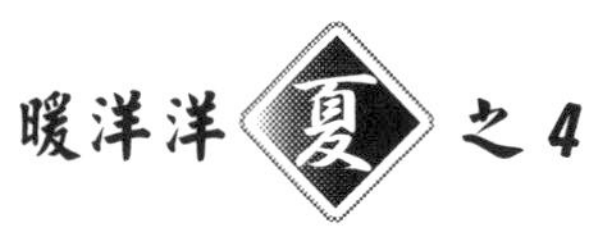

狗狗貓貓大不同。

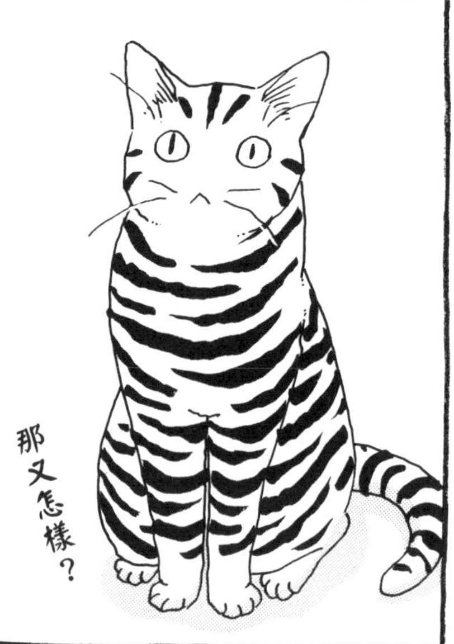

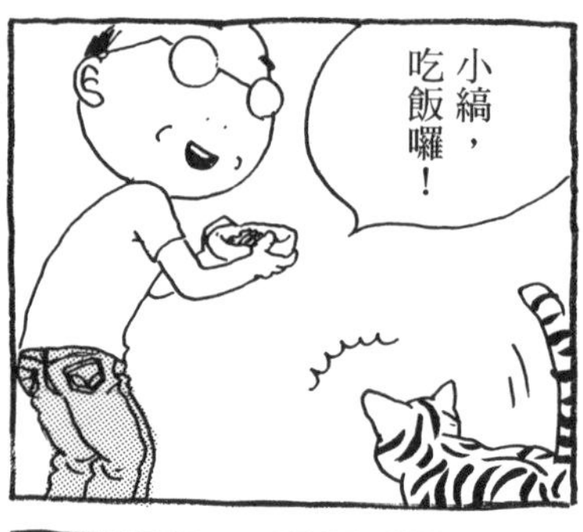

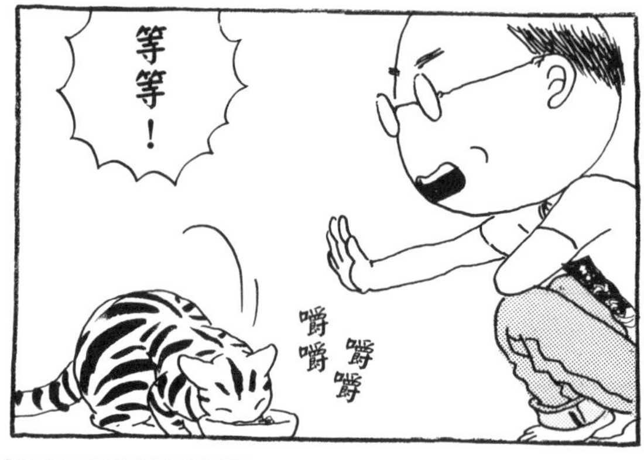

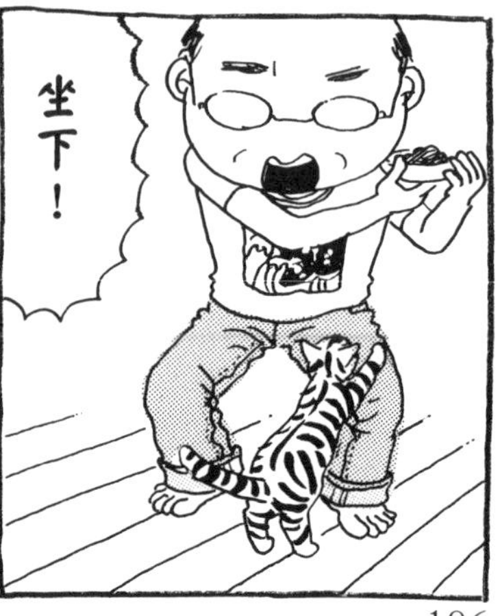

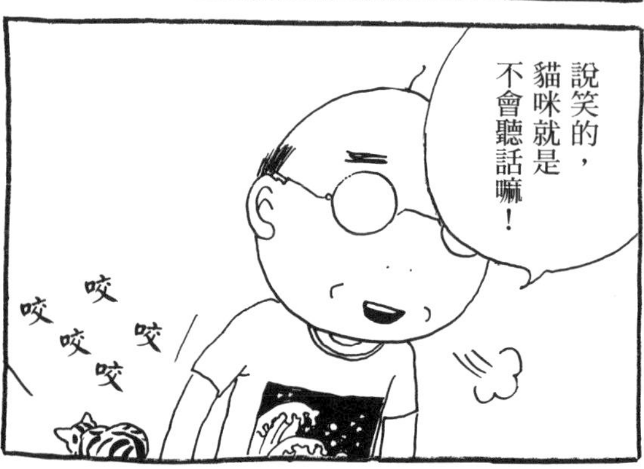

但是！

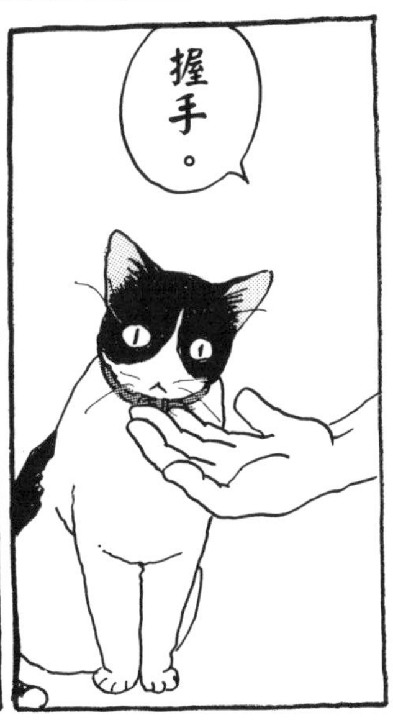
握手。

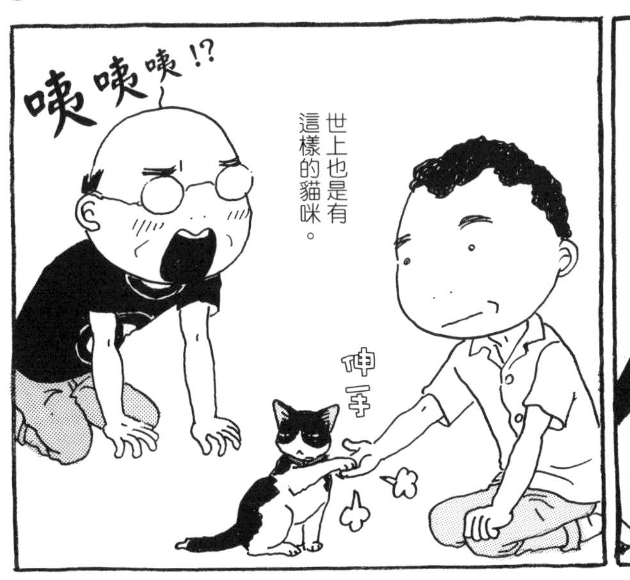
咦咦咦!?
世上也是有這樣的貓咪。
伸手

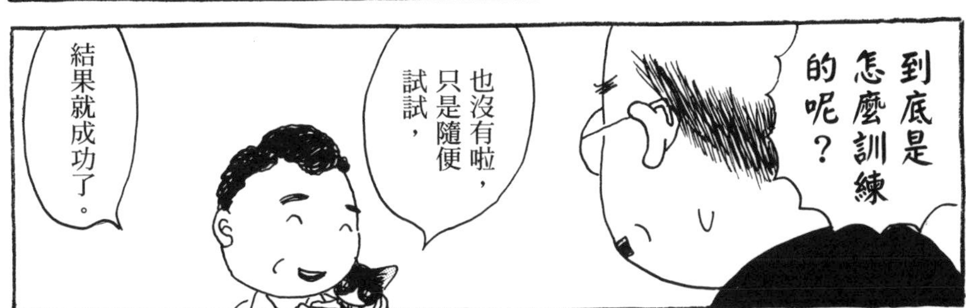
到底是怎麼訓練的呢？
也沒有啦，只是隨便試試，
結果就成功了。

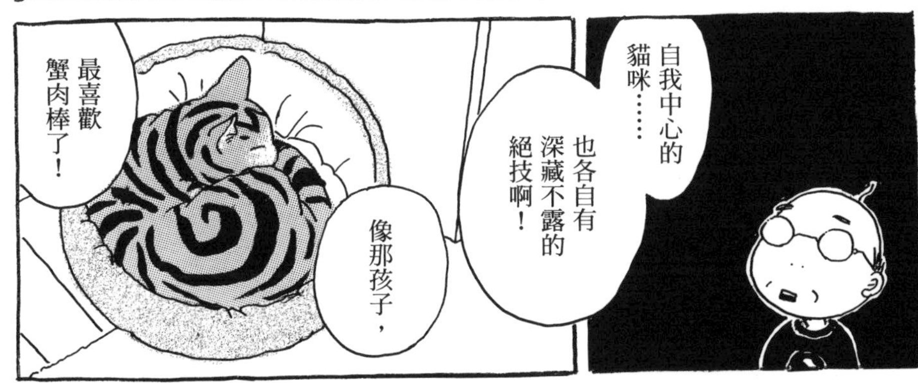
自我中心的貓咪……
也各自有深藏不露的絕技啊！
像那孩子，
最喜歡蟹肉棒了！

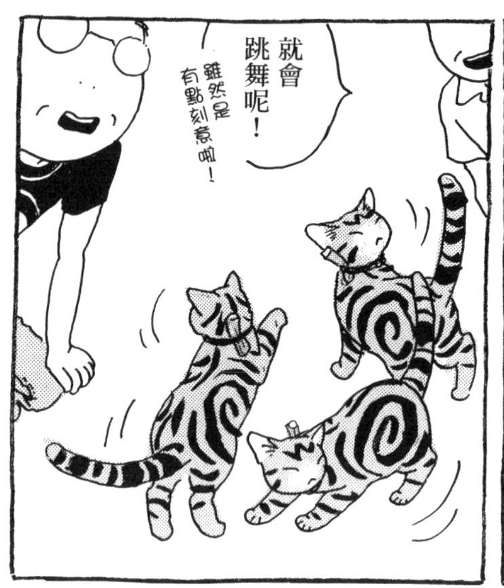
就會
跳舞呢！
雖然是
有點刻意啦！

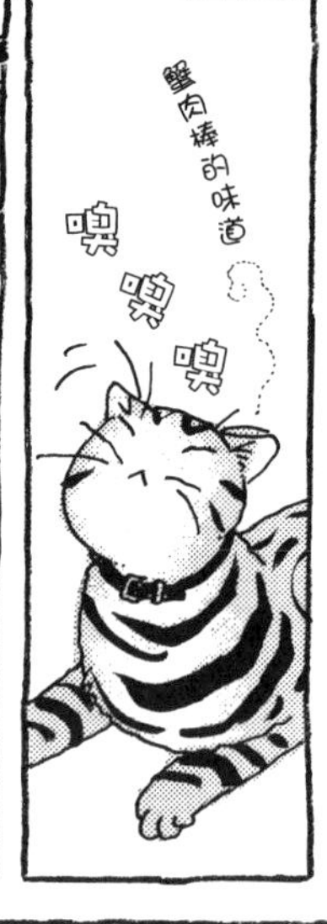
蟹肉棒的味道
嗅
嗅
嗅

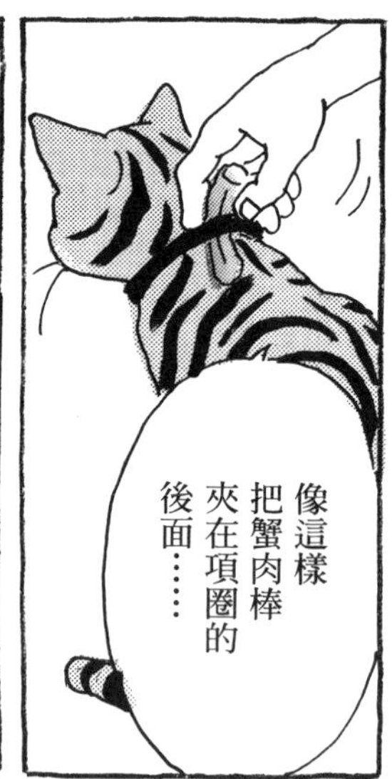
像這樣
把蟹肉棒
夾在項圈的
後面……

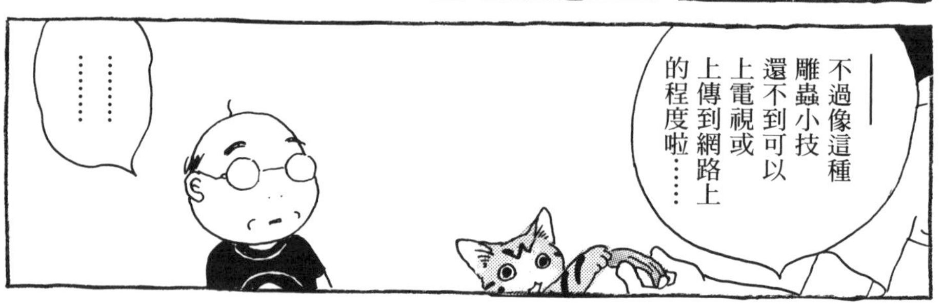
——不過像這種
雕蟲小技
還不到可以
上電視或
上傳到網路上
的程度啦……
……
……

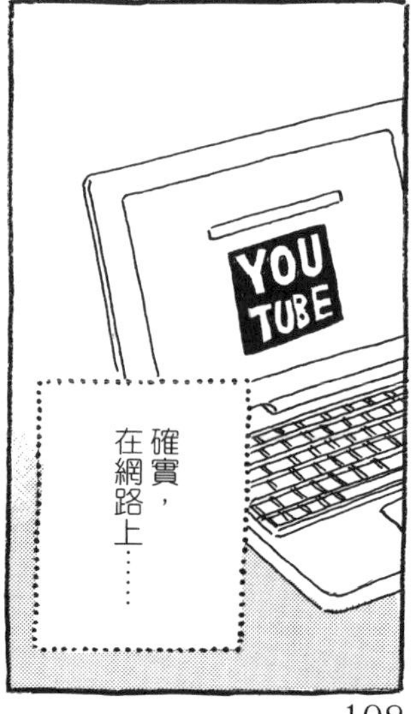
YOU
TUBE
確實，
在網路上……

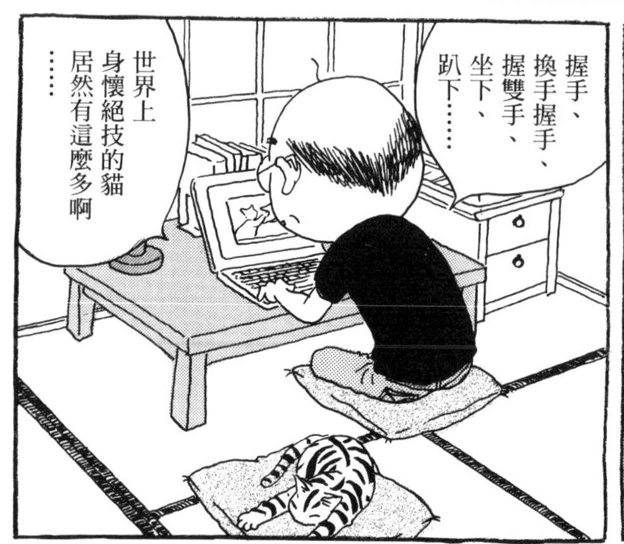
握手、
換手握手、
握雙手、
坐下、
趴下……
世界上
身懷絕技的貓
居然有這麼多啊
……

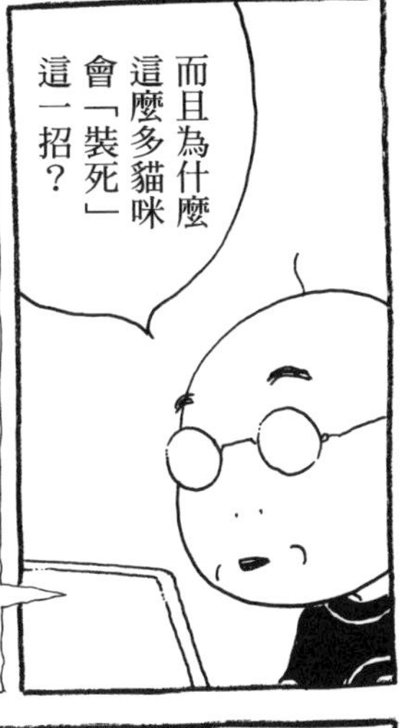
而且為什麼這麼多貓咪會「裝死」這一招？
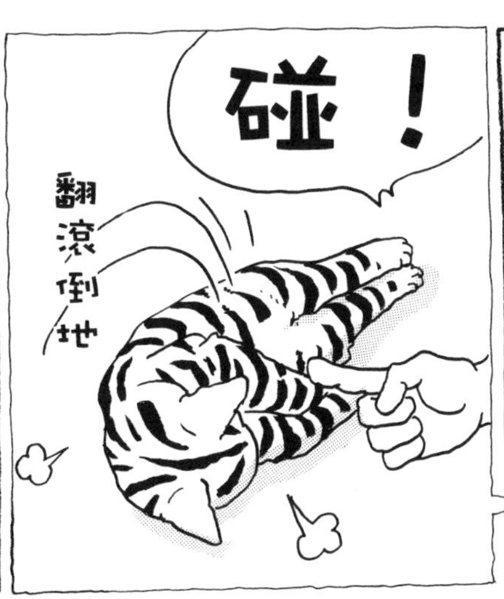
碰！
翻滾倒地
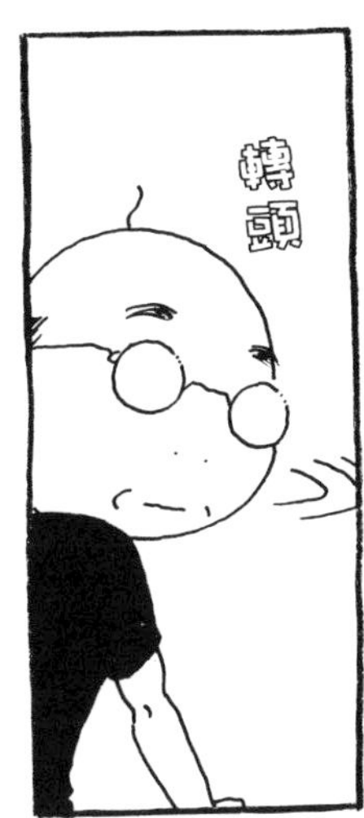
轉頭
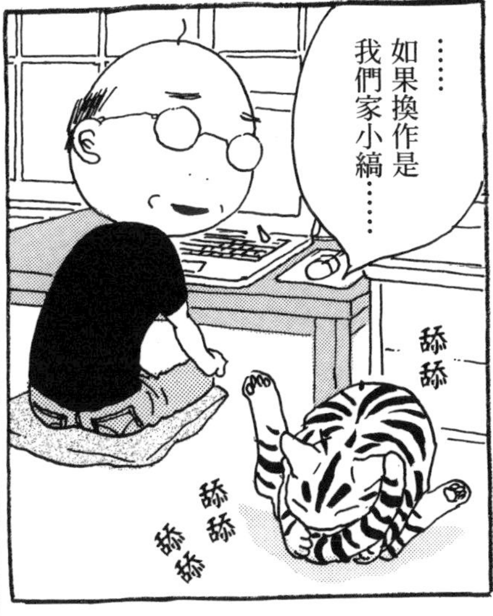
……如果換作是我們家小縞……
舔舔
舔舔
舔舔
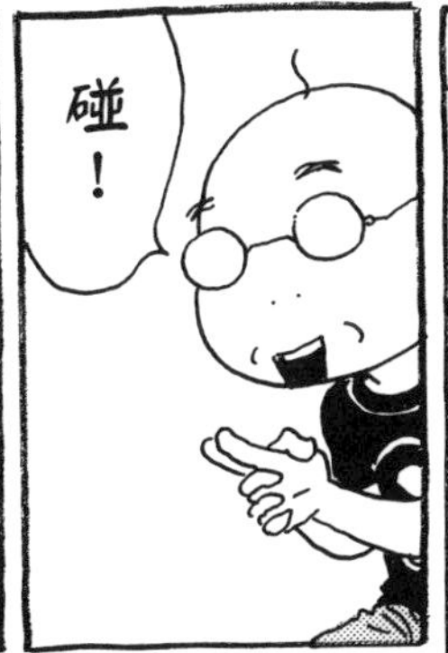
碰！
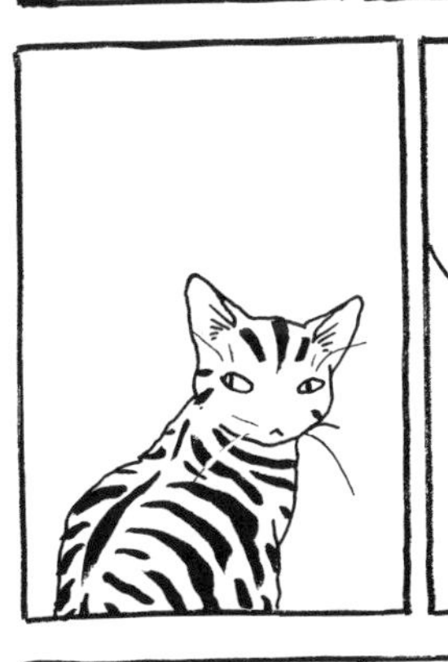
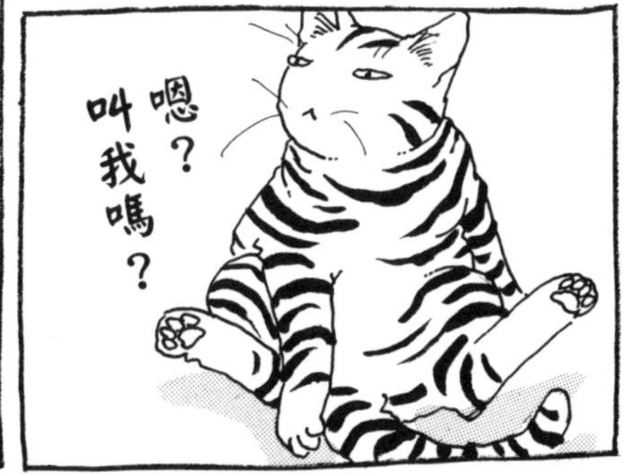
嗯？叫我嗎？
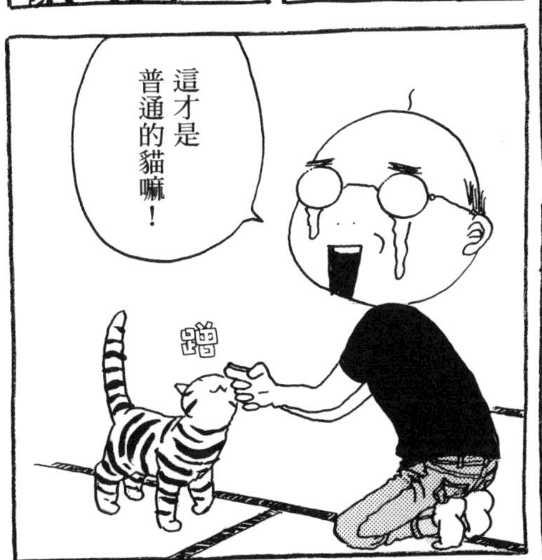
這才是普通的貓嘛！
蹭

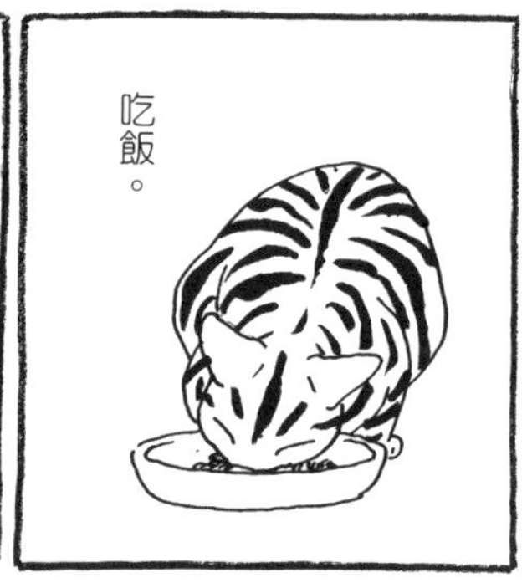
吃飯。

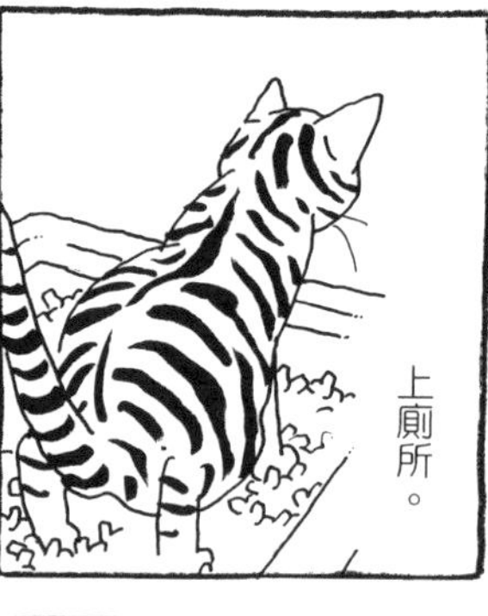
上廁所。

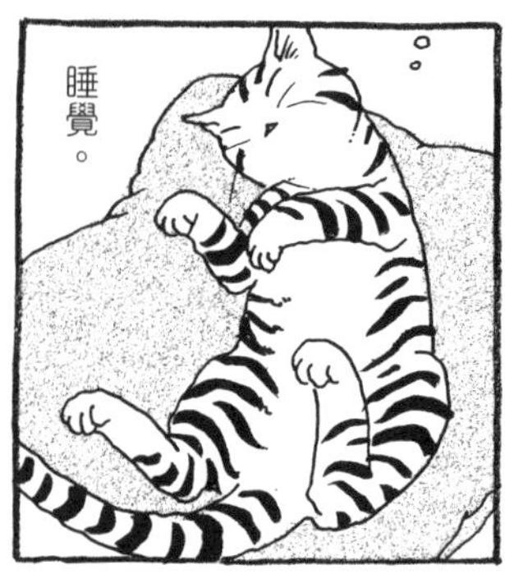
睡覺。

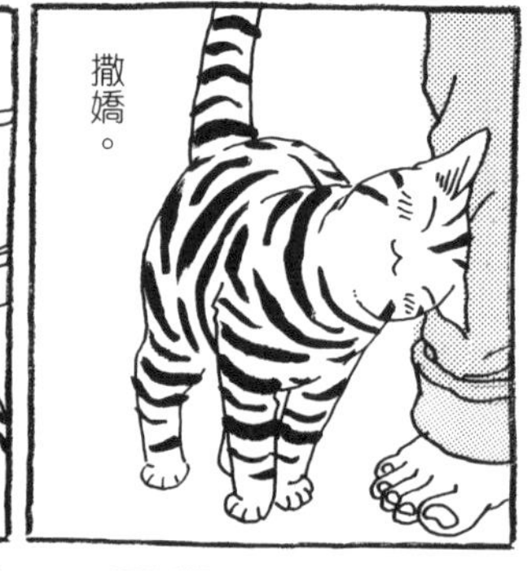
撒嬌。

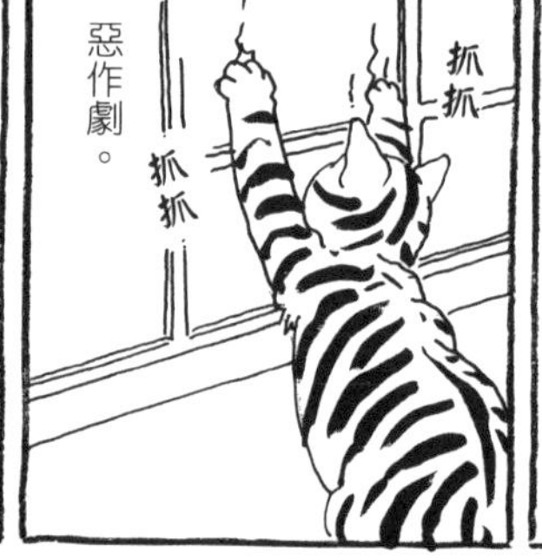
惡作劇。
抓抓
抓抓

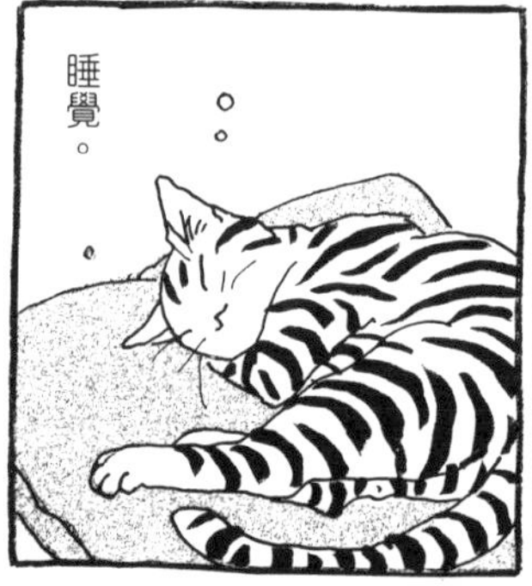
睡覺。

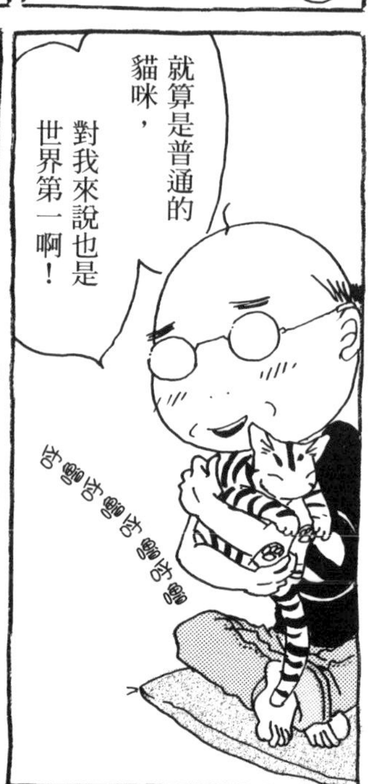
就算是普通的貓咪，對我來說也是世界第一啊！
咕嚕咕嚕咕嚕咕嚕

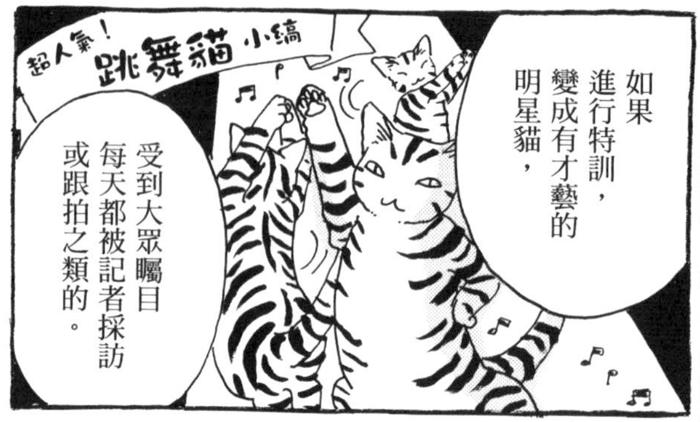
如果進行特訓，變成有才藝的明星貓，
超人氣！跳舞貓 小縞
受到大眾矚目每天都被記者採訪或跟拍之類的。

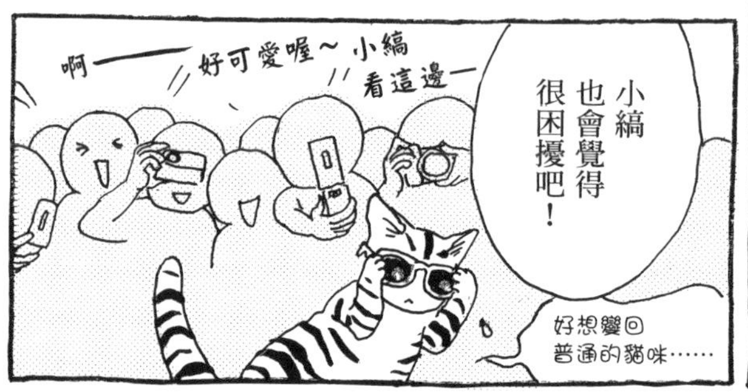
小縞也會覺得很困擾吧！
啊——好可愛喔～小縞
看這邊——
好想變回普通的貓咪……

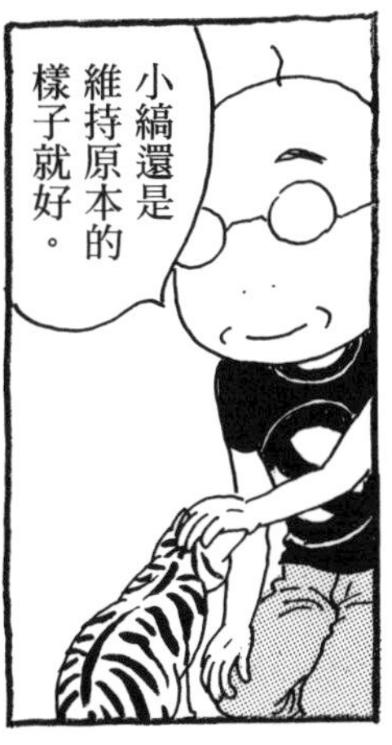
小縞還是
維持原本的
樣子就好。
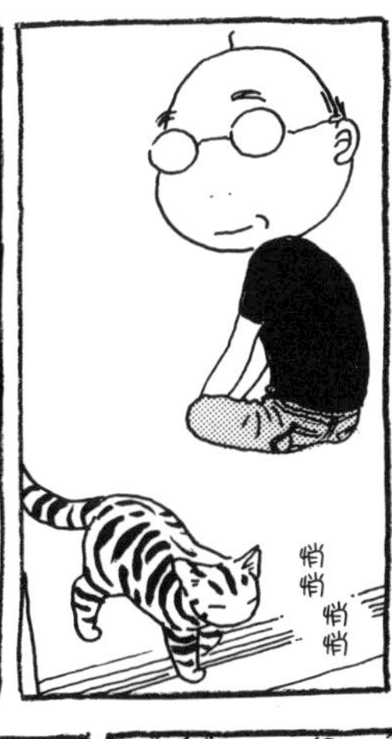
悄悄
悄悄
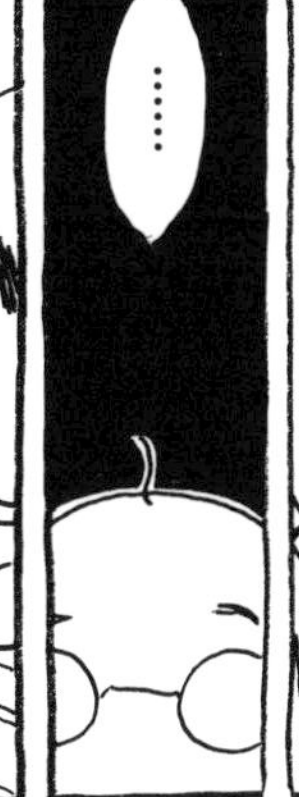
……
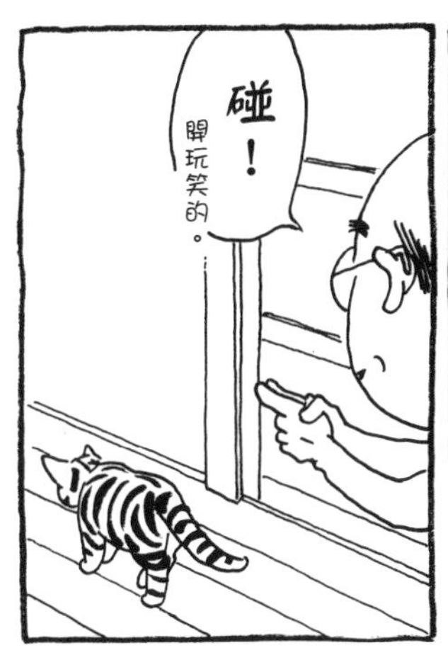
碰！
開玩笑的。
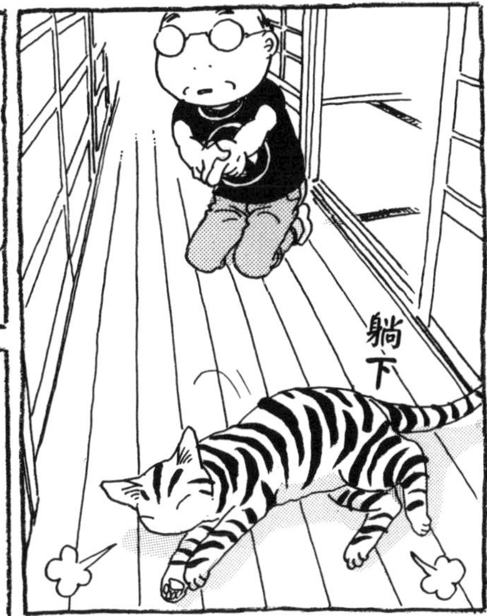
躺下
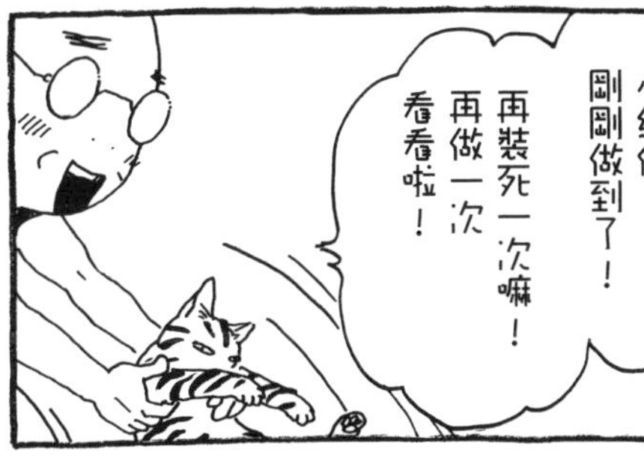
小縞你
剛剛做到了！
再裝死一次嘛！
再做一次
看看啦！
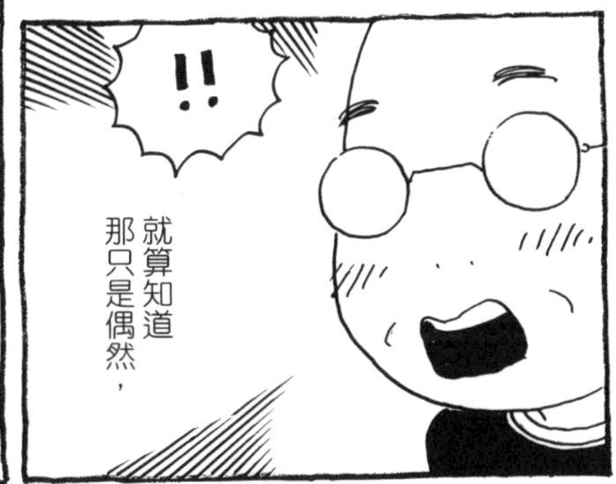
!!
就算知道
那只是偶然，
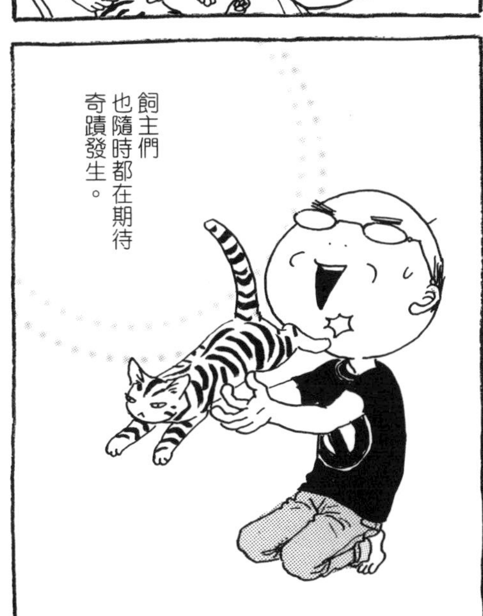
飼主們
也隨時都在期待
奇蹟發生。

暖洋洋夏之5

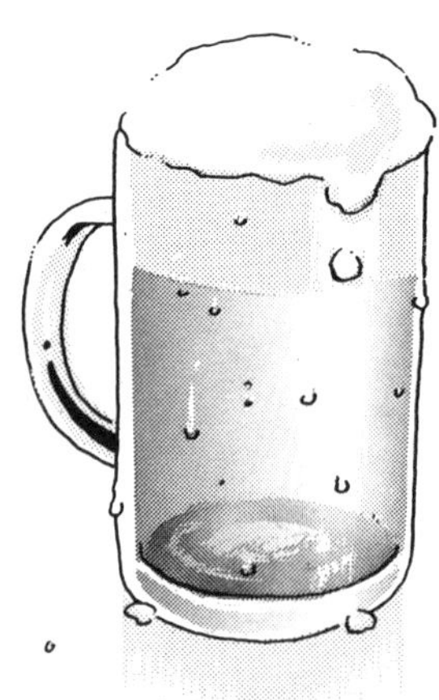
享受啤酒的季節。

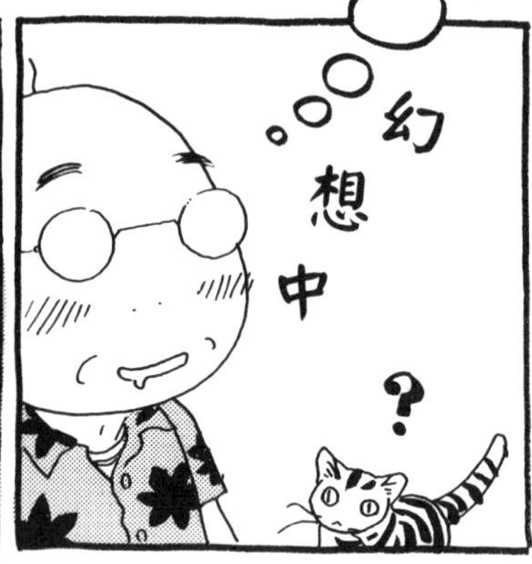
幻想中
?

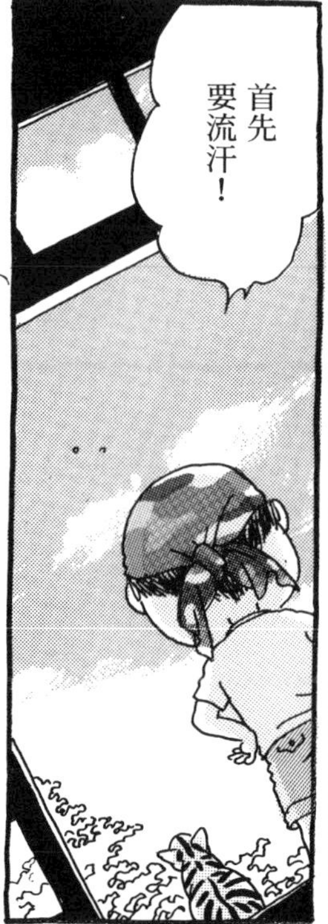
首先要流汗！

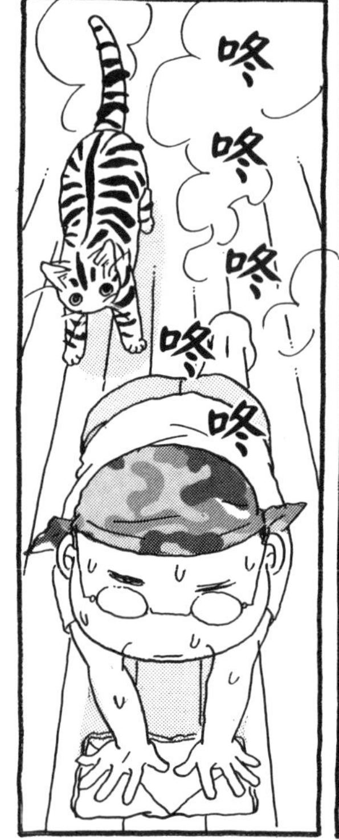
咚
咚
咚
咚
咚

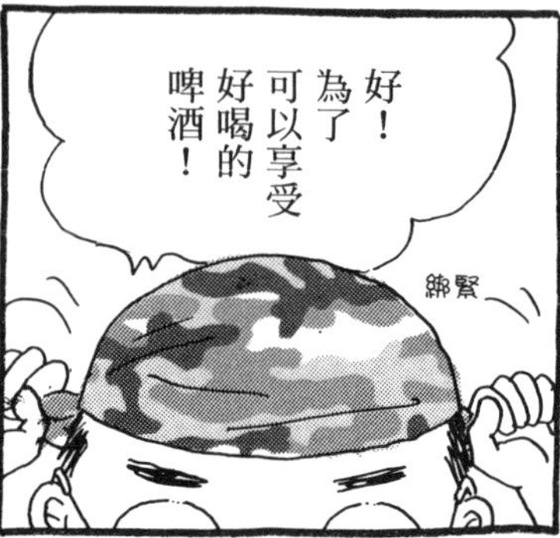
好！為了可以享受好喝的啤酒！
綁緊

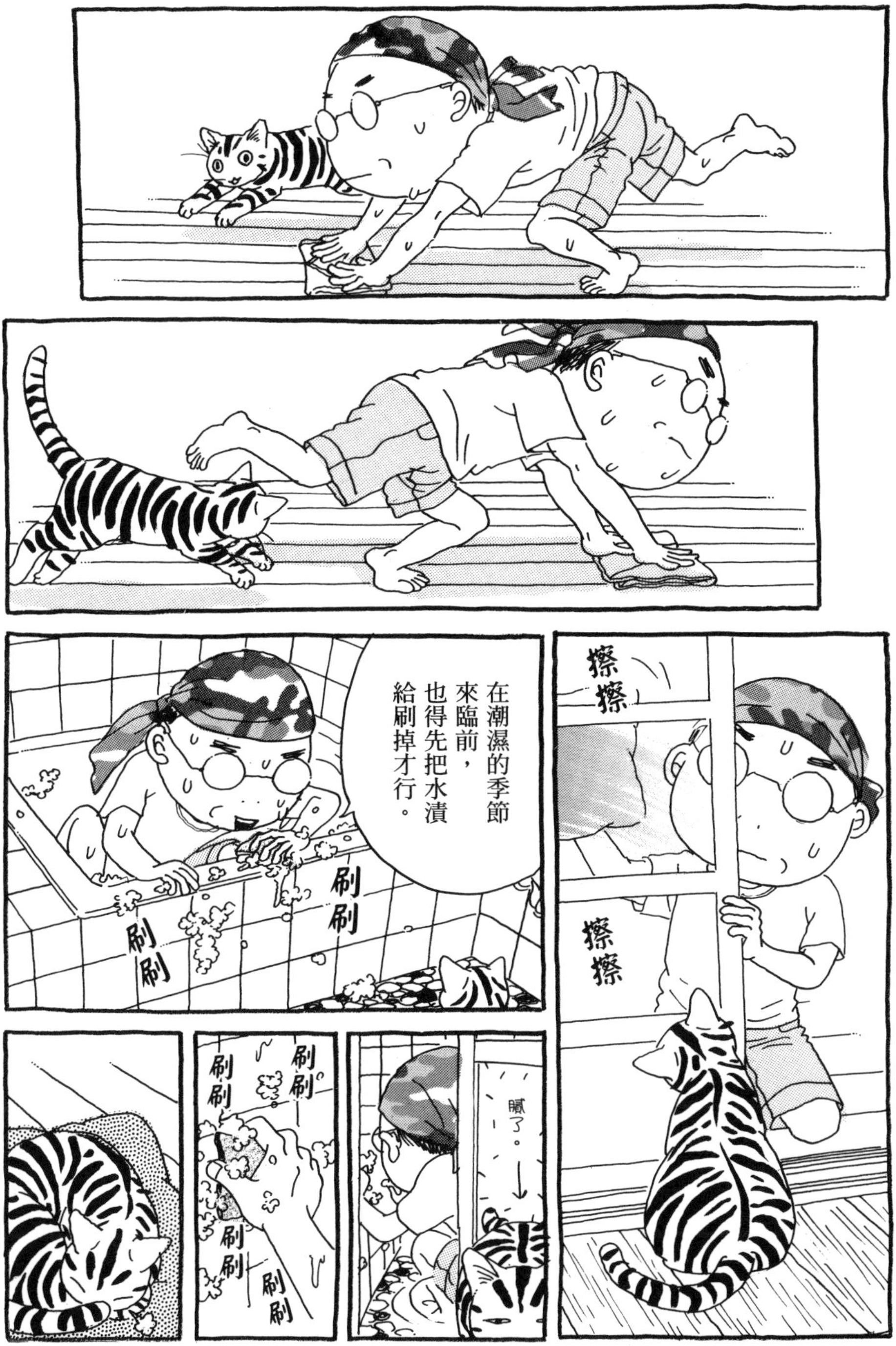

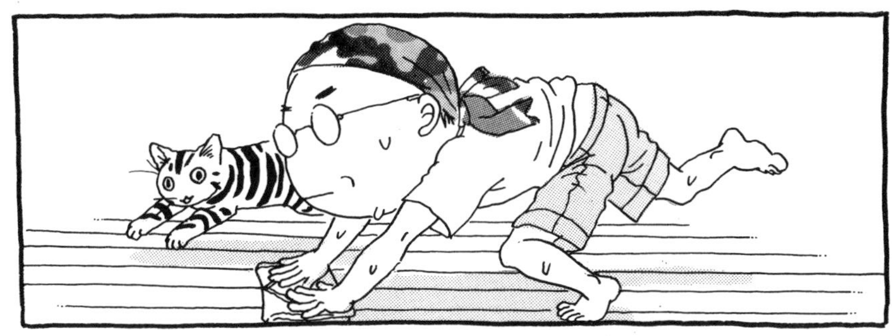

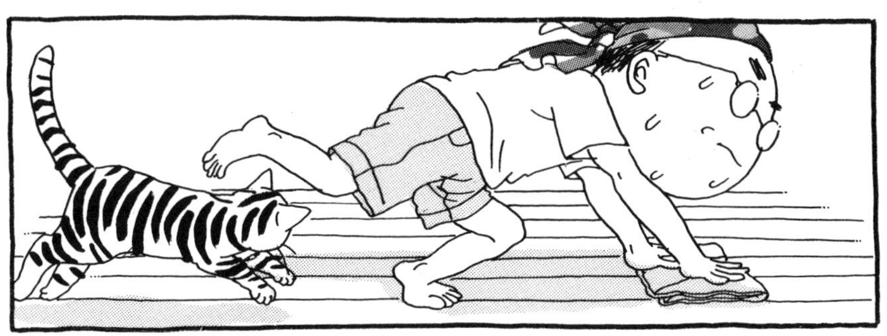

擦擦
擦擦
在潮濕的季節來臨前，也得先把水漬給刷掉才行。
刷刷
刷刷
膩了。
刷刷
刷刷
刷刷
刷刷

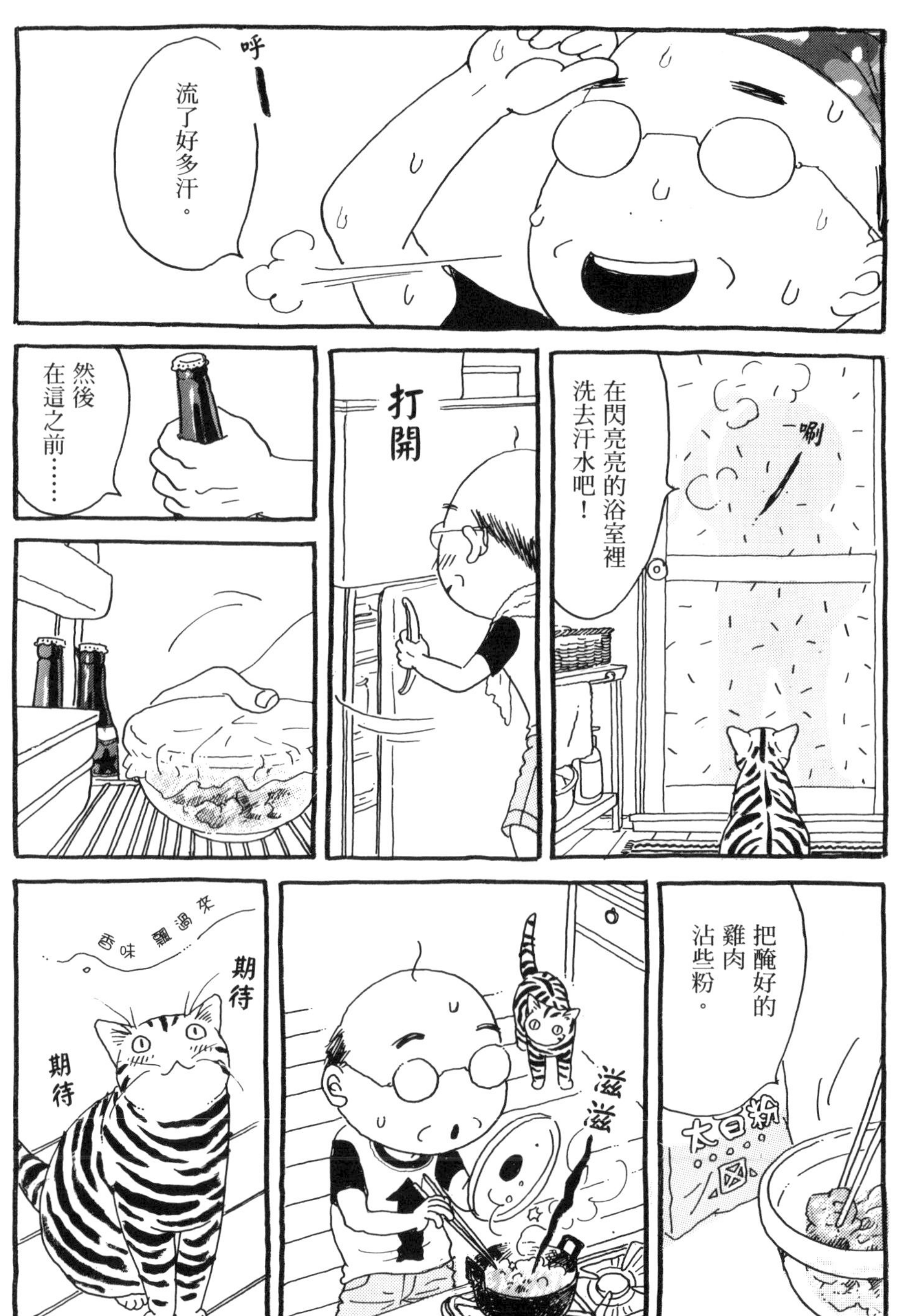
呼ー
流了好多汗。
唰
在閃亮亮的浴室裡洗去汗水吧！
打開
然後在這之前……
把醃好的雞肉沾些粉。
太白粉
滋滋
香味飄過來
期待
期待

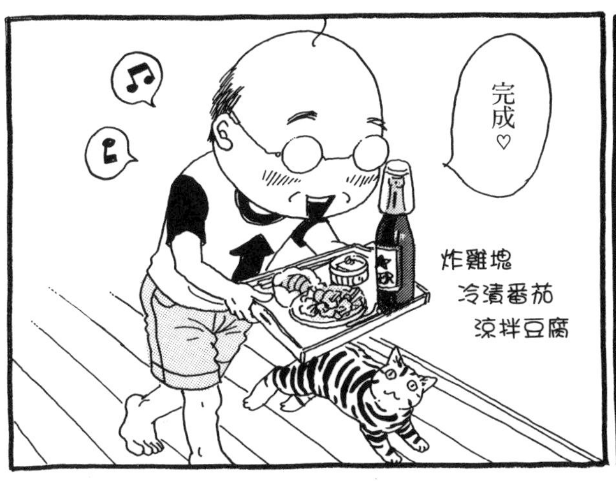
完成♡
炸雞塊
冷漬番茄
涼拌豆腐

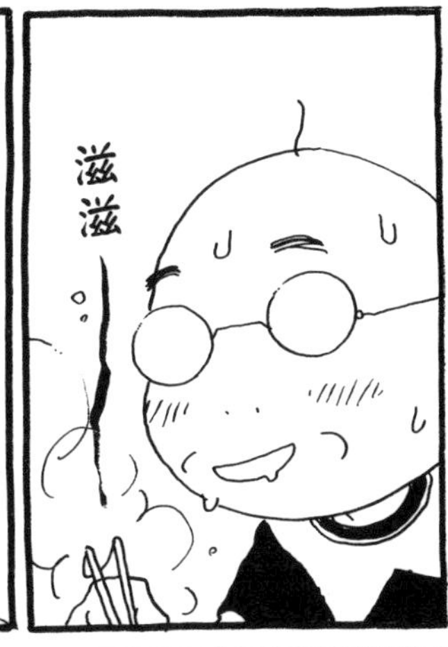
滋滋

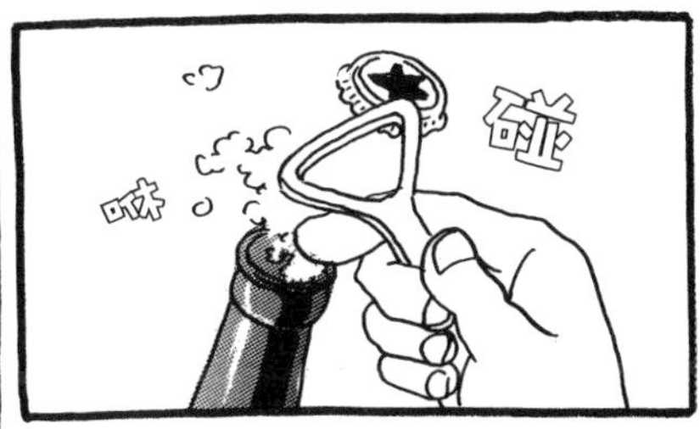
碰
咻

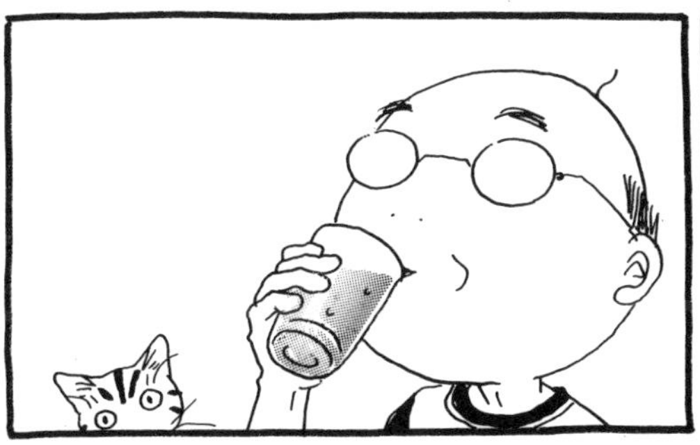

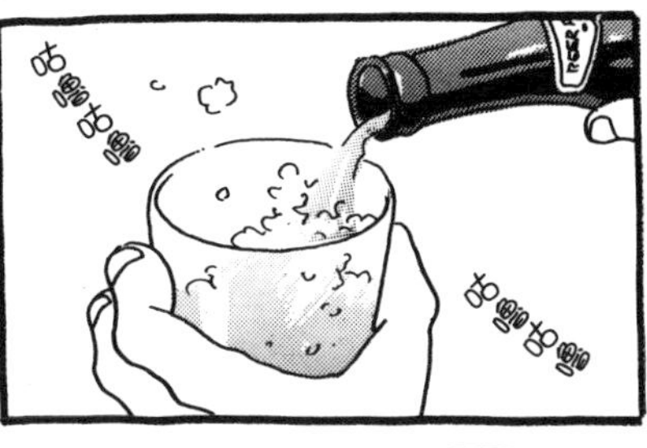
咕嚕咕嚕
咕嚕咕嚕

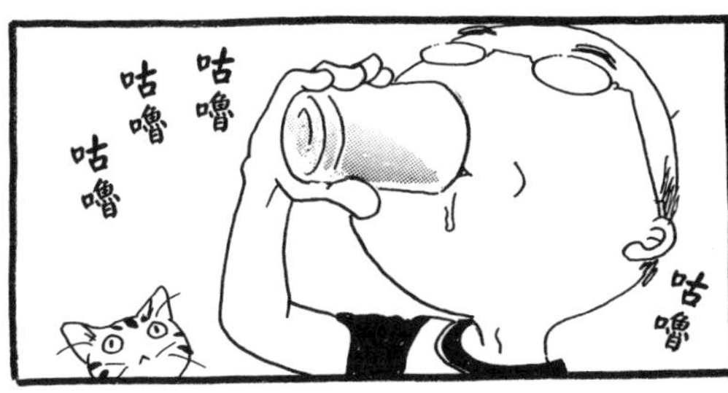
咕嚕
咕嚕
咕嚕
咕嚕

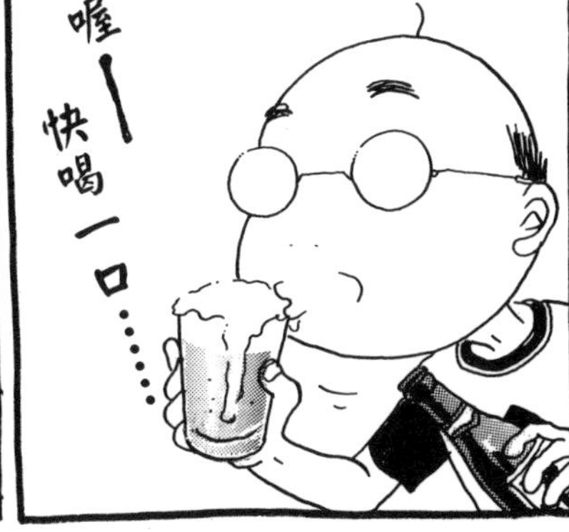
喔—
快喝一口……

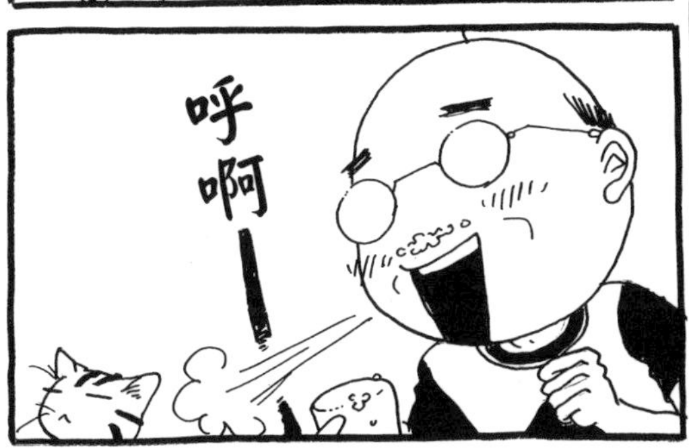
呼啊——

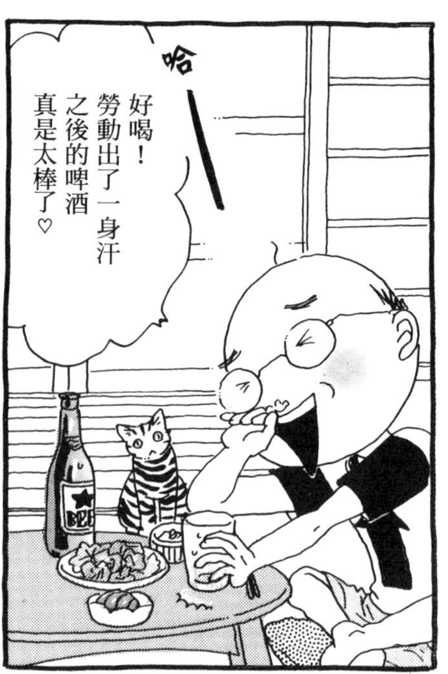
哈——
好喝！
勞動出了一身汗
之後的啤酒
真是太棒了♡

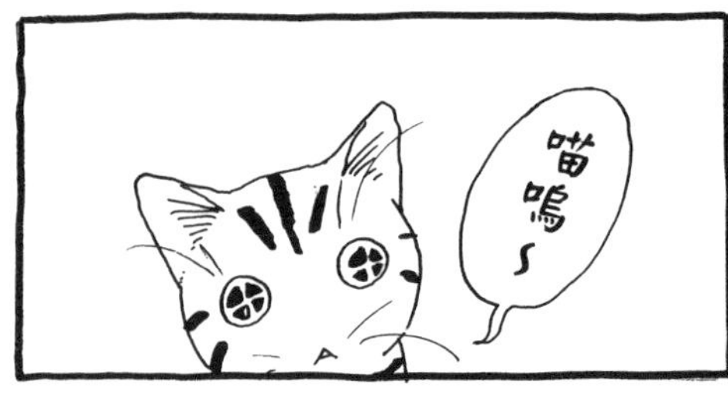
喵嗚~

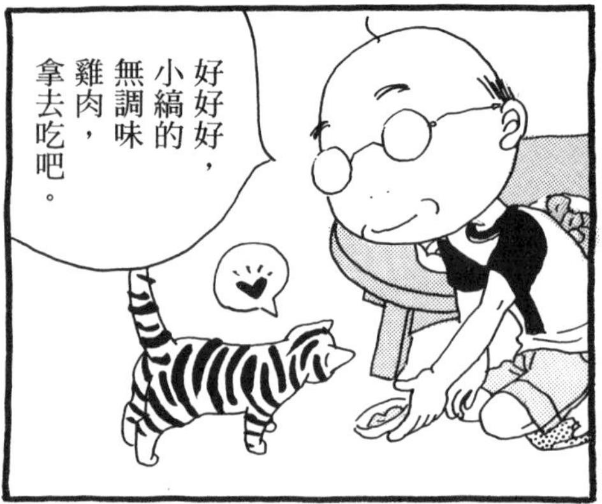
好好好，
小編的
無調味
雞肉，
拿去吃吧。

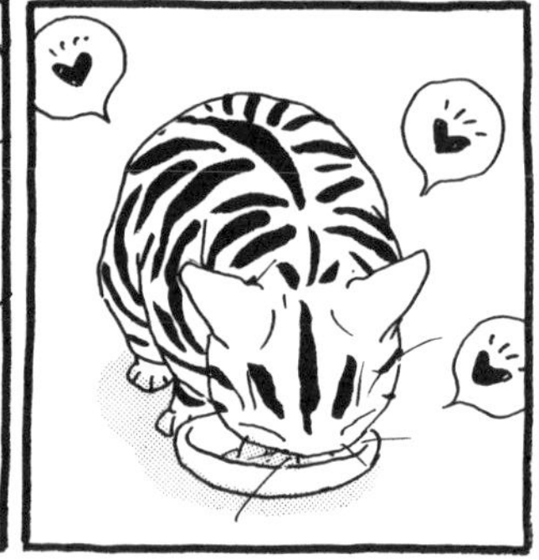

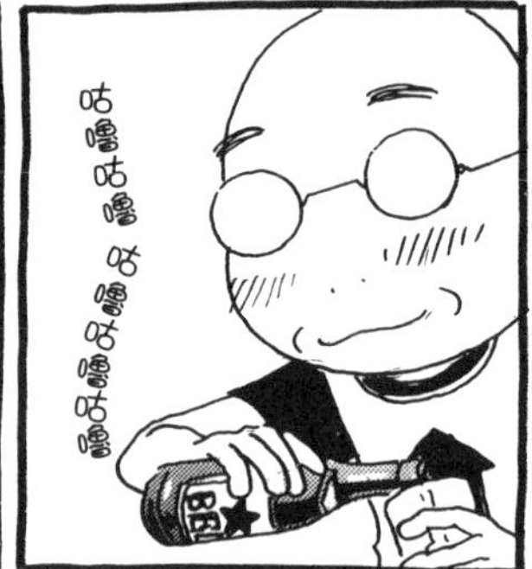
咕嚕咕嚕
咕嚕咕嚕咕嚕

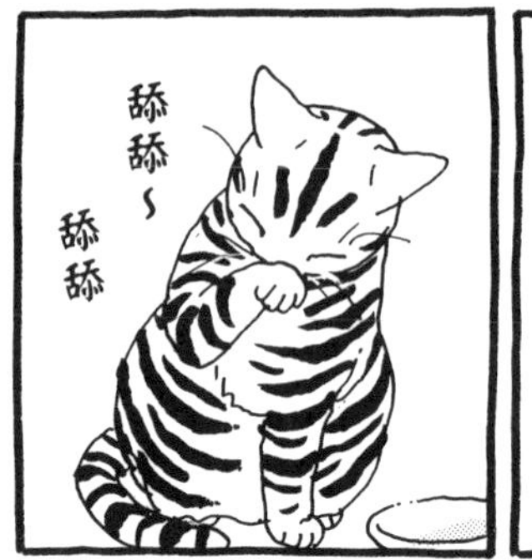
舔舔~
舔舔

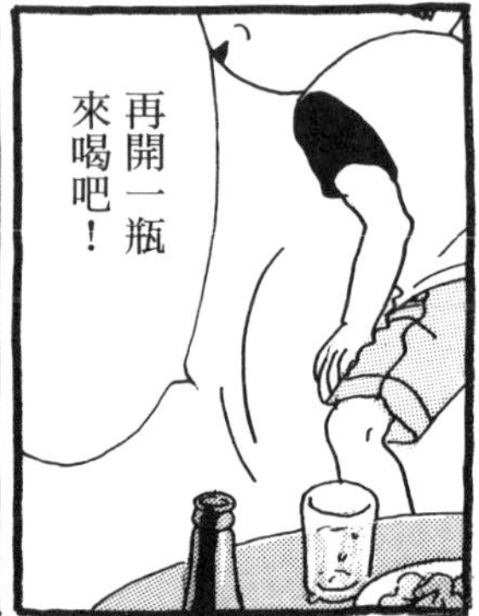
再開一瓶
來喝吧！

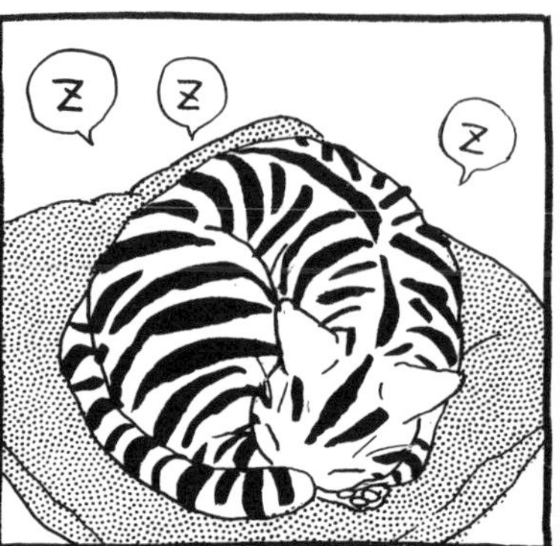
Z
Z
Z

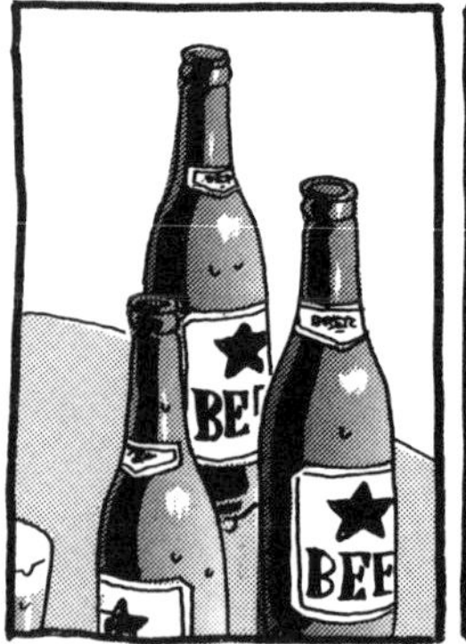

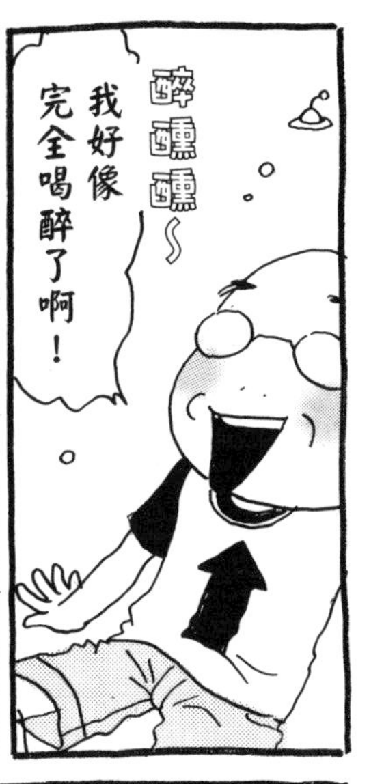
醉醺醺～
我好像完全喝醉了啊！

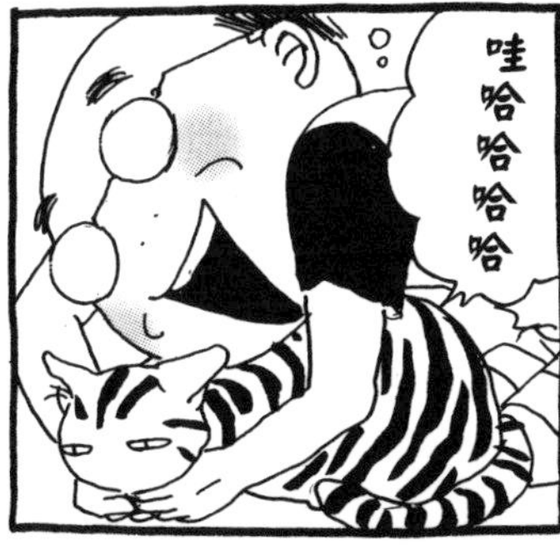
哇哈哈哈哈

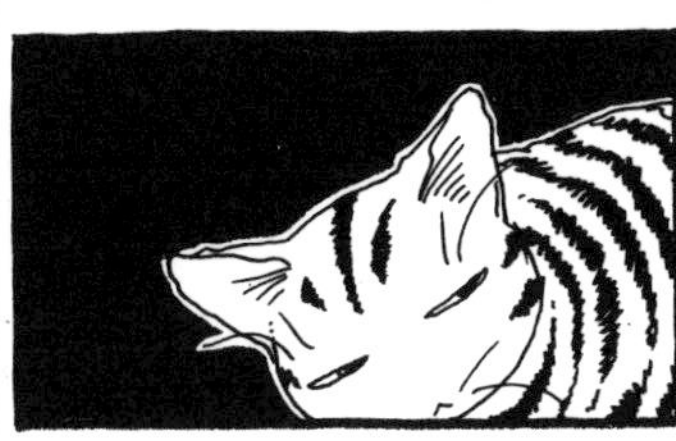

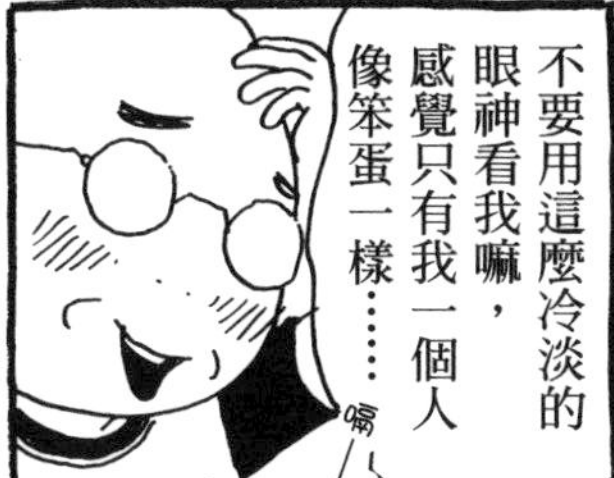
不要用這麼冷淡的眼神看我嘛，感覺只有我一個人像笨蛋一樣……
嗝

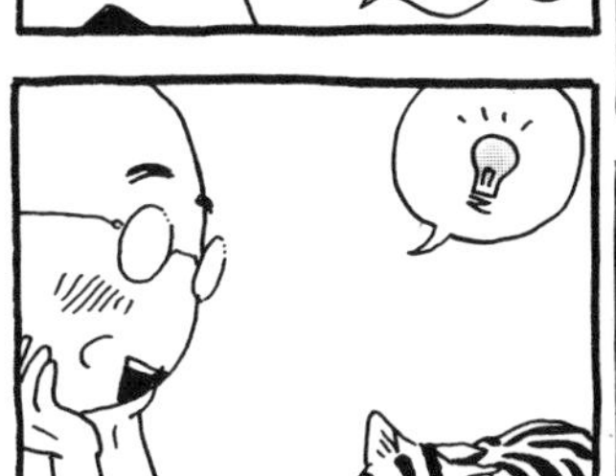

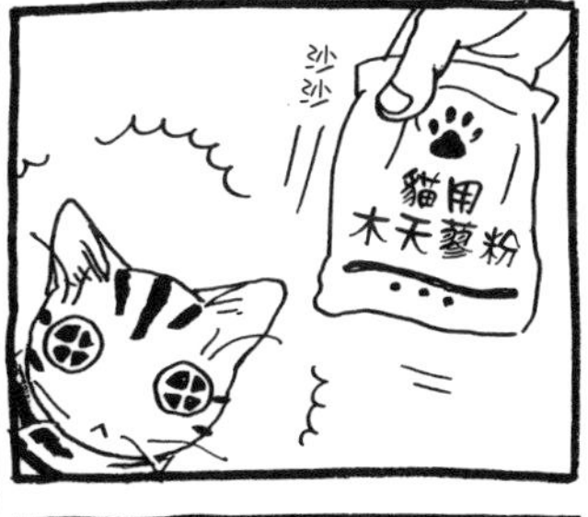
沙沙
貓用木天蓼粉

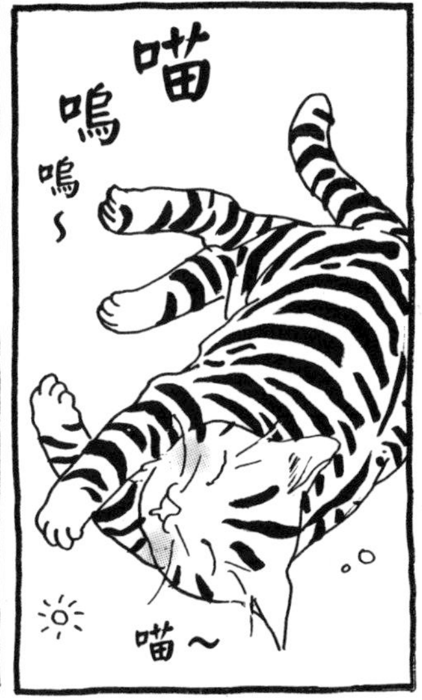
喵嗚嗚～
喵～

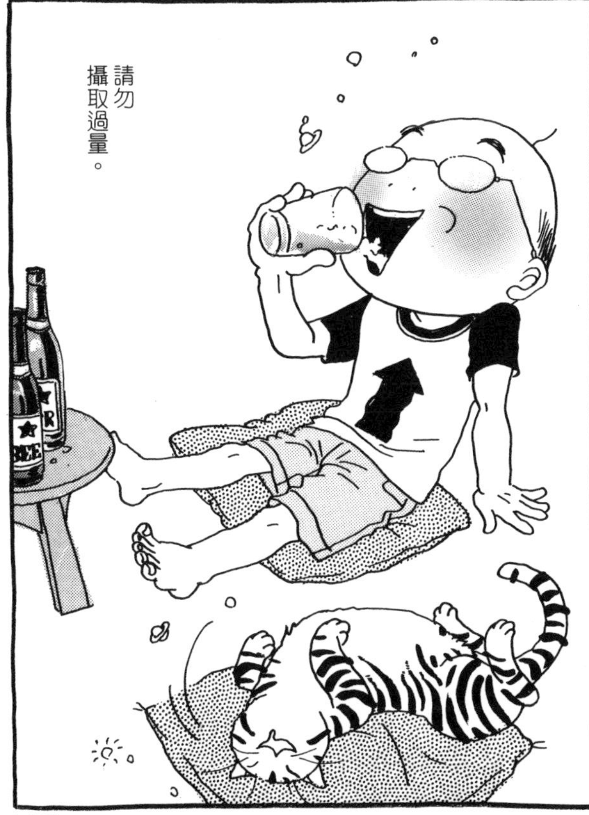
請勿攝取過量。

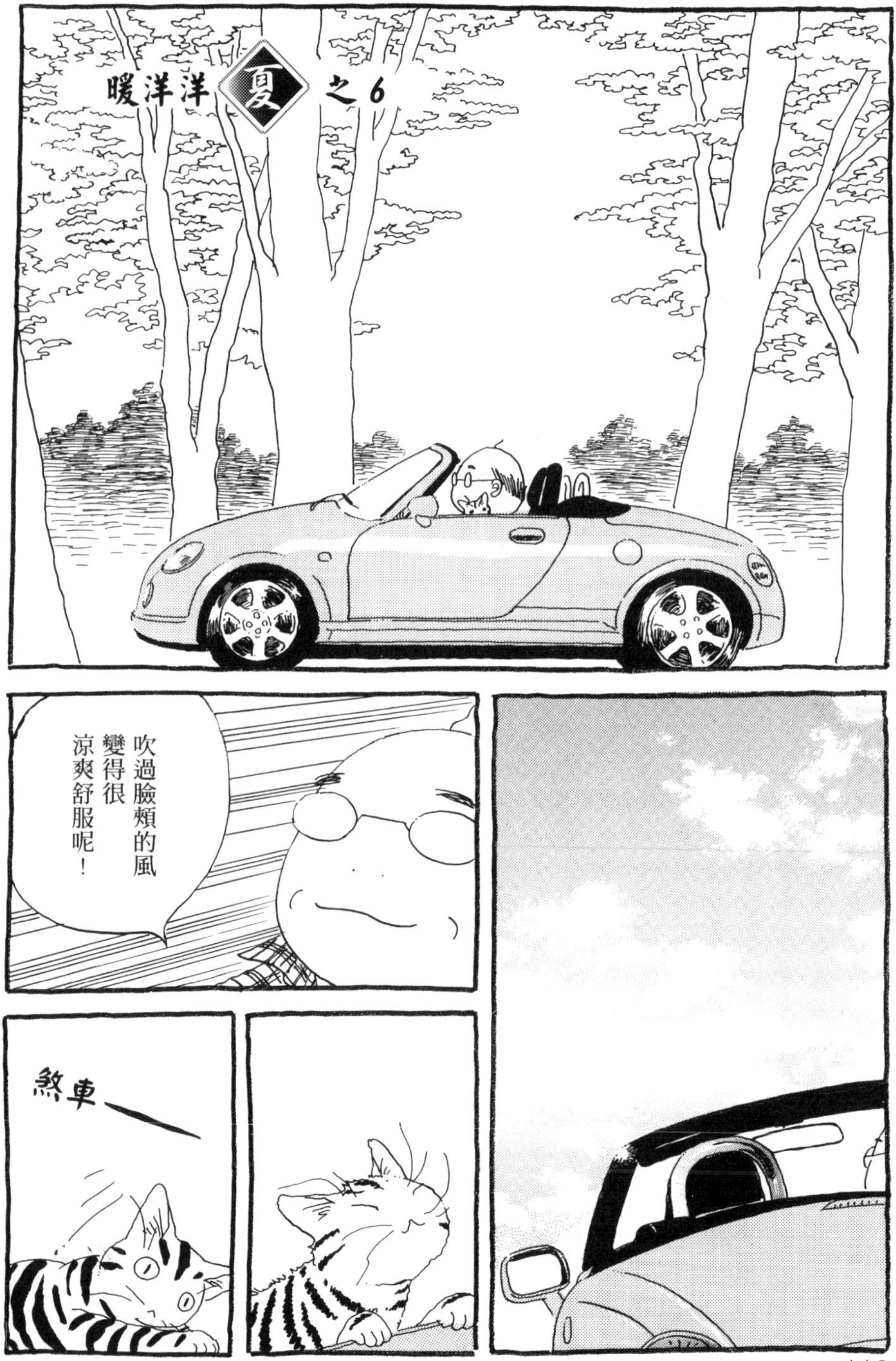

暖洋洋 夏之6

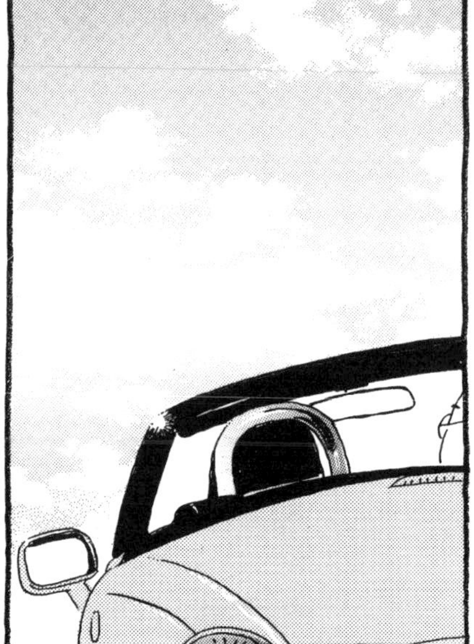

吹過臉頰的風
變得很
涼爽舒服呢！

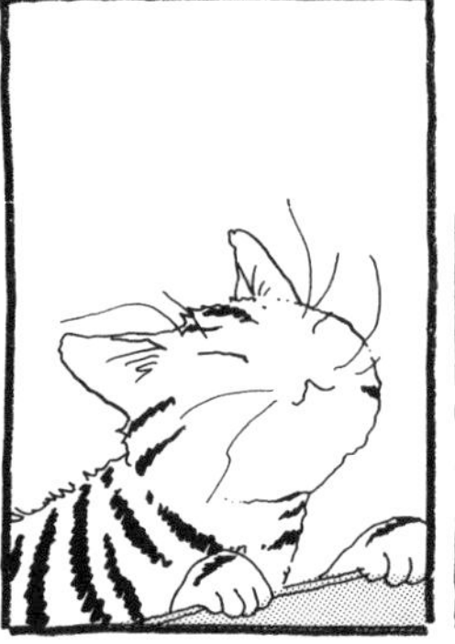

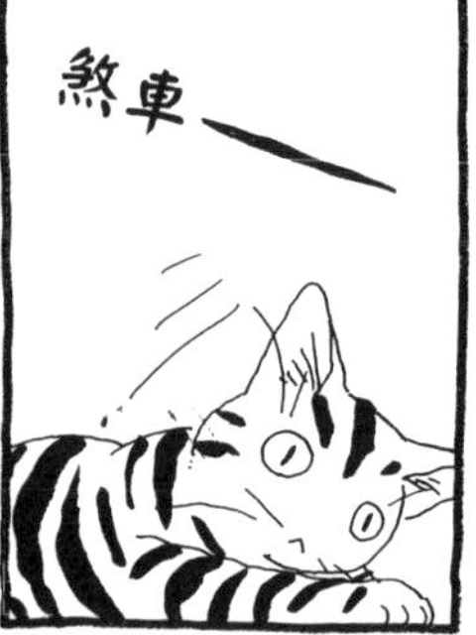

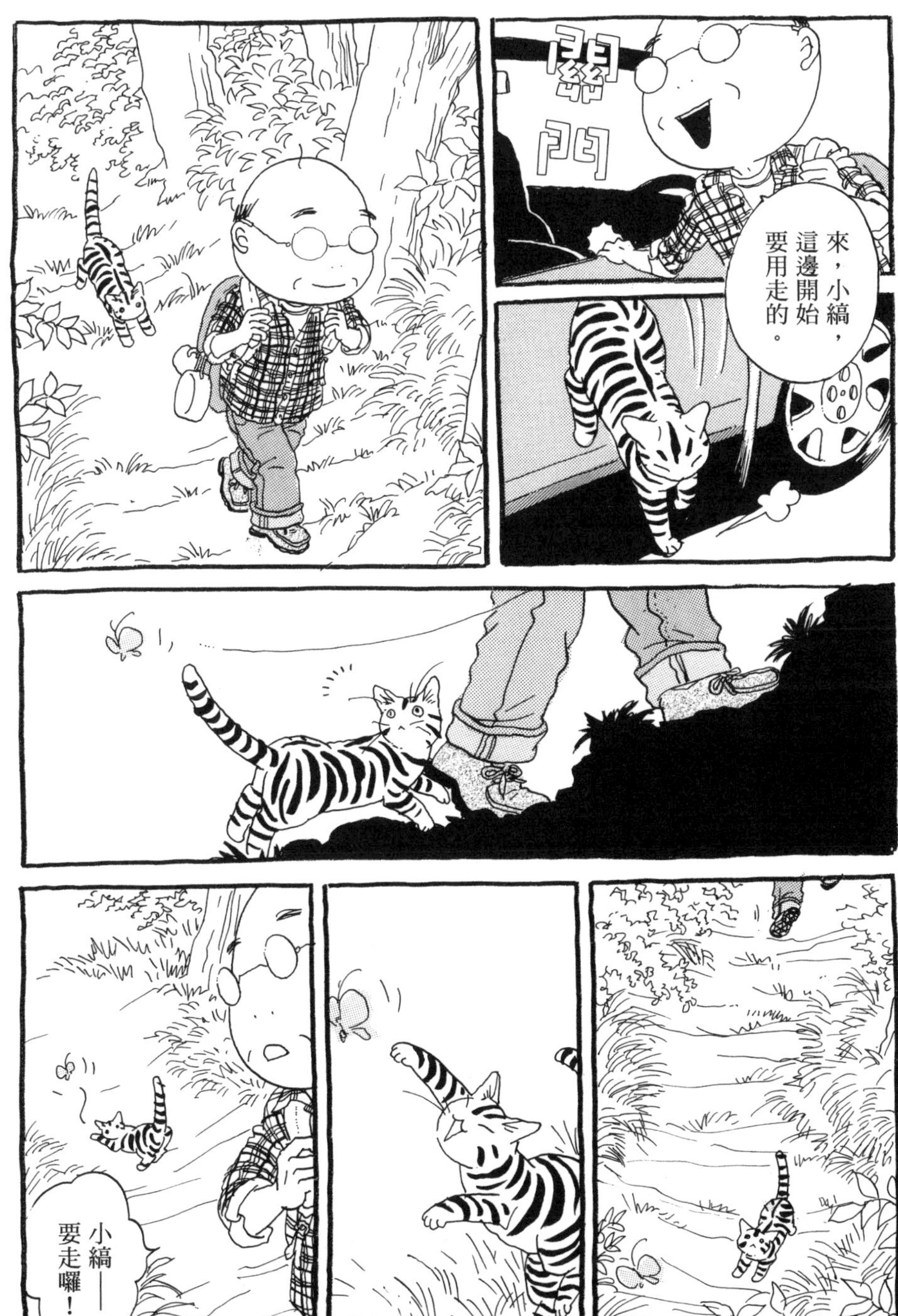
關門
來，小縞，這邊開始要用走的。
小縞——要走囉！

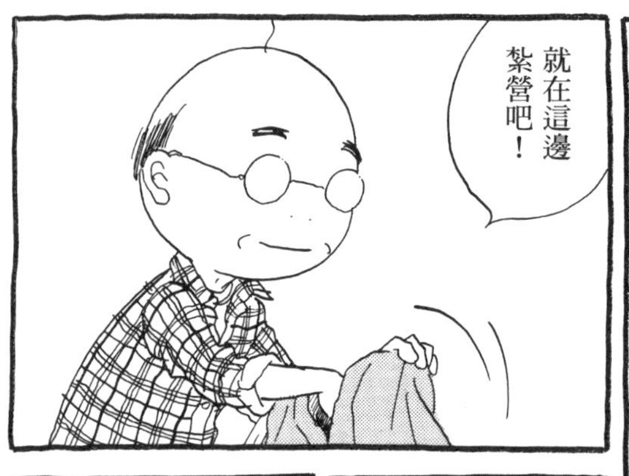
就在這邊紮營吧！

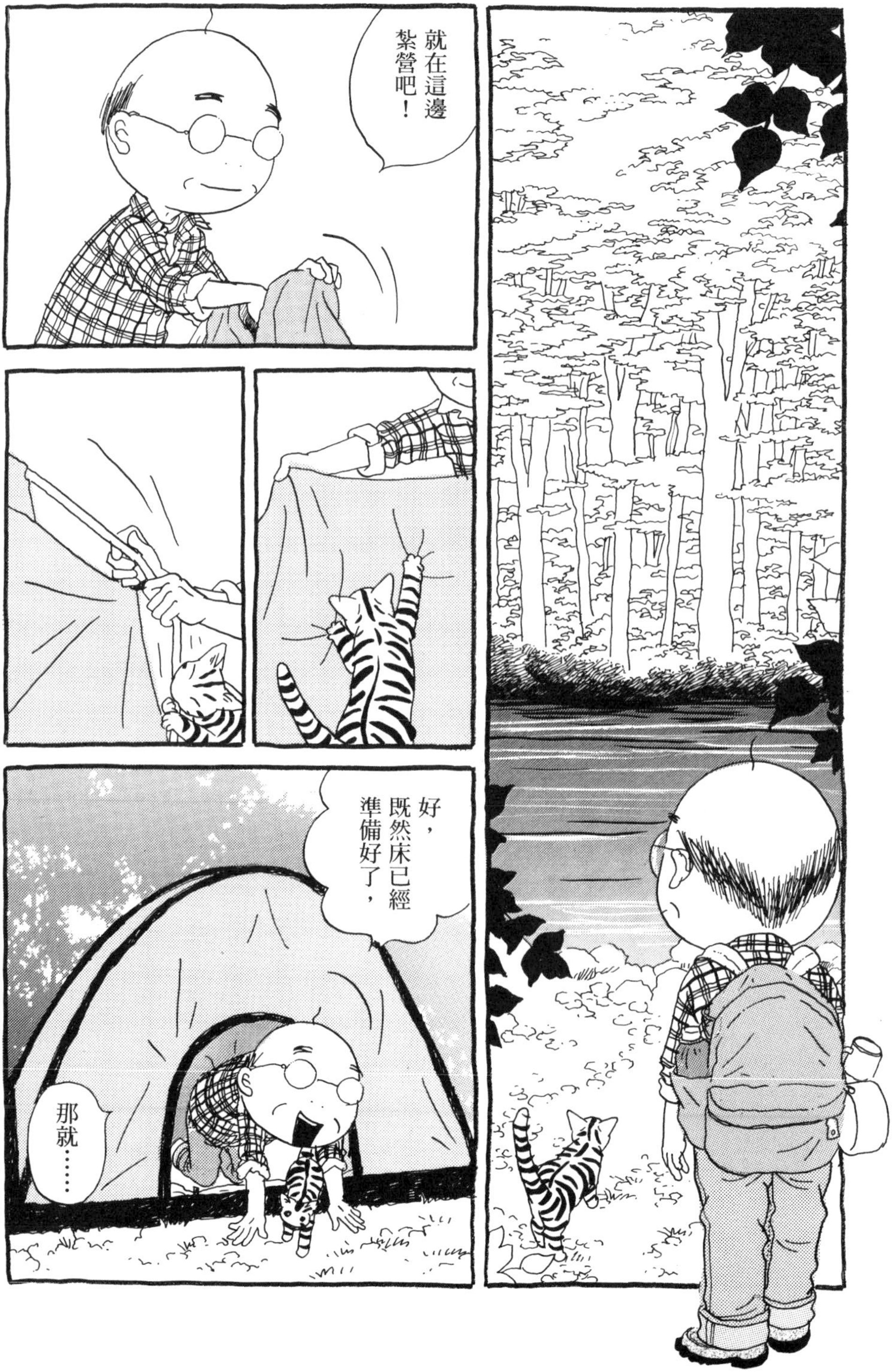

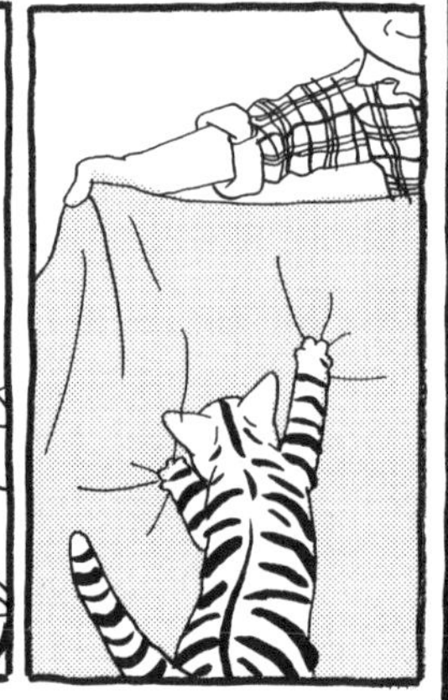

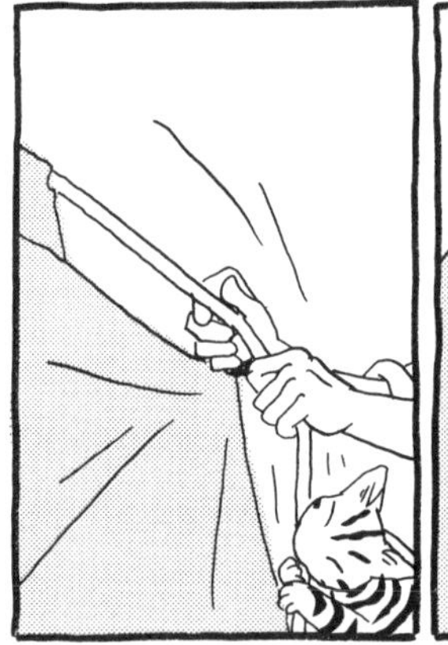

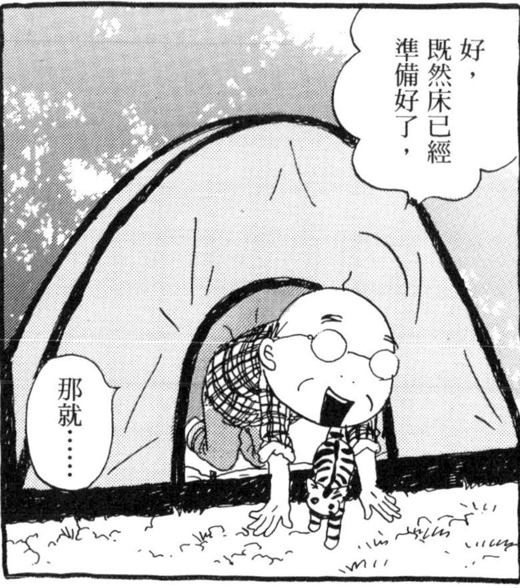
好，既然床已經準備好了，
那就……

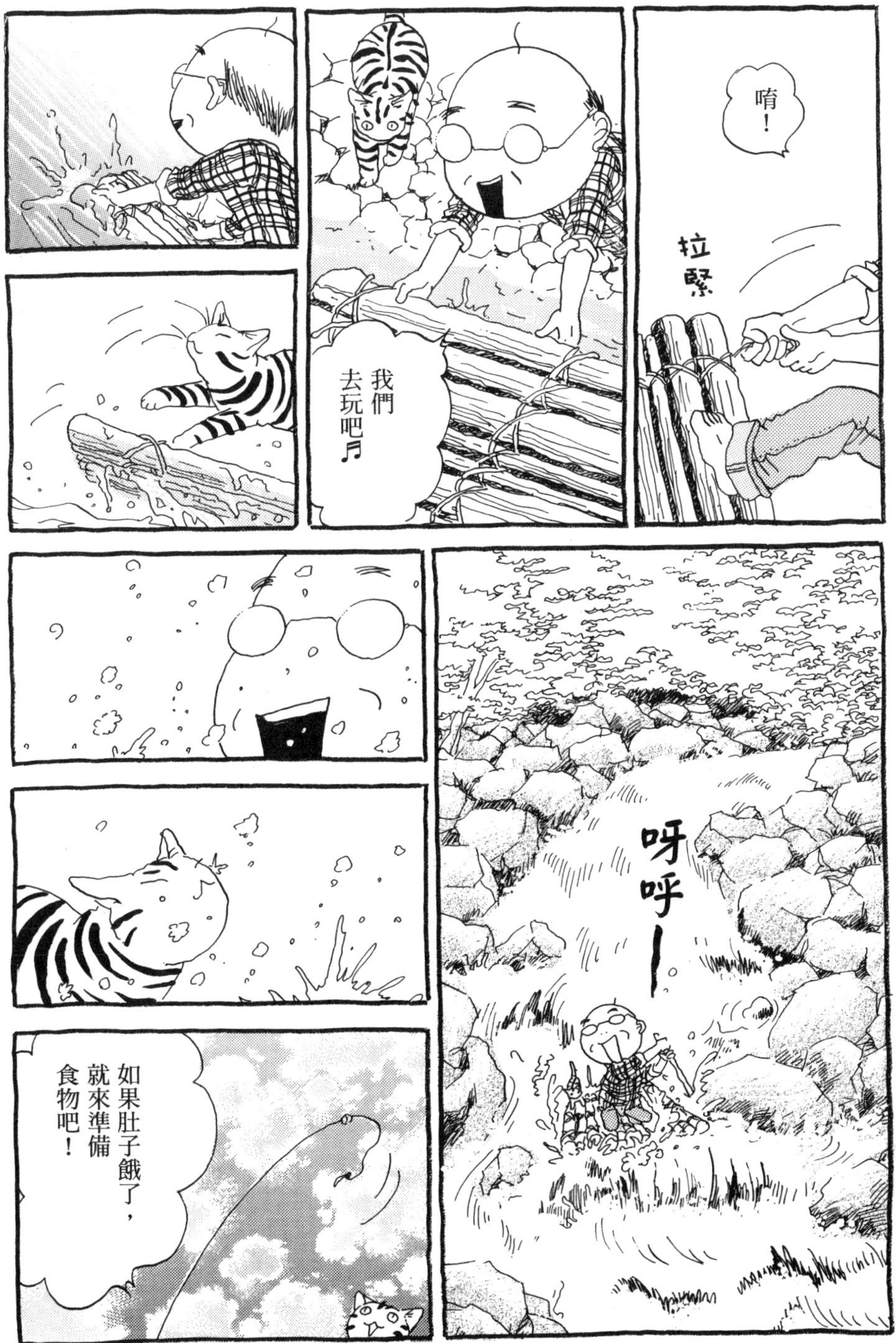
唷！
拉緊
我們去玩吧♬
呀呼－
如果肚子餓了，就來準備食物吧！

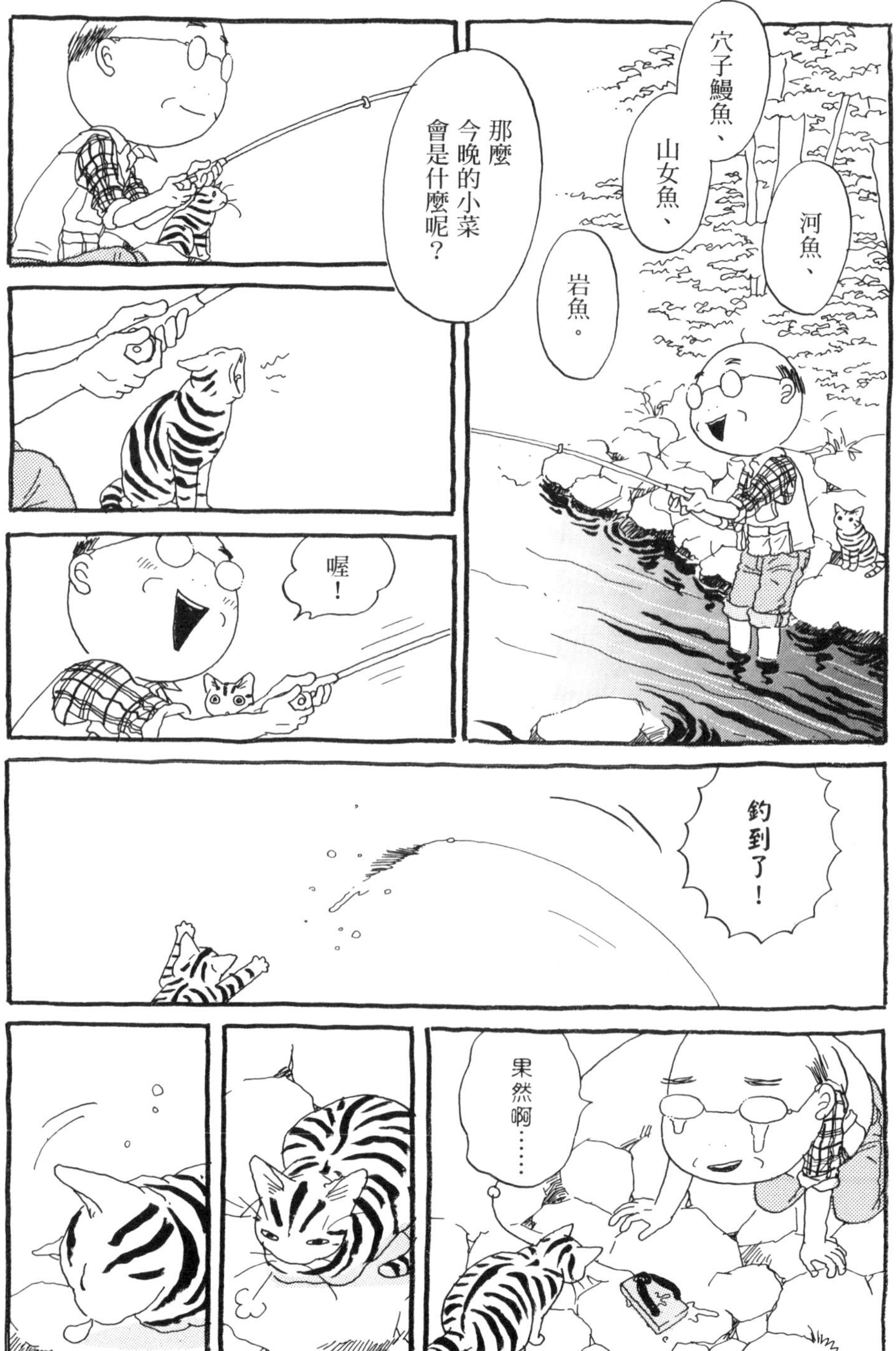
穴子鰻魚、
山女魚、
河魚、
岩魚。
那麼 今晚的小菜會是什麼呢？
喔！
釣到了！
果然啊……

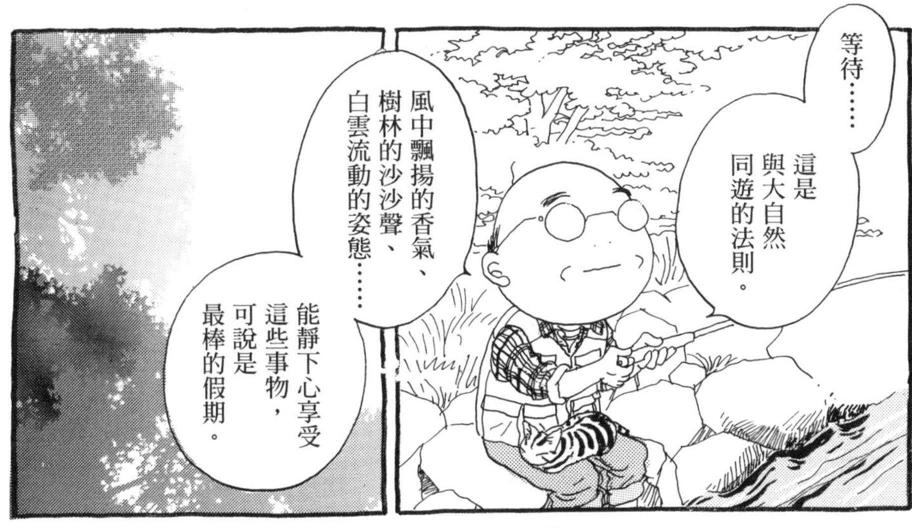
等待……
這是與大自然同遊的法則。
風中飄揚的香氣、樹林的沙沙聲、白雲流動的姿態……
能靜下心享受這些事物，可說是最棒的假期。

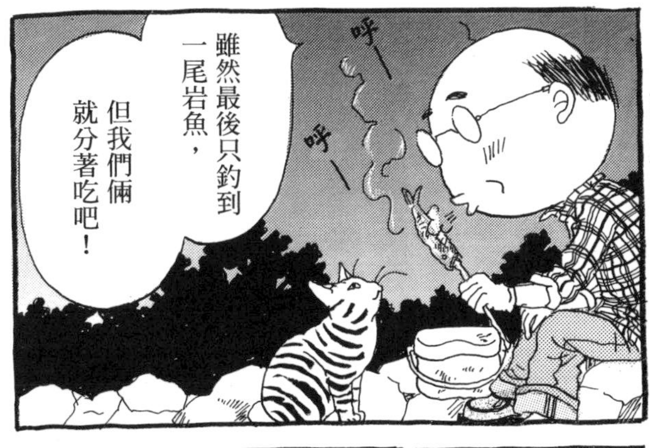
呼—
呼—
雖然最後只釣到一尾岩魚，
但我們倆就分著吃吧！

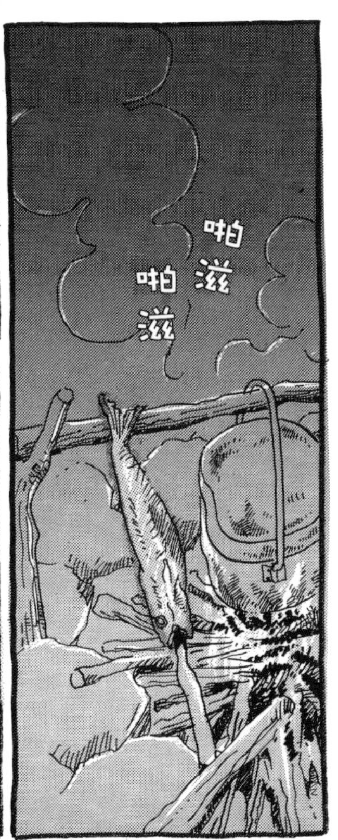
啪滋
啪滋

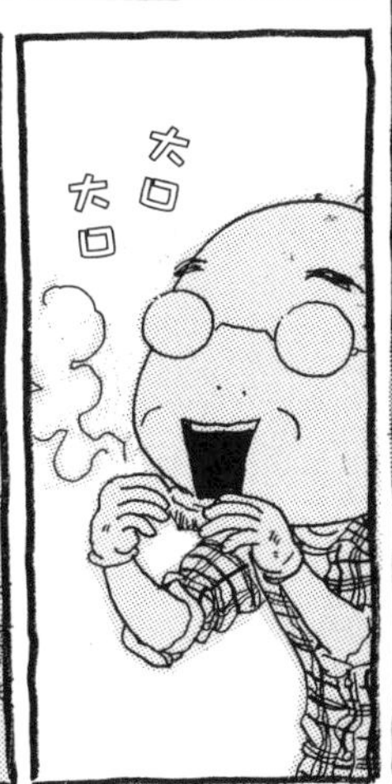
大口
大口

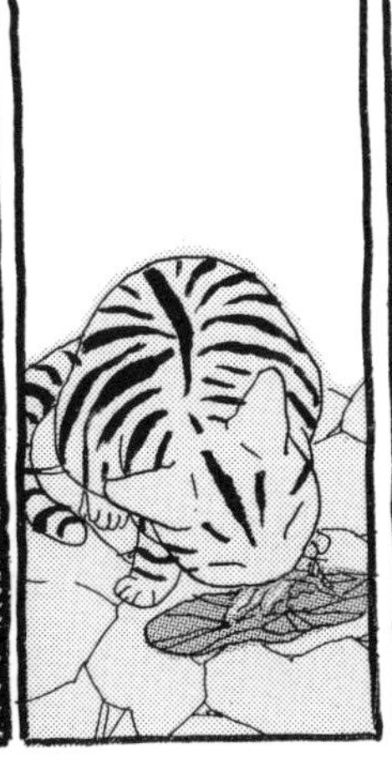

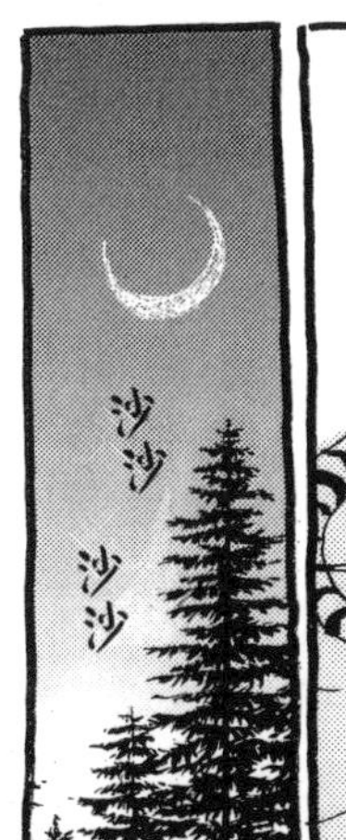
沙沙
沙沙

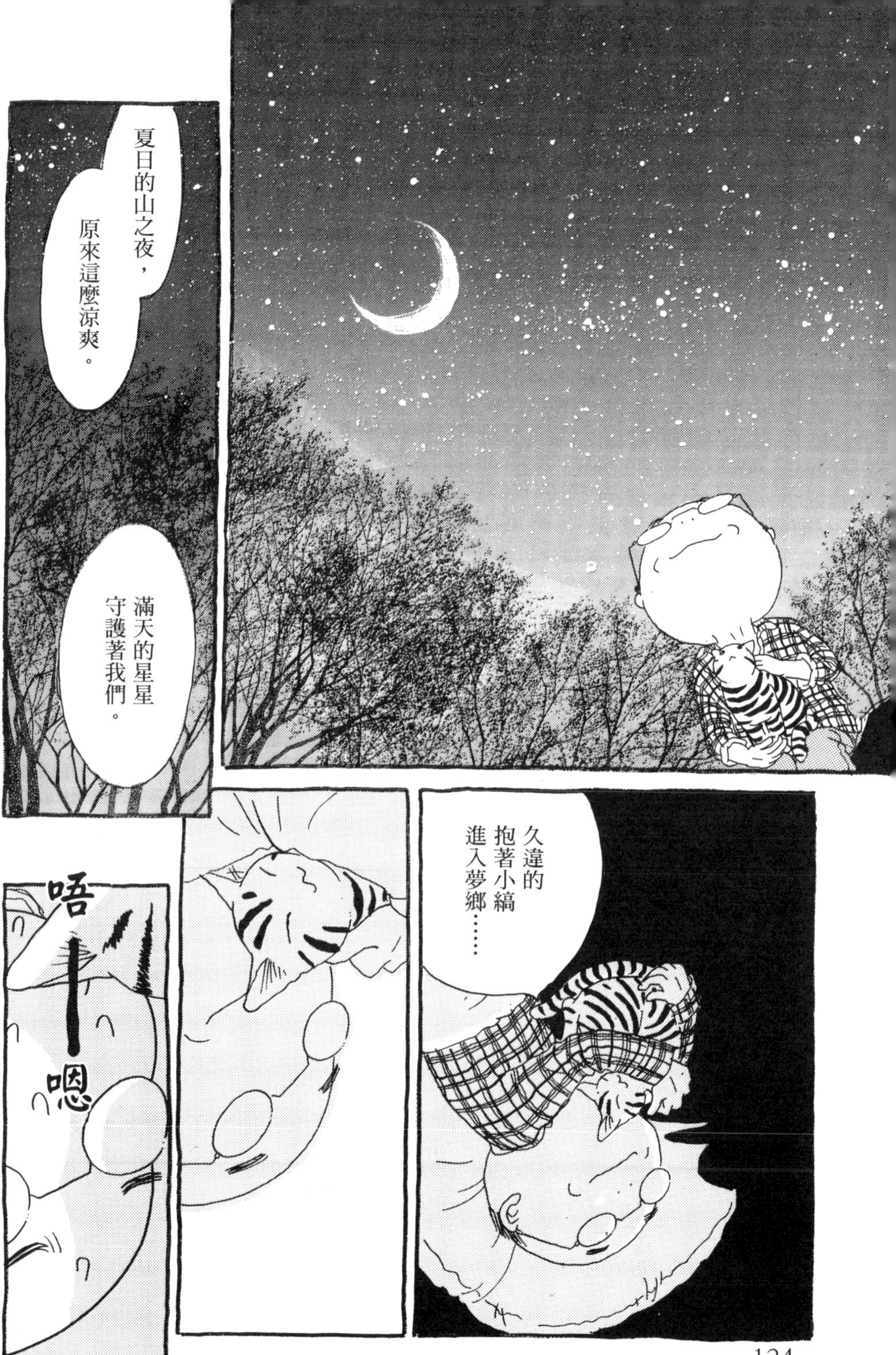

夏日的山之夜，原來這麼涼爽。

滿天的星星守護著我們。

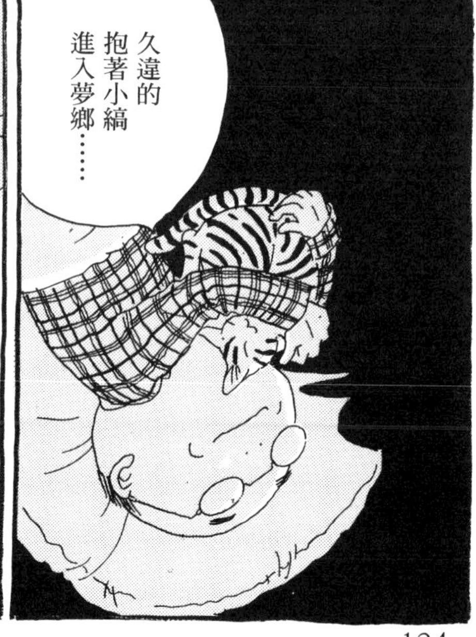

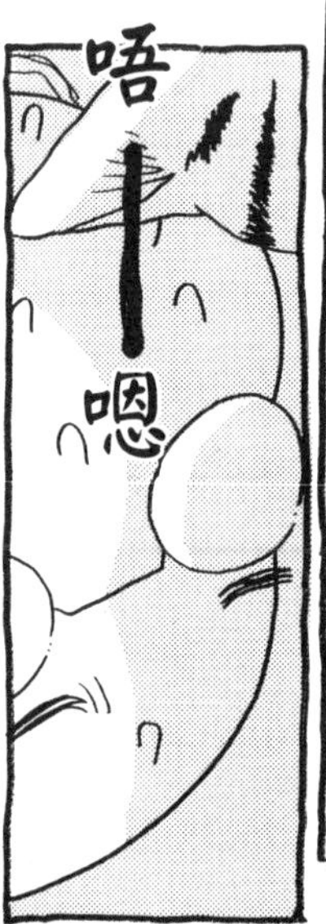

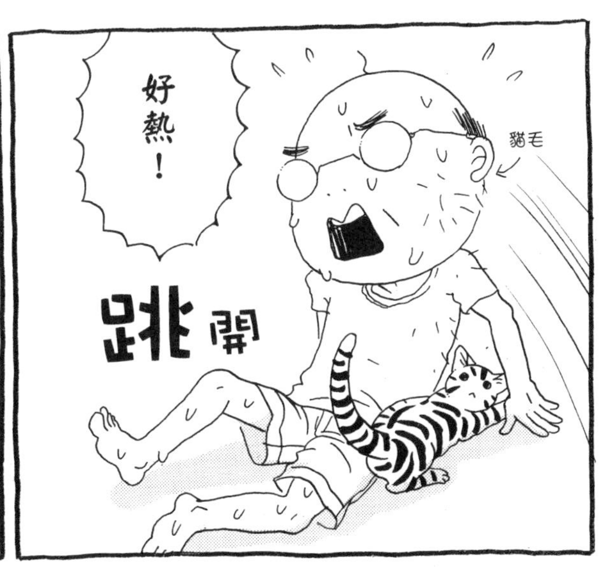
好熱！
貓毛
跳開

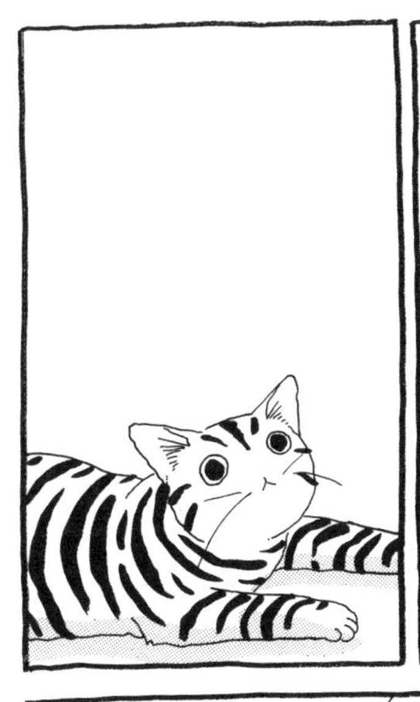

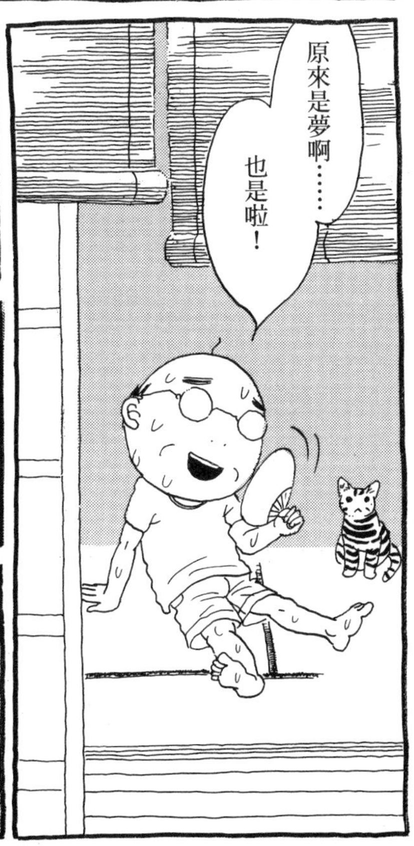
原來是夢啊……
也是啦！

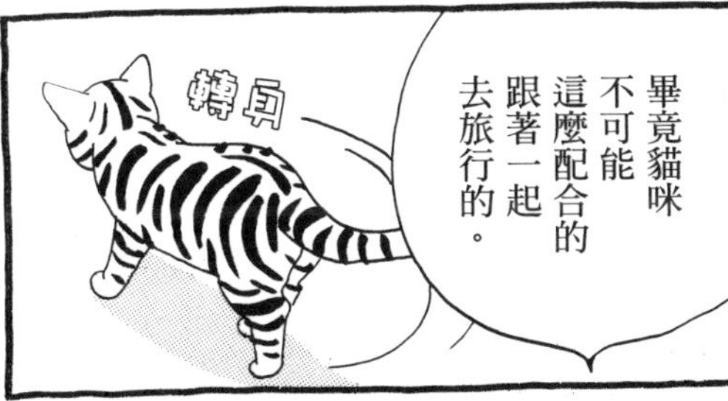
畢竟貓咪不可能這麼配合的跟著一起去旅行的。
轉身

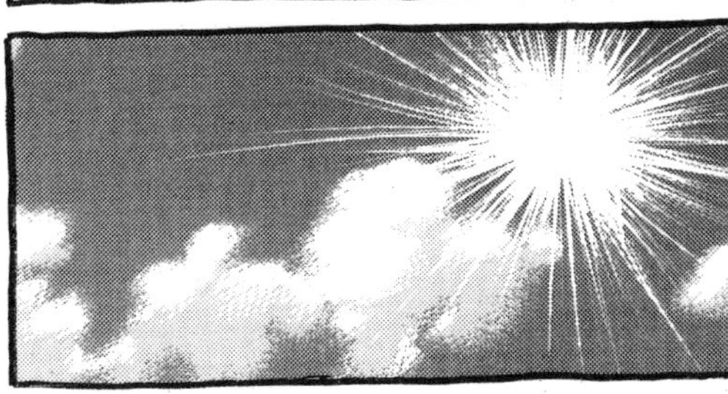

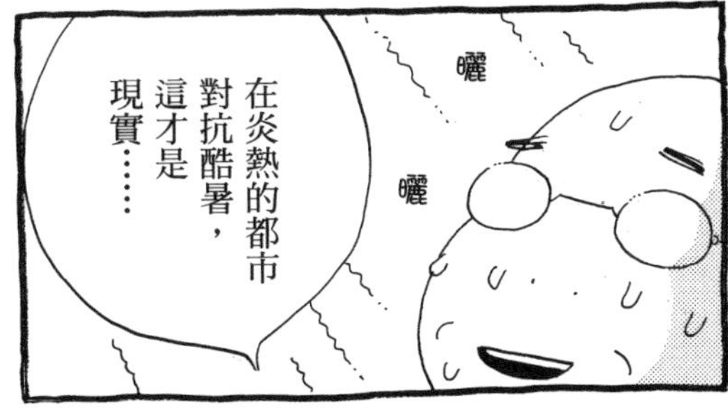
曬
曬
在炎熱的都市對抗酷暑，這才是現實……

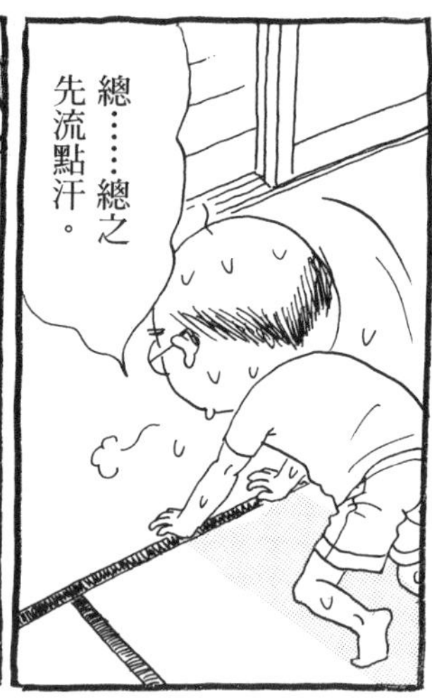
總……總之
先流點汗。

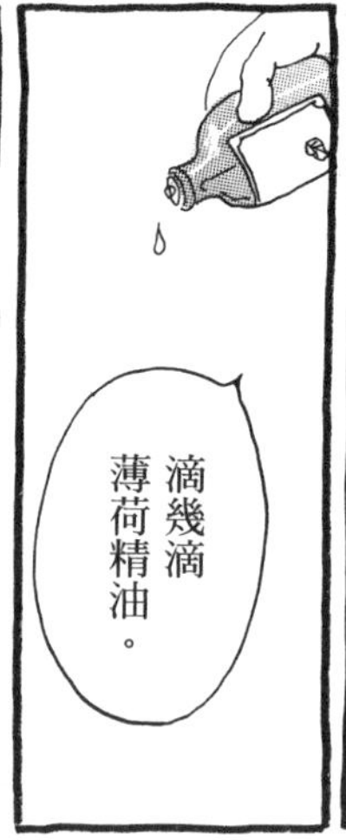
滴幾滴
薄荷精油。

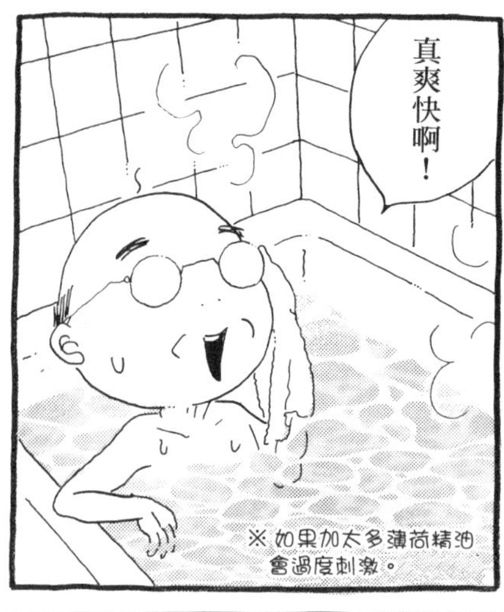
真爽快啊！
※如果加太多薄荷精油
會過度刺激。

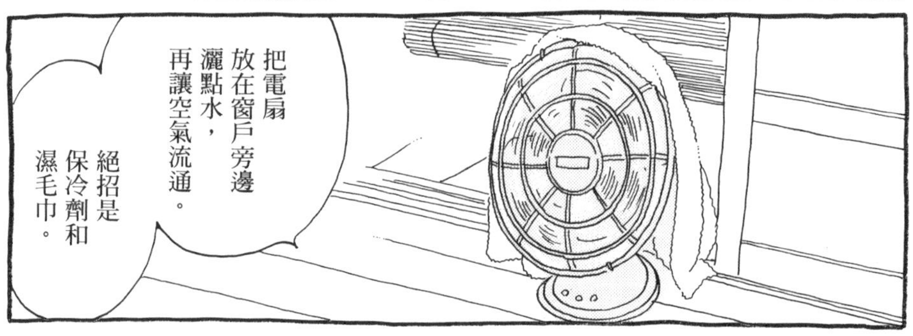
把電扇
放在窗戶旁邊
灑點水，
再讓空氣流通。
絕招是
保冷劑和
濕毛巾。

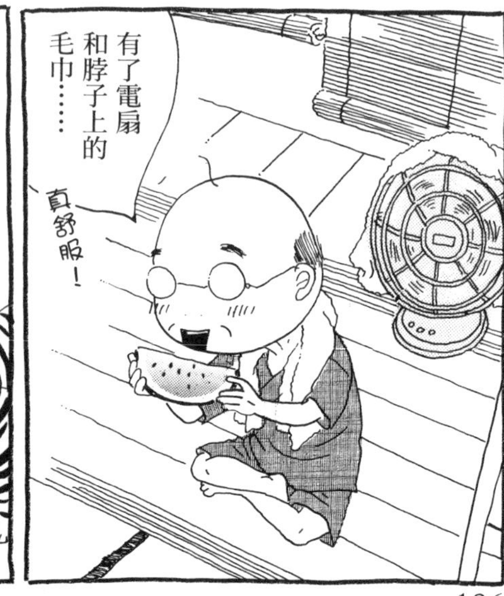
有了電扇
和脖子上的
毛巾……
真舒服！

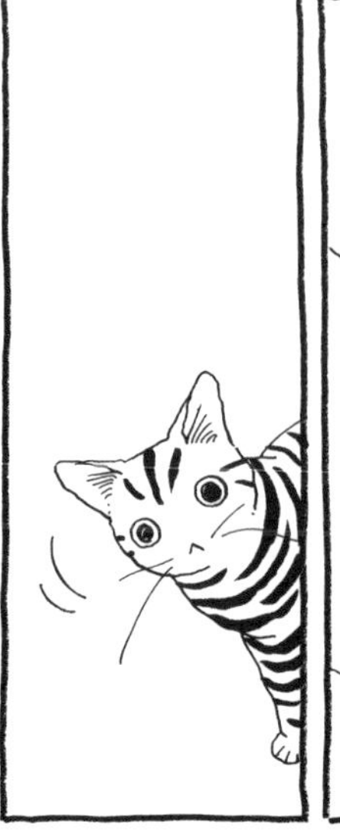

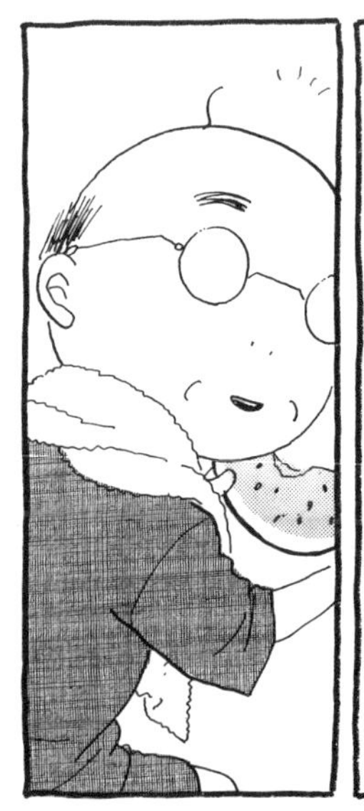

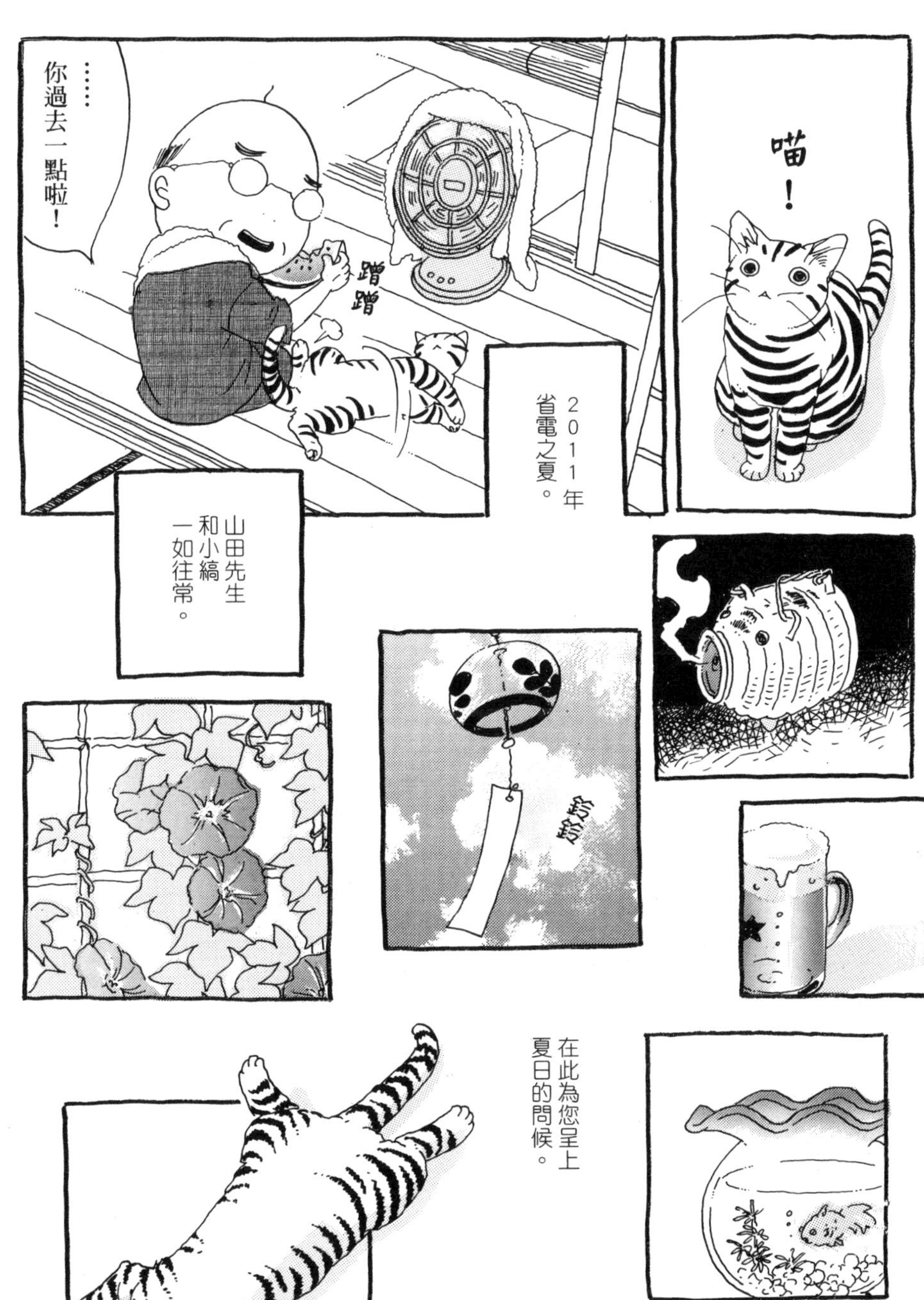
……你過去一點啦！
蹭蹭
喵！
2011年省電之夏。
山田先生和小縞一如往常。
在此為您呈上夏日的問候。

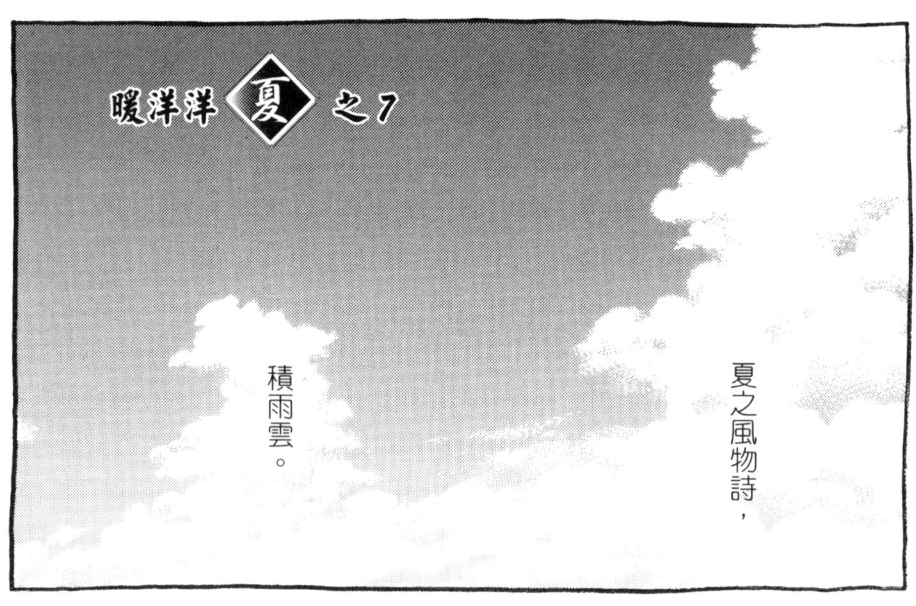

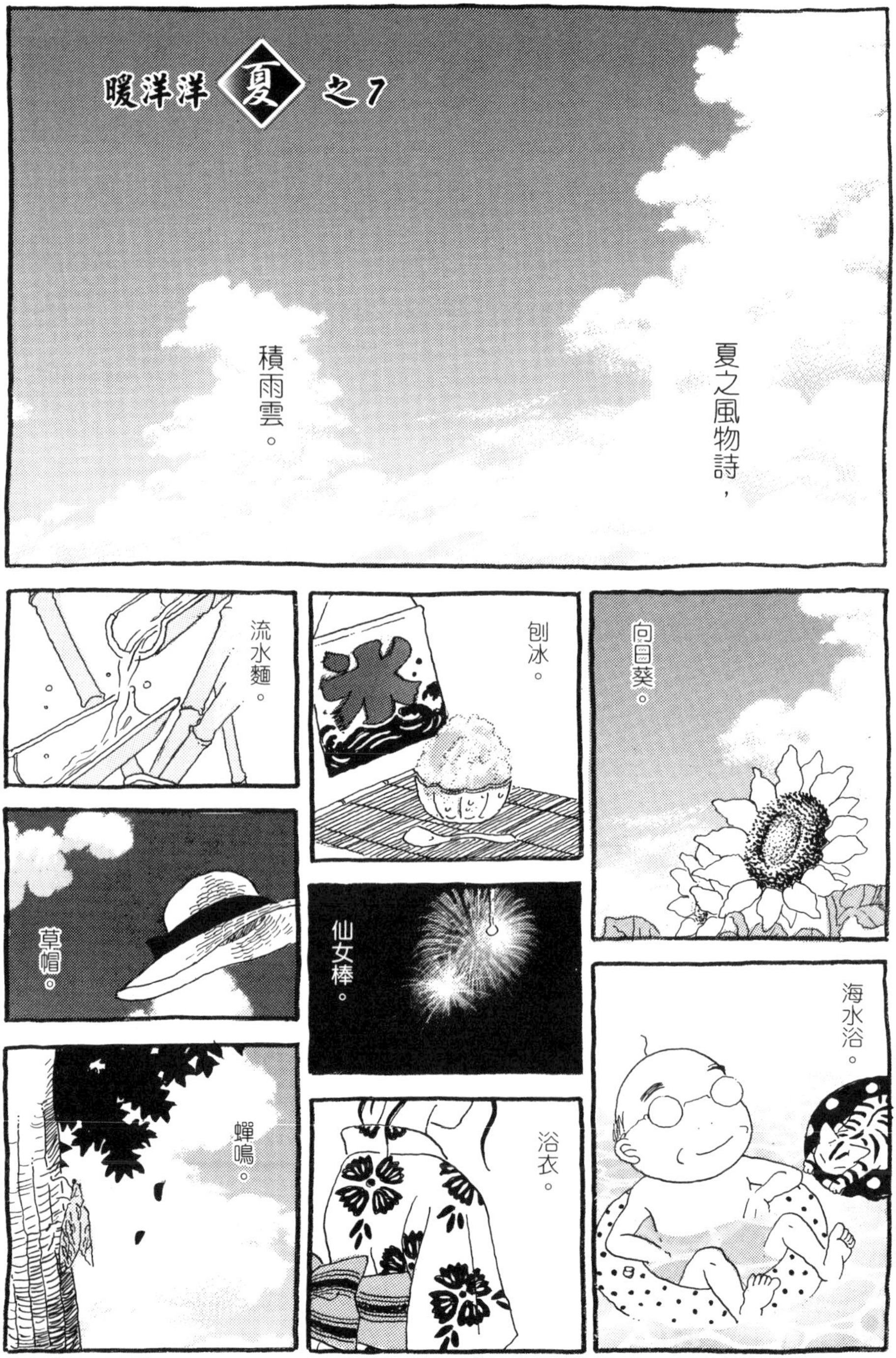

向日葵。

刨冰。

流水麵。

仙女棒。

草帽。

海水浴。

浴衣。

蟬鳴。

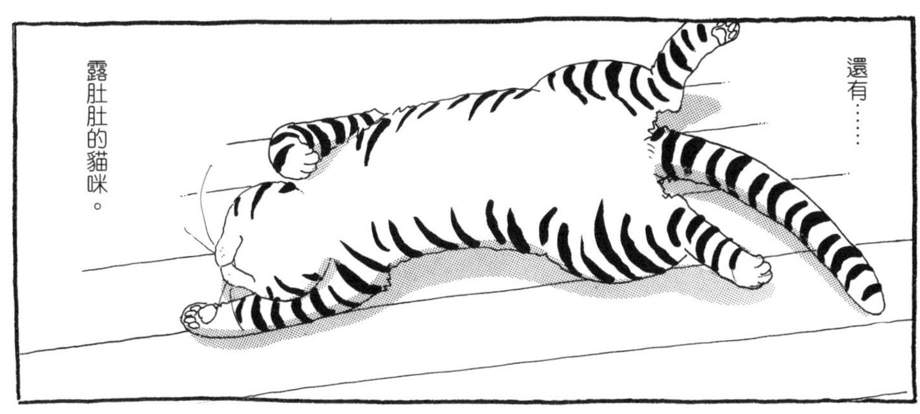
還有……
露肚肚的貓咪。

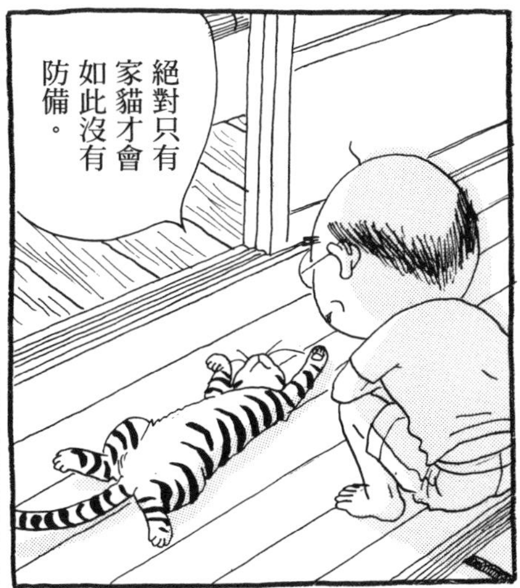
絕對只有家貓才會如此沒有防備。

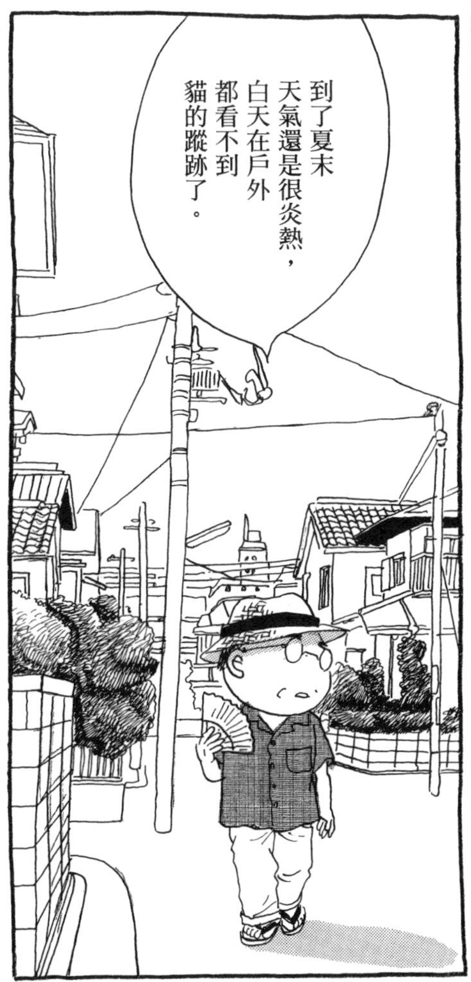
到了夏末天氣還是很炎熱，白天在戶外都看不到貓的蹤跡了。

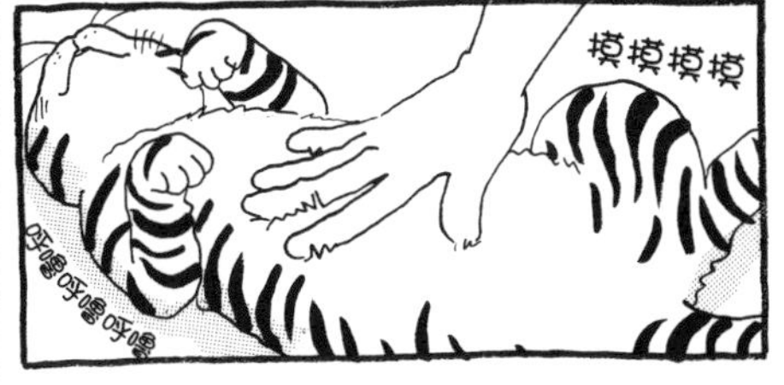
摸摸摸摸
呼嚕呼嚕呼嚕

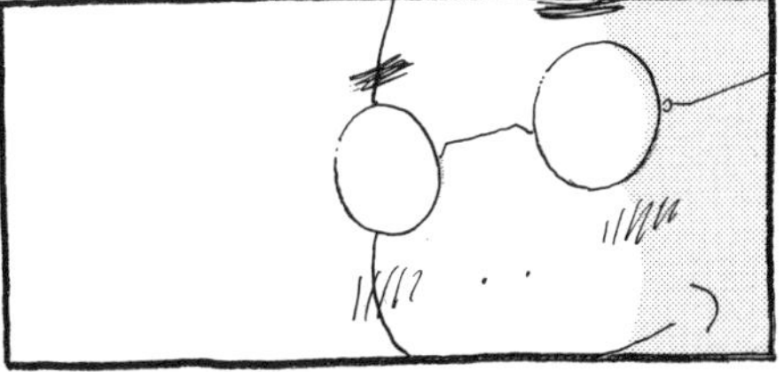

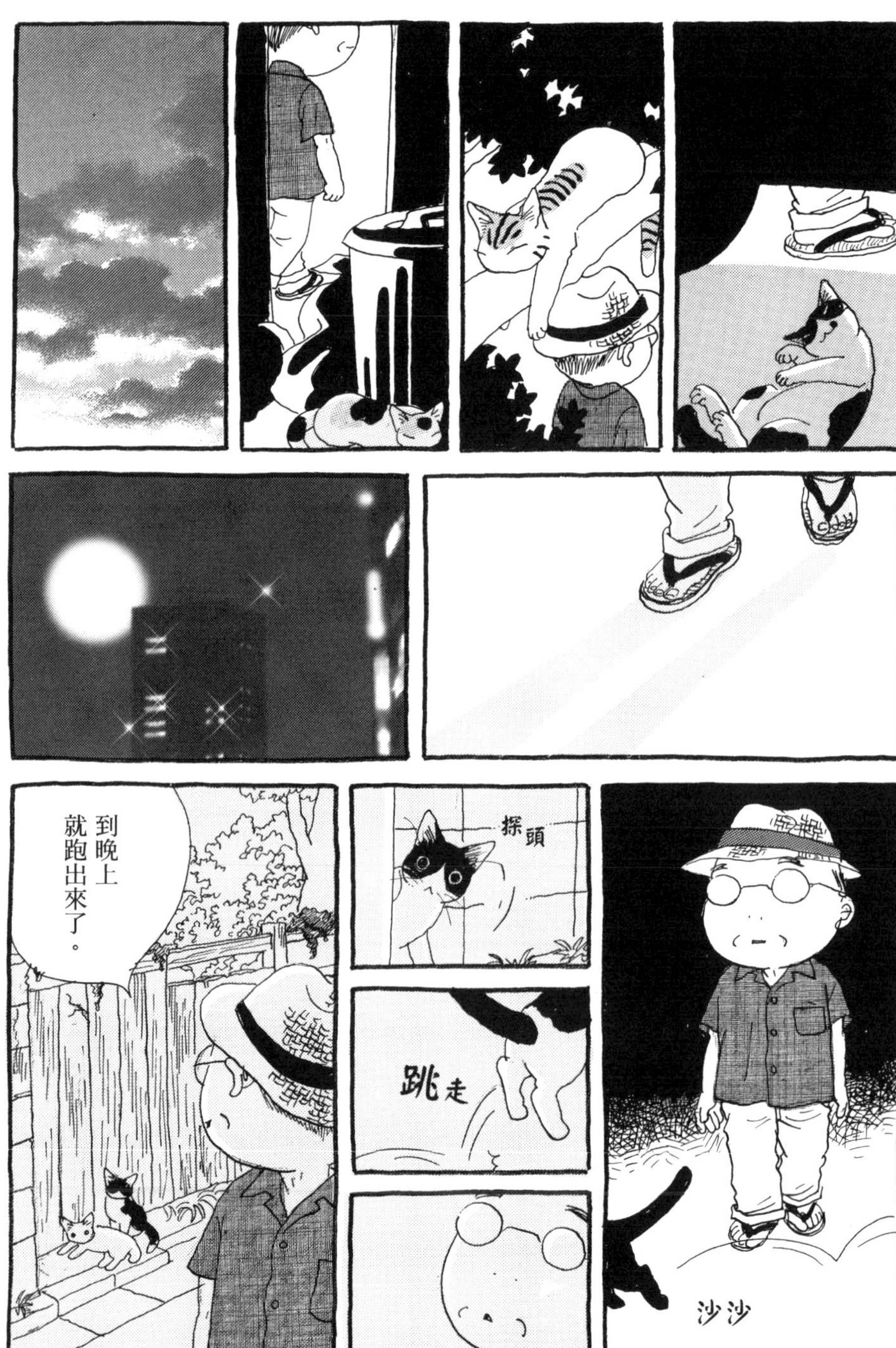
到晚上
就跑出來了。
探頭
跳走
沙沙

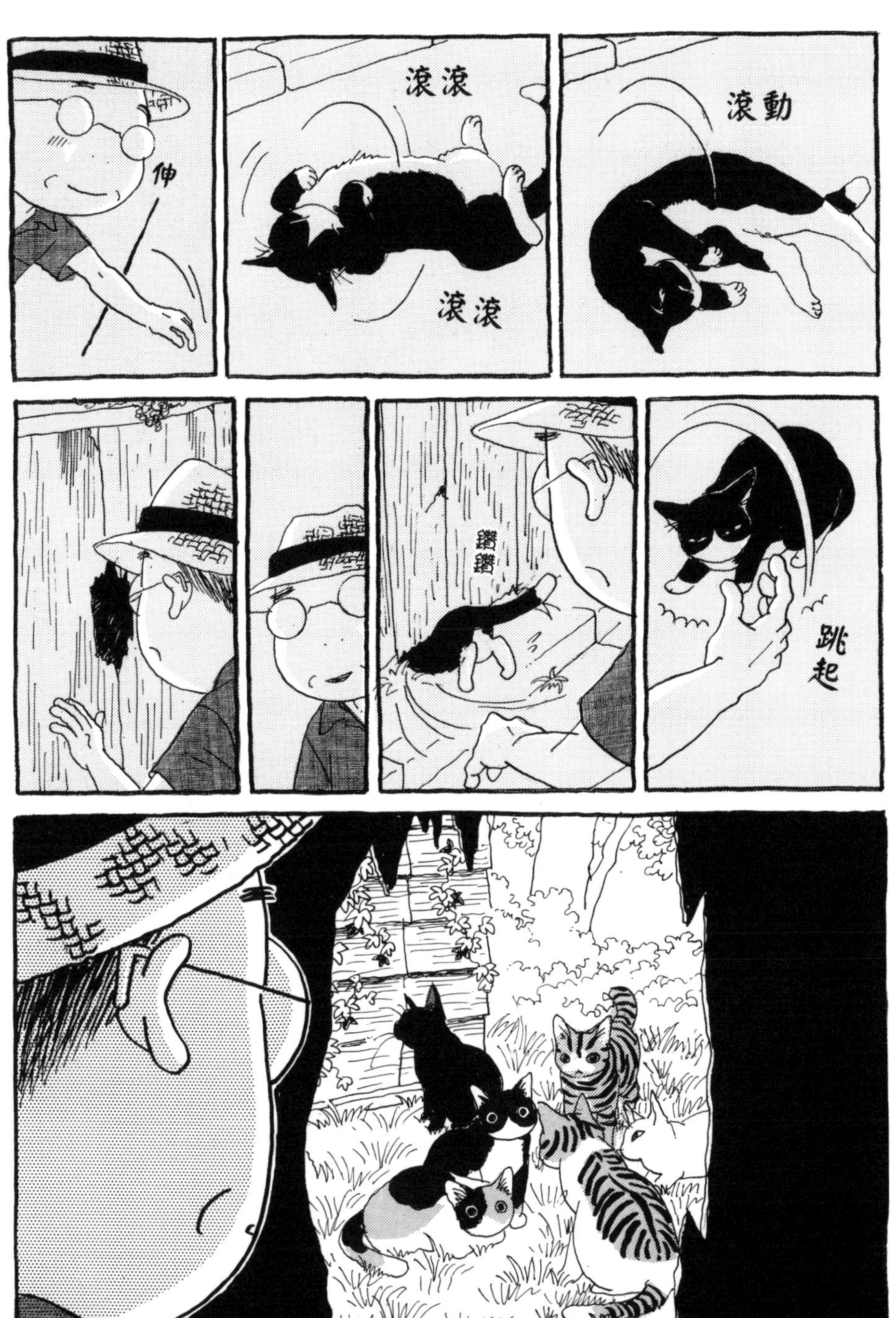
伸
滾滾
滾滾
滾動
蹭蹭
跳起

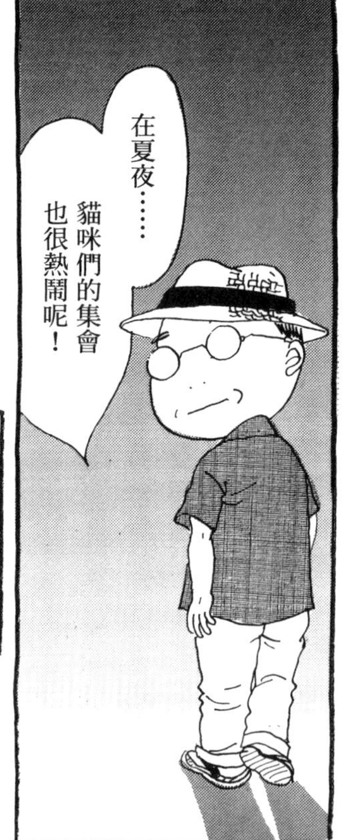
在夏夜……
貓咪們的集會
也很熱鬧呢！

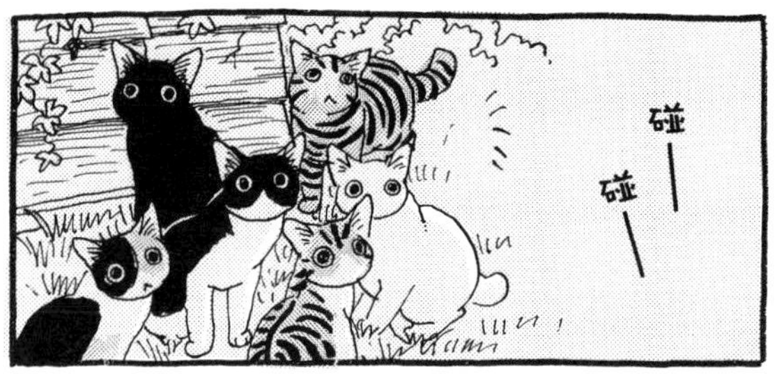
碰——
碰——

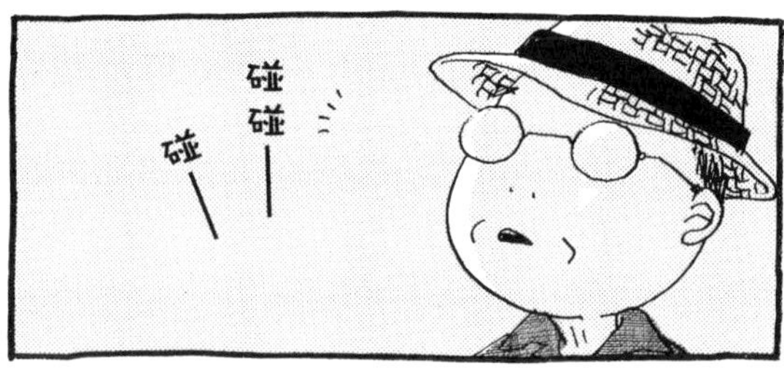
碰碰——
碰——

咚——

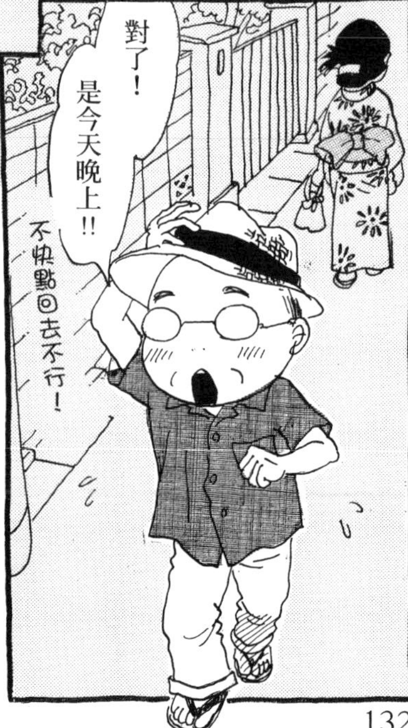
對了！
是今天晚上!!
不快點回去不行！

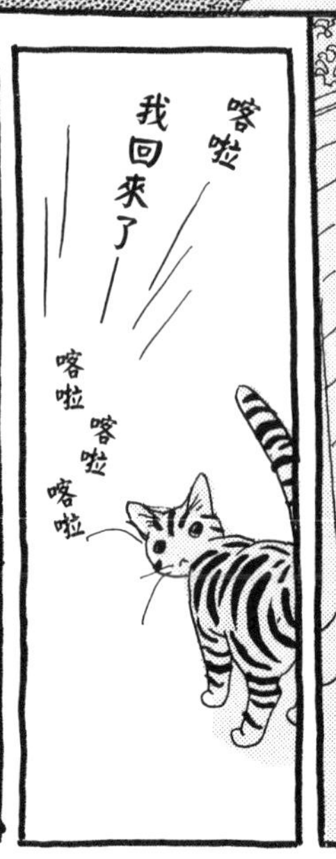
喀啦
我回來了
喀啦
喀啦
喀啦

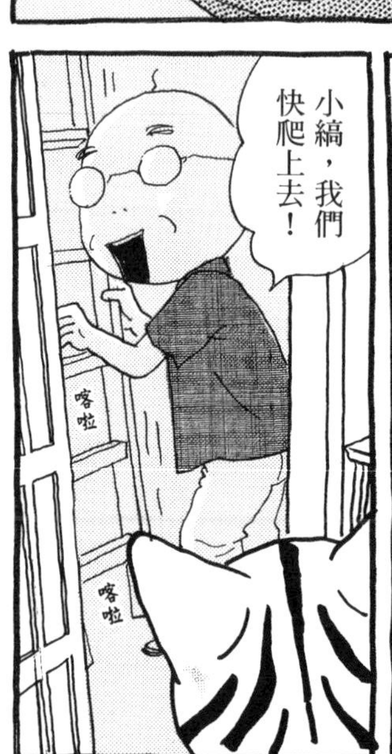
小縞，我們
快爬上去！
喀啦
喀啦

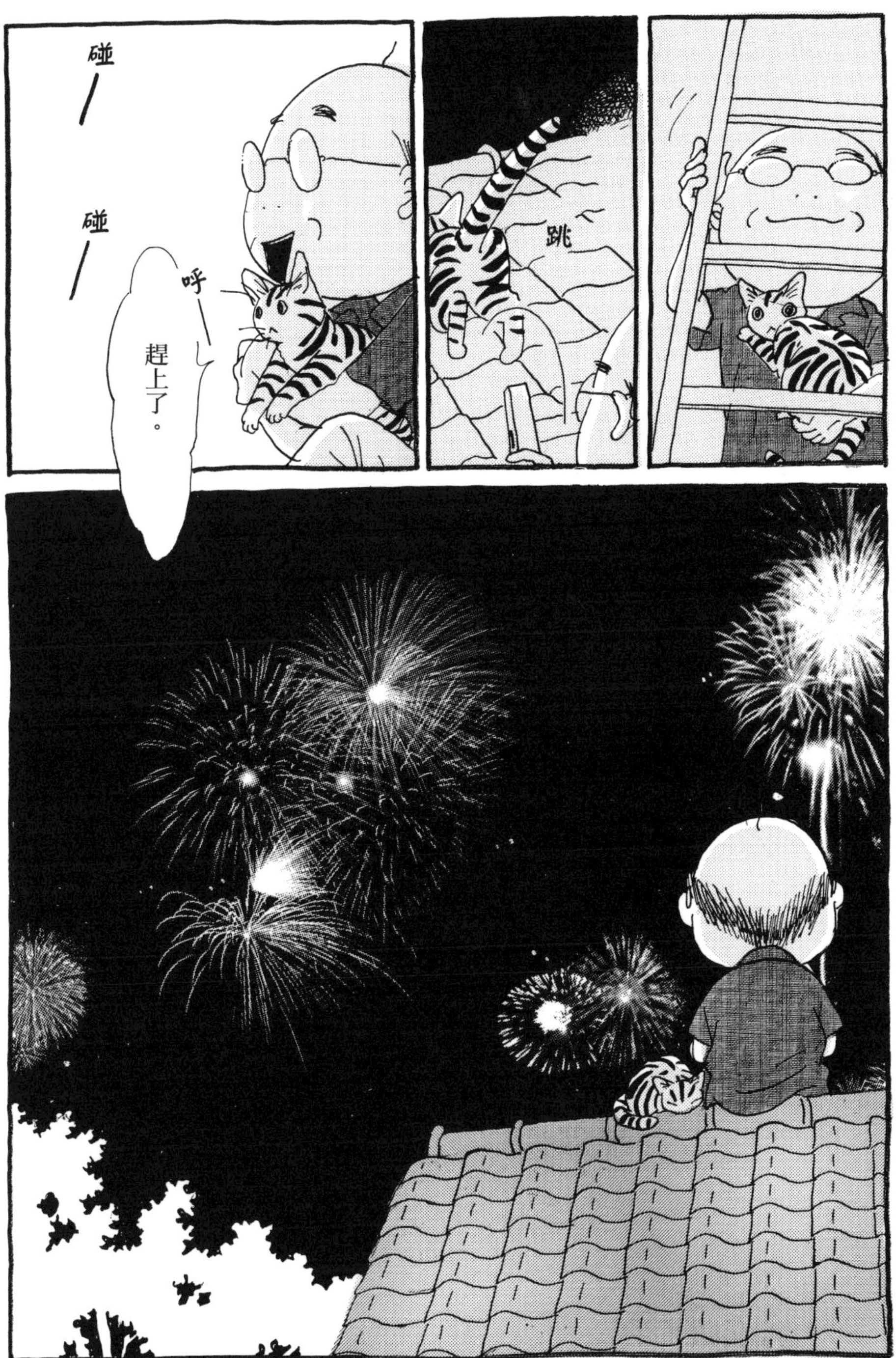
跳
碰—
碰—
呼—
趕上了。

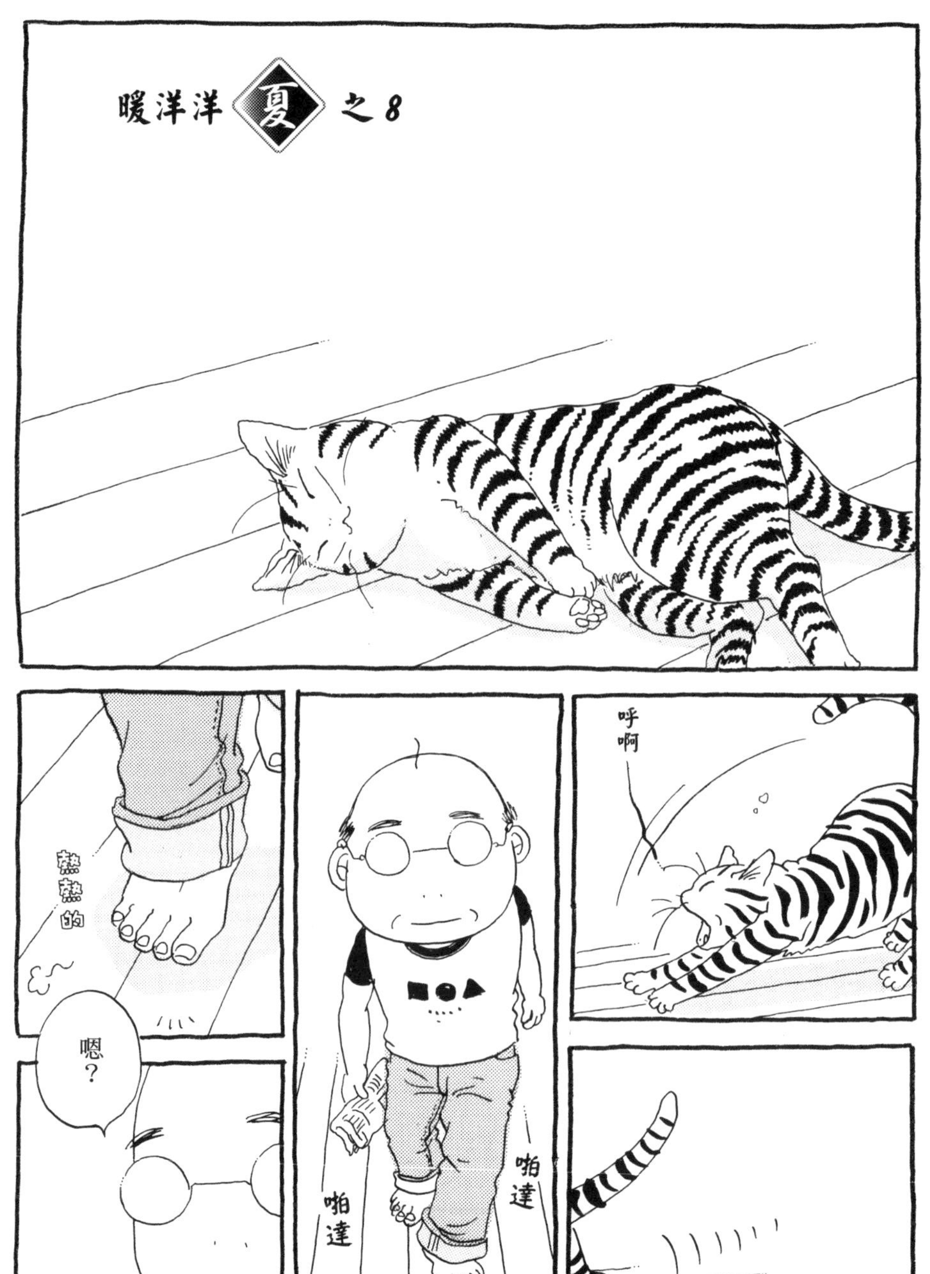
暖洋洋夏之8
熱熱的
呼啊
啪達
啪達
啪達
嗯？

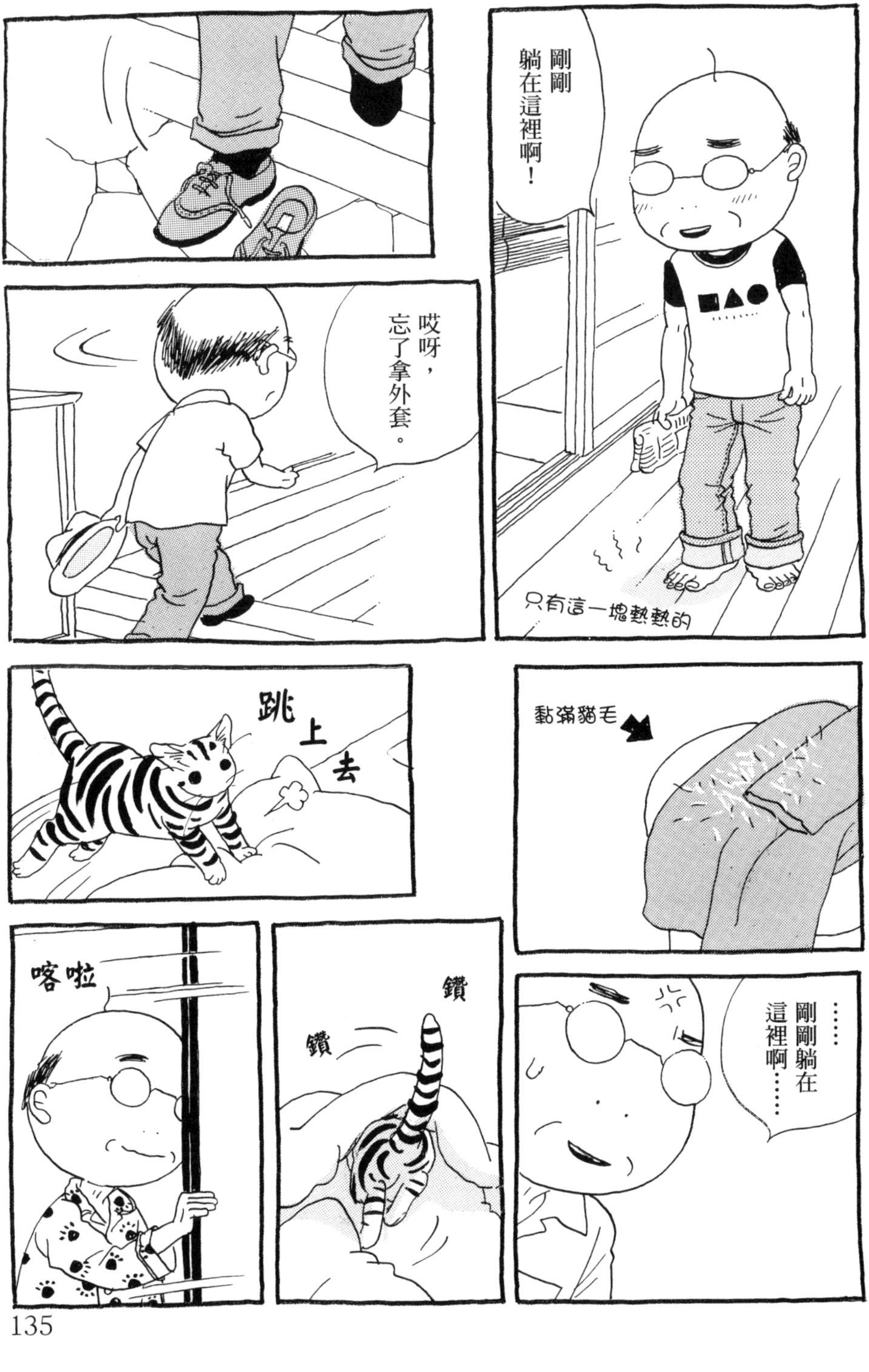

剛剛躺在這裡啊！

只有這一塊熱熱的

哎呀，忘了拿外套。

黏滿貓毛

跳上去

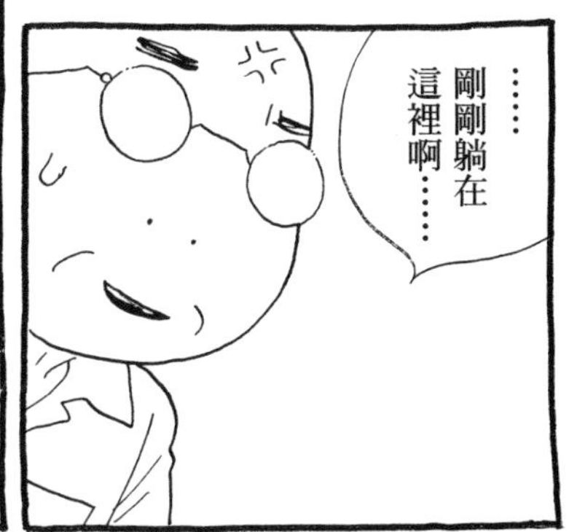

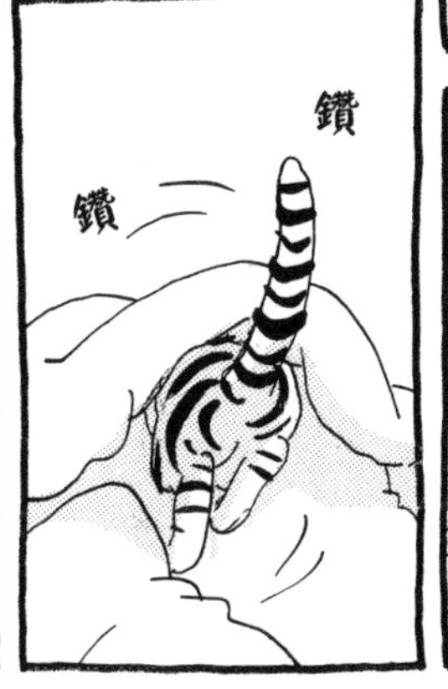

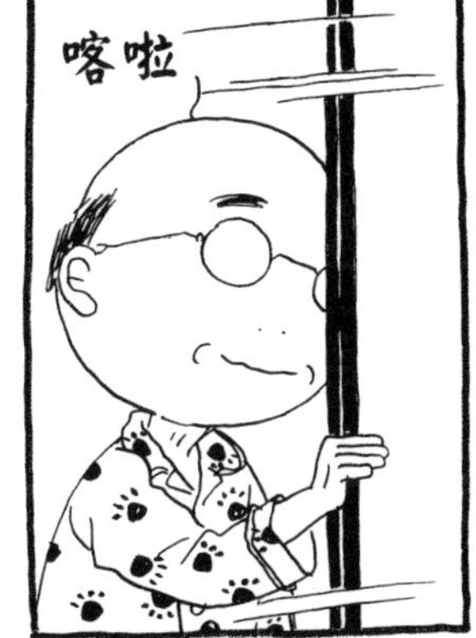

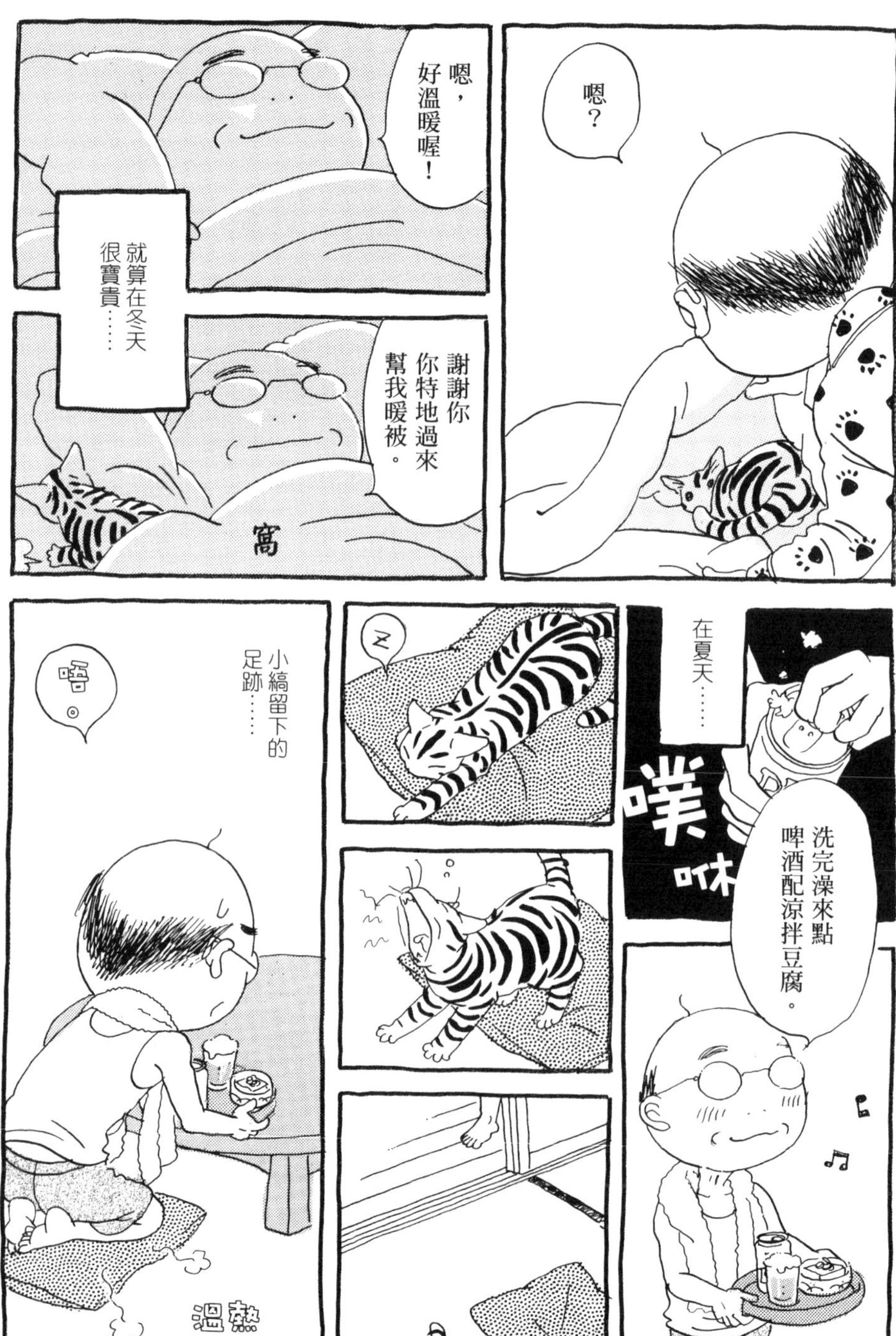
嗯？
嗯，好溫暖喔！
就算在冬天很寶貴……
謝謝你特地過來幫我暖被。
窩
在夏天……
噗
咻
洗完澡來點啤酒配涼拌豆腐。
小縞留下的足跡……
唔。
溫熱

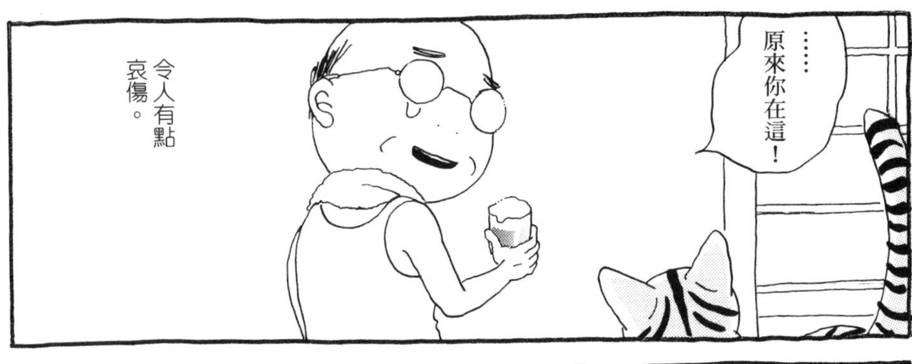
……
原來你在這！
令人有點哀傷。

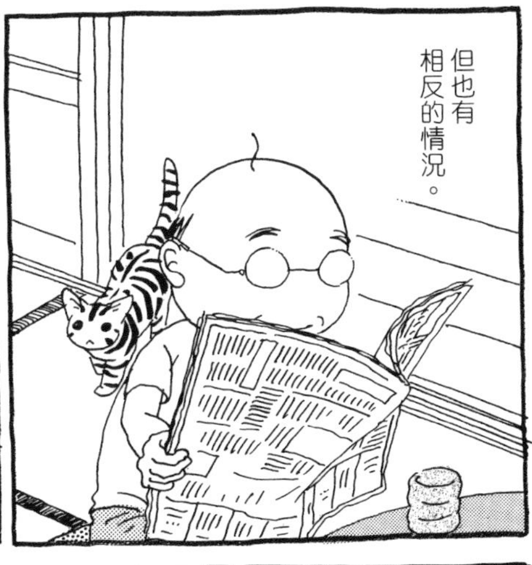
但也有相反的情況。

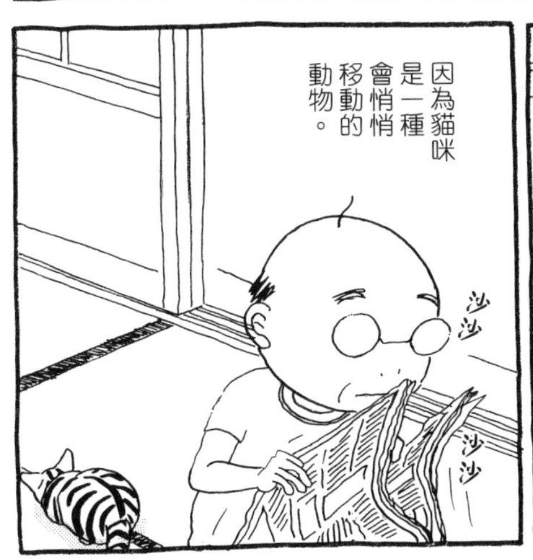
因為貓咪是一種會悄悄移動的動物。
沙沙
沙沙

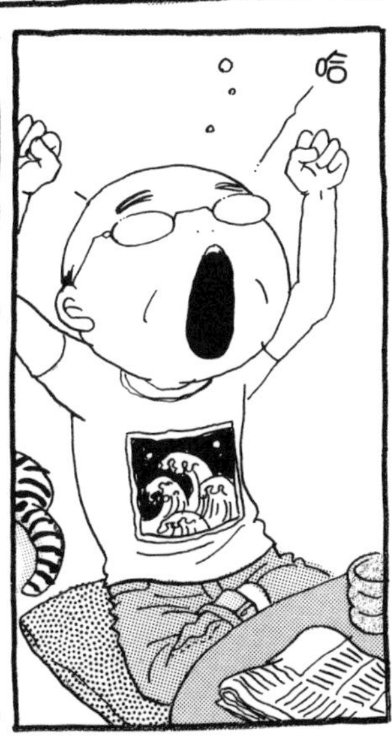
哈

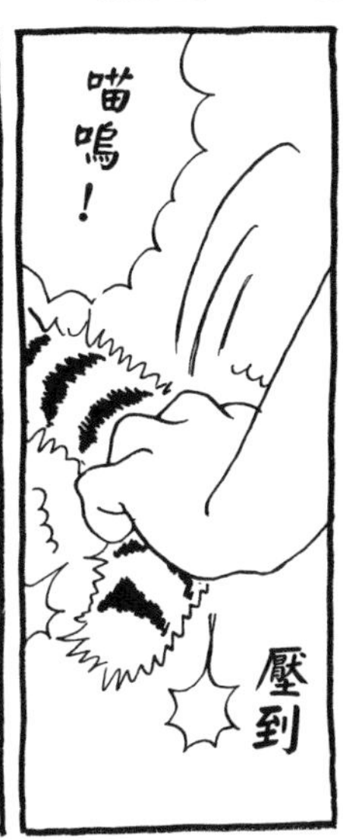
喵嗚！
壓到

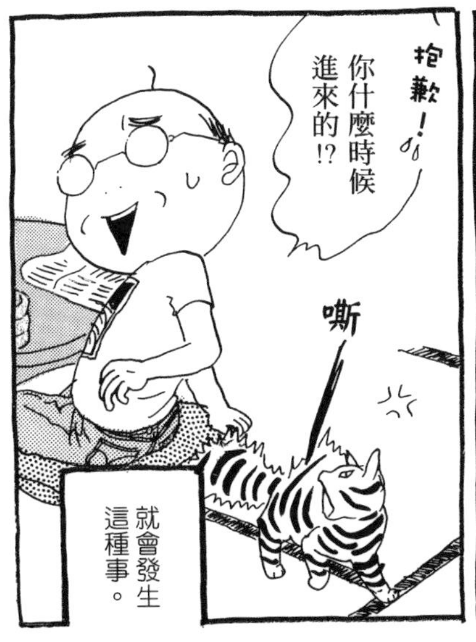
你什麼時候進來的!?
抱歉！
嘶
就會發生這種事。

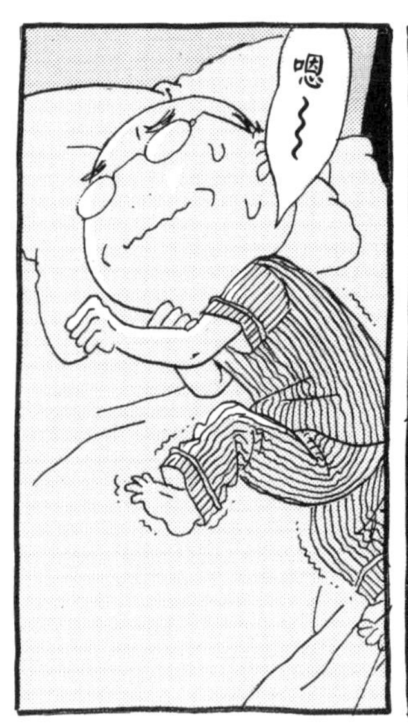
嗯～～
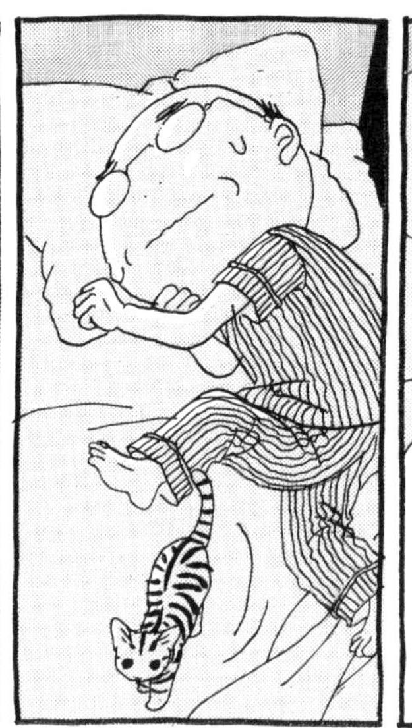
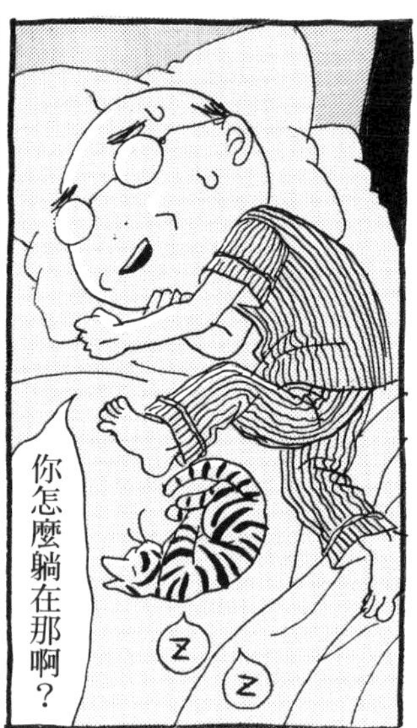
你怎麼躺在那啊？
Z
Z
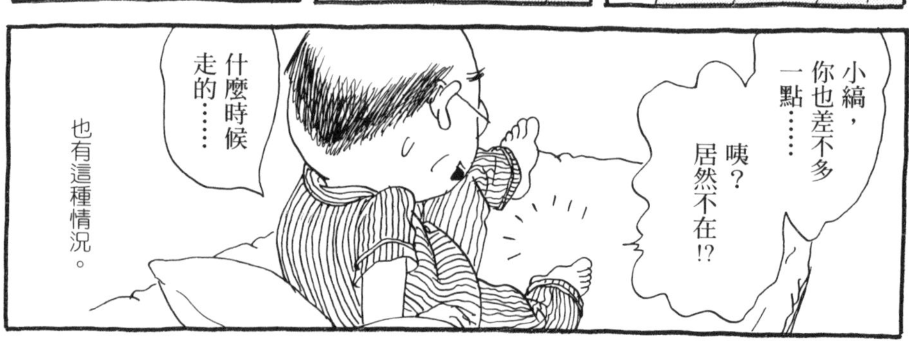
小縞，你也差不多一點……
咦？居然不在!?
什麼時候走的……
也有這種情況。
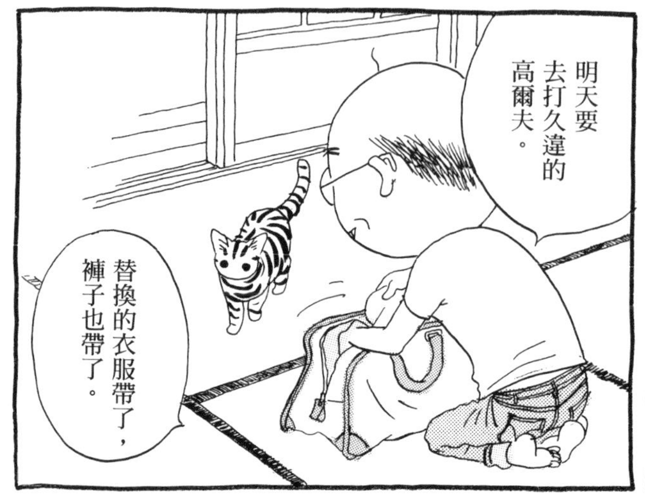
明天要去打久違的高爾夫。
替換的衣服帶了，褲子也帶了。
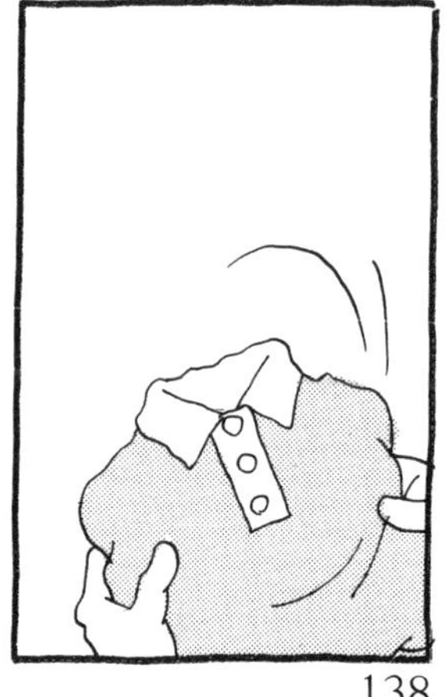

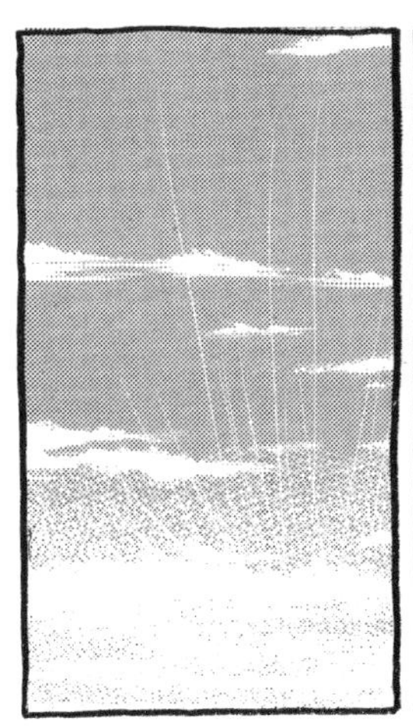
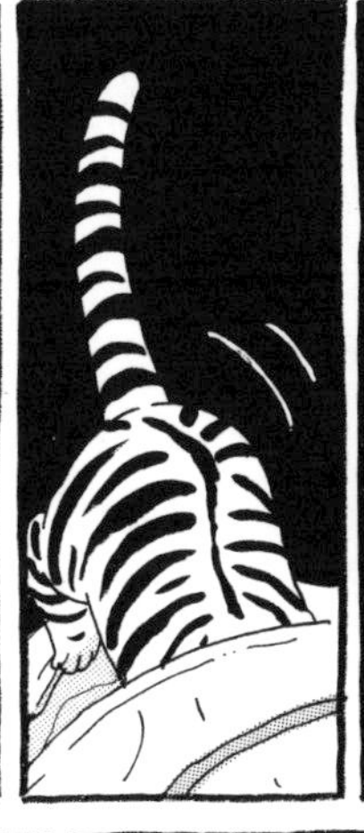
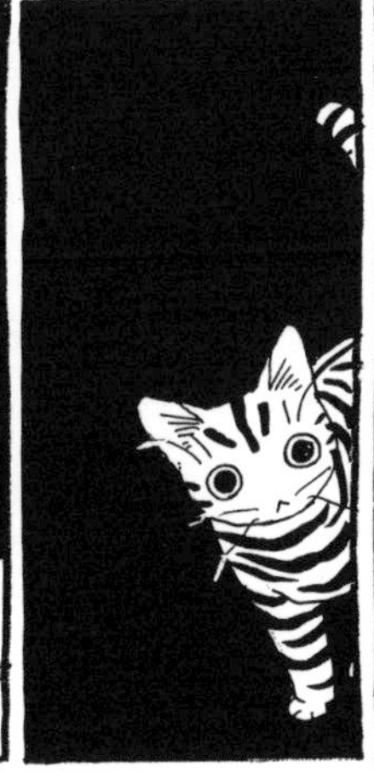
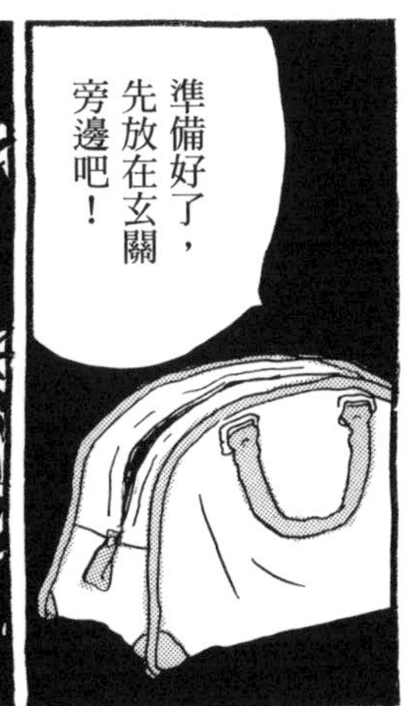
準備好了，
先放在玄關
旁邊吧！
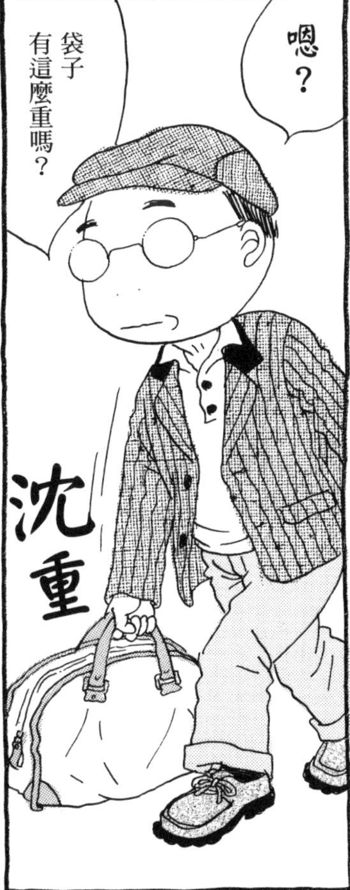
嗯？
袋子
有這麼重嗎？
沈重
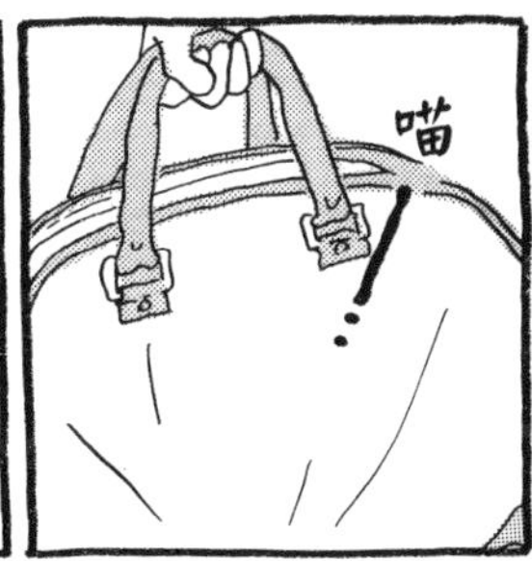
喵
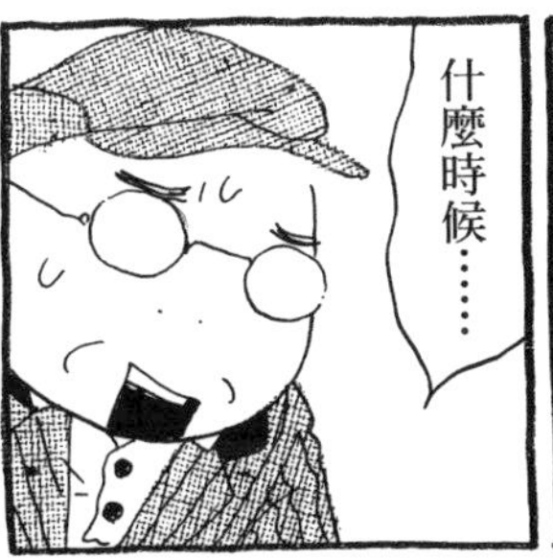
什麼時候……
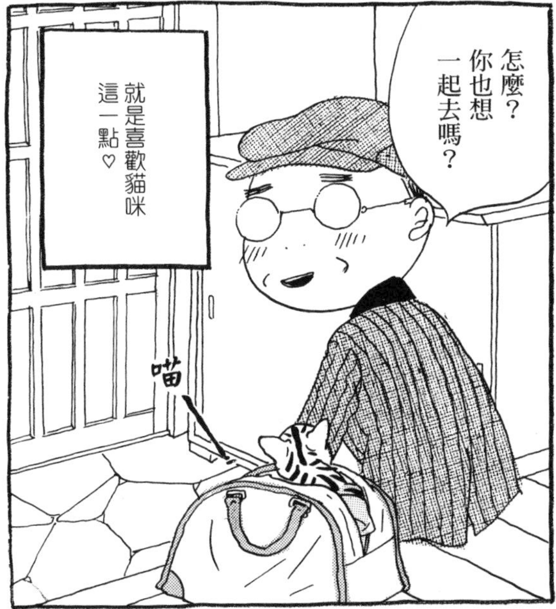
怎麼？
你也想
一起去嗎？
就是喜歡貓咪
這一點♡
喵

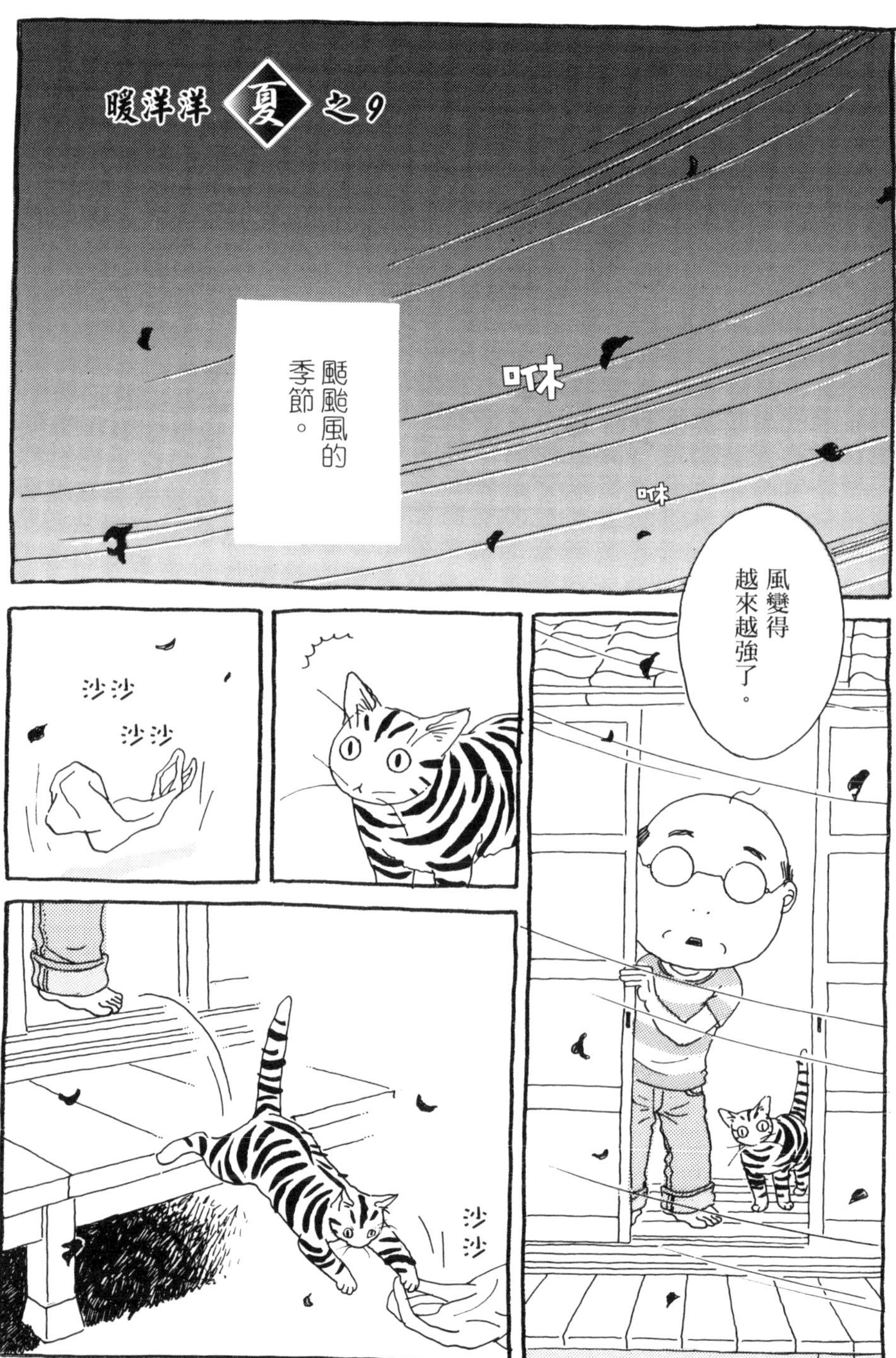
暖洋洋 夏 之9
颱颱風的季節。
咻
咻
風變得越來越強了。
沙沙
沙沙
沙沙

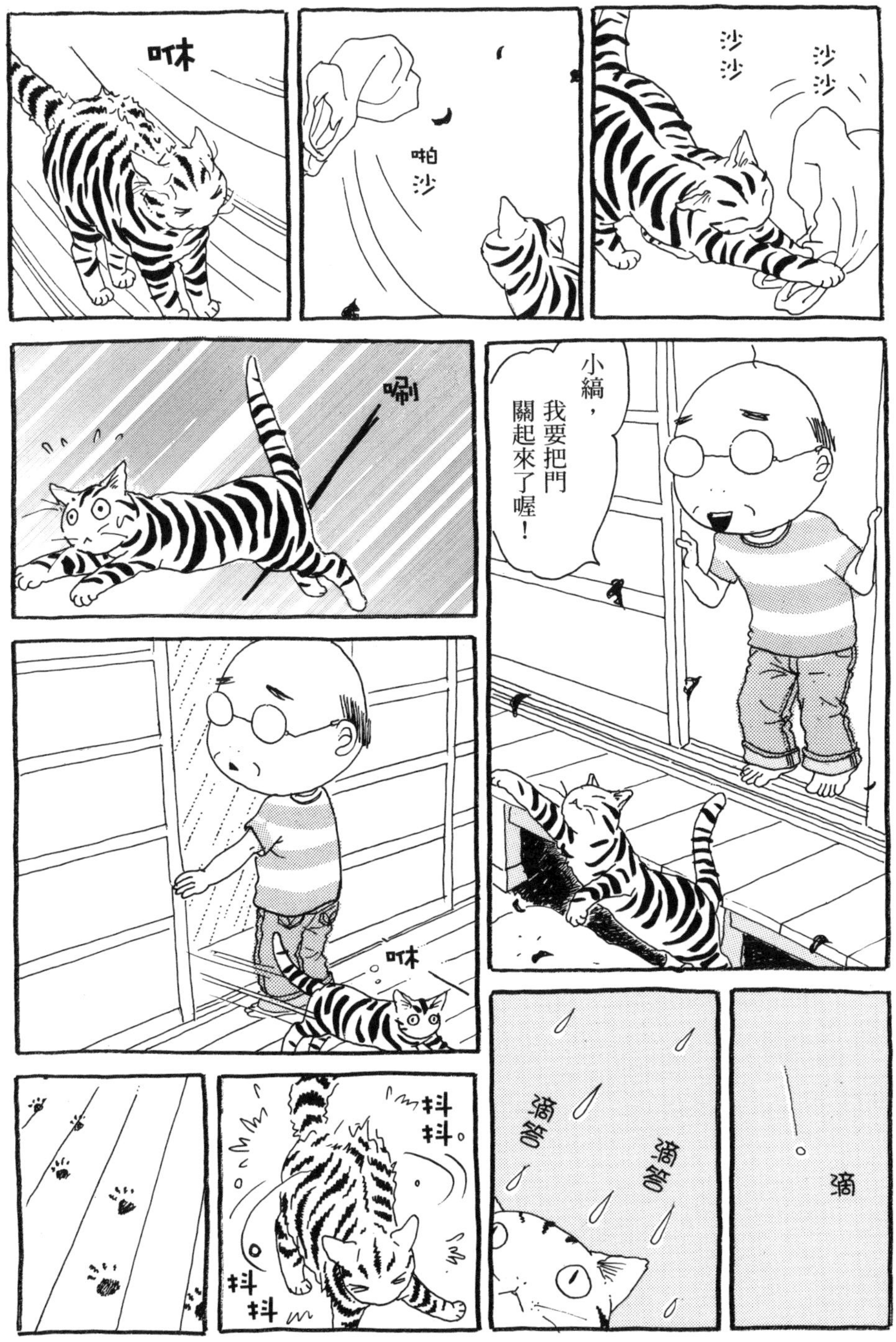
咻
啪沙
沙沙
沙沙
唰
小縞，我要把門關起來了喔！
咻
抖抖
抖抖
滴答
滴答
滴

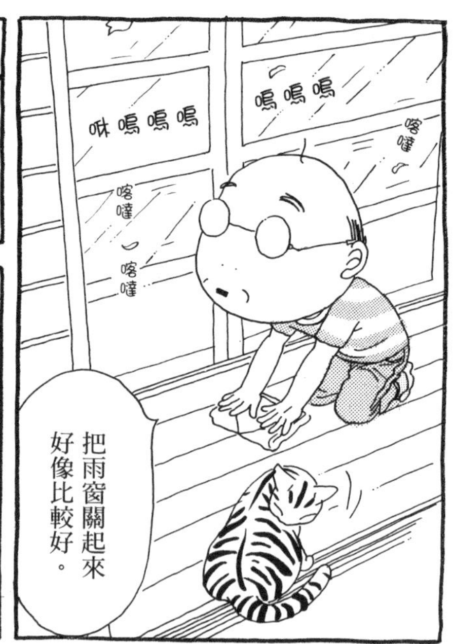
嗚嗚嗚
咻嗚嗚嗚
喀噠
喀噠
喀噠
把雨窗關起來
好像比較好。

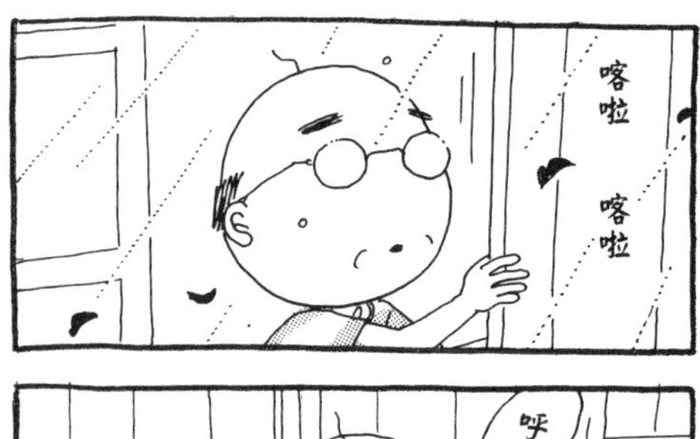
喀啦
喀啦

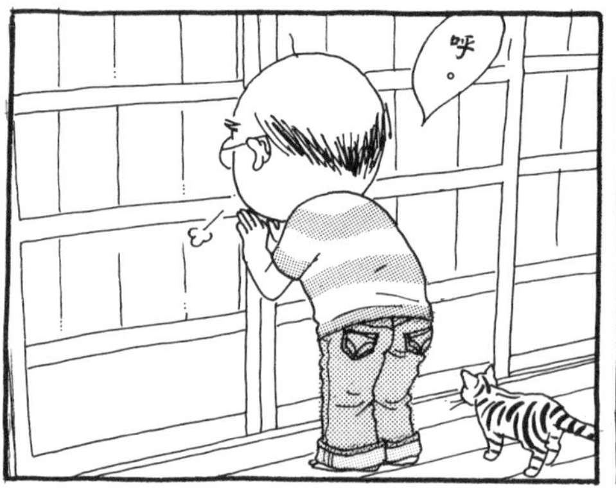
呼。

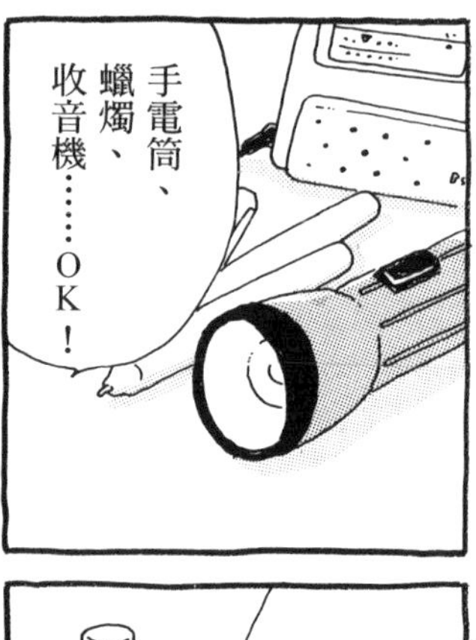
手電筒、
蠟燭、
收音機……OK！

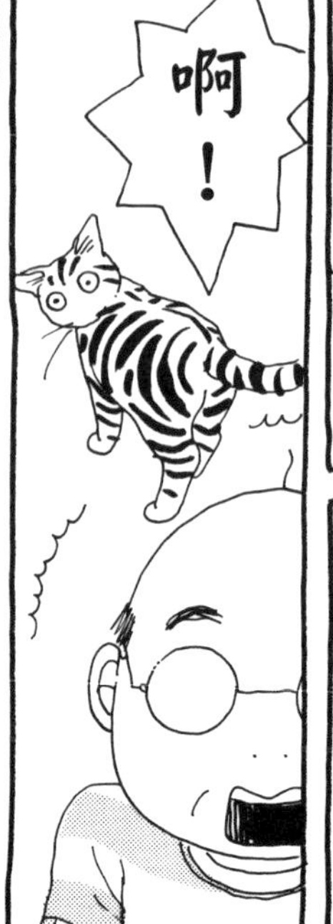
啊！

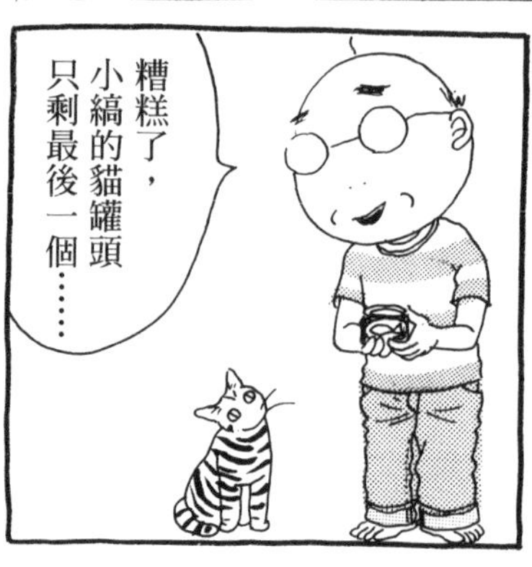
糟糕了，
小縞的貓罐頭
只剩最後一個……

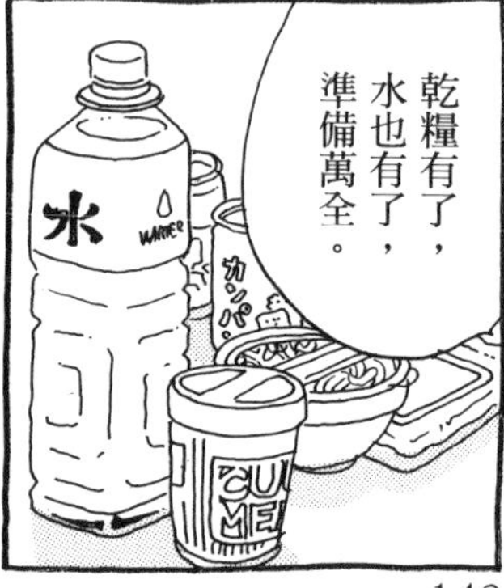
乾糧有了，
水也有了，
準備萬全。
水
カンパ

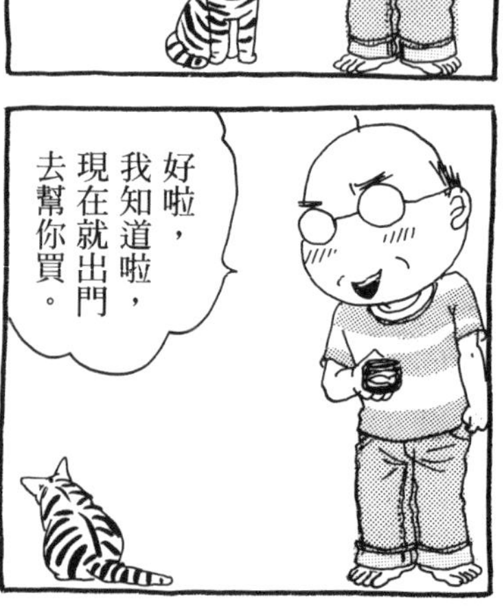
好啦，
我知道啦，
現在就出門
去幫你買。

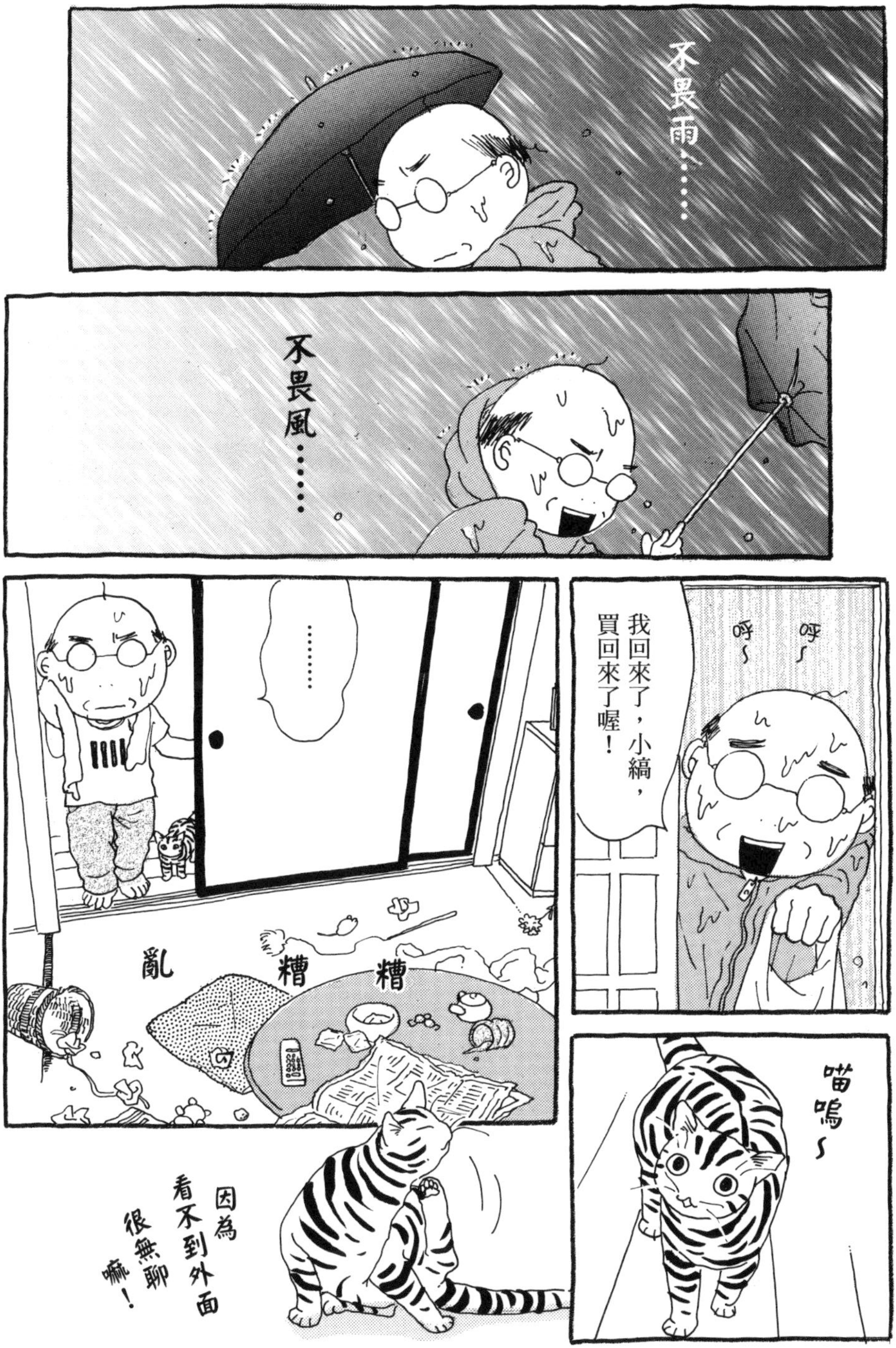

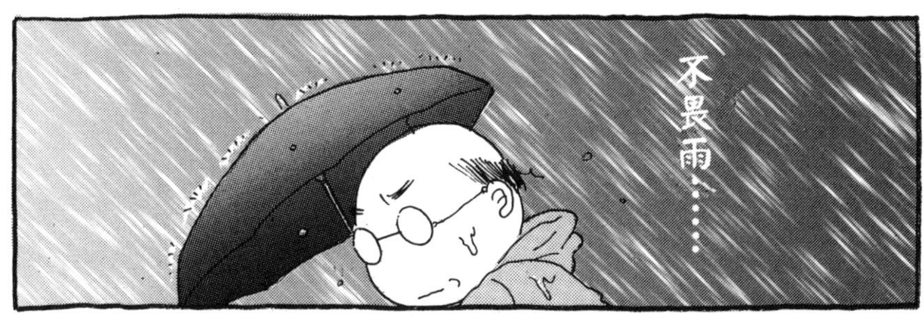

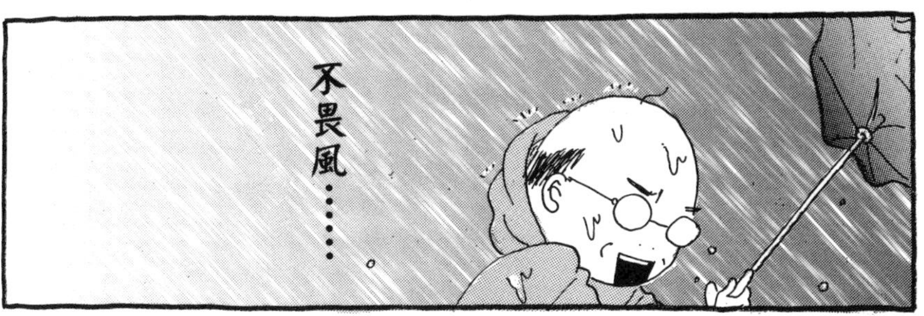

呼～
呼～
我回來了，小縞，
買回來了喔！

……

亂糟糟

喵嗚～

因為
看不到外面
很無聊
嘛！

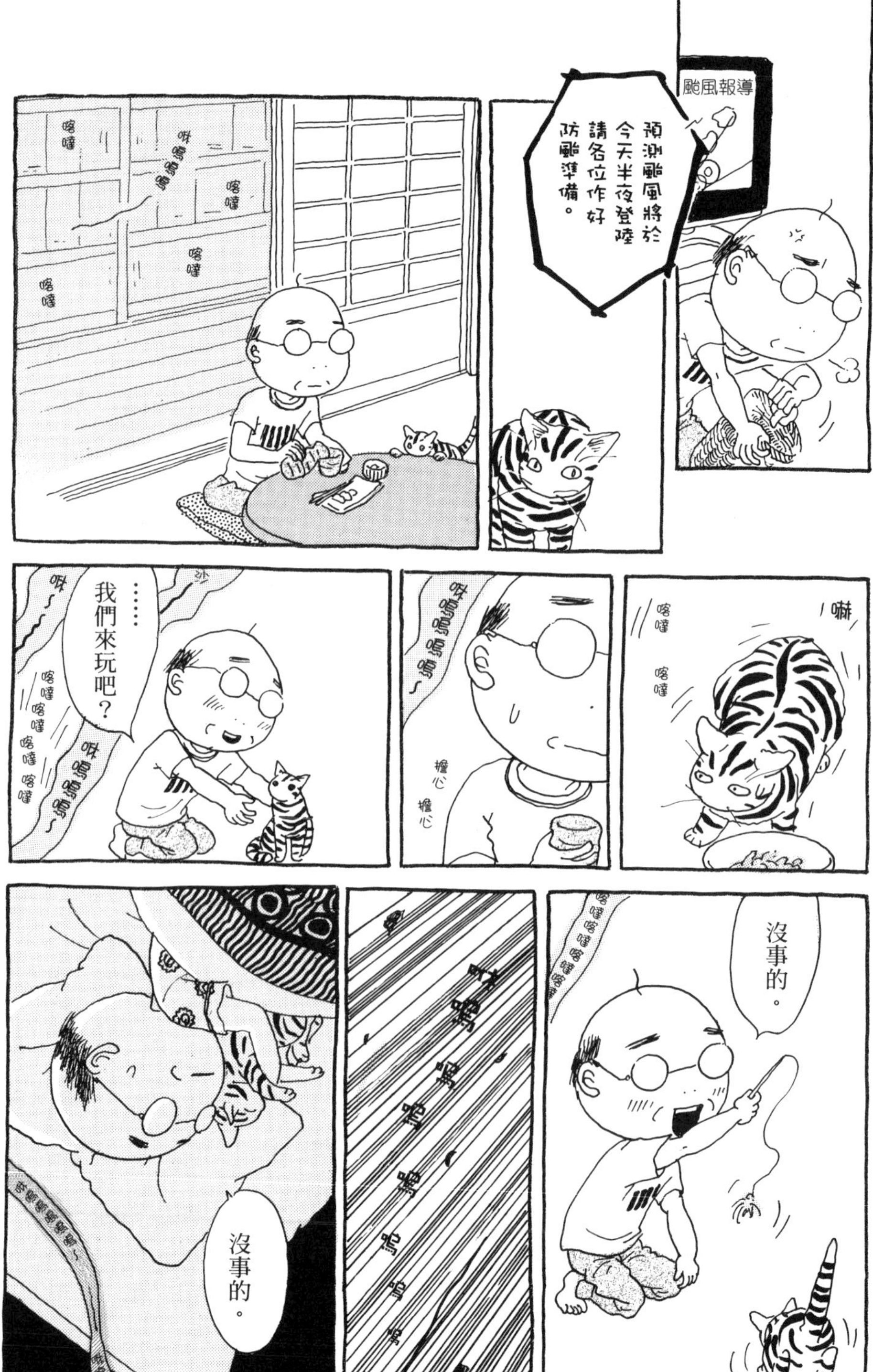
颱風報導
預測颱風將於今天半夜登陸請各位作好防颱準備。
喀噠
咻嗚嗚嗚
喀噠
喀噠
喀噠
……我們來玩吧？
咻～
喀噠喀噠喀噠喀噠
咻嗚嗚嗚～
咻嗚嗚嗚嗚～
擔心擔心
嚇
喀噠
喀噠
沒事的。
喀噠喀噠喀噠喀噠
沒事的。

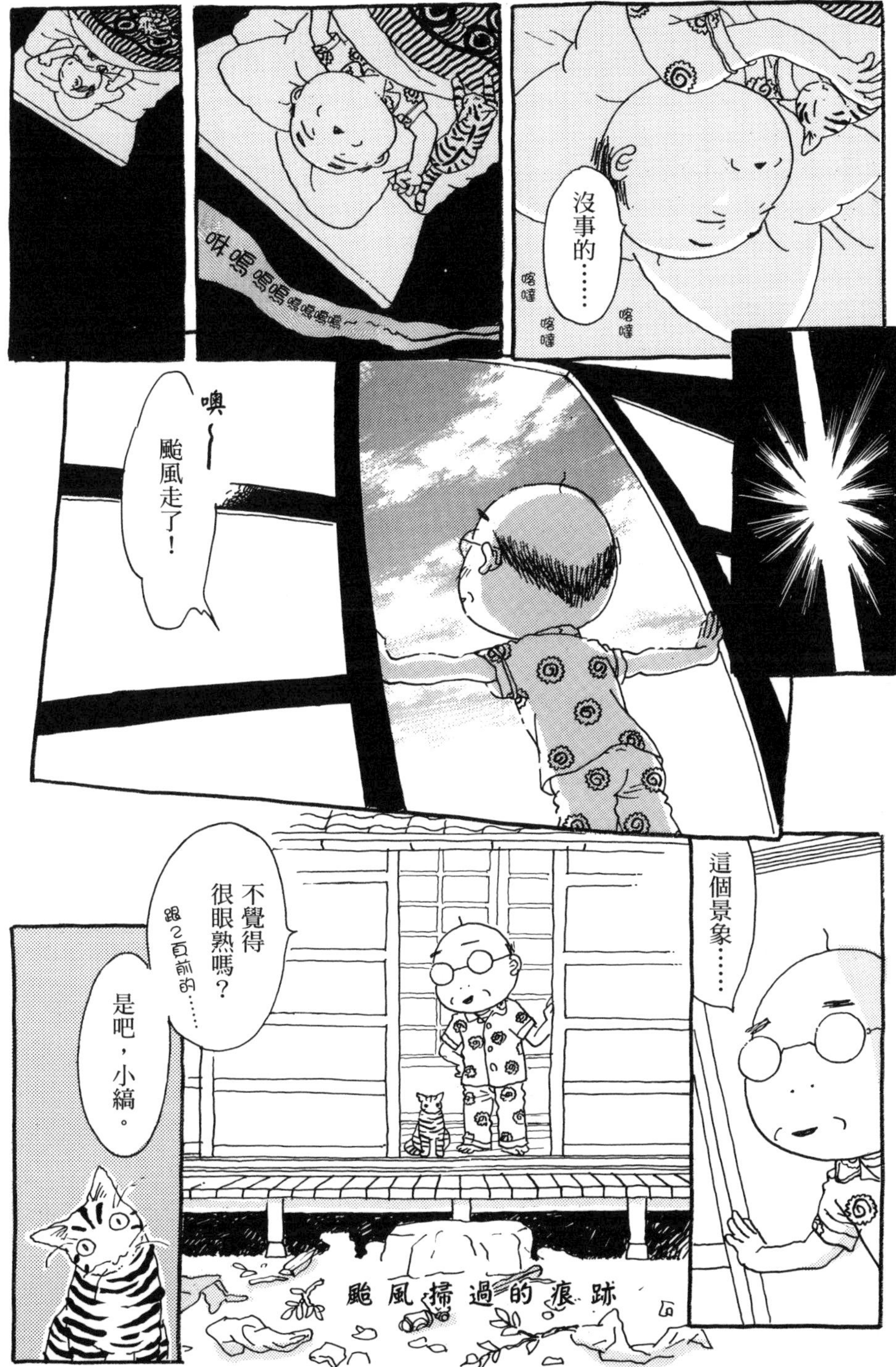
咻嗚嗚嗚嗚嗚嗚嗚~~~
沒事的……
喀噠
喀噠
喀噠
噢~
颱風走了!
這個景象……
不覺得很眼熟嗎?
跟2頁前的……
是吧,小縞。
颱風掃過的痕跡

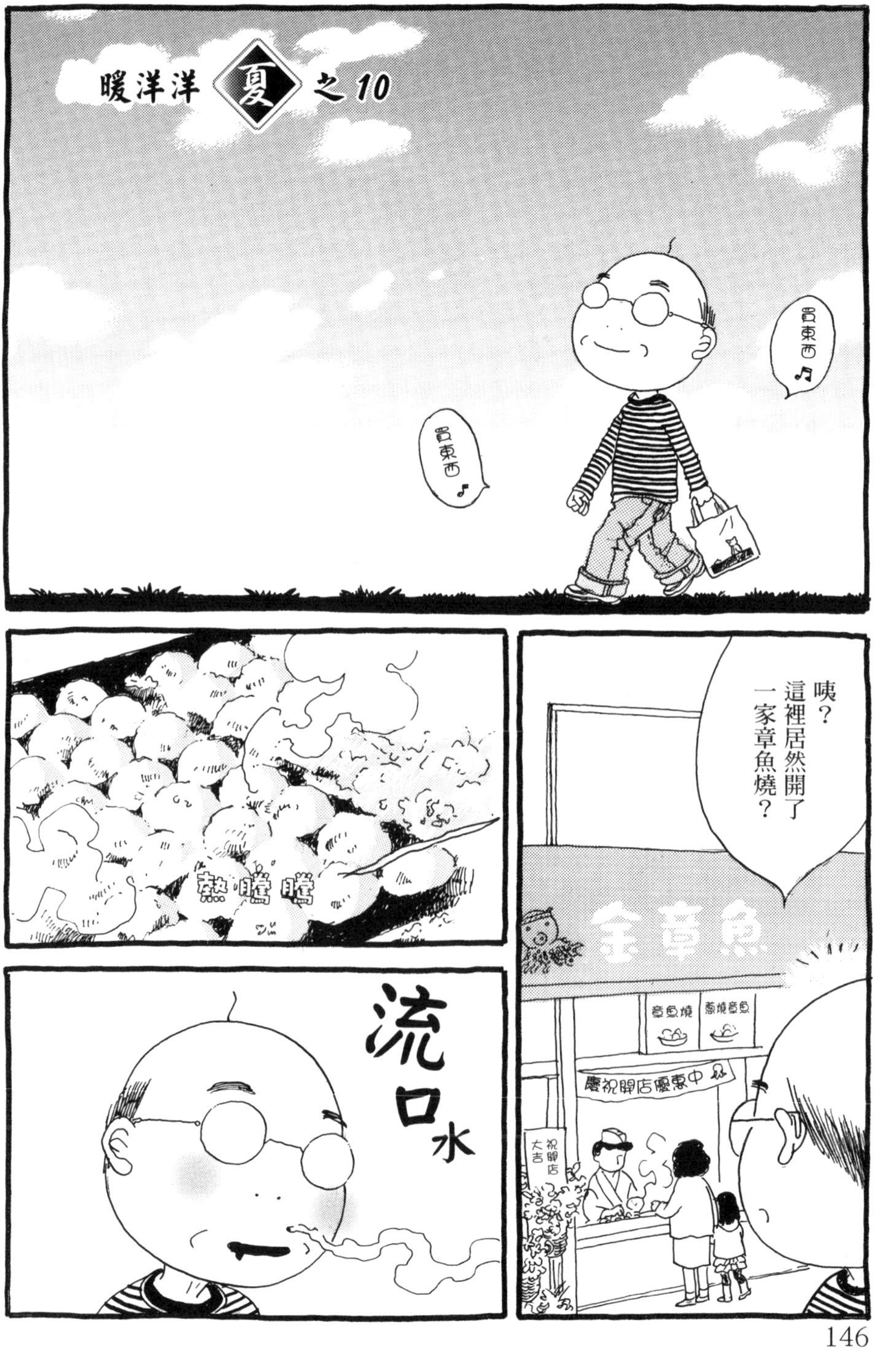

暖洋洋 夏 之10

買東西♪

買東西♪

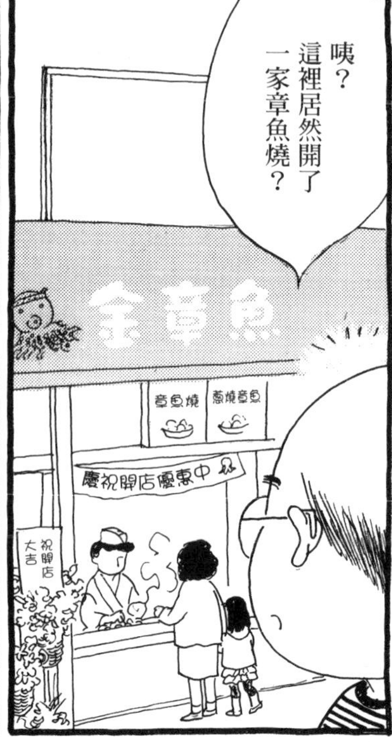

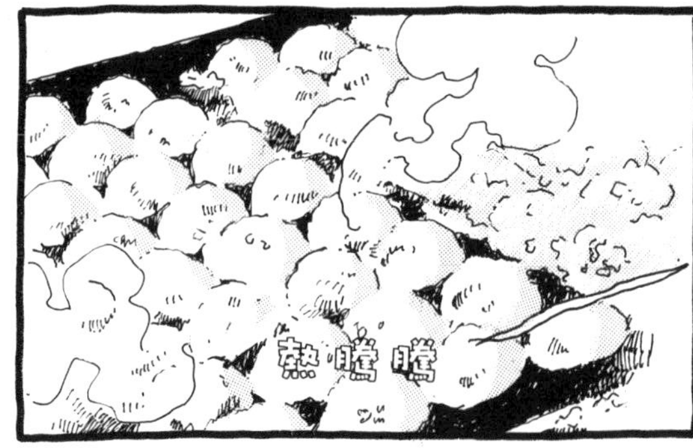

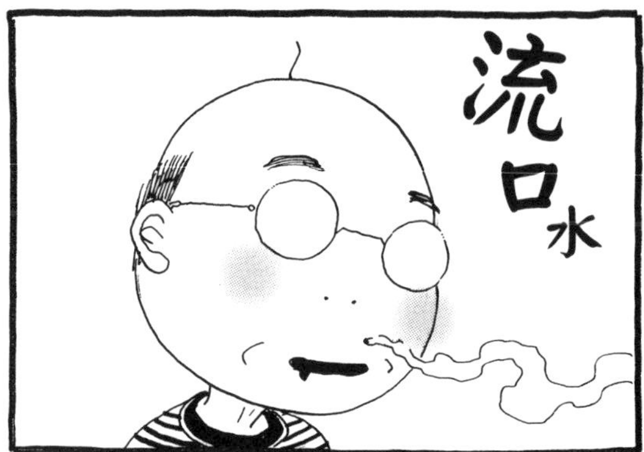

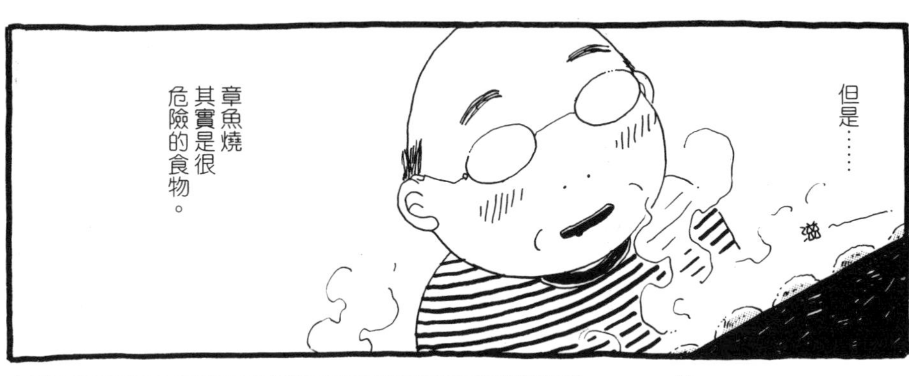
但是……
章魚燒其實是很危險的食物。

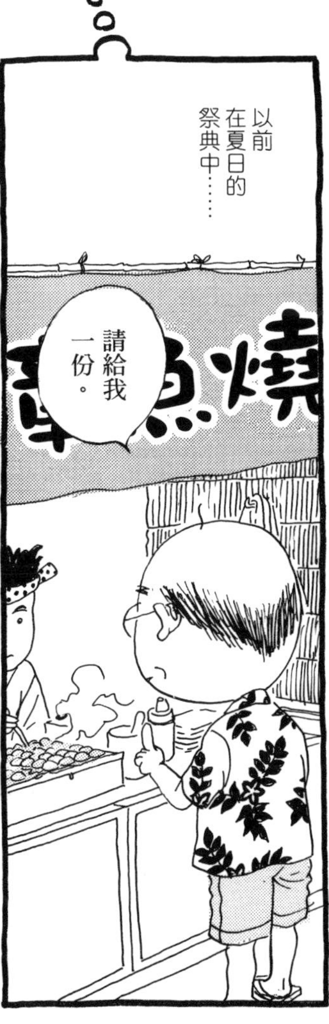
以前在夏日的祭典中……
請給我一份。

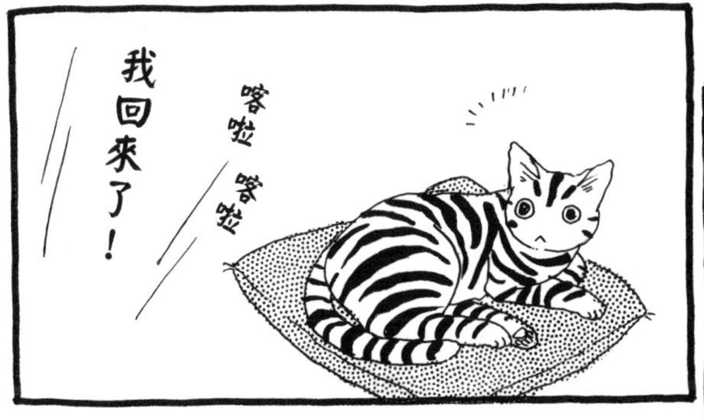
喀啦 喀啦
我回來了!

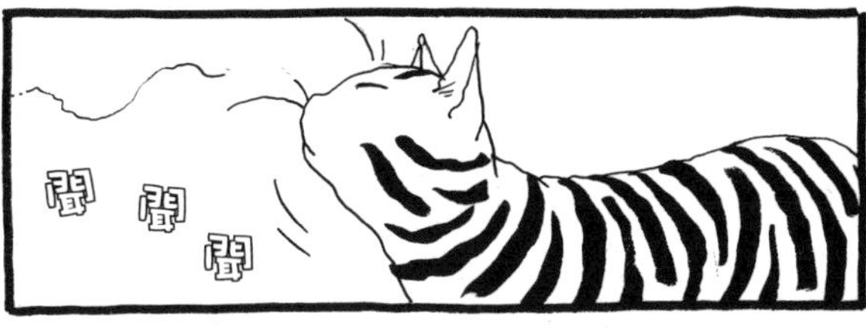
聞 聞 聞

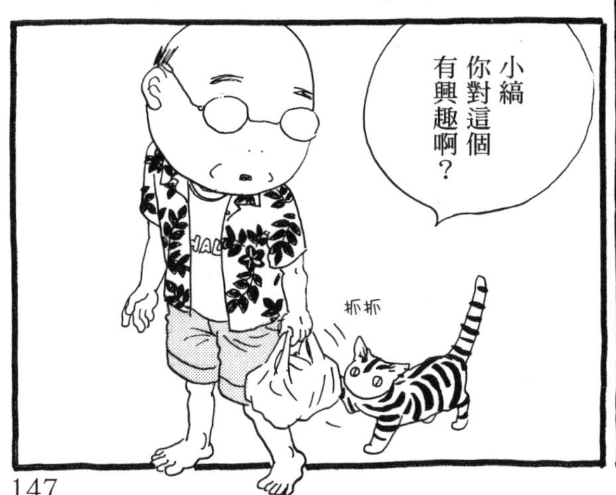
小縞你對這個有興趣啊?
抓抓

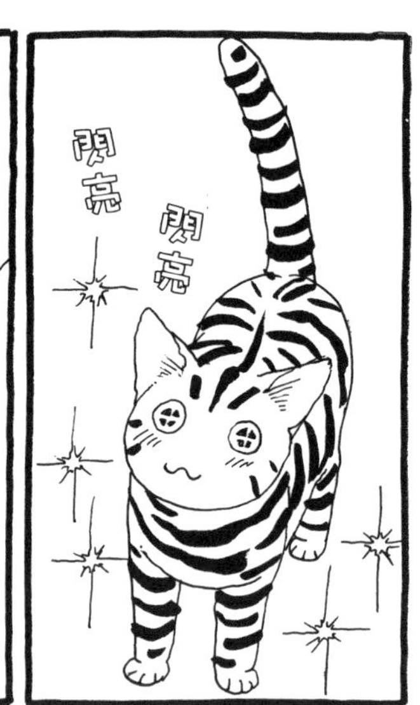
閃亮
閃亮

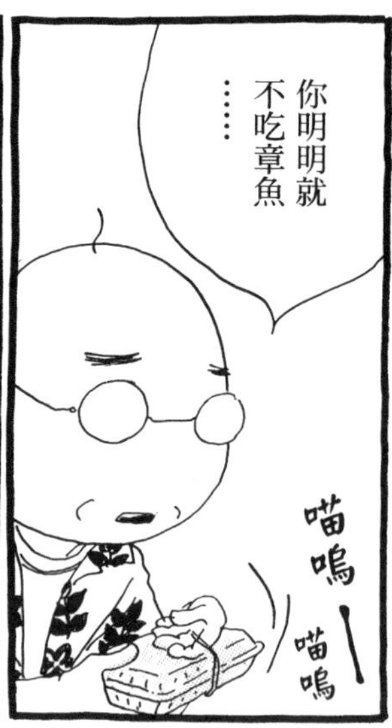
你明明就不吃章魚……
喵嗚
喵嗚

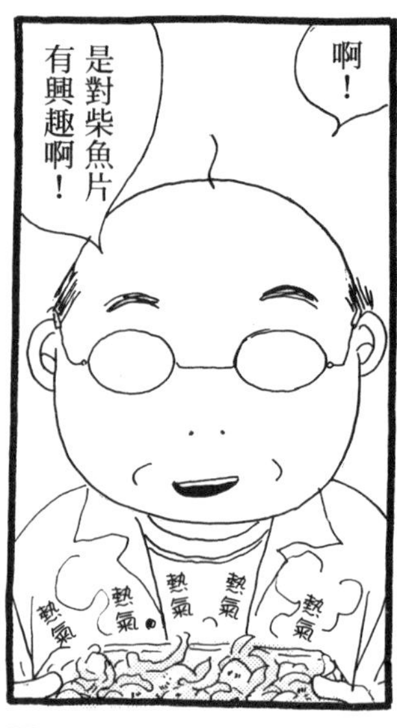
啊！
是對柴魚片有興趣啊！
熱氣
熱氣
熱氣
熱氣
熱氣

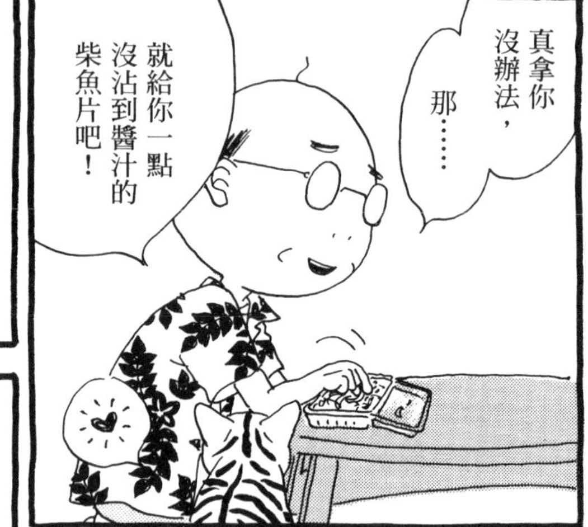
真拿你沒辦法，那……
就給你一點沒沾到醬汁的柴魚片吧！

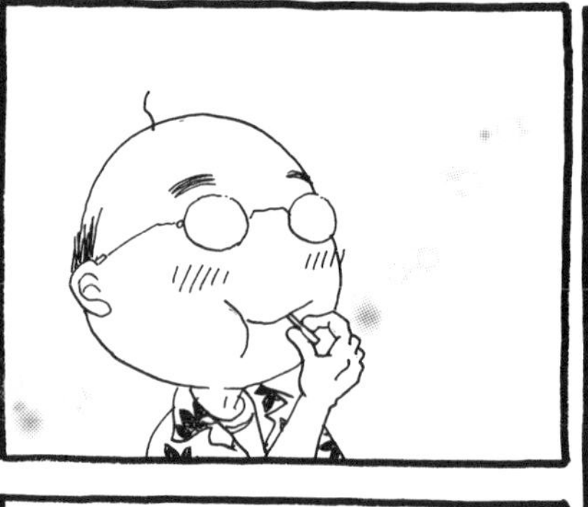

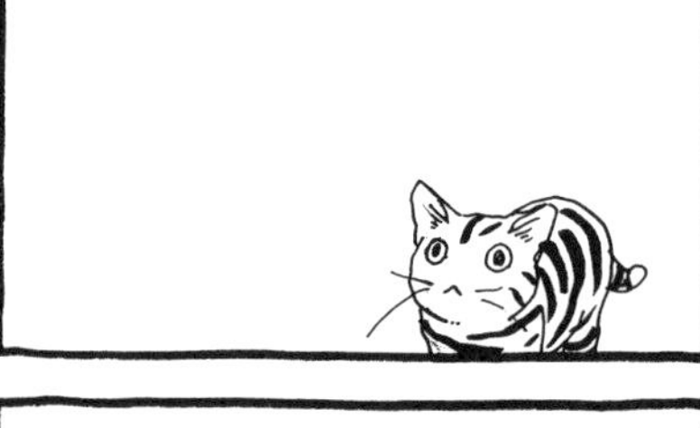

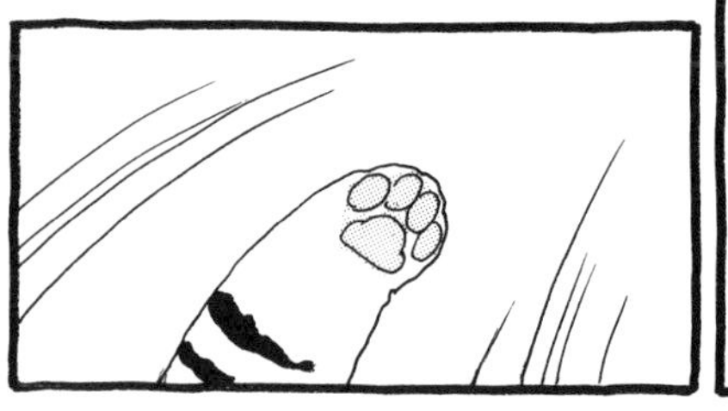

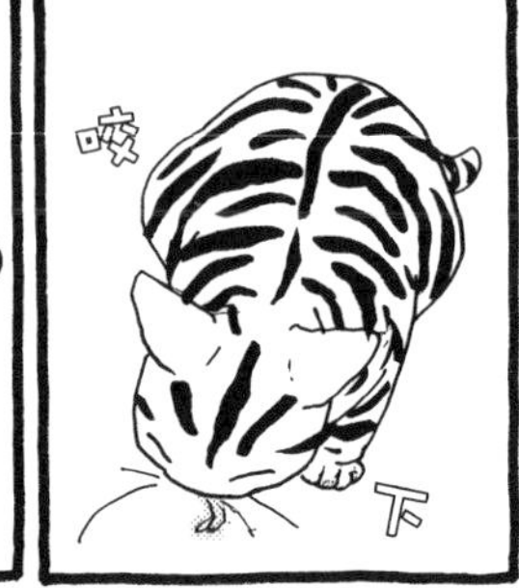
咬
下

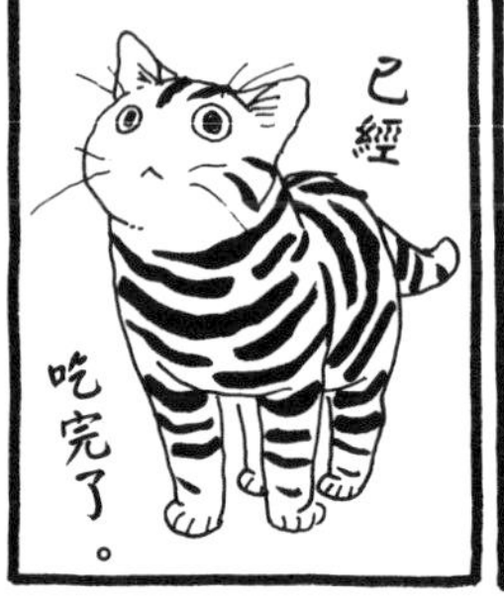
已經
吃完了。

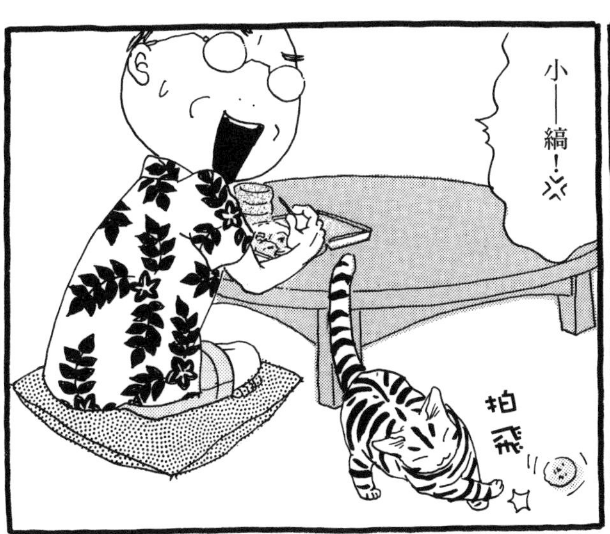
小——縞！
拍飛
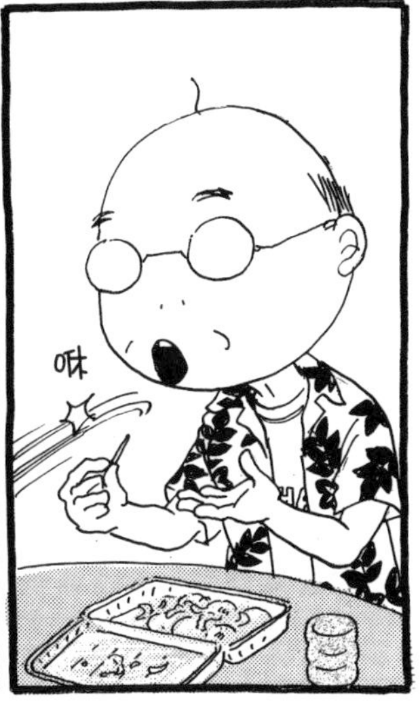
咻
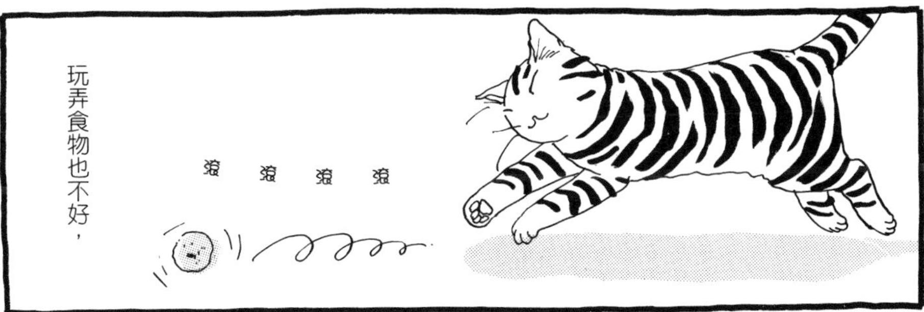
滾滾滾滾
玩弄食物也不好，
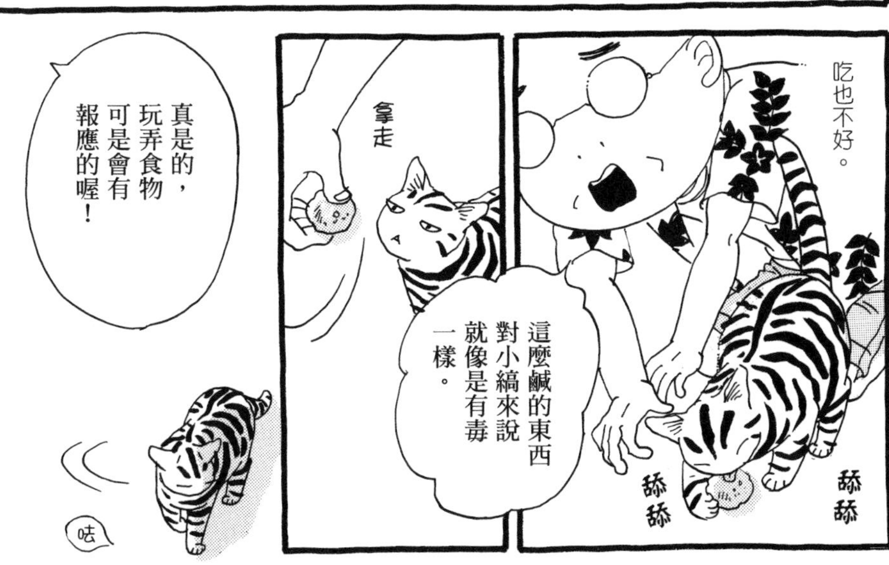
吃也不好。
這麼鹹的東西對小縞來說就像是有毒一樣。
舔舔
舔舔
拿走
真是的，玩弄食物可是會有報應的喔！
咕

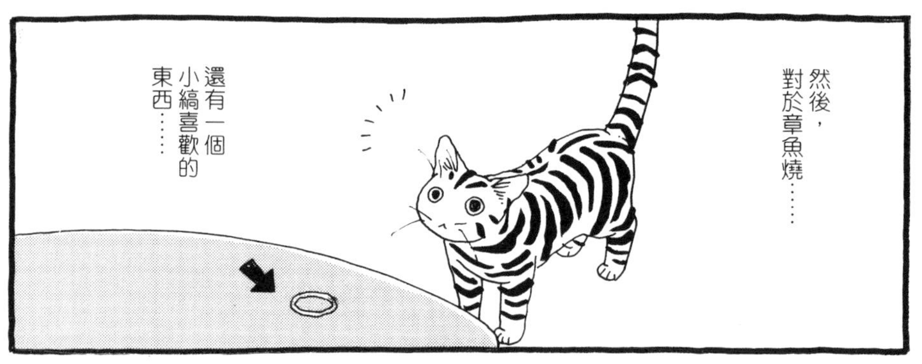
然後，對於章魚燒……
還有一個小縞喜歡的東西……

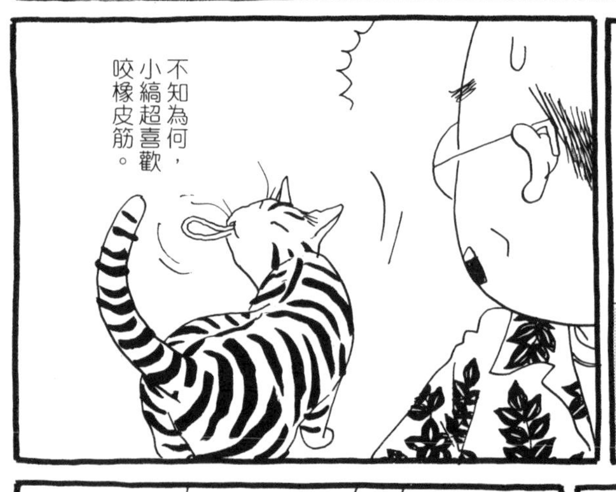
不知為何，小縞超喜歡咬橡皮筋。

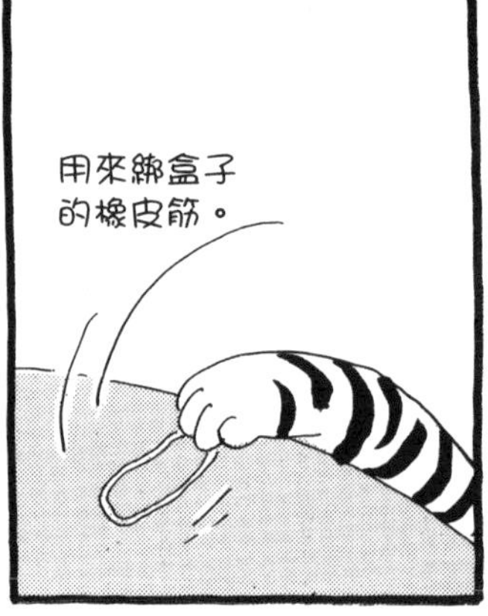
用來綁盒子的橡皮筋。

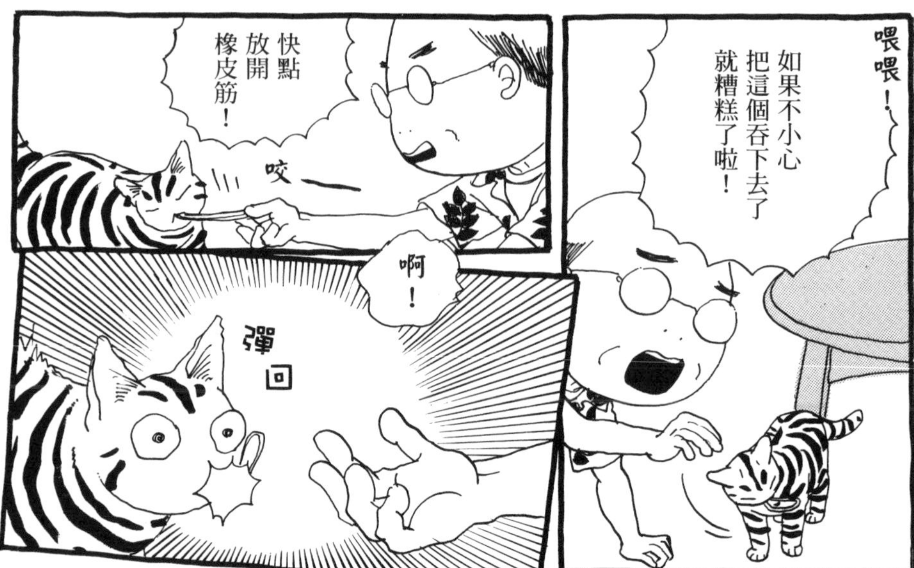
喂喂！
如果不小心把這個吞下去了就糟糕了啦！
快點放開橡皮筋！
咬
啊！
彈回

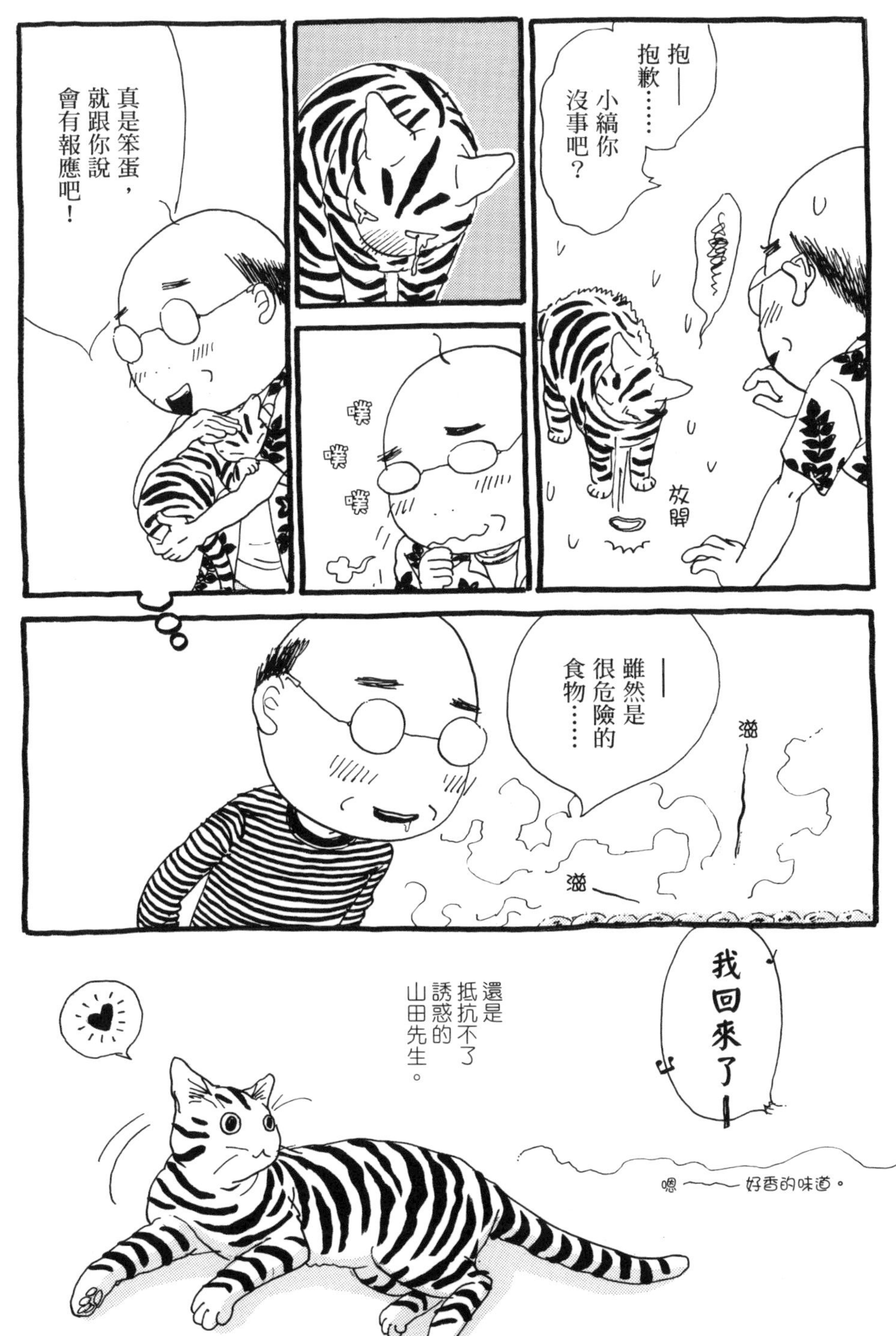
抱——抱歉……
小縞你沒事吧？
放開
噗
噗
噗
真是笨蛋，就跟你說會有報應吧！
——雖然是很危險的食物……
滋
滋
我回來了！
還是抵抗不了誘惑的山田先生。
嗯——好香的味道。

暖洋洋夏之11

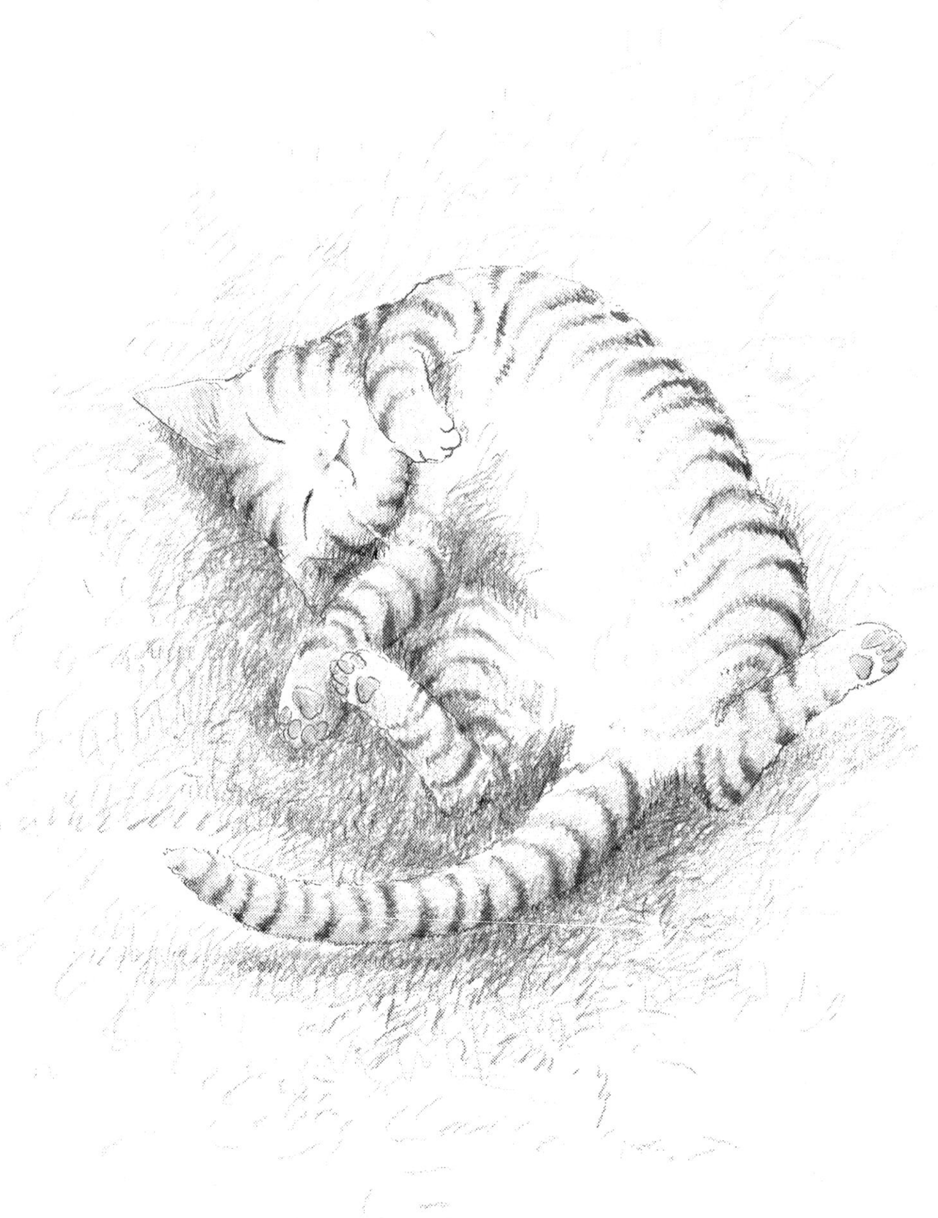

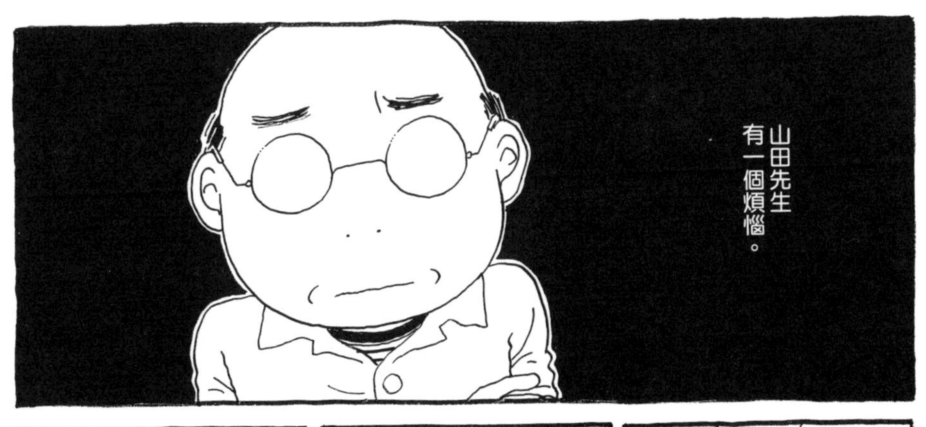
山田先生
有一個煩惱。

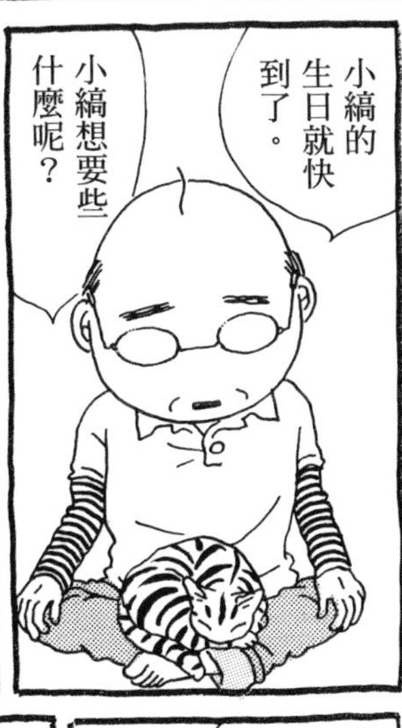
小縞的生日就快到了。
小縞想要些什麼呢？

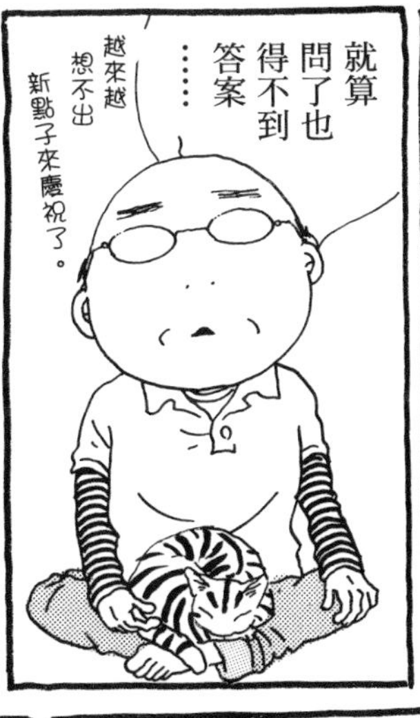
就算問了也得不到答案……
越來越想不出新點子來慶祝了。

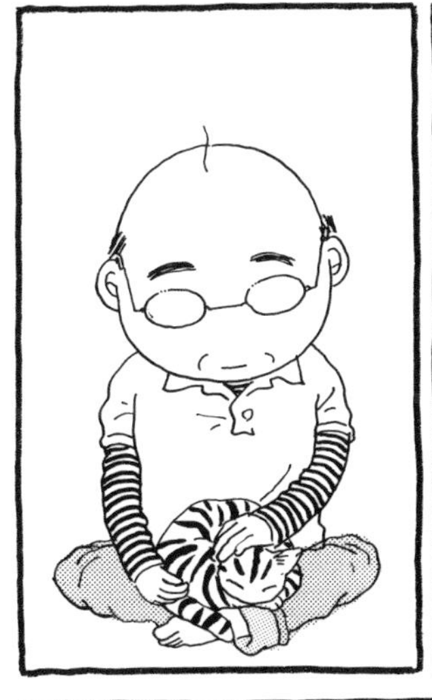

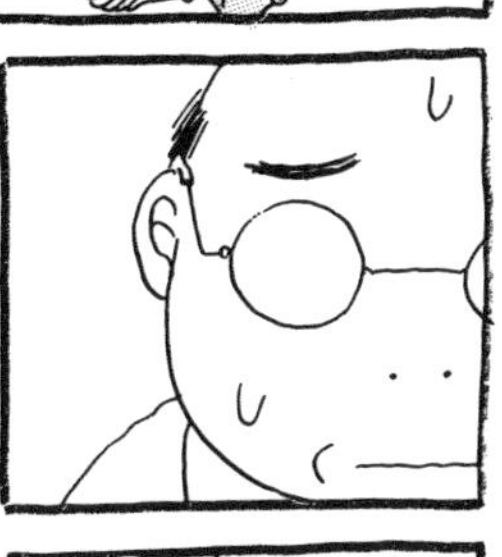

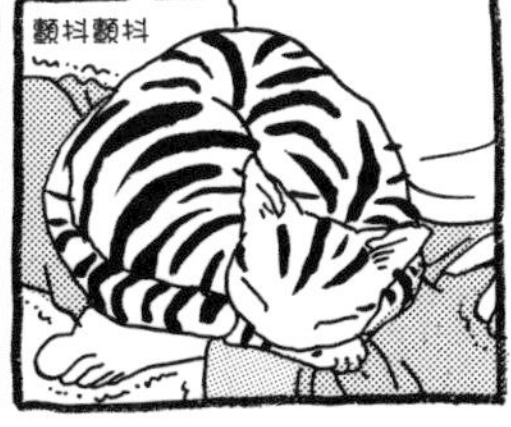
顫抖顫抖

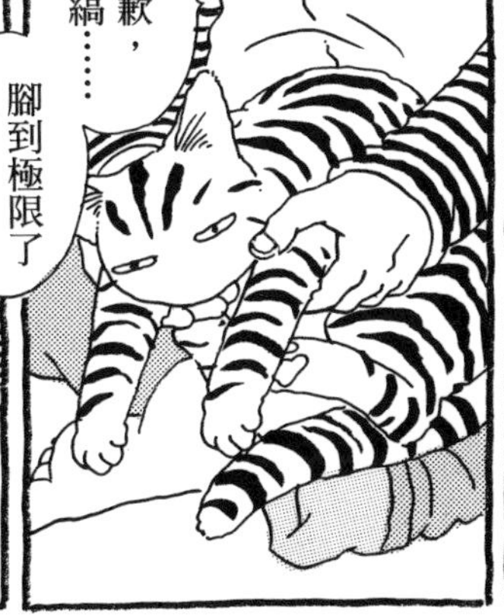
抱歉，小縞……
腳到極限了……

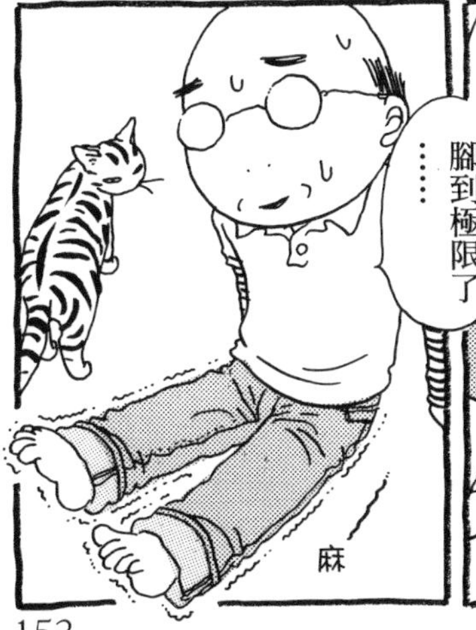
麻

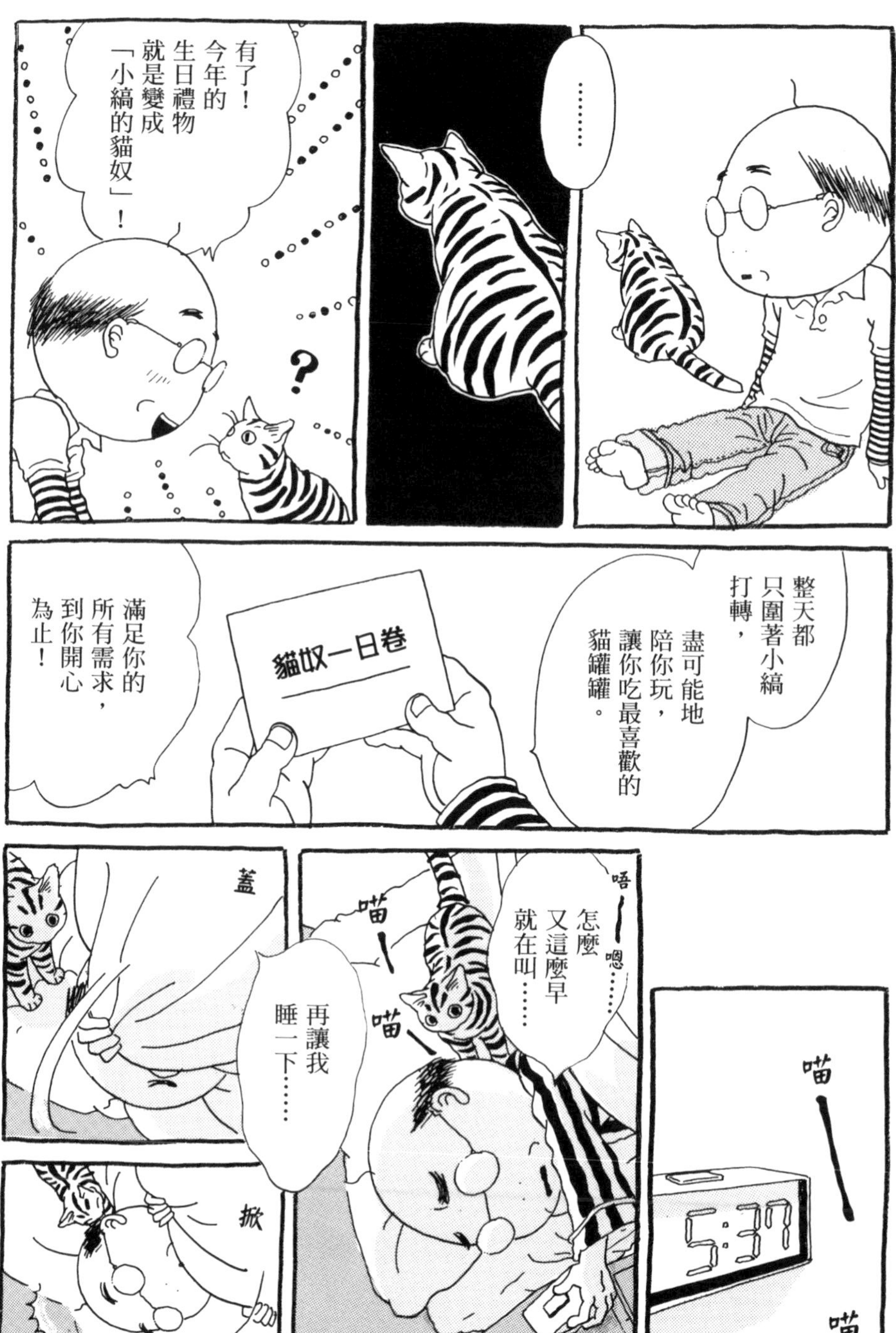

......
有了！今年的生日禮物就是變成「小縞的貓奴」！
整天都只圍著小縞打轉，
盡可能地陪你玩，讓你吃最喜歡的貓罐罐。
貓奴一日卷
滿足你的所有需求，到你開心為止！
喵—
喵—
唔—嗯......
怎麼又這麼早就在叫......
喵—
喵—
再讓我睡一下......
蓋
掀

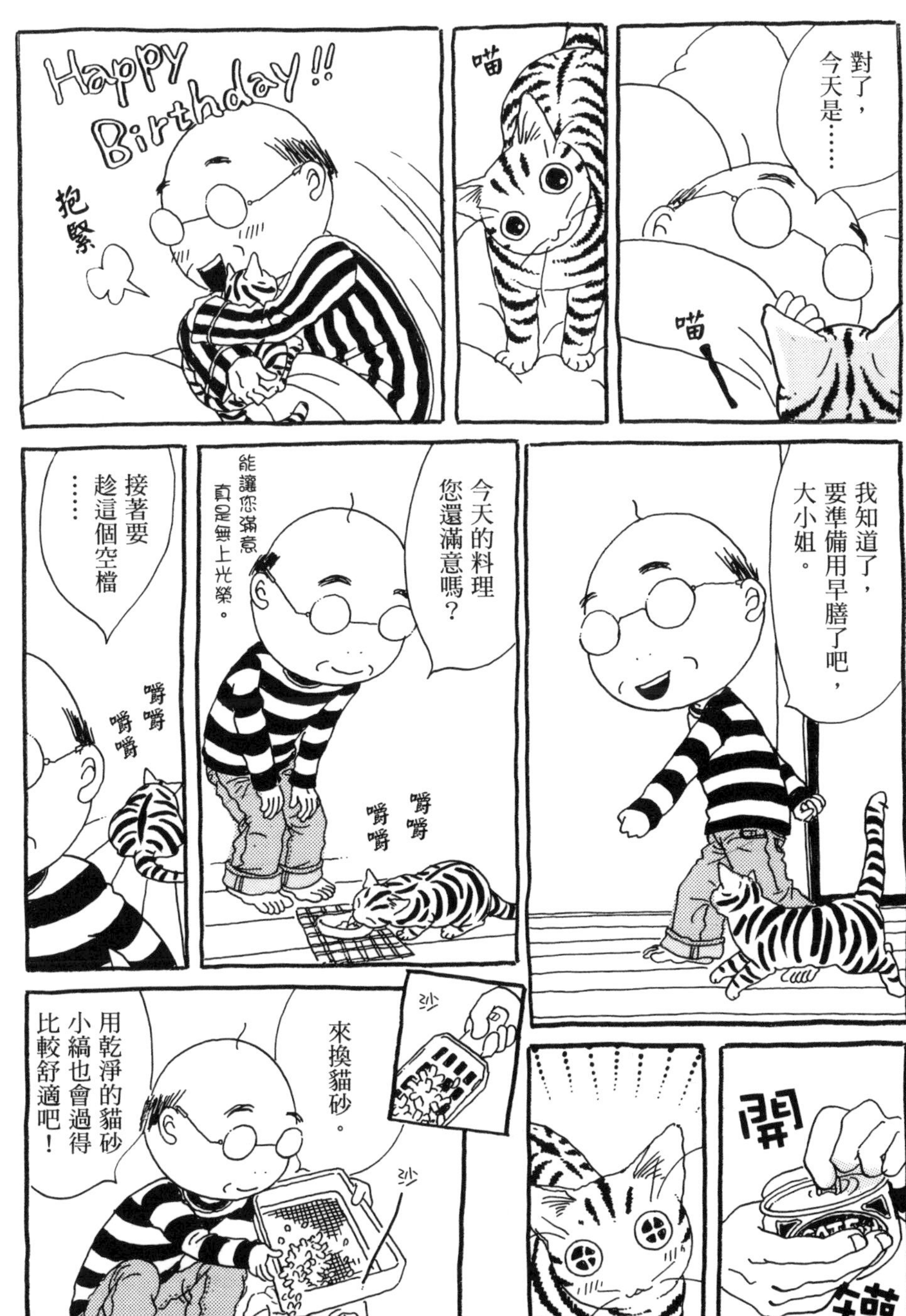
對了，今天是……
喵
喵
Happy Birthday!!
抱緊
我知道了，要準備用早膳了吧，大小姐。
今天的料理您還滿意嗎？
能讓您滿意真是無上光榮。
嚼嚼
嚼嚼
接著要趁這個空檔……
嚼嚼
嚼嚼
開
罐
沙
來換貓砂。
用乾淨的貓砂小縞也會過得比較舒適吧！
沙

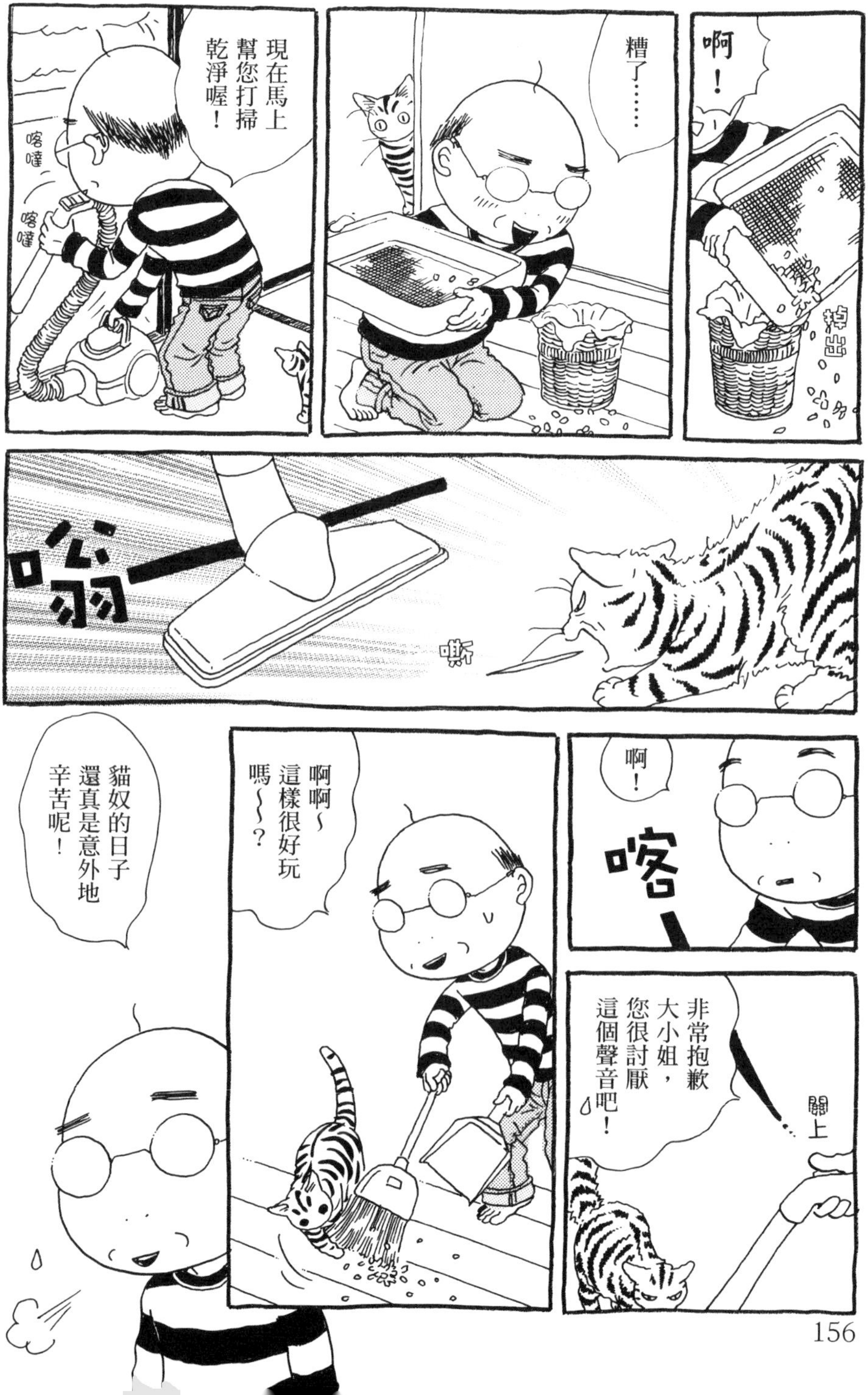

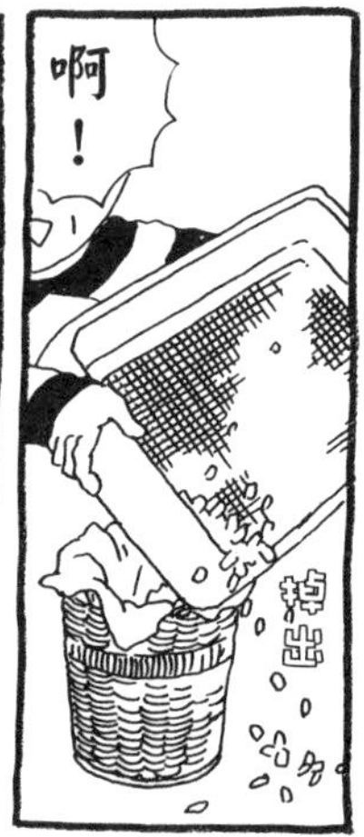

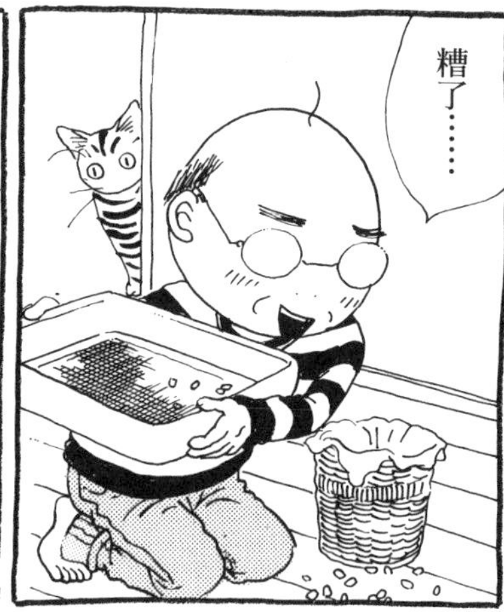

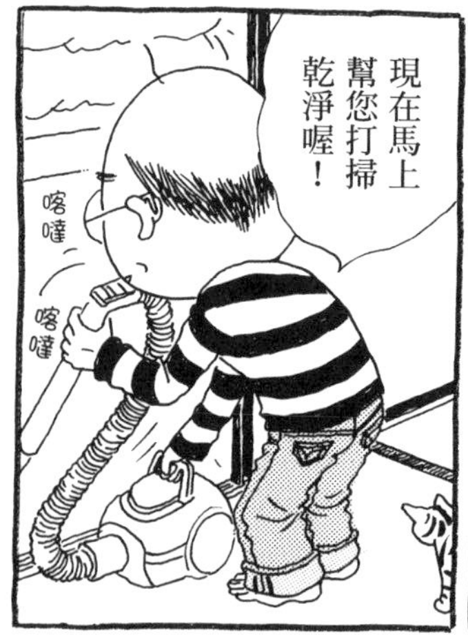

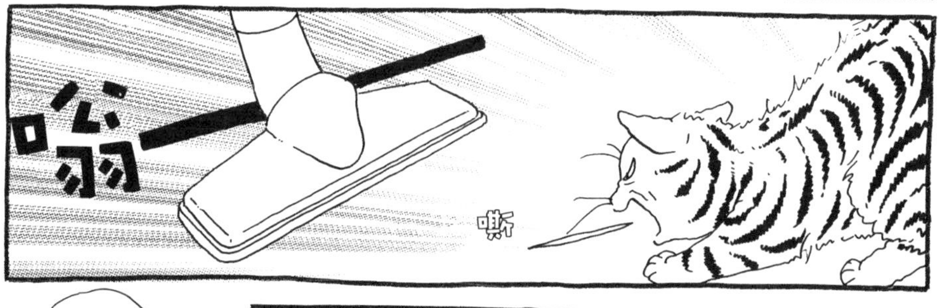

啊！

喀

非常抱歉大小姐，您很討厭這個聲音吧！

關上

啊啊～這樣很好玩嗎～～？

貓奴的日子還真是意外地辛苦呢！

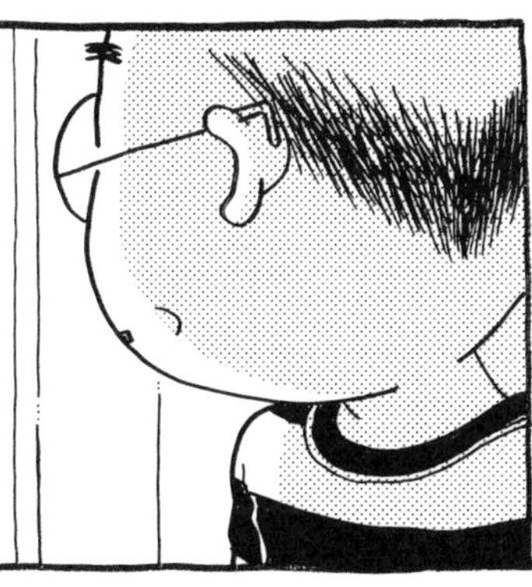

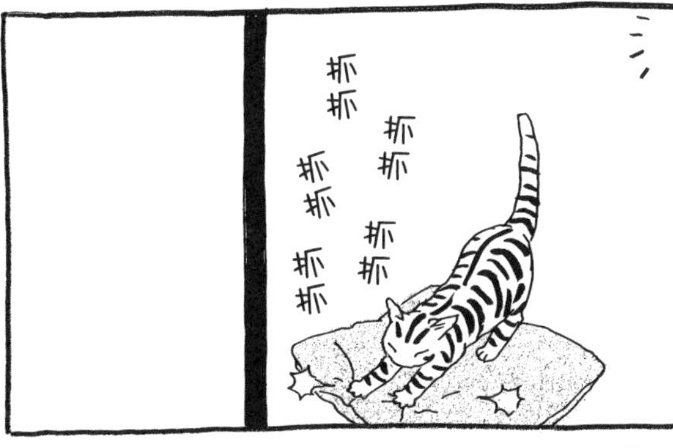
抓抓
抓抓
抓抓
抓抓

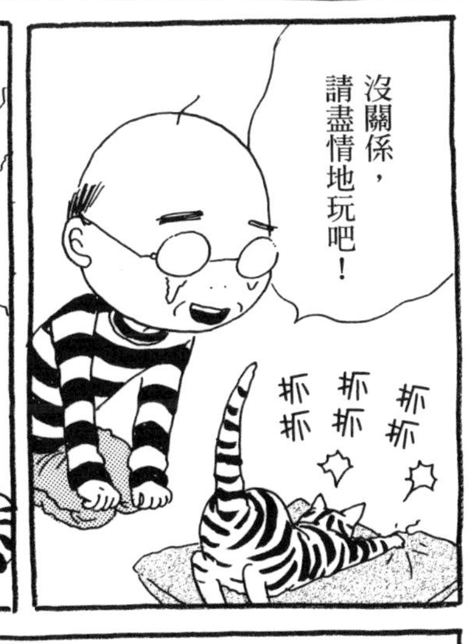
沒關係，
請盡情地玩吧！
抓抓
抓抓
抓抓

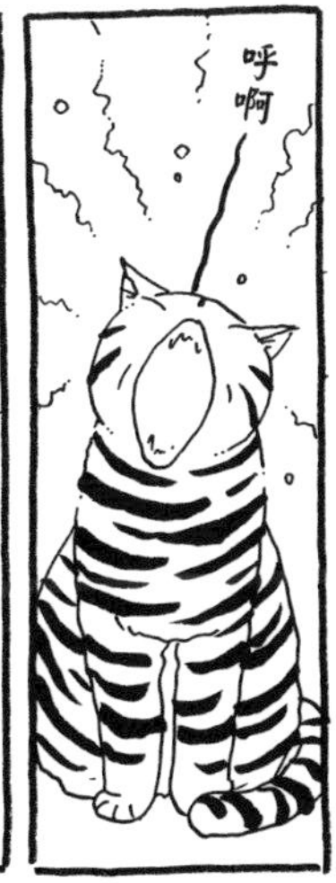
呼啊

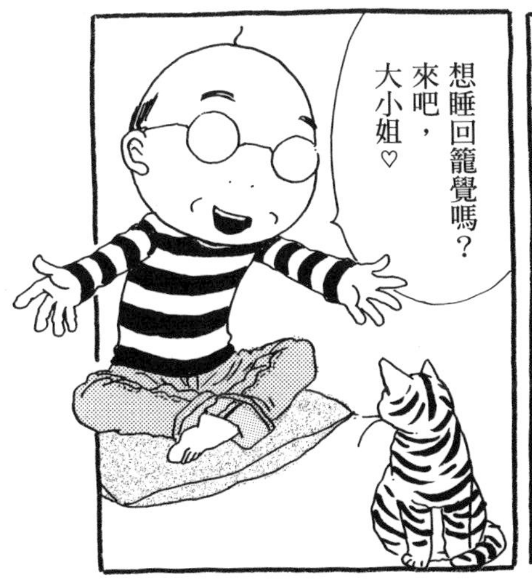
想睡回籠覺嗎？
來吧，
大小姐♡

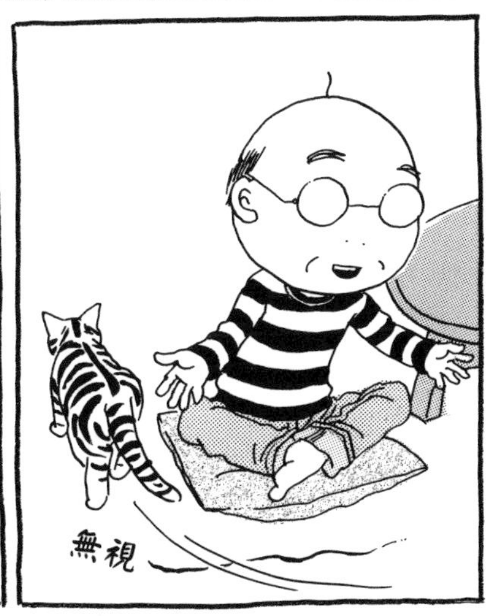
無視

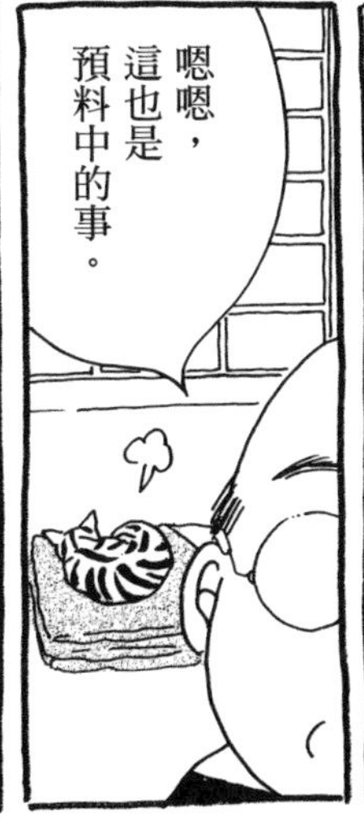
嗯嗯，
這也是
預料中的事。

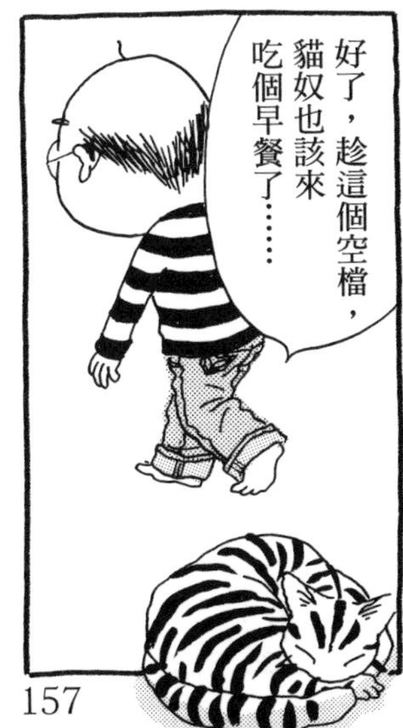
好了，趁這個空檔，
貓奴也該來
吃個早餐了……

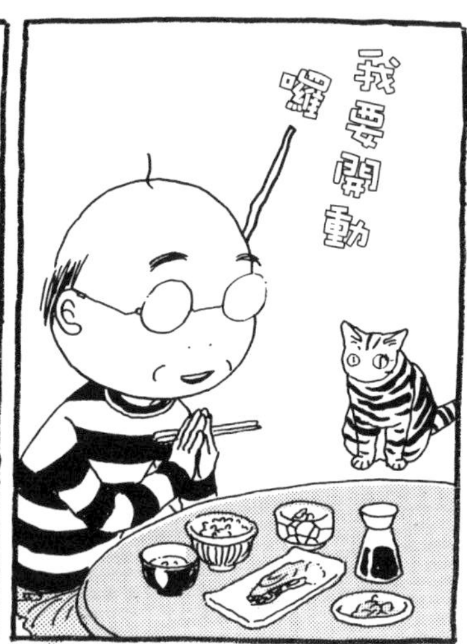
我要開動囉
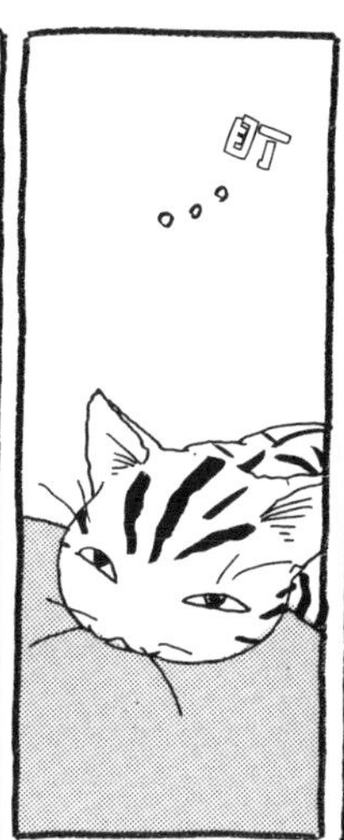
盯……
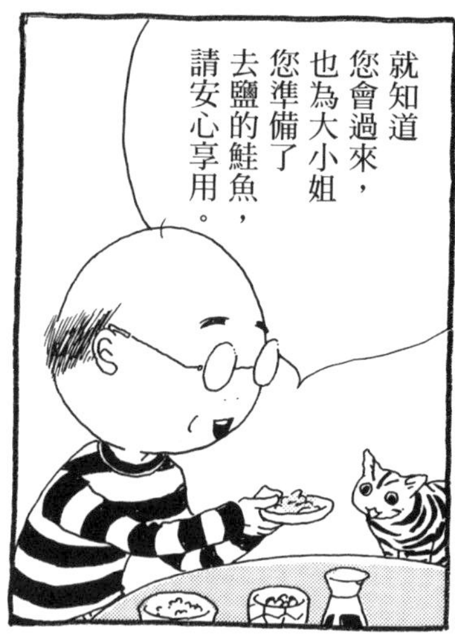
就知道您會過來，也為大小姐您準備了去鹽的鮭魚，請安心享用。
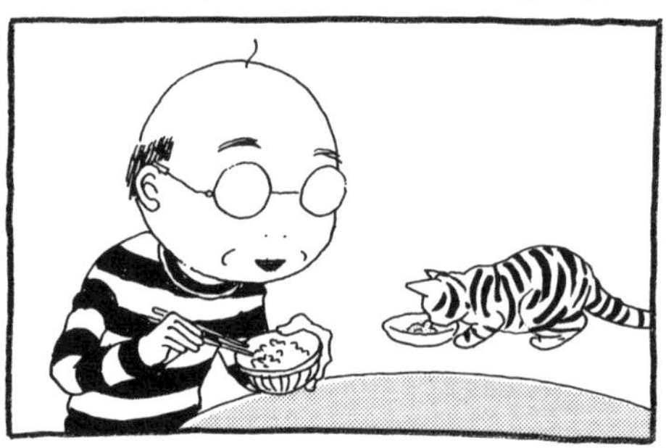
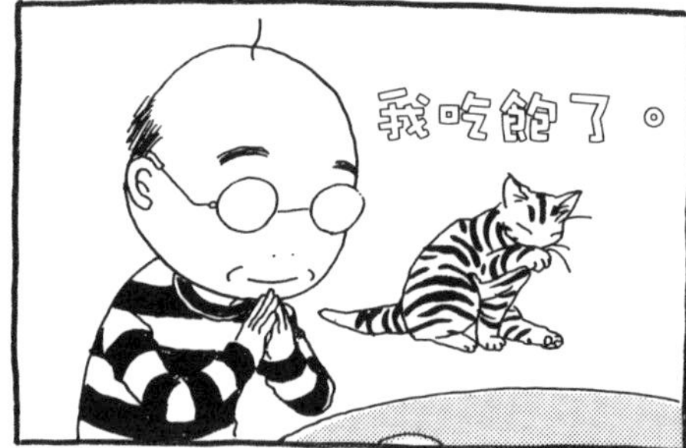
我吃飽了。
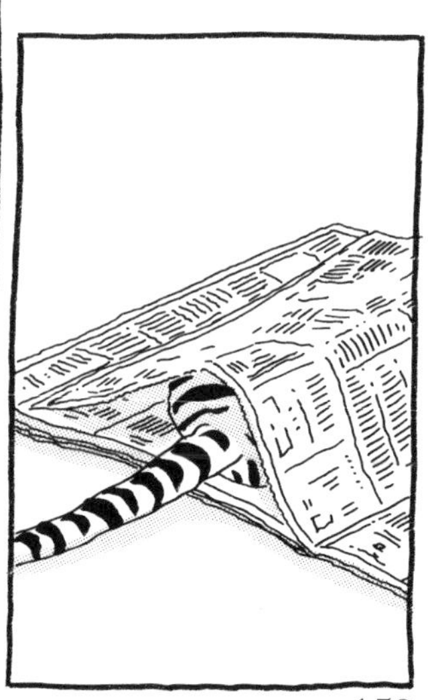
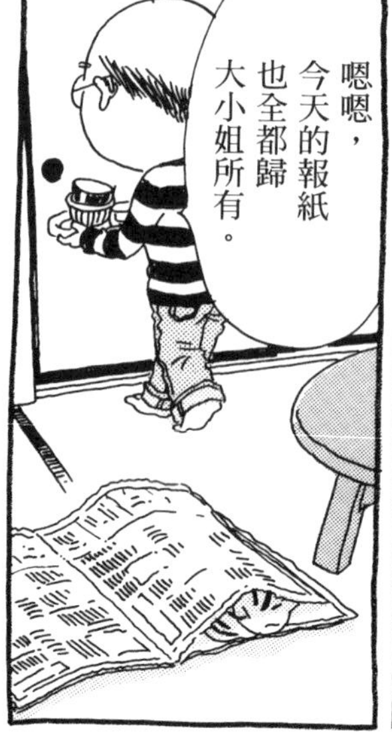
嗯嗯，今天的報紙也全都歸大小姐所有。
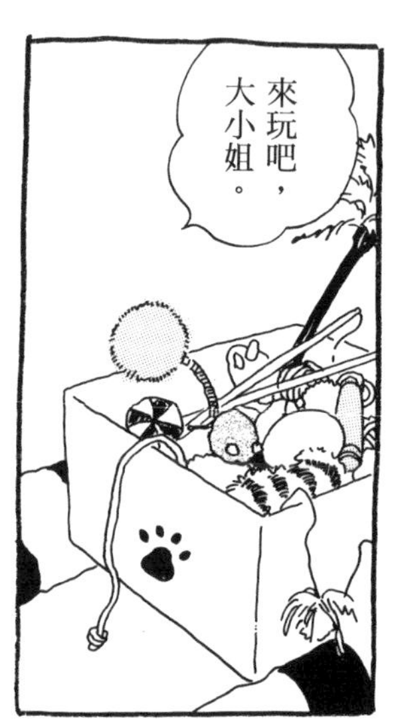
來玩吧，大小姐。

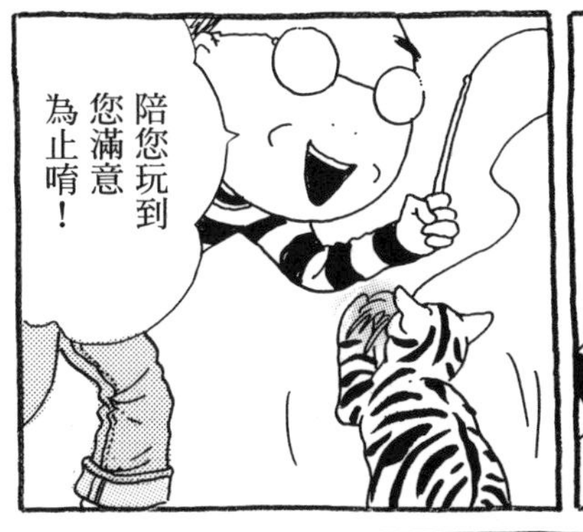
陪您玩到您滿意為止唷！
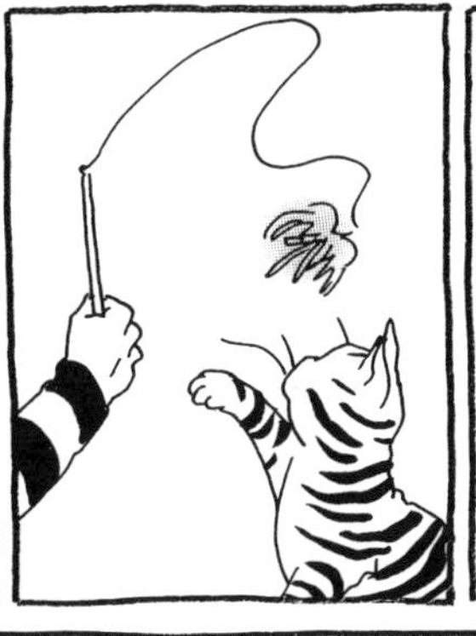
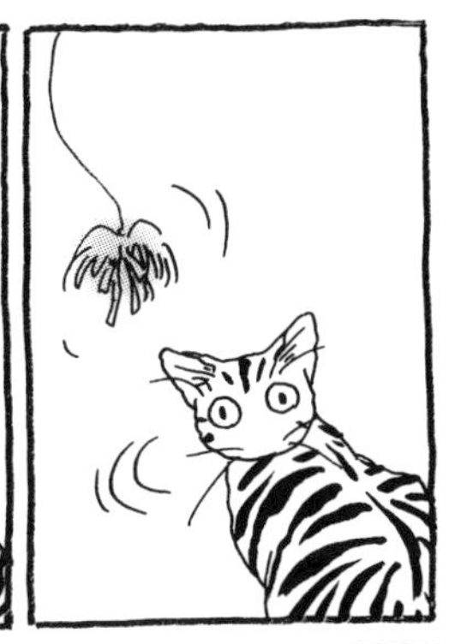
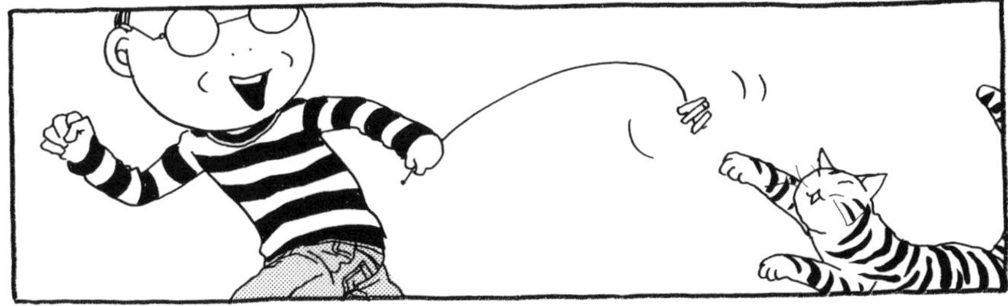
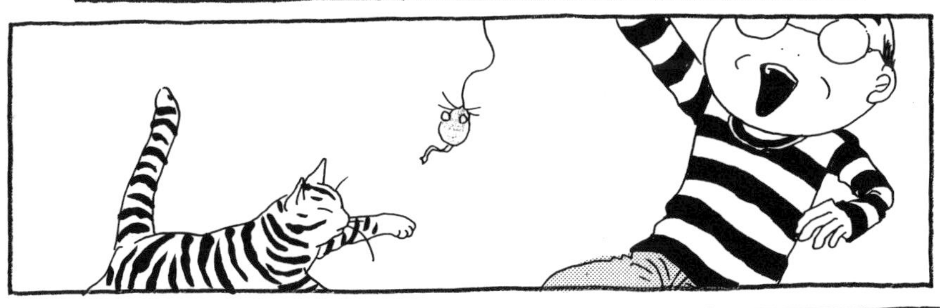
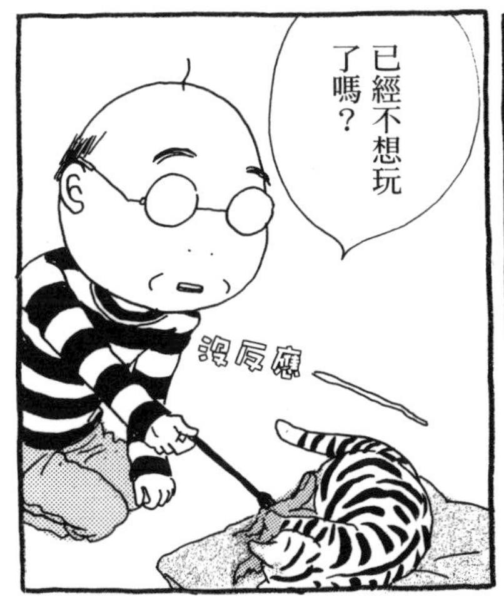
已經不想玩了嗎？
沒反應
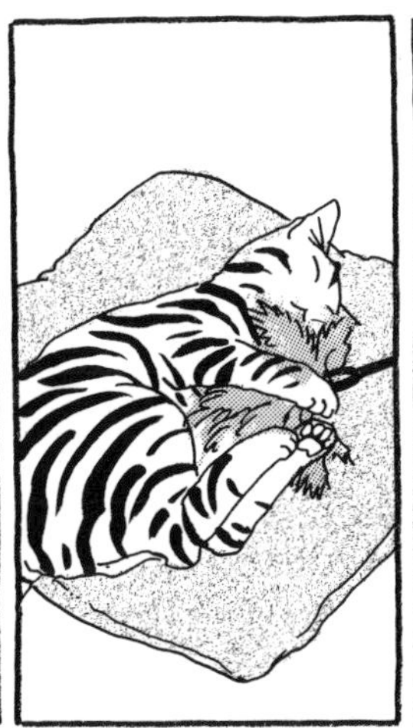
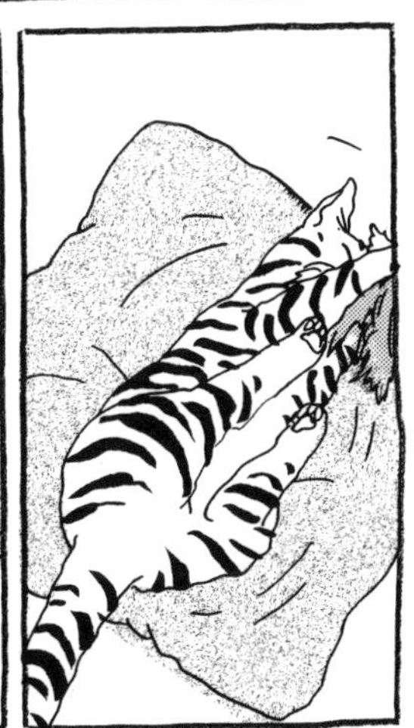

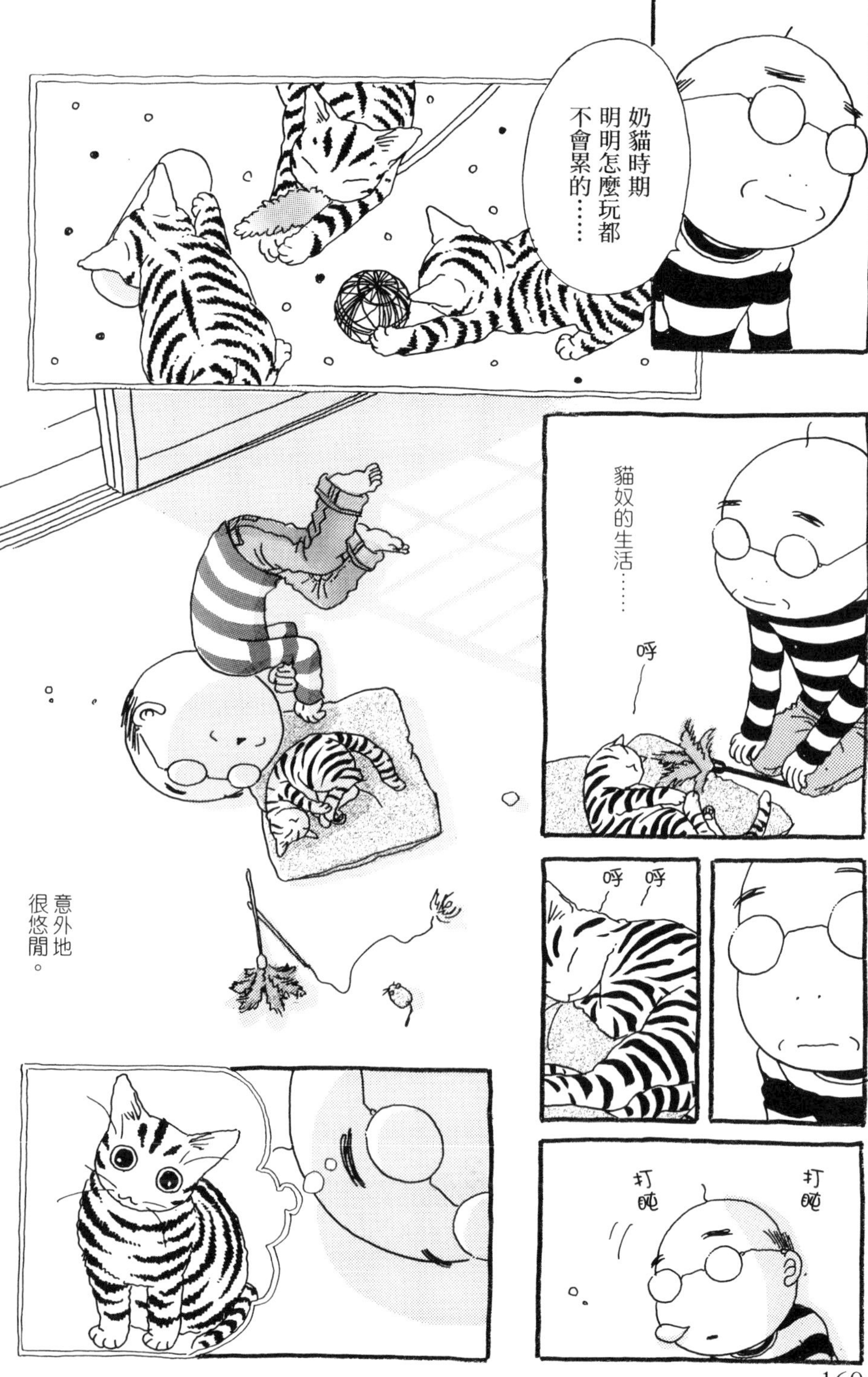
奶貓時期
明明怎麼玩都
不會累的……
貓奴的生活……
呼
意外地
很悠閒。
呼
呼
打盹
打盹

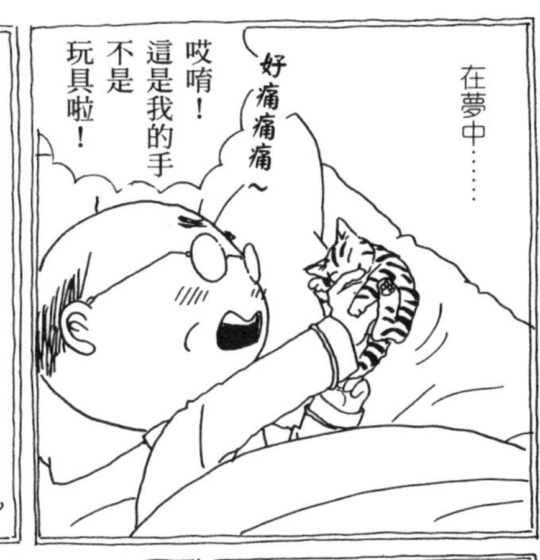
在夢中……
好痛痛痛～
哎唷！這是我的手不是玩具啦！
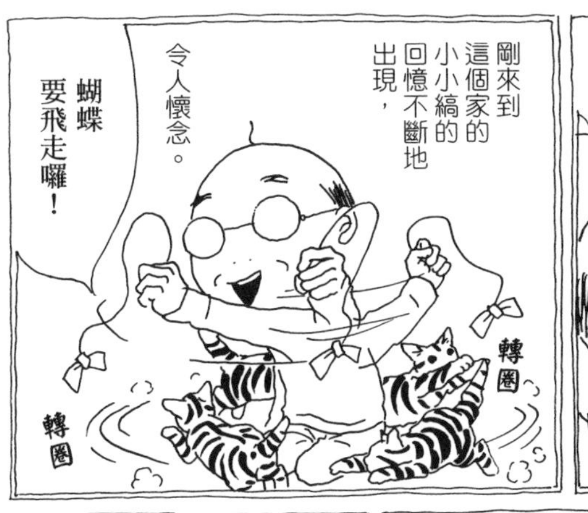
剛來到這個家的小小縞的回憶不斷地出現，
令人懷念。
蝴蝶要飛走囉！
轉圈
轉圈
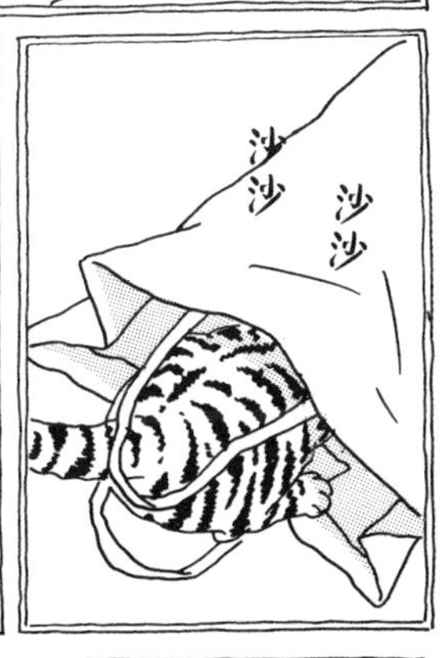
沙沙
沙沙
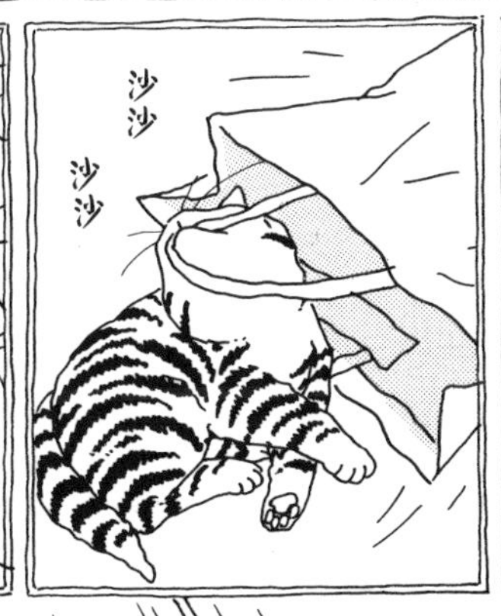
沙沙
沙沙
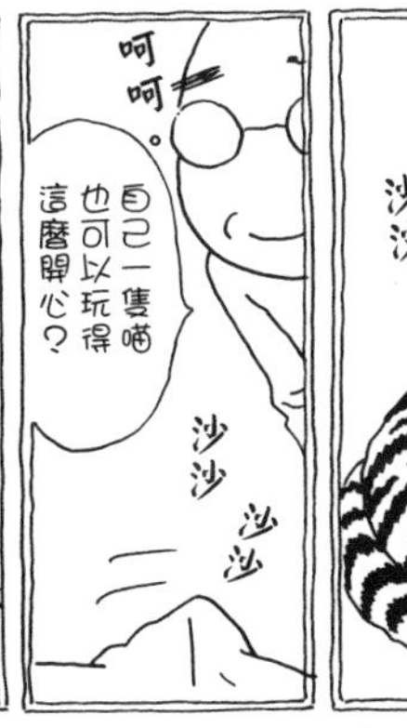
呵呵。
自己一隻喵也可以玩得這麼開心？
沙沙
沙沙
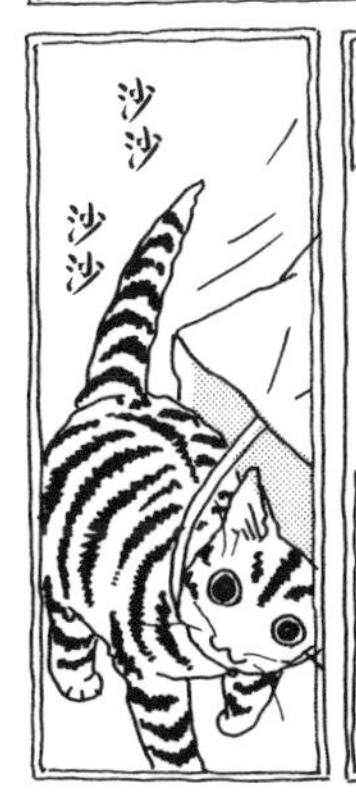
沙沙
沙沙
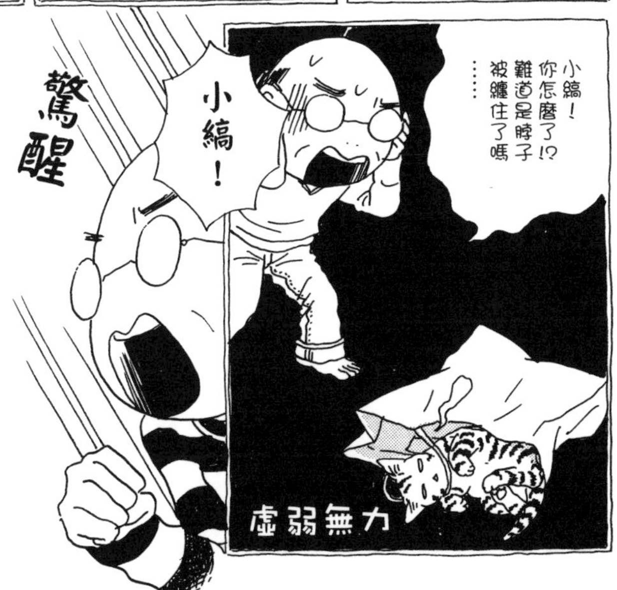
小縞！你怎麼了！？難道是脖子被纏住了嗎……
虛弱無力
驚醒
小縞！
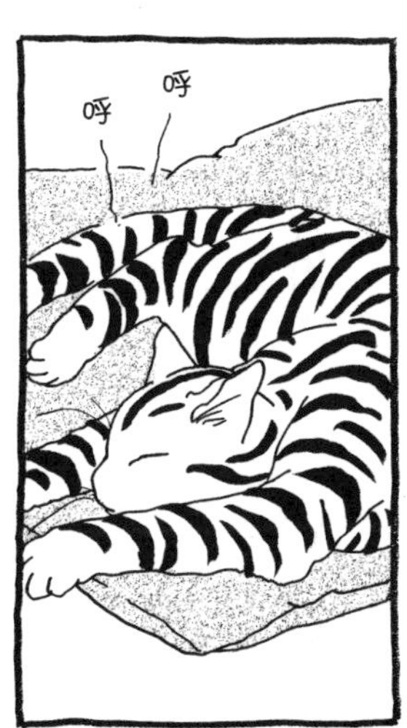
呼
呼

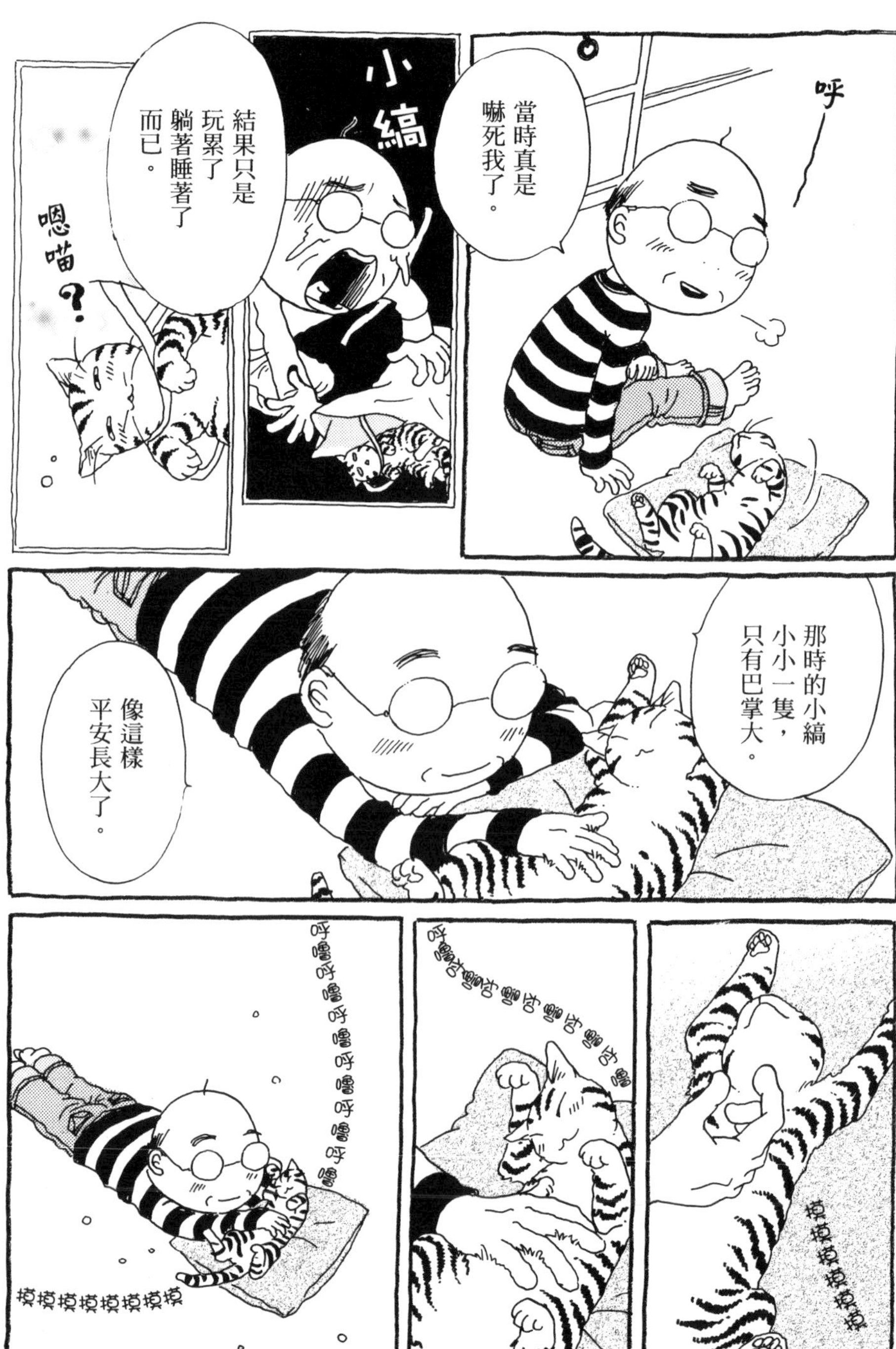
呼──
當時真是
嚇死我了。
小縞
結果只是
玩累了
躺著睡著了
而已。
嗯喵？
那時的小縞
小小一隻，
只有巴掌大。
像這樣
平安長大了。
摸摸摸摸摸
呼嚕呼嚕呼嚕呼嚕呼嚕
呼嚕呼嚕呼嚕呼嚕呼嚕呼嚕
摸摸摸摸摸摸摸

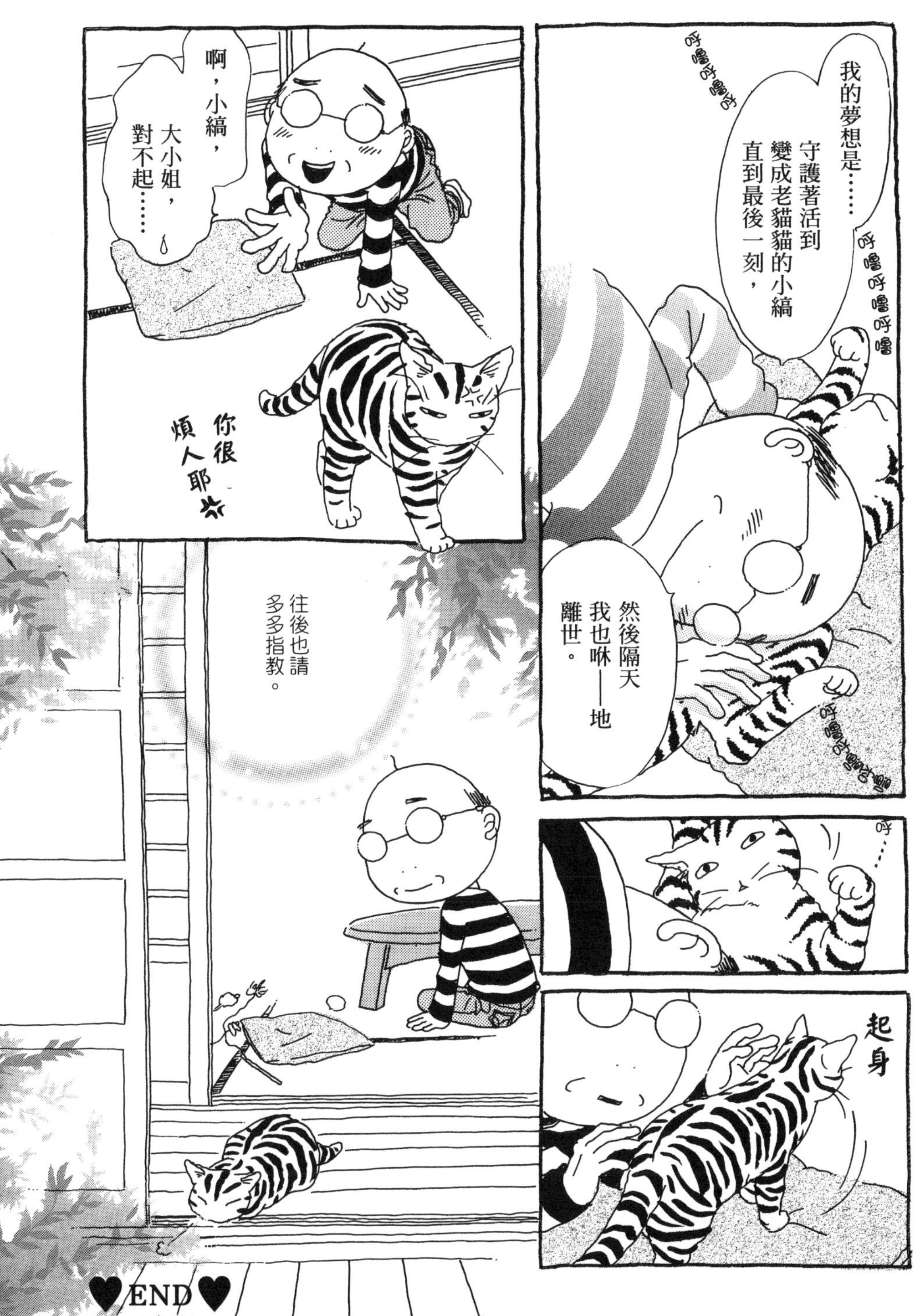

我的夢想是……
守護著活到變成老貓貓的小縞直到最後一刻，
呼嚕呼嚕呼嚕
呼嚕呼嚕呼嚕
然後隔天我也咻——地離世。
呼嚕呼嚕呼嚕
呼……
起身
啊，小縞，大小姐，對不起……
你很煩人耶
往後也請多多指教。
♥END♥

◈我家的毛小孩◈

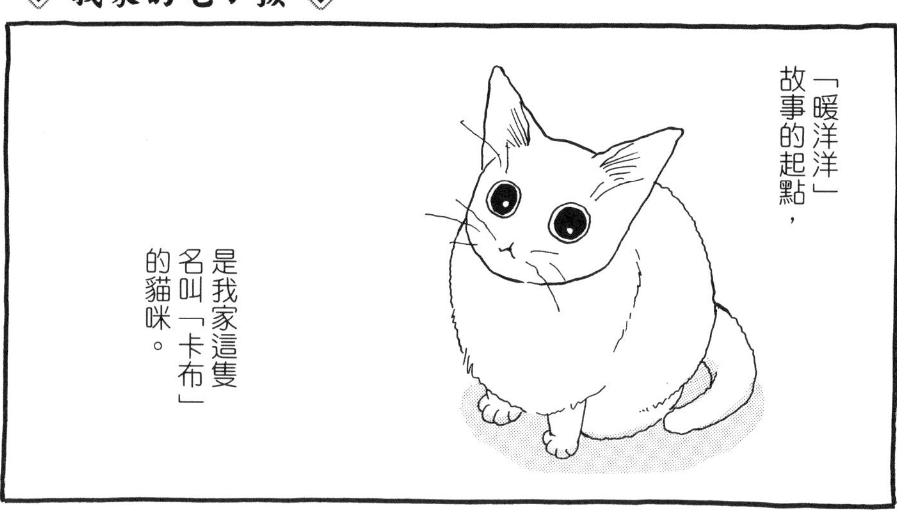

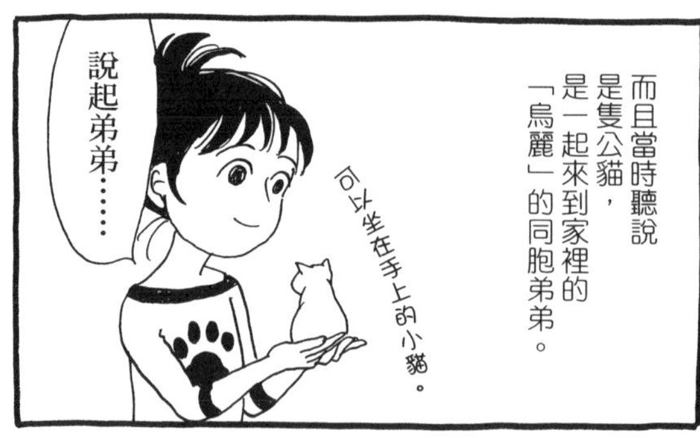

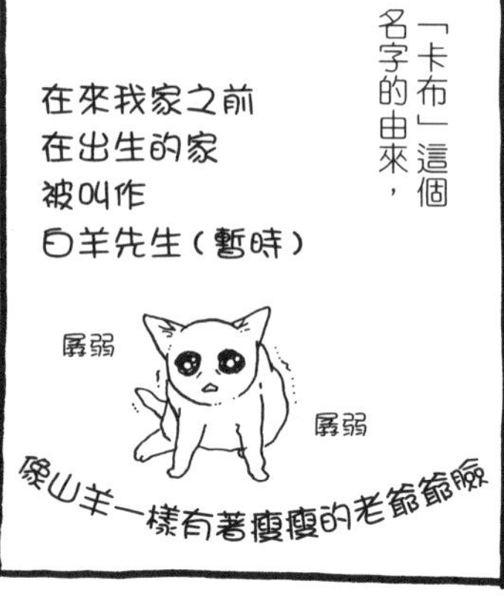

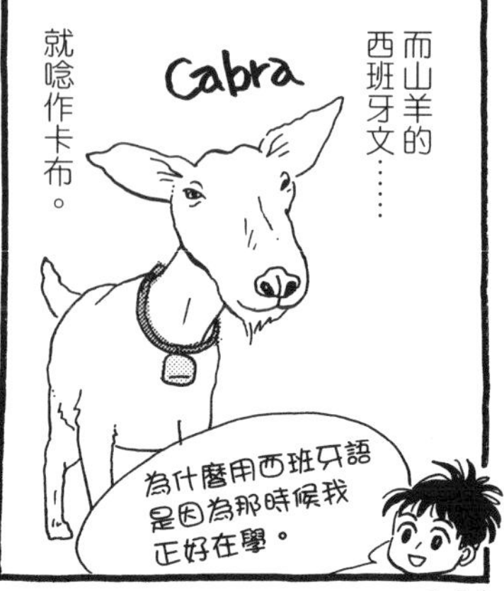

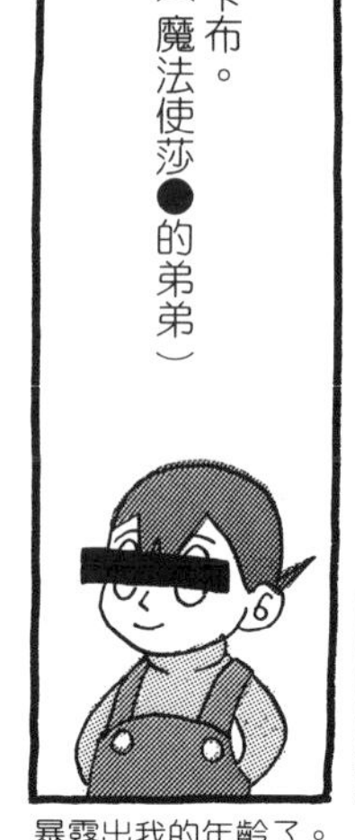

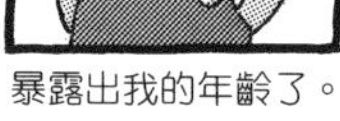
暴露出我的年齡了。

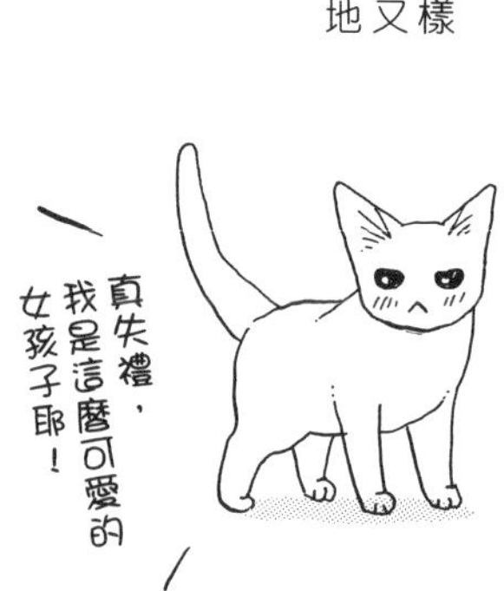

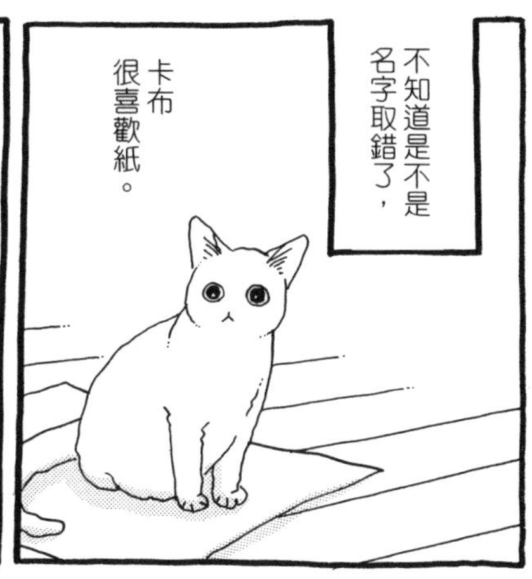
不知道是不是名字取錯了，
卡布很喜歡紙。

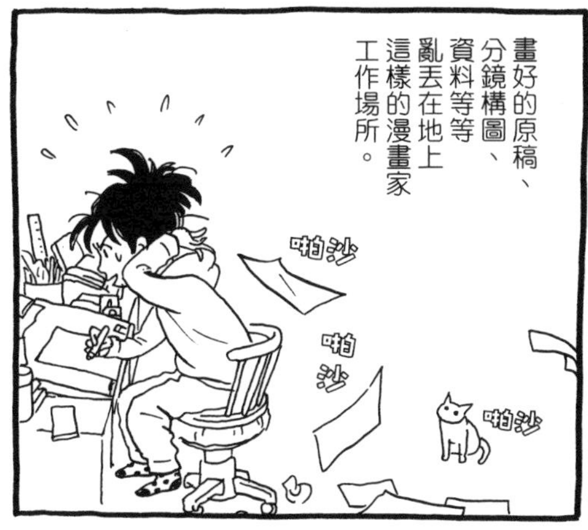
畫好的原稿、分鏡構圖、資料等等亂丟在地上這樣的漫畫家工作場所。
啪沙
啪沙
啪沙

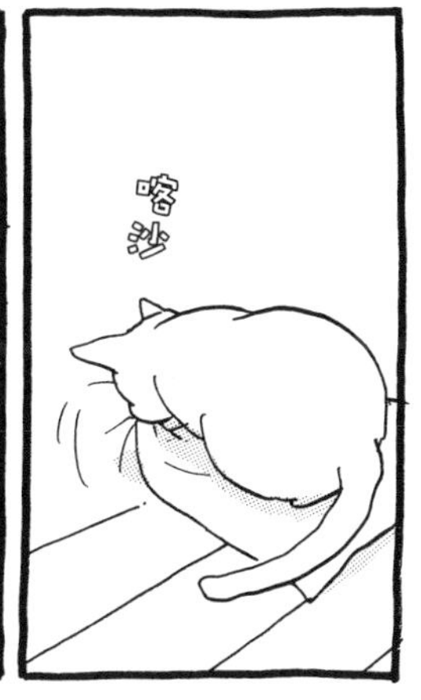
喀沙

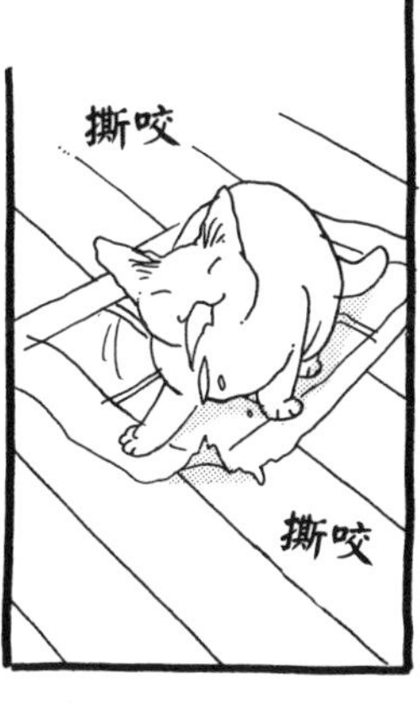
撕咬
撕咬

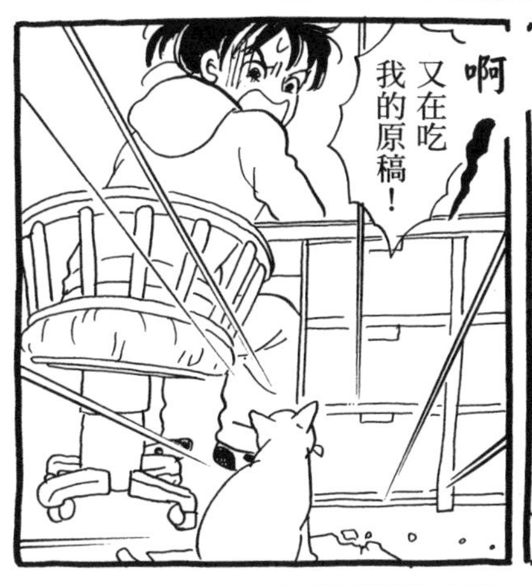
啊
又在吃我的原稿！

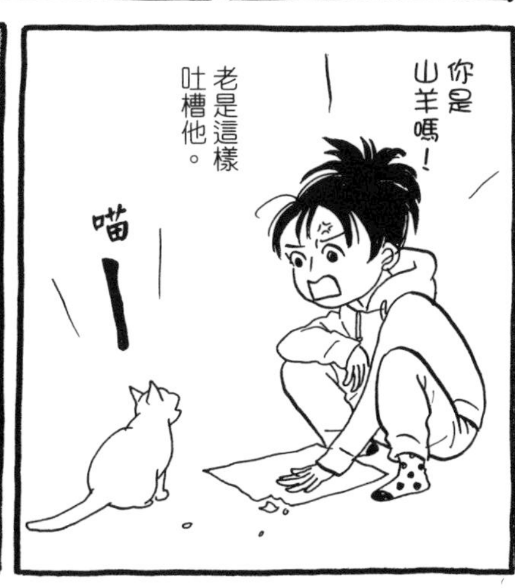
你是山羊嗎！
老是這樣吐槽他。
喵

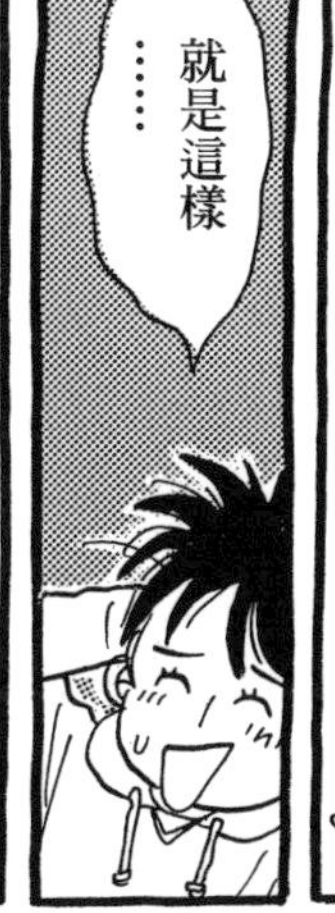
就是這樣……

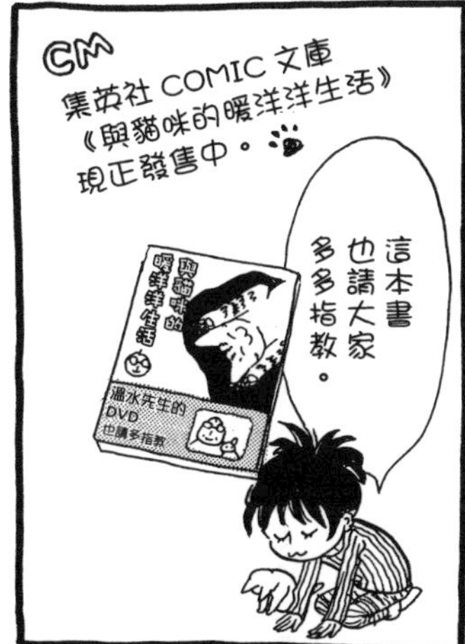
CM
集英社 COMIC 文庫
《與貓咪的暖洋洋生活》
現正發售中。
這本書也請大家多多指教。
與貓咪的暖洋洋生活
濡水先生的DVD也請多指教

♥END♥

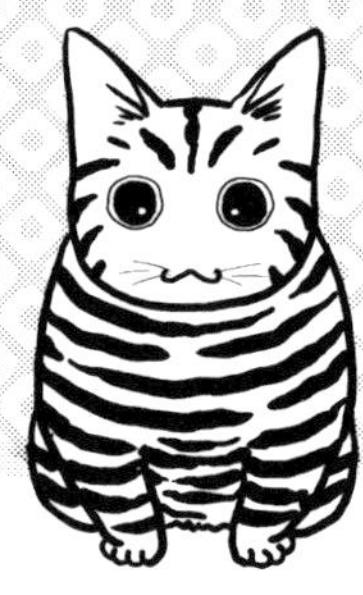

寵物書 01
ぬくぬく暖暖貓&呆萌兄的爆笑日和　春・夏

作　　者／秋本尚美
譯　　者／Monica
發 行 人／詹慶和
總 編 輯／蔡麗玲
執行編輯／李佳穎
編　　輯／蔡毓玲・劉蕙寧・黃璟安・陳姿伶・白宜平
封面設計／韓欣恬
美術編輯／陳麗娜・周盈汝・翟秀美・韓欣恬
內頁排版／鯨魚工作室
出 版 者／美日文本文化館
郵政劃撥帳號／18225950
戶　　名／雅書堂文化事業有限公司
地　　址／220新北市板橋區板新路206號3樓
電子信箱／elegant.books@msa.hinet.net
電　　話／(02)8952-4078
傳　　真／(02)8952-4084

2016年04月初版一刷　定價 250元

總 經 銷／高見文化行銷股份有限公司
進退貨地址／新北市樹林區佳園路二段70-1號
電　　話／0800-055-365
傳　　真／（02）2668-6220

國家圖書館出版品預行編目(CIP)資料

暖暖貓&呆萌兄的爆笑日和 春．夏/
秋本尚美著；Monica譯. -- 初版. --
新北市：美日文本文化館出版：
雅書堂文化發行, 2016.04
　面；　公分. -- (寵物書；1)
ISBN 978-986-92464-4-6(平裝)
1.漫畫
947.41　　　　　104028601